GRIFF NACH DEN STERNEN

Christoph Driessen

Griff nach den Sternen

Die Geschichte der Europäischen Union

Verlag Friedrich Pustet
Regensburg

Meiner Mutter Monika Driessen,
die im Zweiten Weltkrieg geboren wurde

Bibliografische Information der Deutschen Nationalbibliothek
Die Deutsche Nationalbibliothek verzeichnet diese Publikation in der Deutschen Nationalbibliografie; detaillierte bibliografische Daten sind im Internet über https://dnb.dnb.de abrufbar.

Gutenbergstraße 8 | 93051 Regensburg
Tel. 0941/920220 | verlag@pustet.de

ISBN 978-3-7917-3474-3
Umschlaggestaltung: www.martinveicht.de
Satz: Vollnhals Fotosatz, Neustadt a. d. Donau
Druck und Bindung: Friedrich Pustet, Regensburg
Printed in Germany 2024

eISBN 978-3-7917-6255-5 (epub)

Unser gesamtes Programm finden Sie unter
www.verlag-pustet.de

Inhalt

Kapitel VI

Europa in Aufruhr

Anhang

EINLEITUNG

Ein Experiment im Labor der Geschichte

Ist es möglich, die Geschichte der Europäischen Union einigermaßen kompakt, verständlich und vielleicht auch noch streckenweise unterhaltsam zu erzählen? Das vorliegende Buch unternimmt diesen Versuch. Ausgangspunkt dafür ist meine ehrliche Überzeugung: Wie die EU wurde, was sie ist, das *ist* eine fesselnde Story. Schließlich geht es um ein „in der Geschichte der Menschheit einzigartiges Unterfangen", wie Helmut Schmidt es einmal ausgedrückt hat. Es handelt sich um einen freiwilligen Zusammenschluss von Staaten, die auf vielen Gebieten intensiv zusammenarbeiten und einen Teil ihrer Souveränität an gemeinsame überstaatliche Instanzen abgetreten haben. Zu diesem welthistorischen Experiment kommen Protagonisten, die farbiger nicht sein könnten: Winston Churchill, Konrad Adenauer, Charles de Gaulle, François Mitterrand, Helmut Kohl, Margaret Thatcher ...

Das vorliegende Buch basiert zudem auf der Annahme, dass die heutige EU – und damit ein Großteil der aktuellen Politik – unverständlich bleiben muss, wenn man ihre Geschichte nicht kennt. Und diese Geschichte ist häufig völlig anders verlaufen, als man glauben würde. Ich selbst bin jedenfalls bei der Recherche so manches Mal überrascht worden.

Dieses Buch ist in keiner Weise von der EU gesponsert oder unterstützt worden, es ist eine vollkommen unabhängige Arbeit, die ich aus rein persönlichem Interesse neben meiner beruflichen Tätigkeit erstellt habe. Meine Absicht ist es auch nicht, die Leserinnen und Leser vom Sinn der europäischen Einigung zu überzeugen, sondern sie über die Geschichte dieses Prozesses zu informieren. Dabei möchte ich die Motive aller Akteure verständlich machen – auch derjenigen, die die Einigung gebremst oder zu verhindern versucht haben. Das Ziel ist, dass sich die Leserinnen und Leser am Ende aufgrund der gewonnenen Informationen eine eigene Meinung bilden.

Zwar hat dieses Buch keine Fußnoten, aber es erhebt Anspruch auf Wissenschaftlichkeit. Jede Angabe kann belegt werden, nichts ist erfunden. Viele der verwendeten Quellen ergeben sich aus dem kommentierten Literaturverzeichnis am Ende, anderes kann bei weitergehendem Interesse über den Verlag von mir erfragt werden.

Der Aufbau des Buchs lehnt sich an meine beiden früheren im Verlag Friedrich Pustet erschienenen Bände „Geschichte der Niederlande" und „Geschichte Belgiens" an. Jede Epoche hat ihr eigenes Kapitel, dazwischen sind Porträts wichtiger Akteure und Stichworte zu Schlüsselbegriffen eingeschoben. Eine Chronologie, ein kommentiertes Literaturverzeichnis und ein Register schließen das Buch ab. All das soll dazu beitragen, es auch als Handbuch benutzen zu können, das sich zum Nachschlagen eignet und nicht unbedingt von Anfang bis Ende gelesen werden muss, auch wenn es so angelegt ist. Neu ist die Unterteilung des Haupttextes in kurze Abschnitte, die mit Ortsmarken eingeleitet werden. Das soll zum einen dem Lesefluss zugutekommen, entspricht zum anderen aber auch dem multipolaren Charakter der EU-Geschichte: Die Musik spielt eben lang nicht immer in Brüssel, vielmehr gibt es Handelnde an unterschiedlichsten Orten – auch außerhalb Europas.

Köln, im Frühjahr 2024 — Christoph Driessen

KAPITEL I

Ein Geschenk für Konrad Adenauer

Der Beginn der europäischen Einigung (1941–1951)

Fast überall ist Krieg, der schlimmste Krieg, den es je gab. Aber mitten in der Finsternis erreicht die Vision eines geeinten und friedlichen Europas das italienische Festland – im Bauch eines Brathähnchens. Als der Krieg vorbei ist, will Frankreich Deutschland ein für allemal zerschlagen. Die USA und Großbritannien haben aber schon einen neuen Gegner im Blick und wollen Deutschland wieder aufbauen. Was jetzt? Frankreichs Außenminister weiß es auch nicht und wird deshalb rot. Ein Mitarbeiter hat dann aber die zündende Idee. Am Ende sinkt eine junge Schweizerin in die Arme eines französischen Zollbeamten, und der deutsche Bundeskanzler verstaut etwas in seiner Schreibtischschublade.

Ventotene. Eine Felseninsel im Meer. Ihr Name bedeutet ungefähr „die dem Wind standhält". Schon die römischen Kaiser haben hier ihre Gegner festgesetzt. Jetzt ist es der Diktator Benito Mussolini, der das vulkanische Eiland 60 Kilometer vor der Küste von Neapel als Verbannungsort nutzt. Zu Hunderten sind hier Oppositionelle interniert, unter ihnen der Kommunist Altiero Spinelli, der Sozialist Eugenio Colorni und der Liberale Ernesto Rossi. Sie kommen aus ehemals verfeindeten politischen Lagern, doch jetzt eint sie ihr Antifaschismus. In diesem Sommer 1941 scheint ihre Sache allerdings für immer verloren: Adolf Hitler triumphiert. Er beherrscht fast den gesamten europäischen Kontinent, und nun rollen seine Panzer gen Moskau.

Es muss als Ausweis eines kompletten Realitätsverlusts erscheinen, dass Spinelli, Colorno und Rossi, diese drei gescheiterten Linken, mitten im Lager die Vision eines völlig anderen Europas entwerfen: frei, demokratisch, geeint – und ohne nationalstaatliche Ordnung. Die Souveränität der Nationalstaaten ist für sie die Wurzel allen Übels, die Ursache von Diktatur und Krieg. Deshalb muss Europa nach ihrer Überzeugung neu gedacht werden. Die Idee, die ihnen vorschwebt, ist ein europäischer Bundesstaat. Da ihnen Schreibutensilien bei schwerer Strafe untersagt sind, skizzieren die drei Kettenraucher ihren Plan mit dem Ruß abgebrannter Streichhölzer auf winzigem Zigarettenpapier, das sie im doppelten Boden einer Blechdose verstecken. Dieses Manuskript nennen sie das „Manifest von Ventotene". Es heißt darin unter anderem: „Die erste anzugehende Aufgabe, ohne deren Lösung jeglicher Fortschritt ein trügerischer Schimmer bleiben würde, ist die endgültige Beseitigung der Grenzen, die Europa in souveräne Staaten einteilen." Die „föderalistische Neugestaltung Europas" solle alle bisher existierenden Staaten einschließen – auch Deutschland. Deutschland dürfe nach seiner Niederlage nicht zerstückelt und „mit dem Fuß auf dem Nacken am Boden" klein gehalten werden. Das Ziel der drei Vordenker sind die Vereinigten Staaten von Europa: „Es gilt, einen Bundesstaat zu schaffen, der auf festen Füßen steht und anstelle nationaler Heere über eine europäische Streitmacht verfügt."

Die jüdische Berlinerin Ursula Hirschmann schmuggelt das Manifest nach einem Besuch bei ihrem Mann Eugenio Colorni von der Insel – in einem Hähnchen, das als Mitbringsel für ihn gedacht war, von den Wachen aber als zu luxuriös abgelehnt wurde. So erreicht Spinellis Vision einer Europäischen Union das Festland im Bauch eines Brathähnchens.

Algier. Jean Monnet ist ein Träumer. Natürlich, einerseits steht er mit beiden Beinen auf dem Boden der Tatsachen, gilt als fähiger Bankier und Wirtschaftsexperte mit besten Kontakten zur anglo-amerikanischen Welt. Gerade jetzt ist er im Französischen Komitee für die Nationale Befreiung eine Art Verteidigungsminister und damit einer der wichtigsten Franzosen, die im Exil gegen Hitler kämpfen. Aber dann wieder gibt es Momente, in denen man meinen könnte, er hätte den Bezug zur Wirklichkeit verloren. So an diesem Morgen im Herbst 1943 in Algier im bereits befreiten Nordafrika. Dort findet ihn sein Mitstreiter Etienne Hirsch tief in Gedanken versunken und über einer Europakarte brütend. Zwei Regionen hat er mit Bleistift markiert: das Ruhrgebiet und das französische Lothringen. Auf Nachfrage von Hirsch erklärt er, alle Probleme gingen auf diese beiden Gebiete zurück. Denn erst die dort geförderte Kohle und der dort erzeugte Stahl versetzten Deutschland und Frankreich überhaupt in die Lage, gegeneinander Krieg zu führen. Die Kohle ist der Energieträger. Sie ist notwendig, um durch Erhitzen aus Eisenerz Roheisen zu gewinnen und dies dann weiter zu Stahl zu verarbeiten. Aus Stahl wiederum baut man Waffen für den Krieg. Deshalb wird an der Menge Kohl und Stahl, die ein Land produzieren kann, seine Macht abgelesen. Auf der Grundlage dieser Erkenntnis ist Monnet eine Idee gekommen: Kann man künftige Kriege zwischen den beiden Erbfeinden vielleicht verhindern, indem man ihnen die Kohle-Regionen entzieht? Hirsch reagiert in höchstem Maße verwundert. Was für eine absurde Idee!

Wer ist dieser Mann? Jean Monnet spricht anlässlich seiner Auszeichnung mit dem Aachener Karlspreis 1953 vor einer Menge im nahe gelegenen Dreiländereck Deutschland-Niederlande-Belgien. Eine solche Rede vor größerem Publikum war untypisch für den französischen Regierungsberater, der vorzugsweise im Hintergrund wirkte.

17. Oktober 1943. Charles de Gaulle, selbstberufener Führer des „Freien Frankreich", hat zum Mittagessen eingeladen. Dabei entspinnt sich ein Streitgespräch zwischen ihm und Monnet. Die beiden Landsleute sind vereint sowohl in ihrem Widerstand gegen die deutschen Besatzer und die französische Vichy-Regierung als auch in gegenseitiger Abneigung. Schon rein äußerlich und von ihrer Art her bilden sie Gegenpole: Hier der 1,93 Meter große Zweisterne-General, der im vollen Bewusstsein seines geschichtlichen Rangs eine Aura der Unnahbarkeit verbreitet. Auf der anderen Seite der kleine, gedrungene Mann mit dem runden Mondgesicht und dem verschmitzten Blick. Ein Schnurrbart verleiht seiner gepflegten Erscheinung etwas Dandyhaftes. Stets zugewandt und kompromissbereit, kann er gewinnend für seine Standpunkte eintreten. Mitunter umspielt ein ironisches Lächeln seine Lippen.

Begegnungen zwischen den zwei ungleichen Männern bergen immer ein gewisses Konfliktpotenzial. Einmal hat Monnet den General während eines Dinners in London gebeten, sich im Ton zu mäßigen und nicht so herumzuschreien. Auch diesmal hat de Gaulle ihm wieder einiges zu sagen. Er vertritt eine sehr eigene Sicht der politischen Großwetterlage: Zusammen mit der Sowjetunion, so seine Überzeugung, werde Frankreich nach dem Krieg die Geschicke Europas bestimmen. Es schwebt ihm vor, Frankreich große Teile Deutschlands einzuverleiben, so die linksrheinischen Gebiete von Köln bis zum Oberrhein. Das Ruhrgebiet soll künftig von Frankreich gemeinsam mit Belgien, den Niederlanden, Luxemburg, den USA, Großbritannien und der Sowjetunion verwaltet werden. Des Weiteren plant de Gaulle die Gründung einer westeuropäischen Wirtschaftszone, der neben Frankreich, den Niederlanden, Belgien und Luxemburg auch das Rheinland und das Ruhrgebiet sowie eventuell Italien angehören sollen. Frankreich werde diese Föderation als das mit Abstand größte Land dominieren und dadurch in einer Liga mit den USA und der Sowjetunion spielen. Es werde wieder Weltmacht sein. Deutschland dagegen solle nicht als Zentralstaat weiterexistieren, sondern wieder in eine Vielzahl verschiedener Länder wie vor der deutschen Reichsgründung 1871 zerfallen, wobei Preußen zerschlagen werde. Somit wäre die Gefahr eines Wiedererstarkens Deutschlands und damit eines neuen Krieges gebannt.

Jean Monnet ist anderer Meinung. Zwar strebt auch er eine möglichst starke Stellung Frankreichs an, zwar will auch er „ein einheitliches Wirtschaftsgebiet mit freiem Güteraustausch“, aber nicht mehr auf der Grundlage von Nationalstaaten. „Es wird keinen Frieden in Europa geben, wenn die Staaten auf der Basis nationaler Souveränität wiederhergestellt werden, mit all dem, was Machtstreben und wirtschaftliche Protektion mit sich bringen“, warnt er. Geboten seien vielmehr eine „echte Abtretung von Souveränität“ an „irgendeine Art zentraler Union“ und die Schaffung eines europäischen Markts ohne Zollbarrieren.

De Gaulle entgegnet, er könne sich kaum vorstellen, dass Deutschland und Frankreich Mitglieder einer gemeinsamen Union werden könnten. „Sie können die Vergangenheit nicht einfach ignorieren“, belehrt er Monnet. „Nach diesem Krieg werden Deutsche und Franzosen niemals gemeinsam in derselben Organisation sein können.“ Die unvorstellbaren Verbrechen, die die Deutschen verübt hätten, würden für immer zwischen ihnen stehen.

Izieu. Georgy beendet jeden seiner Briefe mit Küssen an *Maman*. Er macht dann eine 1 und ganz viele Nullen. So viele Küsse sendet er. Georgy ist acht Jahre alt und kommt aus Wien. Wenn er seine Trachtenhose anhat, sieht er immer noch aus wie ein österreichischer Bub. Aber schon seit er drei Jahre alt ist, wohnt er in Frankreich. Seine Eltern sind dort hingegangen, weil sie Juden sind. Aber weil sein Vater einer Arbeitskolonne zugeteilt wurde und seine Mutter krank ist, konnte er nicht bei ihnen bleiben. Er kam hierher, auf einen leerstehenden Hof in Izieu, hoch über dem Rhonetal. Hier gibt es noch viele andere

Porträt: Jean Monnet

Der Ideengeber

Am Anfang von Europa steht Jean Monnet (1888–1979). Er hat den Plan entworfen, aus dem alles hervorging. Insbesondere hat er die Hohe Behörde erfunden, die erste überstaatliche Instanz, an die die sechs Gründungsländer einen Teil ihrer Souveränität abtraten. Und danach hat Monnet die europäische Politik noch bis tief in die 70er Jahre hinein begleitet und als Graue Eminenz hinter den Kulissen mitgeprägt. Dabei stellte er sich sehr flexibel immer wieder auf neue Realitäten und Konstellationen ein.

Monnet war Visionär und Pragmatiker zugleich. Er hatte die Idee einer überstaatlichen Organisation, doch gleichzeitig war ihm bewusst, dass diese nur nach und nach realisiert werden konnte und auch nur dann, wenn die Bürger in den verschiedenen Ländern in jeder Phase spürbare Vorteile davon hatten. Einfach nur an die „europäische Gesinnung“ zu appellieren, hatte nach seiner Überzeugung keine Aussicht auf Erfolg.

Den entgegengesetzten Ansatz dazu vertrat der italienische Politiker Altiero Spinelli, der die Nationalstaaten auflösen und Europa von Grund auf neu erschaffen wollte: als Bundesstaat mit überragenden Kompetenzen für das Europäische Parlament. Der idealistische Spinelli war der Meinung: „Monnet hat das große Verdienst, Europa erbaut zu haben, und die große Verantwortung, es schlecht erbaut zu haben.“

Spinelli und andere haben Monnet den Vorwurf gemacht, er sei nicht nur der Vater Europas, sondern auch der Vater des Demokratiedefizits und der Brüsseler Bürokratie. Schließlich habe er auch selbst nie ein durch Wahlen zu erwerbendes politisches Amt bekleidet. Ein Funktionär sei er gewesen, ein Spitzenbeamter, und nach diesem seinem Bilde habe er die EU geformt. Tatsächlich wirkt Monnet auf Fotos wie ein unauffälliger Finanzbeamter, merkwürdig blass und konturlos und keineswegs wie ein „Mann der Geschichte“.

Monnet war kein Politiker im eigentlichen Sinne, er war noch nicht mal Mitglied einer Partei. Er hielt kaum je eine Rede und trat nicht im Fernsehen auf. Eher war er derjenige, der für die Politiker dachte und ihnen die Lösungen an die Hand gab. Monnet baute sein Europa nicht von unten, sondern von oben. Er kooperierte mit den bestehenden nationalen Regierungen. Er glaubte an Institutionen und Experten, die zum Wohle der Völker Entscheidungen treffen konnten, ohne sie dabei mit einzubeziehen.

Das hat in der Tat etwas Technokratisches an sich. Die Alternative zu Monnets Vorgehen wäre in der Praxis aber kein besseres, sondern gar kein Europa gewesen. Spinellis großes Ideal von den Vereinigten Staaten Europas nach dem Vorbild der USA hatte nie eine Chance, realisiert zu werden. Monnets Stärke bestand gerade darin, dass er nicht prinzipientreu an Idealvorstellungen festhielt, sondern sich als Meister in der Kunst des Möglichen erwies. So drängte er als über 80-Jähriger mit Erfolg auf die erste Direktwahl des Europäischen Parlaments, als sich dafür eine realistische Chance bot. Die Kombination aus Weitsicht und Pragmatismus macht Monnet zur überragenden Gestalt der europäischen Integration.

Kinder, nicht nur aus Frankreich, sondern aus ganz Europa – aus Belgien, Polen, Rumänien, Deutschland, sogar aus Algerien ... Georgy vermisst seine Eltern sehr, besonders seine Mutter. Aber zum Glück ist er oft abgelenkt, denn es gibt hier viele schöne Momente. Im Sommer haben sie ein Fest gefeiert, im Winter sind sie Schlitten gefahren. Zu Weihnachten hat Georgy einen Malkasten und einen Zeichenblock bekommen, denn er malt für sein Leben gern.

Es gibt eine Alarmglocke im Hof. Wenn die geläutet wird, müssen alle ganz schnell in den Wald rennen. Denn dann sind die Deutschen da.

Nizza. Die 16 Jahre alte Simone Jacob hat gerade ihre Abiturprüfungen abgelegt, und jetzt ist sie auf dem Weg zu ihren Freundinnen. Da wird sie von zwei Deutschen in Zivil angehalten und kontrolliert. Ein flüchtiger Blick auf ihren Ausweis genügt ihnen: „Der ist gefälscht." Simone gibt sich ahnungslos: „Aber nein, wie kommen Sie denn darauf?" Doch die beiden Männer führen sie unverzüglich ab. Sie wird ins Hotel Excelsior gebracht. Ein Deutscher zeigt auf einen ganzen Stapel Ausweise, die alle mit derselben Unterschrift in grüner Tinte versehen sind. „Von Ihrem Ausweis haben wir hier so viele Exemplare, wie Sie möchten", sagt er mit gespielter Liebenswürdigkeit in der Stimme.

Zusammen mit ihrer Mutter Yvonne, ihrer 21 Jahre alten Schwester Milou und ihrem 18 Jahre alten Bruder Jean wird Simone am 7. April 1944 in das große Sammellager in Drancy nordöstlich von Paris gebracht. Am selben Tag kommen hier auch Georgy und die anderen Kinder aus Izieu an. Der Gestapo-Chef von Lyon, Klaus Barbie, hat sie am Gründonnerstag aus ihrem Versteck holen lassen. Die Männer kamen ganz plötzlich, während des Frühstücks. Es blieb keine Zeit, den Alarm auszulösen und in den Wald zu rennen.

Nach einigen Tagen macht der Leiter des Sammellagers bekannt, dass alle jungen Männer bleiben könnten, um für die „Organisation Todt" zu arbeiten, bekannt vor allem für den Bau des Atlantikwalls. Simone, ihre Schwester und ihre Mutter sind sich einig, dass Jean das unbedingt tun muss – so entkommt er der Deportation, sagen sie. Jean meldet sich freiwillig. Letzte Worte, letzte Blicke.

Brauweiler. „Aber Herr Oberbürgermeister!" Es liegt ein spöttischer Unterton in der Stimme des Gestapo-Manns, der Konrad Adenauer auf dem Dachboden seines Verstecks im Westerwald aufgespürt hat. Barfuß und im Schlafanzug hat er sich dort hinter dem Schornstein versteckt. Der Mann, der früher einmal der „König von Köln" genannt wurde – wie tief ist er gefallen! Umgehend wird Adenauer in das Gefängnis Brauweiler bei Köln abtransportiert. Dort muss er Hosenträger, Krawatte, Schnürsenkel und Taschenmesser abgeben. „Bitte begehen Sie keinen Selbstmord", sagt der Gestapo-Kommissar zu ihm.

„Sie würden mir damit die größten Scherereien verursachen." Auf die verwunderte Frage, wie er denn auf diese Idee komme, antwortet der Nazi-Funktionär: „Sie sind jetzt 68 Jahre alt und Ihr Leben ist sowieso zu Ende."

Wieringermeer. Während im Westen Deutschlands schon die ersten Städte von den Alliierten befreit sind, ist die „Festung Holland" weiterhin im Griff der Nazis. In diesem Winter 1944/45 liegt Amsterdam unter einer Frostglocke, friert und hungert. Die ausgemergelten Städter essen schließlich sogar Tulpenzwiebeln. Und jeden Tag ziehen sie mit Handkarren los zu den Bauern, viele Kilometer weit, um ein paar Kartoffeln oder Rüben zu ergattern. Auch vor dem Bauernhof von Sicco Mansholt im Wieringermeer-Polder in Nordholland stehen sie täglich zu Dutzenden und betteln um Nahrung. Er selbst ist nicht da, er ist im Widerstand aktiv und deshalb untergetaucht. Seine Frau Henny Postel gibt alle Vorräte weg, bis sie selbst nichts mehr hat.

Berlin. Am 16. Juli 1945 – es ist ein Montag, aber das spielt in dieser Mondlandschaft eigentlich keine Rolle mehr – besichtigt Winston Churchill die verwüstete Reichskanzlei. Auf dem Boden Glas, Reste von Kronleuchtern, Papiere, Eiserne Kreuze und die zerbrochene Marmorplatte von Hitlers Schreibtisch. Im Großen Speisesaal bleibt Churchill stehen und schaut nach oben – eine Bombe hat das Glasdach des Wintergartens zerschlagen. Dann geht es in den Garten, dort liegt der Eingang zum Bunker. Ein russischer Führer geleitet ihn die dunklen Stufen hinab. Im Schein seiner Taschenlampe erkennt man Kleidungsstücke, Gasmasken und einen verbrannten Handschuh. Die unteren Räume stehen voll Wasser. Auf einem Tisch überdauert noch eine Vase mit einem Zweig. Doch Churchill hat genug gesehen: Er dreht sich um, steigt langsam wieder nach oben in den Garten. „Hier muss Hitler herausgekommen sein, um Luft zu schnappen", murmelt er mehr zu sich selbst. Und hier müsse er auch gehört haben, wie der Geschützdonner näher und näher kam. Nun zeigt ein Russe auf einen Fleck unter verrosteten Benzinkanistern. Da sei es gewesen, sagt er zu Churchill, da habe man die Leichen von Hitler und Eva Braun brennen sehen. Churchill dreht sich nur für einen kurzen Augenblick um. Dann wendet er sich angewidert ab und geht zu seinem Wagen zurück.

Potsdam. Zwei Tage später fragt er Josef Stalin, welche Absichten er in Europa verfolge. Sei er nicht dabei, an der Westgrenze seines Reichs eine Kette von Satellitenstaaten aufzubauen? Stalin tut überrascht: Nein, ganz im Gegenteil würden doch Truppen abgezogen. „In den nächsten vier Monaten werden zwei Millionen Soldaten demobilisiert und nach Hause zurückgeschickt."

Drei Gewinner sitzen auf Schloss Cecilienhof zusammen – die Sieger des Zweiten Weltkriegs. Da ist Winston Churchill, der Mann, der Hitler 1940 als Einziger die Stirn bot. Alt ist er geworden, oft wirkt er müde und unkonzentriert. Damit ist er ein Sinnbild des Britischen Empire, das am Ende seiner Kräfte und so gut wie bankrott ist. Dann ist da Stalin, der sowjetische Diktator, scherzhaft *Uncle Joe* genannt, aber, wie alle wissen, ein Massenmörder. Der Sieg der Roten Armee hat ihm einen ungeheuren Machtzuwachs beschert. Jedem ist das bewusst, und so kann er es sich leisten, ganz zurückhaltend aufzutreten. Er gibt den guten Zuhörer und spricht selbst nur wenig und wenn, dann sehr leise. Allerdings sieht er nicht gut aus: das Gesicht fahl, der Schnäuzer ausgedünnt, seine Bewegungen langsam und steif. Im krassen Gegensatz dazu steht die Vitalität des agilen, breit lächelnden Präsidenten Harry S. Truman mit seinen hellen Sommerschuhen: Er ist die Verkörperung der neuen Supermacht USA. Charles de Gaulle, der Präsident der provisorischen französischen Regierung, hat dagegen trotz Protesten keine Einladung nach Potsdam bekommen. Er ist in den Augen der anderen höchstens ein Sieger von ihren Gnaden.

Eigentlich sollte die Konferenz eine Siegesfeier werden, doch davon ist wenig zu spüren. Voller Misstrauen beäugen sich die Großen Drei am rot befilzten Tisch. Die Luft ist geschwängert von Stalins Zigaretten und Churchills Zigarren. Papiere knistern, Dolmetscher murmeln … und ab und zu macht es „klatsch“: Dann hat ein Diplomat eine Mücke erschlagen.

In langen Gesprächen, die sich über mehr als zwei Wochen hinziehen, einigt man sich darauf, dass erst einmal alles so bleiben soll, wie es ist: Deutschland zerfällt in vier Besatzungszonen, eine britische, eine amerikanische, eine sowjetische und – auf drängenden Wunsch aus Paris – eine französische. Trotz dieser Aufteilung soll Deutschland als „wirtschaftliche Einheit“ behandelt werden. Französische Gebietsforderungen werden überwiegend zurückgewiesen. Das Saargebiet kann Frankreich vielleicht bekommen, beim Rheinland ist man sich unschlüssig, aber eine Abtrennung des Ruhrgebiets kommt nicht infrage.

In der Nacht zum 25. Juli wird Churchill von bösen Vorahnungen geplagt. „Ich träumte, dass das Leben vorbei war. Ich sah in aller Deutlichkeit, wie meine Leiche von einem weißen Tuch bedeckt in einem leeren Raum auf einem Tisch lag. Ich erkannte meine bloßen Füße, die unter dem Tuch hervorragten. Es war sehr lebensecht.“ An diesem Tag fliegt er nach London, um sich über das Ergebnis der vorangegangenen Parlamentswahl zu informieren. Er hat verloren. Seine Frau Clementine versucht, ihn zu trösten: „Vielleicht ist das ein versteckter Segen.“ Seine Antwort: „Wirklich sehr gut versteckt.“

Baden-Baden. Da General de Gaulle in Potsdam nicht eingeladen war, fühlt er sich an die Beschlüsse auch nicht gebunden und blockiert sie, wo er kann. Im Oktober 1945 hält er im Kurhaus von Baden-Baden eine Rede vor französischen Offizieren und Soldaten. Die Leitfrage lautet: „Was soll man mit Deutschland machen?" Seine Antwort darauf sind dieselben Ideen, die er schon 1943 in seinem Streitgespräch mit Jean Monnet ausgebreitet hat: Die von Bismarck herbeigeführte Vereinigung soll rückgängig gemacht werden, einen deutschen Nationalstaat soll es in Zukunft nicht mehr geben. Und möglichst viele westliche Territorien sollen mit Frankreich verbunden werden. Auch auf das Ruhrgebiet will er nicht verzichten: „Dieses Ruhrgebiet ist ein Pfand und ein Hilfsmittel zugleich. Ein Pfand, weil ohne das Ruhrgebiet Deutschland sich nicht wieder erheben und uns erneut bedrohen, angreifen, niederwerfen kann. Ein Hilfsmittel für den Wiederaufstieg Westeuropas, und besonders ein Hilfsmittel, das Frankreich helfen soll, eine große Industriemacht zu werden. Dieses Ziel kann Frankreich nur mithilfe der Produktionskraft des Ruhrgebiets erreichen." Gleichzeitig strebt de Gaulle einen gemeinsamen Wirtschaftsraum mit den Benelux-Staaten an. So soll eine französische Weltmacht zu beiden Seiten des Rheins entstehen.

Paris. 1946 erhält Jean Monnet einen Auftrag von nationaler Bedeutung: Als Chef der französischen Planungsbehörde soll er dafür sorgen, dass Frankreich zu eben jener dominierenden Wirtschaftsmacht auf dem europäischen Kontinent aufsteigt, die bisher Deutschland gewesen ist. Dazu muss Deutschland niedergehalten werden – es soll nur noch eine bestimmte Menge Stahl produzieren dürfen. Gleichzeitig soll Frankreich seine Stahlkapazität enorm ausbauen, seine Produktivität erhöhen und seine Industrie modernisieren. Denn seit dem Börsencrash am „Schwarzen Freitag" 1929 ist der Produktionsstandort Frankreich im internationalen Vergleich immer weiter zurückgefallen. Monnet soll das ändern und entwickelt dafür als nunmehr oberster Wirtschaftslenker einen Fahrplan, der nach ihm der Monnet-Plan genannt wird. Man könnte ihn auch den Frankreich-zuerst-Plan nennen.

Köln. Am 24. März 1946 hält der Vorsitzende des Landesverbands Rheinland der Christlich Demokratischen Union Deutschlands (CDU) eine Rede in der Aula der halb zerstörten Universität. Die strengen, maskenhaften Züge dieses 70 Jahre alten Mannes sind hier vielen vertraut, denn es ist der ehemalige Oberbürgermeister Konrad Adenauer. Er hat den Krieg knapp überlebt, seine Familie hat es irgendwie geschafft, ihn aus der Gestapo-Haft frei zu bekommen. Und offenbar hat er trotz seines fortgeschrittenen Alters noch Pläne. Die Rede, die er jetzt hält, beweist das. Sie ist sehr lang, dauert mehrere Stunden. Es ist eine schonungslose Bestandsaufnahme. Adenauer konstatiert einen „Absturz des deutschen Volkes ins Bodenlose". Im Moment gebe es keine Aussicht auf eine bessere Zukunft. Die Deutschen verharrten „in völliger politischer Machtlosigkeit, verachtet von allen Völkern der Erde". Adenauer verlangt von ihnen – und das ist zu dieser Zeit alles andere als selbstverständlich – eine Gewissenserforschung. Die Schuld lasse sich nicht auf andere abschieben. „Der Nationalsozialismus hat uns unmittelbar in die Katastrophe hineingeführt. Das ist richtig. Aber der Nationalsozialismus hätte in Deutschland nie zur Macht kommen können, wenn er nicht in breiten Schichten der Bevölkerung vorbereitetes Land für seine Giftsaat gefunden hätte. Ich betone: in breiten Schichten der Bevölkerung. Es ist nicht richtig, jetzt zu sagen, die Bonzen, die hohen Militärs oder die Großindustriellen tragen allein die Schuld. Gewiss, sie tragen ein volles Maß an Schuld. Aber breite Schichten des Volkes, der Bauern, des Mittelstandes, der Arbeiter, der Intellektuellen, hatten nicht die richtige Geisteshaltung, sonst wäre der Siegeszug des Nationalsozialismus in den Jahren 1933 und folgende im deutschen Volk nicht möglich gewesen." Weniger als ein Jahr nach Kriegsende sind das ungewöhnlich deutliche Worte.

Adenauer spricht auch über die Sorgen von Deutschlands westlichen Nachbarn. Er könne voll und ganz nachvollziehen, dass sie nach den Erfahrungen der letzten Kriege Angst vor Deutschland hätten. Deshalb gilt für ihn: „Es muss eine Lösung der deutschen Frage gefunden werden, die organischer Natur und darum von Dauer ist." Eine Abtrennung des Rheinlands und des Ruhrgebiets sei keine derartige Lösung und könne auch nicht im Interesse Frankreichs sein, denn: „Wer eine solche Abtrennung vornimmt, muss sich auch die Frage vorlegen, was denn aus dem übrigen Deutschland werden soll, ob das übrige Deutschland nicht dadurch, um einen Ausspruch eines ausländischen Blattes zu gebrauchen, zu einem verwesenden Leichnam mitten in Europa wird, der genauso tödlich für dieses sein würde, wie ein siegreiches nationalsozialistisches Deutschland es gewesen wäre."

Adenauer hat eine andere Lösung für das deutsche Problem anzubieten: „Ich bin Deutscher und bleibe Deutscher", sagt er, „aber ich war auch immer Europäer und habe als solcher gefühlt. Deshalb bin ich von jeher für eine Verständigung mit Frankreich eingetreten." Mehr noch: Er erinnert daran, dass er sich schon in den 20er Jahren als Kölner Oberbürgermeister für eine Verflechtung der westdeutschen mit der französischen und belgischen Wirtschaft eingesetzt habe, „weil parallel laufende, gleichgeschaltete wirtschaftliche Interessen das gesündeste und dauerhafteste Fundament für gute politische Beziehungen zwischen den Völkern sind und immer bleiben werden. Heute sind ganz andere

Zukunftsmöglichkeiten für Westeuropa, für ganz Europa möglich als damals." Und damit meint er: die „Vereinigten Staaten von Europa unter Einschluss Deutschlands". Wenn ein solcher Zusammenschluss Realität würde, müsste Deutschland nicht zerschlagen werden und dennoch hätten Frankreich und die anderen Nachbarländer nichts mehr zu befürchten: „Die Vereinigten Staaten von Europa sind die beste, sicherste und dauerhafteste Sicherung der westlichen Nachbarn Deutschlands." Er denkt groß, dieser Repräsentant einer noch weitgehend unbekannten Partei in der britischen Besatzungszone. An Selbstbewusstsein mangelt es ihm nicht, seine Rede klingt schon fast wie eine Regierungserklärung.

Im darauffolgenden Sommer meldet sich bei ihm ein Besucher aus London: Duncan Sandys, der Schwiegersohn von Winston Churchill. Adenauer spricht mit ihm über seine Überzeugung, dass das künftige Deutschland nicht zentral, sondern föderal aufgebaut sein muss, dass also die einzelnen Regionen zwar in einem Gesamtstaat zusammengeschlossen sein, aber weitgehende Eigenständigkeit besitzen sollen. Dieses föderale Deutschland soll in einem föderalen Europa aufgehen, in dem es eng mit Frankreich zusammenarbeitet. Sandys zeigt sich beeindruckt von dem Politiker, der nur gut ein Jahr jünger ist als sein Vater. Er sei am ehesten geeignet, dieses föderale Deutschland eines Tages zu regieren, meint Sandys. Ob Adenauer gegenüber seinem englischen Gast auch wieder von den „Vereinigten Staaten von Europa" spricht? Tatsache ist, dass Churchill eben diese Formulierung bald darauf selbst verwenden wird – in der berühmtesten Rede, die je über die europäische Einigung gehalten wird.

Zürich. Es ist der 19. September 1946 um 10 Uhr morgens, als sich Churchill vom spitztürmigen weißen Dolder Grand Hotel hoch über der Stadt abholen lässt. Seine jüngste Tochter Mary begleitet ihn. Trotz eines kalten Herbstwinds und Nieselregens stehen die Menschen mehrere Reihen tief in den Straßen. Manche schwenken Fähnchen mit dem Union Jack. Und alle hoffen, einen Blick auf den überlebensgroßen Mitbezwinger Hitlers zu erhaschen. Kaum zu glauben, aber es ist gerade einmal sechs Jahre her, seit die Luftschlacht um England tobte und Churchill in seinen Reden durch eine „Propaganda der Ehrlichkeit" überzeugte. Und jetzt steht er hier leibhaftig im offenen Wagen, der Mann mit der schwarzen Melone, dem Spazierstock, der Fliege und der Havanna-Zigarre im Mundwinkel. Der Retter Europas, der leibhaftige Churchill. Weiße Rosen fliegen ihm zu, noch nie ist ein Politiker von den nüchternen Eidgenossen derart bejubelt worden.

Es ist sein aus Winterthur stammender Kunstlehrer Charles Montag, der den passionierten Landschaftsmaler zu einem dreiwöchigen Urlaub in der

Schweiz überredet hat. Die kleine Insel der Seligen mitten im zerstörten Europa kann einen Besuch des alliierten Kriegshelden gut gebrauchen, da ihr allzu enge Handels- und Finanzbeziehungen zu Nazi-Deutschland angelastet werden. Während seiner Ferien am See ist Churchill mit Geschenken und Briefen aus der Bevölkerung überhäuft worden. Schweizer Regierungsvertreter zeigen dagegen deutliche Anzeichen von Nervosität: In seiner letzten großen Rede am 5. März 1946 in Fulton, Missouri, hat Churchill das Niederlassen eines Eisernen Vorhangs durch Stalin beklagt, was in Moskau Irritationen ausgelöst hat. Eine neuerliche, nunmehr von Schweizer Boden ausgehende Verstimmung wollen die Behörden vermeiden. Vorsorglich hat sich die Universität auch entschlossen, Churchill keine Ehrendoktorwürde zu verleihen – dies sowohl mit Blick auf die Sowjetunion als auch aus Rücksicht auf einige braune Professoren, deren Gegenstimmen die Hochschule vor der Weltöffentlichkeit in Misskredit bringen könnten. Auf Bitten der Gastgeber hat der britische Generalkonsul Churchill den dringenden Hinweis gegeben, seine Rede solle am Besten gänzlich unpolitischer Natur sein. Churchill hat daraufhin nur verächtlich geschnaubt. „Über was sonst soll ich sprechen als über Politik?"

11.15 Uhr. In der blumengeschmückten Universitätsaula tritt der 71 Jahre alte Staatsmann ans Redepult. „Ich möchte heute über Europas Tragödie zu Ihnen sprechen", hebt er an. „Dieser edle Kontinent, der alles in allem die schönsten und kultiviertesten Gegenden der Erde umfasst und ein gemäßigtes, ausgeglichenes Klima genießt, ist die Heimat aller großen Muttervölker der westlichen Welt. Wäre jemals ein vereintes Europa imstande, sich das gemeinsame Erbe zu teilen, dann genössen seine 300 oder 400 Millionen Einwohner Glück, Wohlstand und Ehre in unbegrenztem Ausmaß."

Churchill spricht in einem ruhigen, vergleichsweise unpathetischen Tonfall. Nicht nur die Honoratioren in der Aula selbst, sondern über Lautsprecher auch die im Auditorium Maximum versammelten Studenten und über Radio zahllose andere Menschen lauschen gebannt, als Churchill dieses Bild nun mit der derzeitigen Lage in Europa kontrastiert: Das Machtstreben der „teutonischen Nationen" habe Europa in großes Unglück gestürzt. „Zwar haben sich einige der kleineren Staaten gut erholt, aber in weiten Gebieten starren ungeheure Massen zitternder menschlicher Wesen gequält, hungrig, abgehärmt und verzweifelt auf die Ruinen ihrer Städte." Gibt es einen Ausweg aus dieser Lage? Gewiss: Es gibt „ein Mittel, das, würde es allgemein und spontan von der großen Mehrheit der Menschen in vielen Ländern angewendet, wie durch ein Wunder die ganze Szene verändern und in wenigen Jahren ganz Europa, oder doch dessen größten Teil, so frei und glücklich machen würde, wie es die Schweiz heute ist. Welches ist dieses vorzügliche Heilmittel? Es ist die Neu-

Eine lebende Legende. Winston Churchill 1948 neben dem französischen Sozialisten und Résistance-Kämpfer Paul Ramadier beim Europa-Kongress in Den Haag. Das leidenschaftliche Engagement des damals angesehensten westlichen Politikers sicherte der europäischen Bewegung in den ersten Nachkriegsjahren internationale Beachtung und Unterstützung.

schöpfung der europäischen Völkerfamilie. Wir müssen eine Art Vereinigte Staaten von Europa errichten."

Im Jahr nach der Befreiung von Auschwitz sind dies ungeheuerliche Worte. Die meisten Zuhörer dürften sich an dieser Stelle unwillkürlich fragen: Vereinigte Staaten von Europa – etwa auch unter Einbeziehung Deutschlands? Churchill ist sich dessen bewusst: Deutschland habe „Verbrechen und Massenmorde begangen, für die es seit der mongolischen Invasion im 14. Jahrhundert keine Parallele gibt", stellt er klar. Deshalb müsse es der Macht beraubt werden, „sich wieder zu bewaffnen und einen neuen Angriffskrieg zu entfesseln. Aber wenn all das getan worden ist, so wie es getan werden wird, so wie man es bereits jetzt tut, dann muss die Vergeltung ein Ende haben." Den Schrecknissen der Vergangenheit müsse man dann den Rücken zuwenden und in die Zukunft schauen.

Was Churchill bis zu dieser Stelle gesagt hat, ist schon brisant genug. Doch jetzt geht er noch weiter. „Ich sage Ihnen jetzt etwas, das Sie erstaunen wird", warnt er vor. „Der erste Schritt zu einer Neuschöpfung der europäischen Völkerfamilie muss eine Partnerschaft zwischen Frankreich und Deutschland sein. Nur so kann Frankreich seine moralische und kulturelle Führungsrolle in Europa wiedererlangen. Es gibt kein Wiederaufleben Europas ohne ein geistig großes

Frankreich und ein geistig großes Deutschland." Unter der Führung dieser beiden Nationen müsse die europäische Völkerfamilie in einer „Union" zusammengeführt werden, und all das schnell, denn „vielleicht bleibt wenig Zeit". Und Großbritannien selbst? Die Briten stehen an der Spitze einer weltumspannenden anglophonen Gemeinschaft, dem Commonwealth. „Großbritannien, das britische Commonwealth, das mächtige Amerika und, so hoffe ich wenigstens, Sowjetrussland – denn dann wäre tatsächlich alles gut – sollen die Freunde und Förderer des neuen Europas sein und dessen Recht, zu leben und zu leuchten, beschützen. Darum sage ich Ihnen: Lassen Sie Europa erstehen!" Tosender Applaus folgt auf diese Worte. Auf dem Weg zum Ausgang zwinkert Churchill einem schweizerischen Diplomaten zu: „Sie sehen, ich habe nicht über die Russen gesprochen!"

Das stimmt zwar – aber die Rede ist dennoch für viele eine Provokation. Vor allem in Frankreich stößt sie auf Ablehnung. Churchills Schwiegersohn Duncan Sandys besucht wenig später de Gaulle. Dieser ist im Januar 1946 als Präsident der Provisorischen Regierung zurückgetreten, weil er die Verfassung der Vierten Republik ablehnt, da sie dem Präsidenten nur sehr begrenzte Macht zugesteht. Seitdem ist er ohne Amt, hat aber weiter großen Einfluss. Der General weist seinen englischen Gast darauf hin, dass die Rede in seinem Land sehr schlecht angekommen sei. Deutschland sei als Staat nicht länger existent. Alle Franzosen stimmten darin überein, dass es kein neues vereinigtes Reich geben dürfe, denn sonst bestehe die große Gefahr, dass das Vereinigte Europa ein vergrößertes Deutschland werde. „Er betonte, wenn es gelingen soll, in Frankreich Unterstützung für die Idee einer Europäischen Union zu gewinnen, dann müsse Frankreich zusammen mit Großbritannien als Gründungsmitglied eintreten. Zudem müssten sich beide Länder auf eine ganz klare Haltung mit Bezug auf Deutschland einigen, bevor dieses in irgendeiner Weise einbezogen werden könne.

Was die Rolle Großbritanniens betrifft, so hat Churchill in seiner Rede keinen Zweifel daran gelassen, dass es die Vereinigung der europäischen Staaten zwar fördern, aber nicht selbst dazugehören soll. Schon seit Langem ist seine Überzeugung: *„We are with Europe, but not of it."* (Wir stehen an der Seite Europas, aber wir sind nicht Teil davon.) In vertraulichen Gesprächen schließt er eine Beteiligung aber nicht aus. Am Abend vor der Rede hat er zu zwei Schweizer Diplomaten gesagt: „Ich habe es vorgezogen, die Frage einer britischen Mitgliedschaft in den Vereinigten Staaten von Europa nicht zu betonen, um deutlich zu machen, dass es Aufgabe der übrigen Nationen wäre, uns einzuladen. Man darf nicht den Eindruck erwecken, wir wollten Europa kontrollieren, auch wenn klar ist, dass nur Britannien heute diese Führungsrolle zu übernehmen vermöchte." Zu seiner Frau sagt Churchill: „Wenn ich zehn Jahre jünger wäre, könnte ich vielleicht der erste Präsident der Vereinigten Staaten von Europa werden."

Hertenstein. Sonntag, 22. September 1946. Alphornblasen und Jodelgesang ertönen auf der Rütli-Wiese. Fahnen flattern, neugieriges Publikum ist hinzugeströmt. Nur drei Tage nach Churchills Rede soll auf dieser Wiese im malerischen Dorf Hertenstein am Vierwaldstätter See Geschichte geschrieben werden, so wie schon einmal vor langer Zeit. Damals, der Überlieferung nach im Jahr 1291, schlossen sich hier mit dem Rütli-Schwur drei schweizerische Kantone zur Eidgenossenschaft zusammen. Daraus ist schließlich die föderale und mehrsprachige Schweiz hervorgegangen. Nun soll auf der Wiese wieder etwas Großes seinen Anfang nehmen. An diesem Tag soll hier eine europäische Eidgenossenschaft gegründet werden, die „Europäische Union". Nicht von Regierungsvertretern, sondern von 79 Bürgern aus 13 europäischen Ländern und den USA. Idealisten sind es, Aktivisten, Intellektuelle. Männer und Frauen. In den vorangegangenen Tagen haben sie einen wahren Gesprächsmarathon absolviert. Zwischendurch haben sie von Churchills Rede erfahren und kurz überlegt, ob sie ihm ein Unterstützungstelegramm schicken sollten. Aber die Mehrheit hat das verworfen. Das Europa, das sie wollen, ist ein anderes als das des konservativen Kriegspremiers. Sie wollen einen radikalen Neuanfang. Keinen lockeren Staatenverbund, sondern einen Bundesstaat mit gemeinsamer Verfassung und eigenen Bürgerrechten, mit einem Parlament mit gesetzgeberischen Kompetenzen, hervorgegangen aus freien Wahlen. Eine europäische Volksbewegung soll diese völlige Neugestaltung des Kontinents zuwege bringen, und zwar nicht in einem allmählichen Prozess, sondern möglichst unverzüglich. Die Grundhaltung der hier versammelten europäischen Föderalisten ist: Dieser letzte Krieg war so furchtbar, dass nichts so bleiben kann, wie es war. Die Nationalstaaten müssen aufgelöst werden – wir brauchen jetzt ganz schnell ein vereintes Europa! Und dieses neue Europa muss ein Friedensprojekt sein, als Antwort auf die Katastrophe des Zweiten Weltkriegs. „Die Europäische Union richtet sich gegen niemanden und verzichtet auf jede Machtpolitik, lehnt es aber auch ab, Werkzeug irgendeiner fremden Macht zu sein." Diejenigen, die so denken, stellen im Europa der unmittelbaren Nachkriegszeit keineswegs eine kleine Minderheit politischer Schwärmer dar. Allein die Union europäischer Föderalisten (UEF) hat 100 000 zahlende Mitglieder.

Erstmals seit dem Krieg sitzen in Hertenstein auch Vertreter Deutschlands und Österreichs gleichberechtigt am Tisch – allerdings sind es Exilanten wie die seit 1933 in der Schweiz lebende Pazifistin Anna Siemsen. Ausreisegenehmigungen aus Deutschland sind von den Alliierten nicht erteilt worden. Auf Initiative der niederländischen Delegation verabschiedet die Hertensteiner Konferenz einstimmig, dass Deutschland als vollwertiges Mitglied in die künftige Europäische Union aufgenommen werden soll.

Berlin. Die vierte Klasse einer Mädchenschule erhält das Aufsatzthema „Mein schönster Tag“. Eine Schülerin schreibt: „Mein schönster Tag war der, an dem mein Bruder Friedrich starb. Seitdem habe ich einen Mantel und Schuhe und Strümpfe und eine gestrickte Weste.“

Von November 1946 bis März 1947 ist Deutschland im Griff eines Extremwinters. Es ist der kälteste seit 1880. Frostperiode folgt auf Frostperiode. Die Temperaturen sinken auf minus 20 Grad. Das in Trümmern liegende Land verschwindet unter Schneewehen. Die Elbe ist vollständig zugefroren, der Rhein auf einer Länge von 60 Kilometern. Wasserleitungen vereisen, Abflussrohre platzen. Da die Toiletten nicht mehr funktionieren, entdeckt man den Nachttopf wieder. Der Inhalt wird einfach aus dem Fenster gekippt. Damit herrschen in Deutschland wieder Zustände wie im Mittelalter. So weit ist es gekommen. So tief ist das Land gesunken.

Eisblumen bedecken die Fensterscheiben. Dann kriechen sie auch über die Wände der Wohnungen, und schließlich sind sogar die Bettdecken mit einer Kristallschicht überzogen. In den deutschen Städten ist mehr als die Hälfte des Wohnraums zerbombt. Zehn Millionen Vertriebene aus dem Osten suchen zusätzlich eine Unterkunft. Die Verkehrsverbindungen sind zu 40 Prozent zerstört, die Kriegsvorräte aufgebraucht. Die Abschottung der Besatzungszonen verhindert den Warenaustausch. Die Sieger demontieren vielerorts Maschinen und fordern Reparationen ein. Viele Felder und Höfe sind vom Krieg verwüstet, es fehlt an Dünger und Landmaschinen. Wegen eines sehr heißen Sommers ist ein Teil der Ernte vertrocknet. Die Kartoffel- und Getreidelieferungen aus den deutschen Ostgebieten fallen weg, weil dort nun Polen oder Sowjets regieren. Die Folge: Hunger. Überall in Deutschland sieht man spindeldürre Kinder mit Blähbäuchen. Die zahllosen Toten können nicht beerdigt werden, weil der Boden zu hart ist.

Der ehemalige US-Präsident Herbert C. Hoover, der das Land im Auftrag der Regierung im Februar 1947 besucht, stellt fest: „Die große Masse des deutschen Volkes ist, was Ernährung, Heizung und Wohnung anbelangt, auf den niedrigsten Stand gekommen, den man seit hundert Jahren in der westlichen Zivilisation kennt.“ So aber würden auch die anderen Länder nicht wieder auf die Beine kommen, denn: „Die gesamte Wirtschaft Europas ist mit der deutschen Wirtschaft durch den Austausch von Rohstoffen und Fertigwaren eng verkettet. Die Produktionsfähigkeit Europas kann nicht wieder hergestellt werden, ohne dass Deutschland in die Lage versetzt wird, zu dieser Produktivität beizutragen." Eine gedemütigte Nation sei zudem anfällig für linke und rechte Demagogen. Hoovers Mahnung an Präsident Truman: „Man kann Vergeltung oder Frieden haben. Aber nicht beides."

Cambridge, Massachusetts. Nur zwölf Minuten lang ist die Rede, die der neue amerikanische Außenminister George Catlett Marshall an diesem sonnigen Vormittag des 5. Juni 1947 vor einer Absolventen-Klasse im Hof der Harvard-Universität hält. Der hochgewachsene Fünf-Sterne-General ist nicht dafür bekannt, viele Worte zu machen. Stattdessen ist er ein guter Zuhörer, der alle Fakten abspeichert, analysiert und dann darauf reagiert. Sein Motto: „Kämpfen Sie nicht gegen Probleme, lösen Sie sie!" Die kurze Rede, die er nun hält, hat er erst an diesem Morgen im Flugzeug aus Washington entworfen. „Das wirtschaftliche Gefüge Europas ist während des Krieges vollständig zusammengebrochen", erklärt „General Marshall", wie er sich von allen außer von engsten Familienmitgliedern anreden lässt. Um zu überleben, sei Europa derzeit auf den Import von Nahrungsmitteln und anderen Gütern vornehmlich aus den USA angewiesen. Es könne diese aber derzeit nicht bezahlen, so dass eine völlige Verarmung und schwere Aufstände drohten. Dies könne unmöglich im Interesse der USA sein. „Logischerweise müssen die Vereinigten Staaten alles, was in ihrer Macht steht, unternehmen, um zur Rückkehr normaler wirtschaftlicher Verhältnisse beizutragen." Dafür sei „wesentliche zusätzliche Hilfe" für Europa nötig – Hilfe, die „Heilung und nicht bloß Linderung" verspricht. Das bedeutet also: Die US-Regierung ist dazu bereit, massive finanzielle Mittel bereitzustellen. Wer soll sie bekommen? „Jede Regierung, die am Wiederaufbau mitarbeiten will." Niemand ist ausgenommen, nicht Deutschland, nicht Polen, nicht die Tschechoslowakei oder Ungarn, noch nicht einmal die Sowjetunion. „Unsere Politik richtet sich nicht gegen irgendein Land oder eine Anschauung, sondern gegen Hunger, Armut, Verzweiflung und Chaos. Ihr Ziel ist die Wiederbelebung einer leistungsfähigen Weltwirtschaft." Nur *eine* deutliche Warnung spricht Marshall aus: „Eine Regierung, die darauf hinarbeitet, den Wiederaufbau anderer Länder zu behindern, kann von uns keine Hilfe erwarten." Dieser Satz kann als versteckte Drohung gegen Frankreich verstanden werden, das seine Besatzungszone gegen alle Versuche abschottet, wenigstens die Wirtschaft der drei Westzonen zu vereinheitlichen.

Für die Hilfen nennt Marshall eine deutliche Bedingung: Die infrage kommenden Staaten müssen selbst ein Programm dafür entwickeln, wie die Gelder aus den USA eingesetzt werden sollen – und sie müssen dies gemeinsam tun. „Das Programm sollte von den europäischen Nationen gemeinsam aufgestellt sein." Damit zwingt die US-Regierung die europäischen Staaten zur Zusammenarbeit. Ihr Ziel dabei ist, die einstigen Feinde auf den Weg zu einer europäischen Einigung zu bringen. Denn Washington ist zu der Überzeugung gelangt, dass nur ein geeintes Europa zukunftsfähig ist. Zum einen könnte Deutschland durch eine solche Einbindung in das europäische Staatensystem eingedämmt und kontrolliert werden, zum anderen entstünde so ein Gegengewicht zur Sowjetunion. Von jetzt an treten die USA als großer Förderer der europäischen Einheit auf.

Marshalls Zuhörern in Harvard entgeht an diesem Vormittag die historische Tragweite seiner Ankündigung. Erst später wird das nun folgende *European Recovery Program* als Marshall-Plan bekannt werden und seinem Initiator den Friedensnobelpreis einbringen. Die Sowjetunion wird die amerikanische Hilfe letztlich ausschlagen und ihre osteuropäischen Satellitenstaaten dazu zwingen, dies ebenfalls zu tun. Die westeuropäischen Staaten dagegen gründen 1948 die Organisation für wirtschaftliche europäische Zusammenarbeit, die – wie von den USA verlangt – ein gemeinsames Konzept zum wirtschaftlichen Wiederaufbau erstellt. Es ist das erste Mal, dass die europäischen Staaten in dieser Weise zusammenarbeiten.

London. Vom India Office in Whitehall aus hat Großbritannien ein Weltreich gelenkt. Nun tagt hier seit dem 23. Februar 1948 die Sechsmächtekonferenz, bestehend aus den USA, Großbritannien, Frankreich und den Benelux-Staaten. Sie beraten über die Zukunft Westdeutschlands. Ein letztes Mal pocht Frankreich auf die Abtrennung des Rheinlands, doch das ist mit den anderen nicht zu machen. Als Zugeständnis an Frankreich soll es lediglich das Saarland wirtschaftlich kontrollieren dürfen. Außerdem wird entschieden, die Kohle- und Stahlproduktion des Ruhrgebiets einer Internationalen Ruhrbehörde zu unterstellen. Im Übrigen beschließt die Konferenz die Gründung eines neuen deutschen Staates auf dem Gebiet der drei westlichen Besatzungszonen. Es soll eine Demokratie nicht zentralistischer, sondern föderaler Prägung werden: mit begrenzter Eigenständigkeit für die Länder. Die bereits bestehenden elf Länderparlamente in den drei Besatzungszonen werden beauftragt, einen Parlamentarischen Rat zu bilden und dort die Verfassung für die künftige Republik auszuarbeiten.

Den Haag. Noch lange nicht überall sind die Deutschen willkommen, selbst wenn sie sich jetzt Demokraten nennen. Das niederländische Kabinett kommt am 3. Mai 1948 zu einer Dringlichkeitssitzung zusammen. In vier Tagen soll in Den Haag ein großer Europa-Kongress mit Vertretern aus 30 Ländern beginnen, darunter auch etwa 60 aus Deutschland. Die Regierung soll ihnen

Einreisevisa ausstellen, doch damit sind viele Minister nicht einverstanden. Die Deutschen haben fast alle niederländischen Juden ermordet, Hunderttausende als Zwangsarbeiter deportiert und das Land völlig ausgeplündert – und jetzt, drei Jahre nach der Befreiung, soll Ministerpräsident Louis Beel sie hier zu einer Cocktailparty empfangen? Undenkbar! Doch dann erfolgt eine Intervention von Außenminister Pim Baron van Boetzelaer van Oosterhout: Kein Geringerer als Winston Churchill lege höchsten Wert auf die Anwesenheit der deutschen Teilnehmer. Er habe bereits damit gedroht, sich selbst einzuschalten, falls die niederländische Regierung ihre Kooperation verweigern sollte. Widerwillig gibt das Kabinett nach – eine Auseinandersetzung mit Churchill kurz vor seinem mit Spannung erwarteten Besuch ist das Letzte, was man will. Immer mal wieder wird Churchill in den nächsten Monaten die mahnende Frage stellen: „Wo sind die Deutschen?“

Der Kongress vom 7. bis zum 10. Mai 1948 ist eine Veranstaltung von Europa-Aktivisten verschiedenster Couleur. Sie lassen sich im Wesentlichen in zwei Lager einteilen: Föderalisten und Unionisten. Die Föderalisten sind diejenigen, die ein wirklich vereinigtes Europa mit gemeinsamer Regierung, gemeinsamem Parlament und gemeinsamer Verfassung anstreben. Die Nationalstaaten sollen sich auflösen. Für die Unionisten sind das unrealistische Träumereien. Europa kann nach ihrer Auffassung nur allmählich als Verbund souveräner Staaten aufgebaut werden, und dieser Prozess kann nicht von unten durch Aktivisten in Gang gesetzt werden, sondern nur von pragmatisch denkenden erfahrenen Staatsmännern.

Die zur Finanzierung des Kongresses notwendigen 200 000 Gulden – ein enormer Betrag – werden im Wesentlichen von niederländischen Unternehmen wie dem Elektronikhersteller Philips und der Konfektionskette C&A aufgebracht. Die niederländische Regierung beschränkt sich darauf, den altehrwürdigen Rittersaal im historischen Binnenhof als Tagungsort zur Verfügung zu stellen. Darüber weht für die Dauer der Zusammenkunft eine von Churchills Schwiegersohn Duncan Sandys entworfene Europaflagge: ein großes E auf weißem Grund. Ein Kommentator des „New Yorker“ fühlt sich dadurch an eine zum Trocknen aufgehängte lange Unterhose erinnert – die Zwischenräume zwischen den Balken des „E“ sehen für ihn aus wie weiße Hosenbeine.

Am Donnerstagabend – es ist Himmelfahrtstag – schwebt Churchill in Den Haag ein. Es herrscht eine Stimmung freudiger Erwartung. Bei fast schon sommerlichem Frühlingswetter ist die tulpengeschmückte Stadt voller radfahrender Familien, die einen Blick auf das große Ereignis erhaschen wollen. Um was es dabei geht, wissen wohl die wenigsten, aber dass Churchill in der Stadt ist, der hochverehrte, ja geliebte Kriegsheld und Befreier, das empfinden sie als

Sensation. Alle anderen Politiker stehen ganz in seinem Schatten. Unter ihnen sind Vertreter der Vorkriegsgeneration wie die beiden französischen Ministerpräsidenten des Kriegsjahrs 1940, Édouard Daladier und Paul Reynaud, die beide jahrelang von den Deutschen inhaftiert worden sind. Anwesend sind aber auch junge politische Talente wie der Mitverfasser des Manifests von Ventotene, Altiero Spinelli, eine der treibenden Kräfte hinter der Union europäischer Föderalisten (UEP), der französische Parlamentsabgeordnete François Mitterrand und der konservative britische Politiker Harold Macmillan. Eine kleine Minderheit bilden die Frauen, aber daran nimmt zu dieser Zeit noch niemand Anstoß. Aus Deutschland angereist sind unter anderem Konrad Adenauer, der Justizminister von Nordrhein-Westfalen, Gustav Heinemann, und der Frankfurter Rechtsprofessor Walter Hallstein, der hier zum ersten Mal Bekanntschaft mit Adenauer macht. Für ihn hält die Zukunft noch einiges bereit: Die Schuhe, die er hier im vergleichsweise gut sortierten Den Haag kauft, wird er noch zehn Jahre später als erster Präsident der Europäischen Kommission tragen.

Insgesamt ist es eine Gesellschaft, wie man sie so bunt und vielfältig in Europa schon lange nicht mehr gesehen hat. „Sozialisten, Liberale und Konservative, Gläubige und Freidenker, Großunternehmer, Banker, Finanziers, Wirtschaftswissenschaftler und Gewerkschaftsführer, Parlamentarier und Wissenschaftler, Militärs und Künstler" – so zählt sie der niederländische Senator Pieter Kerstens auf, der den Kongress ganz wesentlich organisiert, die Sponsorengelder gesammelt und aus eigener Tasche 25 000 Gulden zugeschossen hat.

Am nächsten Tag, Freitag, 7. Februar, betritt Churchill im Frack den mit 800 Delegierten voll besetzten Rittersaal. Das dort geltende Rauchverbot ist mit Rücksicht auf ihn vorübergehend außer Kraft gesetzt worden, so dass er sich erst einmal eine dicke Zigarre anzündet. Seit seiner Rede in Zürich habe die Europa-Bewegung mächtig an Fahrt aufgenommen, hebt er an. Der hier versammelte Kongress könne mit Recht für sich beanspruchen, die Stimme Europas zu sein. „Vor den heraufziehenden Gefahren werden wir uns nur dann retten können, wenn wir den Hass der Vergangenheit vergessen, wenn wir nationale Bitterkeit und Rachegefühle sterben lassen, wenn wir schrittweise Grenzen und Hindernisse beseitigen, die das, was uns trennt, verschlimmern und konservieren, und wenn wir uns gemeinsam des großartigen Schatzes an Literatur, Romantik, Ethik, Philosophie und Toleranz erfreuen, der allen gehört und der das wahre Erbe Europas ist, Ausdruck seines Genius und seiner Ehre, den wir aber durch unsere Streitigkeiten und Dummheiten, unsere schrecklichen Kriege und die grausamen und furchtbaren Taten, die durch Krieg und Tyrannen ausgelöst worden sind, fast weggeworfen haben."

Das Treffen, mit dem alles begann. Der Europa-Kongress von 1948 im Rittersaal von Den Haag. Im Hintergrund das Europa-Logo, das als weiße Unterhose an der Wäscheleine verspottet wurde.

Dann sagt er etwas, was die anwesenden Deutschen tief bewegt: „Vor einiger Zeit habe ich gesagt, dass es die stolze Aufgabe der Siegernationen sei, die Deutschen an die Hand zu nehmen und sie zurück in die europäische Familie zu führen. Europa braucht alle Franzosen, alle Deutschen und alles, was ein jeder von uns geben kann. Darum heiße ich hier die deutsche Delegation willkommen, die wir in unsere Mitte eingeladen haben." Es gelte jetzt, Deutschland wirtschaftlich wieder aufzubauen, damit es seinen alten Ruhm zurückerlangen könne, ohne dabei seine militärische Macht wiederherzustellen. Nur im Rahmen des Vereinigten Europas könne das gelingen.

Zurzeit könnten sich an diesem Projekt nur die westeuropäischen Demokratien beteiligen, aber der grundsätzliche Anspruch sei, ganz Europa mit einzuschließen. „Herausragende Exilanten aus der Tschechoslowakei und aus den meisten anderen osteuropäischen Staaten und ebenso aus Spanien sind heute unter uns." Mit Freude und Zuversicht erwarte er den Tag, an dem ganz Europa demokratisch und vereinigt sei.

In der Auseinandersetzung zwischen Föderalisten und Unionisten bezieht Churchill nicht Stellung. Stattdessen appelliert er an beide Seiten, aufeinander zuzugehen. Weder sei es zielführend, jetzt etwa eine detaillierte Verfassung für die Vereinigten Staaten von Europa auszuarbeiten, noch dürfe man sich in unverbindlichen Erklärungen verlieren. Am Ende müsse schon ein greifbares Ergebnis stehen: „Die Aufgabe, die bei diesem Kongress vor uns liegt, besteht nicht allein darin, während dieser wenigen Tage, die wir hier versammelt sind, die Stimme des Vereinigten Europas zu erheben. Wir müssen hier und jetzt beschließen, dass in der einen oder anderen Form eine Europäische Versammlung gegründet wird, die es dieser Stimme ermöglicht, sich permanent Gehör zu verschaffen und der wir mit immer weiter zunehmender Akzeptanz in allen freien Ländern dieses Kontinents vertrauen." Wenn das gelinge, könnten die kleinen Kinder, die derzeit in einer gepeinigten und zerrissenen Welt aufwachsen müssten, dereinst einer strahlenden Zukunft entgegensehen.

Churchills Worte zeigen erneut große Wirkung. François Mitterrands Ehefrau Danielle, eine Résistance-Kämpferin, wird noch 60 Jahre später sagen, dies sei der Moment gewesen, in dem alles begonnen habe. „Churchills Rede war wie ein Donnerschlag."

Im Anschluss empfängt Churchill einige Vertreter der deutschen Delegation, unter ihnen Adenauer. Er versichert ihnen, dass er keinerlei Hass gegen Deutsche hege, sondern dass im Gegenteil alle zusammenarbeiten und gemeinsam eine europäische Föderation bewerkstelligen müssten. Da Churchill kein Deutsch spricht und Adenauer kaum Englisch, verständigen sie sich über einen Dolmetscher. Adenauer ist beeindruckt von der Begegnung, aber der 74-Jährige wirkt auf ihn „doch schon sehr alt". Er selbst ist 13 Monate jünger.

Am nächsten Tag werden die Delegierten in Arbeitsgruppen unterteilt. Alles geht ziemlich chaotisch zu und erinnert einen britischen Teilnehmer an die Atmosphäre eines Biergartens.

Amsterdam. Sonntagnachmittag, 9. Mai. Churchill ist auf dem Weg in die niederländische Hauptstadt. Aber die Sonne scheint jetzt so warm, dass er Durst bekommt. Als er am Weg ein rustikales holländisches Gasthaus mit dem Namen „De Gooische Boer" entdeckt, lässt er seinen Chauffeur sofort stoppen. Seine Polizeieskorte bekommt davon nichts mit und fährt weiter geradeaus. Churchill genehmigt sich ein kühles Bier. Dann geht es weiter. Einige Zeit später steht er vor 40 000 Zuhörern auf dem Damplatz in der Mitte von Amsterdam. Seine Vision, so sagt er, sei ein Europa, in dem man stolz darauf sei, sagen zu können: „Ich bin ein Europäer." Und weiter: „Wir hoffen, ein Europa zu erleben, in dem sich die Menschen eines jeden Landes sowohl als Europäer als auch als

Angehörige ihres Heimatlands betrachten, ohne dabei etwas von der Liebe und Loyalität zu ihrem Geburtsort einzubüßen. Wir hoffen, dass sie überall, wohin sie sich in diesem großen Gebiet auch wenden mögen, einem Gebiet, dem wir auf dem europäischen Kontinent keine Grenzen setzen, das aufrichtige Gefühl haben: ‚Hier bin ich zuhause. Ich bin auch ein Bürger dieses Landes.'"

Den Haag. In den Arbeitsgruppen wird unterdessen bis zum frühen Morgen gerungen und gestritten. Der österreichische Graf Richard Coudenhove-Kalergi, der sich schon seit Anfang der 20er Jahre für ein „Pan-Europa" einsetzt, bringt die zentrale Frage auf den Punkt: „Soll Europa sich zu einem kontinentalen Staatenbund zusammenschließen – oder zu einer großen Nation, zu einem Bundesstaat mit einer Bundesverfassung wie die Schweiz und die Vereinigten Staaten von Amerika?" Mit anderen Worten: Soll Europa auf zwischenstaatlicher oder auf übernationaler Ebene integriert werden? Die Delegierten können sich in dieser Frage nicht einigen und schließen am Ende einen Kompromiss: Die europäischen Nationalstaaten sollen erhalten bleiben, aber einen Teil ihrer Souveränität auf die von Churchill geforderte „Europäische Versammlung" übertragen. Das Presseecho auf den Kongress und seine Ergebnisse ist in der gesamten westlichen Welt gewaltig. Churchill ist sich sicher: „Dieser Europa-Kongress wird von den Historikern als Meilenstein in der Entwicklung unseres Kontinents hin zur Einheit gewürdigt werden."

Straßburg. Die zwischen Frankreich und Deutschland so lange umkämpfte Stadt soll der passende Sitz sein für die vom Haager Kongress geforderte „Europäische Versammlung". Der französische Außenminister Robert Schuman will sie „Europäische Union" nennen, doch das geht seinem britischen Amtskollegen Ernest Bevin zu weit: Mehr als ein „Europarat" soll es nicht sein. Der bullige Labour-Politiker in seinen schlecht sitzenden Anzügen, der mit elf Jahren die Schule beendet und sich dann zum Gewerkschaftsboss hochgearbeitet hat, hegt großes Misstrauen gegenüber den ambitiösen Plänen kontinentaler Europa-Enthusiasten. Er einigt sich schließlich mit den Franzosen auf einen Kompromiss: Es soll zwar eine parlamentarische Versammlung geben, in die die Parlamente der beteiligten Nationalstaaten Delegierte entsenden, doch diese Versammlung soll lediglich Vorschläge erarbeiten. Darüber beschließen soll dann ein Ministerkomitee, in dem die Außenminister der Mitgliedsstaaten vertreten sind – und zwar nach dem Einstimmigkeitsprinzip. Es ist also keine den Nationalstaaten übergeordnete Autorität vorgesehen.

Als die Abgeordneten im September 1949 „die Schaffung einer europäischen politischen Autorität mit begrenzten Funktionen, aber echten Vollmachten“ fordern, legt Bevin dagegen sein Veto ein. Auch die skandinavischen Staaten wollen keinen noch so kleinen Teil ihrer Souveränität an das überstaatliche Parlament delegieren. Damit ist das Schicksal des Europarats besiegelt, noch bevor er überhaupt richtig mit der Arbeit begonnen hat. Er bleibt zwar bestehen, ist aber irrelevant. Vielen ist jetzt klar: Trotz Churchills Pro-Europa-Kampagne wollen sich die Briten an einer Einigung des Kontinents nicht wirklich beteiligen. Wie aber soll Europa ohne seine größte Macht zusammenfinden?

Washington. Robert Schuman wird rot. Soeben hat ihn der amerikanische Außenminister Dean Acheson aufgefordert, ihm seine Vorstellungen von einer gemeinsamen Deutschlandpolitik darzulegen. Dies versetzt den französischen Außenminister in sichtliche Verlegenheit. Denn ihm ist klar, dass Frankreichs harte Linie gegenüber Deutschland nicht mehr länger durchgehalten werden kann. Es ist der 15. September 1949. Im fernen Bonn wird an diesem Tag Konrad Adenauer mit einer Stimme Mehrheit – seiner eigenen – zum Bundeskanzler gewählt. Damit gibt es wieder einen deutschen Regierungschef, und auch wenn sein Land, die Bundesrepublik, noch nicht souverän ist, so ist doch absehbar, dass es dies irgendwann sein wird. Die Amerikaner haben sich schlicht und einfach dafür entschieden, die Sowjetunion als die wesentlich größere Bedrohung zu betrachten. Westdeutschland soll künftig für den Kampf gegen den Kommunismus mobilisiert werden, die Bundesrepublik mit ihrem erheblichen Wirtschaftspotenzial ist als Teil des westlichen Bündnisses vorgesehen. Mit Reparationen darf der Wiederaufbau des Landes nach Meinung der US-Regierung nicht belastet werden – die Fehler von Versailles sollen sich nicht wiederholen.

Frankreich steht damit vor den Trümmern seiner Deutschlandpolitik. 1948 und 1949 hat die deutsche Stahlproduktion stark angezogen, zudem ist die französische Stahlindustrie von deutschen Kohlelieferungen abhängig. Damit droht der Alptraum der Franzosen Wirklichkeit zu werden: Schon wenige Jahre nach Kriegsende sind die Deutschen dabei, sie erneut zu überflügeln. Selbst eine Wiederbewaffnung des ehemaligen Kriegsgegners scheint angesichts der sowjetischen Bedrohung nur noch eine Frage der Zeit. Das ist genau das, was nicht passieren sollte, nicht passieren durfte. Schuman begreift: Es muss jetzt sehr schnell etwas geschehen. Frankreich muss seinen Widerstand gegen einen Wiederaufstieg Deutschlands aufgeben und gleichzeitig doch eine Möglichkeit finden, es zu kontrollieren. Aber wie soll das geschehen? Schließt sich beides nicht gegenseitig aus? Schuman zermartert sich den Kopf. Aber es fällt ihm nichts ein.

Porträt: Robert Schuman

Der Initiator

Monnet und Schuman werden oft in einem Atemzug genannt, und tatsächlich haben sie eng zusammengearbeitet. Persönlich aber hätten sie unterschiedlicher kaum sein können. Monnet war ein weltgewandter Cognac-Fabrikant, der den Luxus schätzte, der anspruchslose, tiefgläubige Robert Schuman (1886–1963) dagegen hatte mit seiner hageren Gestalt und dem kahlen Schädel schon rein äußerlich etwas von einem Mönch. Der spätere britische Premierminister Harold Macmillan beschrieb ihn 1950 als eine „merkwürdige, melancholische, Don-Quichotte-artige Figur, halb Politiker, halb Priester".

Die Beurteilungen Schumans schwanken mitunter zwischen Extremen. Die einen verehren ihn als europäischen Heiligen, die anderen sagen, es sei ihm in Wahrheit nur um den Vorteil Frankreichs gegangen. Weder die eine noch die andere Sicht wird ihm gerecht. Dass Schuman als französischer Außenminister französische Interessen verfolgte, ist selbstverständlich. Das Hauptmotiv für Frankreichs europäische Integrationspolitik war – und ist – die Einbindung Deutschlands. Gleichwohl war es visionär und couragiert, dem besiegten Erbfeind nur fünf Jahre nach Kriegsende eine gleichberechtigte Position zuzugestehen.

Dass Schuman den nach ihm benannten Plan nicht erdacht hatte, schmälert sein Verdienst nicht, denn es war allein er, der diesen Plan durchsetzte – gegen einen äußerst skeptischen Regierungschef Bidault, der von einer deutsch-französischen Kooperation im Grunde nichts wissen wollte.

Der leise Gründervater Europas. Robert Schuman 1948 auf dem Weg in den Élysée-Palast. Ohne das entschlossene Handeln des französischen Außenministers wäre die Gründung der Europäischen Gemeinschaft für Kohle und Stahl und damit der Beginn der europäischen Einigung nicht denkbar gewesen.

Schuman selbst hat sich treffend als „Mann der Grenze“ bezeichnet. 1952 erklärte er in seiner lëtzebuergeschen Muttersprache in einer Sendung von Radio Luxemburg: *„Et ass ken Zo'fall, dass d'Ide vun enger Gemengschaft vu Stohl, Eisen a Kuelen grad engem Letzebuerger Jong komm ass.“* (Es ist kein Zufall, dass die Idee einer Gemeinschaft von Stahl, Eisen und Kohle gerade einem Luxemburger Jungen gekommen ist.) Zeitlebens sprach er Französisch mit dem moselfränkischen Akzent seiner Heimatregion. Während der ersten 32 Jahre seines Lebens war Schuman deutscher Staatsbürger, denn sein Vater stammte aus Lothringen, das nach dem Deutsch-Französischen Krieg vom Deutschen Reich annektiert worden war. Geboren und aufgewachsen ist er in Luxemburg, der Heimat seiner Mutter. Mit ihr sprach er Lëtzebuergesch, mit dem Vater Französisch. Auf der Schule lernte er Hochdeutsch, studierte Jura in Bonn und machte seinen Doktor in Berlin. Seit 1912 als Anwalt in Metz in Lothringen ansässig, blieb ihm der Militärdienst für Deutschland im Ersten Weltkrieg nur dadurch erspart, dass er als „nicht waffentauglich“ ausgemustert wurde. Als Elsass-Lothringen nach dem Krieg an Frankreich zurückfiel, entschied er sich für die französische Staatsbürgerschaft. Während des Zweiten Weltkriegs wurde er von der Gestapo festgenommen, für sieben Monate inhaftiert und danach in Neustadt an der Weinstraße unter Hausarrest gestellt. 1942 floh er nach Südfrankreich und versteckte sich – ebenso wie zeitweise Adenauer – in Klöstern.

Seine Deutschland-Nähe wurde ihm von seinen politischen Gegnern in Frankreich immer angekreidet. Schuman nahm die Anfeindungen hin. In Anspielung auf die Beschlagnahmung seines Hauses in Scy-Chazelles im Zweiten Weltkrieg bemerkte er: „Zum Glück wissen meine Gegner nicht alles, vor allem nicht das Schlimmste. Die deutschen Besatzer, die mein Haus besetzt hatten, waren mir derart gewogen, dass sie mir eine Zentralheizung und ein Badezimmer eingebaut haben.“

Schweizer Alpen. Jean Monnet, wirtschaftlicher Chefplaner der französischen Regierung, verbringt die zweite Märzhälfte des Jahres 1950 mit einem Wanderurlaub. In der Einsamkeit der Bergwelt hat er viel Zeit zum Nachdenken. Nur ein Bergführer begleitet ihn, nachts schlafen sie in Hütten. Irgendwann in dieser Zeit kommt Monnet die Idee, die Schuman nicht einfallen will. Im Kern ist es das, worüber er schon während des Exils in Algier gesprochen hat: Wenn Frankreich Deutschland nicht zerschlagen kann, dann muss es das Land in eine europäische Ordnung einbinden, in der es keine militärische Bedrohung mehr darstellt und sein wirtschaftliches Potenzial allen zugutekommt. Dafür soll zunächst die deutsch-französische Rivalität in der Kohle- und Stahlproduktion beendet werden, indem diese Schlüsselindustrien einer überstaatlichen Instanz unterstellt und damit vergemeinschaftet werden. Die überstaatliche Instanz soll die Kohle gerecht unter den Partnerländern verteilen, so dass alle gleichermaßen davon profitieren. Kooperation statt Konkurrenz – das ist die Idee. Frankreich müsste das Wiedererstarken Deutschlands nicht länger fürchten, sondern es würde ihm im Gegenteil nützen. Es ist die europäische Lösung der Deutschlandfrage.

Paris. Im April 1950 unterrichtet Monnet den französischen Ministerpräsidenten Georges Bidault, seinen direkten Vorgesetzten, über den Plan. Die Reaktion: keine. Daraufhin lässt Monnet sein Papier Außenminister Schuman übergeben. Der liest es am Wochenende in seiner lothringischen Heimat. Als er am 1. Mai am Gare de l'Est wieder in Paris eintrifft, sagt er noch dort zu einem Diplomaten: „Ich habe Monnets Text gelesen, und meine Antwort lautet: Ja." Er wolle die Sache „auf seine Kappe nehmen".

Bonn. Am 8. Mai 1950, auf den Tag genau fünf Jahre nach der Kapitulation Nazi-Deutschlands, empfängt Bundeskanzler Adenauer einen zweiseitigen Brief von Robert Schuman. Streng geheim unterrichtet dieser den deutschen Regierungschef darin über den Vorschlag, den er am nächsten Tag der französischen Regierung unterbreiten will. Der Weltfrieden, so schreibt er, könne nur gewahrt werden, wenn Europa zu großen Anstrengungen bereit sei. „Sie selbst", so spricht Schuman den Kanzler an, „haben in öffentlichen Erklärungen und bei den Unterhaltungen, die wir zusammen führten, Ihre volle Übereinstimmung mit einem solchen Vorhaben unterstrichen. Sie haben vor allem die Errichtung einer Wirtschaftsunion zwischen unseren beiden Ländern vorgeschlagen."

Tatsächlich hat Adenauer in einem am 8. März 1950 veröffentlichen Interview nicht weniger als die Vereinigung Deutschlands und Frankreichs angeregt. Aus diesem Kern könne sich dann ein Vereinigtes Europa entwickeln. Adenauer sprach von einem „Einheits-Parlament", dem auch Großbritannien, Italien und die Benelux-Staaten beitreten könnten. Die internationale Öffentlichkeit reagierte verwundert: „Utopisch" sei der Vorstoß. Adenauer sieht das im Stillen vermutlich genauso, doch er bezweckt damit etwas: Er will Frankreich signalisieren, dass das neue, demokratische Deutschland unbedingt an Aussöhnung mit dem bisherigen Erbfeind und darüber hinaus an europäischer Verständigung interessiert ist. Er will Vertrauen aufbauen, denn davon kann Deutschland nur profitieren: Das Land ist schließlich noch nicht souverän, sondern steht unter Aufsicht der Besatzungsmächte.

Zwei Wochen später hat Adenauer seine Idee konkretisiert: Das „Verschmelzen" müsse „schrittweise" erfolgen, betonte er, wobei man mit der Wirtschaft beginnen sollte. Diesen Aspekt greift Schuman nun auf: Europa, so schreibt er, werde nur entstehen, „wenn konkrete Leistungen zunächst eine tatsächliche Solidarität schaffen." Sprich: Wenn die Bürger merken, dass sie einen tatsächlichen Nutzen davon haben, dann werden sie die Idee einer europäischen Einigung mittragen. Und nun kommt es: „Die französische Regierung schlägt vor, die Gesamtheit der französisch-deutschen Kohle- und Stahlproduktion einer gemeinschaftlichen hohen Stelle im Rahmen einer Organisation, der die anderen europäischen Länder beitreten können, zu unterstellen."

Noch am selben Tag übergibt Adenauer dem französischen Sondergesandten persönlich seine Antwort. Sie besteht aus zwei Briefen, einem offiziellen und einem persönlichen. Der offizielle versichert Schuman, dass man bereit sei, den Plan wohlwollend zu prüfen, „sobald Einzelheiten bekannt sind". Adenauer bleibt vorsichtig. In dem persönlichen Zusatzschreiben aber formuliert er ohne Umschweife, was er wirklich über die Initiative denkt: „Der Plan der französischen Regierung, den Sie mir in großen Zügen entwickelt haben, wird in der deutschen öffentlichen Meinung einen starken Widerhall finden, da zum ersten Mal seit der Katastrophe des Jahres 1945 Deutschland und Frankreich gleichberechtigt an einer gemeinsamen Aufgabe wirken sollen."

Eben hierin besteht das große Interesse Deutschlands: Der Plan ermöglicht ihm die Rückkehr auf die internationale Bühne, die Wiederanerkennung als eigenständig agierender Staat – auf Augenhöhe mit den anderen. Zudem könnte das Saarproblem gelöst werden, da die Kohle von der Saar zum Gemeinschaftspool gehören und somit der direkten Kontrolle durch Frankreich entzogen würde. Und: Noch wird Deutschlands Stahlproduktion von den Besatzungsmächten beschränkt, noch wird das Ruhrgebiet von der Internationalen Ruhrbehörde kontrolliert. Nach Schumans Plan würde diese Kompetenz auf die „gemeinschaftliche hohe Stelle" übergehen, in der deutsche Vertreter absehbar ein stärkeres Mitspracherecht haben würden.

Paris. Es ist Dienstag, der 9. Mai 1950. Er wird später als Geburtstag der Europäischen Union bezeichnet werden, aber am Morgen ist alles noch unsicher. Denn erst einmal muss Schuman die französische Regierung dazu bewegen, seinen Plan überhaupt anzunehmen. Noch weiß fast niemand davon. Schumans Strategie: Er setzt auf Überrumpelung. Erst am Ende der Kabinettssitzung am späten Vormittag unterrichtet er fast beiläufig seine Kabinettskollegen. Eingeweiht sind bis dahin nur drei Minister, von denen er weiß, dass sie zustimmen werden: René Mayer, Antoine Pinay und René Pleven – alle sehr einflussreich. Die anderen reagieren dementsprechend überrascht. Es werden Bedenken geäußert, nicht zuletzt von Ministerpräsident Bidault. Schuman nennt jedoch zwei Gründe, die aus seiner Sicht eine sofortige Annahme des Plans erforderlich machen: Erstens habe Adenauer bereits zugestimmt, und diese Unterstützung von Seiten der Deutschen dürfe nicht durch Aufschub gefährdet werden. Zweitens stehe am nächsten Tag eine Außenministerkonferenz in London an, bei der die Pläne andernfalls durchsickern würden. Eher widerwillig gibt das Kabinett daraufhin seinen Segen.

18 Uhr. Schauplatz: der *Salle de l'Horloge*, der Uhrensaal des französischen Außenministeriums am Quai d'Orsay. Ein Raum von überbordender Pracht, erbaut und gestaltet im 19. Jahrhundert unter Kaiser Napoleon III., aber so prunkvoll, dass man ihn auch für ein Werk des Sonnenkönigs halten könnte. Schuman steht direkt vor einem gewaltigen Kamin, der von einer ebenso überdimensionalen Frauenstatue gekrönt wird – sie personifiziert die Größe Frankreichs. Der hagere, asketisch wirkende Schuman, der daheim in Lothringen ein geradezu mönchisches Leben führt, bildet einen denkbar großen Kontrast dazu. Vor ihm sitzen an langen Tischen Journalisten. Da die Pressekonferenz allerdings erst kurz vorher angekündigt worden ist, haben es ausschließlich in Paris

Geburtsstunde der Europäischen Union. Robert Schuman schlägt am 9. Mai 1950 im Uhrensaal des französischen Außenministeriums den Aufbau einer Europäischen Gemeinschaft für Kohle und Stahl vor. Die Idee dazu stammte von seinem Berater Jean Monnet, doch er war derjenige, der sie Realität werden ließ.

ansässige Zeitungsvertreter rechtzeitig ins Ministerium geschafft. Es fehlen sowohl Kameras als auch Radiomikrofone. Schuman hebt an. „Der Friede der Welt kann nicht gewahrt werden ohne schöpferische Anstrengungen, die der Größe der Bedrohung entsprechen." Es ist ein Satz, der sofort aufhorchen lässt. „Die Vereinigung der europäischen Nationen erfordert, dass der jahrhundertealte Gegensatz zwischen Frankreich und Deutschland aufgelöst wird. Das begonnene Werk muss in erster Linie Deutschland und Frankreich erfassen. Zu diesem Zweck schlägt die französische Regierung vor, in einem begrenzten, doch entscheidenden Punkt sofort zur Tat zu schreiten. Die französische Regierung schlägt vor, die Gesamtheit der französisch-deutschen Kohle- und Stahlproduktion unter eine gemeinsame Hohe Behörde zu stellen, in einer Organisation, die anderen Ländern zum Beitritt offensteht." Es sind die gleichen Worte wie am Vortag in seinem Schreiben an Adenauer. Ein neuer Krieg zwischen Frankreich und Deutschland werde dann nicht nur undenkbar sein, „sondern materiell unmöglich". Die Hohe Behörde, „deren Entscheidungen für Frankreich, Deutschland und die anderen teilnehmenden Länder bindend sein werden", betrachtet Schuman als „den ersten Grundstein einer europäischen Föderation". Sie werde sich zusammensetzen „aus unabhängigen Persönlichkeiten, die auf paritätischer Grundlage von den Regierungen ernannt werden". Auch solle ein Präsident gewählt werden, „dessen Entscheidungen in Frankreich, in Deutschland und in anderen Teilnehmerländern bindend sind". Frankreich, so fasst er zusammen, unterbreite hier einen Vorschlag, von dem es nicht wissen könne, ob er Erfolg haben werde. Frage eines Journalisten: „Dann ist es also ein Sprung ins Ungewisse?" Antwort Schumans: „Genau das ist es. Ein Sprung ins Unbekannte."

Bonn. Erstes Zusammentreffen von Jean Monnet und Konrad Adenauer am 23. Mai 1950. Der Kanzler hat inzwischen erfahren, dass nicht Schuman, sondern Monnet der eigentliche Erfinder des Plans für eine supranationale Kohle- und Stahlunion ist. „Der Alte" ist misstrauisch. Mit Schuman verbindet ihn der katholische Glaube, Monnet dagegen wird ihm als liberaler Agnostiker beschrieben. Mit Schuman kann er Deutsch sprechen, Monnet dagegen ist ein Anglophiler, der sowohl im Ersten als auch im Zweiten Weltkrieg immer für eine möglichst intensive Bindung Frankreichs an Großbritannien und die USA eingetreten ist. Kann so jemand Gutes wollen für die gerade mal ein paar Monate alte westdeutsche Demokratie? Kann es ihm wirklich um Gleichberechtigung gehen?

Auch Monnet sieht dem Treffen mit einiger Spannung entgegen. Auch er hat schon einiges über den deutschen Regierungschef gehört: sein zur Maske erstarrtes, undurchschaubares Gesicht mit der platten Nase und den hohen

Wangenknochen, der politische Kopf schlechthin, geformt durch Jahrzehnte politischer Höhen und Tiefen.

Und nun wird er in sein Büro im Palais Schaumburg geführt und ihm vorgestellt. Was er bei seinem Gegenüber zu spüren glaubt, ist eine Mischung unterschiedlicher Gefühle: Misstrauen, Neugier, aber auch Unsicherheit und Anspannung. Monnet weiß genau, dass es jetzt darauf ankommt. Er muss Adenauer davon überzeugen, dass sein Plan kein Trick ist, um Deutschland an die Kette zu legen, sondern dass Frankreich wirklich einen gemeinsamen, partnerschaftlichen Weg beschreiten will. Dass Jahrhunderte der Erbfeindschaft beendet werden sollen. Monnet beginn zu reden. Und während er das tut, spürt er, wie sich der alte Mann langsam entspannt. Wie das Misstrauen von ihm abfällt. Am Ende steht Adenauer auf und sagt zu ihm: „Monsieur Monnet, ich betrachte den französischen Vorschlag als die wichtigste Aufgabe, die vor mir steht. Sollte es mir gelingen, sie gut zu bewältigen, so glaube ich, ich habe nicht umsonst gelebt."

London. Die große Frage ist jetzt: Wer macht noch mit? Und da richten sich alle Blicke erst einmal auf Großbritannien. Das Prestige des Vereinigten Königreichs übertrifft das aller anderen Länder Europas bei weitem. Die Briten sind diejenigen, die Hitler-Deutschland zusammen mit den USA und der Sowjetunion niedergerungen haben. Während der Kriegsjahre war das Inselreich die letzte Bastion der Demokratie in Europa. London war der Sitz zahlreicher kontinentaleuropäischer Exilregierungen, die BBC war die Stimme der Freiheit. Und jetzt, nach dem Krieg, ist das Vereinigte Königreich die einzige verbliebene Großmacht Europas. Also ist es völlig logisch, dass diese Nation in das Einigungsprojekt miteinbezogen werden soll. Und nicht nur einbezogen: Aufgrund seines Rangs gebührt Großbritannien die Führungsrolle. Schon 1942 hat der belgische Außenminister Paul-Henri Spaak im Londoner Exil gesagt: „Ich glaube, Europa ist bereit, die Führung Großbritanniens zu akzeptieren." Allerdings hatte er wohl schon seine Zweifel an der britischen Bereitschaft dazu, denn er schob nach: „Europa würde es den Briten nicht vergeben, wenn sie eine zögerliche Haltung einnehmen würden. (...) Das Vereinigte Königreich muss sich dazu bereitfinden, sich selbst als Europa zugehörig zu betrachten." Noch drastischer drückt es nach dem Krieg der ehemalige Résistance-Kämpfer Francis Leenhardt in der französischen Nationalversammlung aus: Ein Europa ohne Großbritannien wäre nach seiner Überzeugung „die industrielle Herrschaft Deutschlands, die Degradierung Frankreichs zum Gemüsegarten; es wäre die Verwirklichung von Hitlers Träumen trotz seiner Niederlage; es wäre das deutsche Europa".

Die klare Antwort der Labour-Regierung von Premierminister Clement Attlee lautet jedoch: *No, thank you*. Es ist eine Entscheidung von kaum zu überschätzender Tragweite. Die Folgen werden bis weit ins 21. Jahrhundert hinein spürbar sein. Großbritannien hat zu diesem Zeitpunkt die Möglichkeit, die entstehende Europäische Union nach seinen Vorstellungen zu gestalten und zu führen – aber es entschließt sich stattdessen zum passiven Zuschauen und überlässt anderen die Initiative. Warum?

Wenn man die Frage in einem Satz beantworten müsste, dann würde man sagen: Großbritannien hat genug von Europa. Es hat zwei Weltkriege hinter sich, und in beiden hat ihm erst das Eingreifen der USA den Sieg gebracht. Was ist da logischer, als vor allem ein Bündnis mit Amerika anzustreben? Schumans Gemeinschaft ist auf die Sicherheitsinteressen Frankreichs zugeschnitten: Sie soll sicherstellen, dass Frankreich nicht erneut von Deutschland erobert werden kann. Großbritannien hingegen ist seit fast 1000 Jahren nicht mehr erobert worden. Anders als das geschlagene und beschämte Deutschland oder auch das von der Besatzungszeit gezeichnete und gedemütigte Frankreich muss es sich nicht neu erfinden. Die Briten brauchen „keine Geschichtsreinigung zu betreiben", wie es Jean Monnet ausdrückt. Ihre Klassengesellschaft ist im „Blitz" zusammengewachsen, gemeinsam mit Churchill haben sie ihre *finest hour* erlebt.

Und es gibt noch mehr Gründe. Großbritannien ist bereits in einen Staatenbund integriert – das Commonwealth, den Nachfolger des Britischen Empire. Die Commonwealth-Staaten und nicht Westeuropa sind sein wichtigster Handelspartner. Allein Australien ist 1951 für gut zwölf Prozent der britischen Exporte verantwortlich und damit wichtiger als Frankreich, Deutschland, Italien und die Benelux-Staaten zusammen. Nicht nur konservative Nostalgiker, die dem Viktorianischen Zeitalter hinterhertrauern, sondern auch der Sozialist Attlee und sein Außenminister Ernest Bevin sehen das Commonwealth als dritten großen Machtblock neben den USA und der Sowjetunion. „Großbritannien hat sich nie nur als eine europäische Macht betrachtet", betont Attlee. „Es verfolgt weltweite Interessen." In dieser weltumspannenden anglophonen Gemeinschaft fühlen sich die Briten viel besser aufgehoben. In einem Memorandum mit dem Titel „European Unity" stellt die regierende Labour-Partei am 12. Juni 1950 fest: „In jeder Hinsicht, außer der räumlichen Entfernung, sind wir unseren Stammverwandten in Australien und Neuseeland auf der anderen Seite der Erde näher als Europa. Wir sind ihnen näher in Sprache und Herkunft, in gesellschaftlichen Gewohnheiten und Einrichtungen, in der politischen Einstellung und in den wirtschaftlichen Interessen. Die Volkswirtschaften der Commonwealth-Länder sind in einem Maße komplementär zur britischen, wie es diejenigen Westeuropas niemals sein können. Außerdem ist Großbritannien der Bankier des Sterling-Blocks."

Wie hier bereits anklingt, sieht Großbritannien in einem europäischen Verbund auch keine wirtschaftlichen Vorteile für sich – dafür aber eine Menge

Nachteile. Der größte europäische Stahlproduzent ist schließlich weder Deutschland noch Frankreich – sondern eben Großbritannien. Warum sollte es die Kontrolle darüber freiwillig an geringere Mächte abtreten? Am Ende geht es denen vielleicht nur darum, ihren größten Konkurrenten zu schwächen. Großbritannien spielt 1950 in einer ganz anderen Liga: Seine Industrieproduktion ist so groß wie die Frankreichs und Westdeutschlands zusammengenommen.

Churchill setzt als Oppositionsführer eine Debatte im Unterhaus darüber durch, ob Großbritannien nicht wenigstens an den Verhandlungen über den Schuman-Plan teilnehmen sollte. Wenn die Ergebnisse am Ende nicht zufriedenstellend sein sollten, könne man sich immer noch zurückziehen, argumentiert er. Doch sein Antrag wird Ende Juni 1950 mit 309 zu 296 Stimmen verworfen. Parallel zu der Debatte macht der „Daily Express" Stimmung gegen die Verhandlungen: Der Schuman-Plan würde „die britische Unabhängigkeit beenden", warnt das Blatt. Er sei „Teil eines bewussten und konzertierten Versuchs, Großbritannien in ein Vereinigtes Europa zu zwingen". Auf dem Kontinent ist das Bedauern über das britische Desinteresse groß. Adenauer sagt in einem Interview mit dem „Manchester Guardian": „Ich würde mich freuen, wenn die britische Regierung und die britische Öffentlichkeit die Tatsache anerkennen würden, dass England eine europäische Macht ist, dass ihre Geschichte mit der Westeuropas verwoben ist und dass sie verpflichtet ist, ihren Teil zur europäischen Entwicklung beizutragen."

Rom. Großbritannien bleibt also außen vor. Aber Italien ist sofort mit dabei. Seine Lage ist ähnlich wie die Deutschlands: Zwar haben sich die Italiener keiner vergleichbaren Verbrechen schuldig gemacht, doch sind auch sie durch das lange faschistische Regime Benito Mussolinis diskreditiert und werden misstrauisch beäugt. Italien strebt nach einer Wiederanerkennung als Partner in der internationalen Staatengemeinschaft. Zudem ist es durch den Krieg hart getroffen, die Wirtschaft liegt am Boden. Der Wiederaufbau ist das zweite große Ziel der Regierung, die von einem überzeugten Europäer geführt wird: Es ist der christdemokratische Antifaschist Alcide De Gasperi. Der hagere Mann mit Brille sieht aus wie ein strenger Musiklehrer. Ebenso wie Adenauer sucht er den Schulterschluss mit den USA und führt sein Land zielstrebig in die westliche Wertegemeinschaft.

Es gibt noch mehr Parallelen. Ebenso wie Schuman und Adenauer stammt De Gasperi aus einer europäischen Randregion. Schuman ist Lothringer und als deutscher Staatsbürger aufgewachsen, Adenauer hat als Rheinländer immer eine gewisse Reserve gegen Berlin und Preußen verspürt. De Gasperi wurde in der Nähe von Trient in der Habsburgermonarchie Österreich-Ungarn geboren und

Er führte Italien nach Europa. Briefmarke zum Gedenken an den italienischen Ministerpräsidenten Alcide De Gasperi. Der christdemokratische Politiker erkannte die europäische Einigung als Chance für die politische Rehabilitierung und den wirtschaftlichen Aufschwung seines Landes unmittelbar nach Krieg und Faschismus.

1911 ins österreichische Parlament gewählt. Erst 1919 – im selben Jahr, in dem Schuman mit 32 Jahren Franzose wurde – wurde er mit 38 Jahren Italiener. Ebenso wie Schuman spricht De Gasperi perfekt Deutsch. Als sich die beiden zum ersten Mal treffen und der Italiener große Mühe mit dem Französischen hat, wechselt Schuman kurzerhand ins Deutsche: „Wollen wir es einmal in der Muttersprache versuchen?“ Zudem sind sie Altersgenossen: Adenauer ist 1876 geboren, De Gasperi 1881 und Schuman 1886. Schließlich sind alle drei Katholiken, die „abendländische Trinität“, wie es mitunter spöttisch heißt. Es sind alte katholische Männer, die das neue Europa begründen. Der katholische Glaube, der sich als universal versteht, ist nach dem Krieg ein in seiner Bedeutung kaum zu überschätzendes Bindeglied zwischen den Angehörigen unterschiedlicher europäischer Völker. Tendenziell stehen Katholiken dem Nationalstaat distanzierter gegenüber, weil sie sich auch der Weltkirche mit dem Papst in Rom verpflichtet fühlen. Länderübergreifende Organisationsstrukturen sind katholischen Politikern aus der Kirche schon bekannt. Aber auch allgemein erlebt das Christentum, das die Würde jedes einzelnen Menschen betont, nach der Barbarei des Nationalsozialismus eine Renaissance. Es vermittelt Werte, die die Menschen jetzt dringend brauchen.

Von De Gasperi selbst geht noch eine wichtige Initiative für das Einigungsprojekt aus: Mit einer wirtschaftlichen Verflechtung der Mitgliedsstaaten allein will er sich nicht zufriedengeben. Sein Ziel ist eine politische Gemeinschaft. Schon Monnet hat im Schuman-Plan zusätzlich zu seiner Hohen Behörde zwei weitere institutionelle Elemente vorgesehen: eine Art Schiedstribunal, das für Beschwerden gegen die Hohe Behörde zuständig ist, und eine parlamentarische Körperschaft, der gegenüber die Hohe Behörde politisch verantwortlich sein

Porträt: Alcide De Gasperi

Europäer mit Heiligenschein

Ein internationaler Bucherfolg in den ersten Nachkriegsjahren waren die Romane über Don Camillo und Peppone, einen katholischen Pfarrer und einen kommunistischen Bürgermeister in der norditalienischen Po-Ebene. Die Erzählungen des Schriftstellers Giovannino Guareschi spiegeln die polarisierten politischen Verhältnisse im Italien der unmittelbaren Nachkriegszeit: Links stand die stärkste kommunistische Partei Westeuropas, rechts die von Alcide De Gasperi (1881–1954) mitgegründete *Democrazia Christiana*, die das Erbe der früheren katholischen Volkspartei antrat, gleichzeitig aber eine Emanzipation vom Vatikan anstrebte. Nachdem unmittelbar nach Kriegsende zunächst eine Allparteienregierung unter Führung des konsensorientierten De Gasperi gebildet worden war, kam es 1948 zur Schicksalswahl, die über die künftige Richtung des Landes entscheiden musste. Unter diesen Umständen mischte sich auch Don Camillos Schöpfer Guareschi ein und gab die Parole aus: „Gott sieht dich in der Wahlkabine, Stalin nicht." De Gasperi errang einen überwältigenden Sieg. Für einige Jahre konnte er nun den Kurs Italiens bestimmen. Wohin der gehen sollte, wusste er genau: nach Europa.
Geboren 1881 als österreichischer Staatsbürger in Trient, war die Internationalität diesem Bürger der K.u.k.-Monarchie in die Wiege gelegt. Seine föderativen Überzeugungen waren tiefer und reflektierter als die seines späteren Partners Adenauer, den er schon 1921 – nunmehr als italienischer Staatsbürger – während eines Besuchs in Köln kennengelernt hatte. Beide verband eine unerschütterliche christlich-demokratische Grundeinstellung. De Gasperi war dabei noch deutlich frommer als „der Fuchs" Adenauer. Jahrzehnte nach seinem Tod brachte ihn der Generalsekretär der italienischen Bischofskonferenz 1990 sogar für eine Selig- und Heiligsprechung ins Gespräch.
Die langen Mussolini-Jahre überlebte De Gasperi nach einer 16-monatigen Haft als schlecht bezahlter Bibliothekar im Vatikan. Nach der Rückkehr zur Demokratie stieg der ernste, hochgradig verlässliche Mann sofort zur Zentralfigur der italienischen Politik auf und amtierte acht Jahre als Ministerpräsident. Genauso wie für Adenauer war die Westbindung seines Landes sein wichtigstes Ziel. Er war davon überzeugt, dass Italien seine nationalen Interessen am besten im Kontext der westlichen Allianz und Europas verfolgen konnte. Daneben betrachtete er die europäische Integration auch als Chance, die wirtschaftliche Rückständigkeit insbesondere des südlichen Landesteils zu überwinden. Damit lag er goldrichtig: Binnen zehn Jahren entwickelte sich Italien zu einer der größten Industrienationen der Welt.
Nach De Gasperi wechselten sich die italienischen Regierungen in schneller Folge ab. Die Europäische Gemeinschaft war vor diesem Hintergrund ein willkommener Stabilitätsanker. Zusammen mit dem ihr zugeschriebenen Anteil am Aufschwung der Wirtschaft führte dies dazu, dass die Italiener jahrzehntelang zu den überzeugtesten Europäern gehörten. All das wäre nicht so gekommen, wenn bei der Parlamentswahl von 1948 nicht Don Camillo triumphiert hätte, sondern Peppone.

soll. Stärkstes Machtmittel dieser parlamentarischen Körperschaft soll ein Misstrauensantrag gegen die Hohe Behörde sein. De Gasperi tritt dafür ein, diese Körperschaft möglichst stark zu machen. Die „Gemeinsame Versammlung" wird am Ende aus 78 Abgeordneten bestehen, die von den nationalen Parlamenten gewählt werden. Zu ihrem Sitz wird Straßburg bestimmt, denn nur diese Stadt besitzt einen entsprechend großen halbkreisförmigen Abgeordnetensaal, das 1950 eröffnete Europahaus, in dem der Europarat tagt.

Den Haag. Sind die Niederlande klein? Vielleicht sind sie es seit dem 27. Dezember 1949. An jenem Tag hat die junge Königin Juliana im Königlichen Palast in Amsterdam die Trennungsurkunde von Niederländisch-Indien, jetzt Indonesien, unterzeichnet und damit 90 Prozent ihrer Untertanen in die Unabhängigkeit entlassen. Der Gürtel aus Smaragd, das Reich der 14 000 Inseln, der Vulkanberge und Reisterrassen, „unser Indien", ist seitdem verloren, und was das bedeutet, weiß in den Niederlanden jedes Kind: Ohne das Riesenreich im Indischen Ozean sind die Niederlande nur ein Kleinstaat an der Nordsee. Droht nach der Ausplünderung durch die Deutschen während des Krieges jetzt die völlige Verarmung? Die Niederlande benötigen dringend eine neue Perspektive. Sie brauchen einen neuen Absatzmarkt für die Produkte ihrer auf den Export ausgerichteten Wirtschaft. Kann sich Europa dazu entwickeln?

Ein Anfang ist die geplante Gemeinschaft für Kohle und Stahl allemal. Und dass der gefährliche große Nachbar Deutschland dort kontrolliert, gleichzeitig aber auch wieder aufgebaut wird, ist ebenfalls im niederländischen Interesse. Bedenken hat die Regierung in Den Haag allerdings gegen Monnets Hohe Behörde. Die gerade erst vor fünf Jahren wieder gewonnene Souveränität des Landes soll möglichst nicht eingeschränkt werden. Als Gegengewicht zu der überstaatlichen Institution setzen die Niederlande deshalb gemeinsam mit Belgien die Institution des Ministerrats durch, eines Organs, das im ursprünglichen Schuman-Plan nicht vorgesehen ist. In bestimmten Fragen muss sich die Hohe Behörde mit diesem Gremium der zuständigen Ressortminister absprechen. Dieses Spannungsverhältnis zwischen überstaatlicher und nationalstaatlicher Macht wird die entstehende Gemeinschaft dauerhaft kennzeichnen.

Brüssel. Auf eine belgische Initiative hin haben die Regierungen Belgiens, der Niederlande und Luxemburgs noch 1944 im Exil in London eine Zollunion vereinbart, kurz Benelux genannt. Man hat hier also schon Erfahrungen mit Zusammenschlüssen, die einen gemeinsamen Wirtschaftsraum schaffen sollen. Bei den Verhandlungen über die Europäische Gemeinschaft für Kohle und Stahl in Monnets Pariser Privathaus ziehen die drei Benelux-Länder möglichst an einem Strang – und können dadurch ihr Gewicht gegenüber den Großen verstärken.

Belgien ist grundsätzlich interessiert an dem Europa-Projekt, doch gleichzeitig gibt es starke Bedenken: Die große Befürchtung ist, dass die belgische Kohleindustrie auf einem freien Markt nicht konkurrenzfähig wäre und untergehen würde. Die belgischen Kohlebergwerke sind veraltet, die Löhne der Kumpel die höchsten in Europa. Der populäre Sozialist Achille Van Acker – genannt *Achille Charbon,* Kohle-Achille – macht deshalb Stimmung gegen den Schuman-Plan. Die Regierung argumentiert jedoch gerade damit, dass die geplante Europäische Gemeinschaft die Wettbewerbsfähigkeit der belgischen Kohleindustrie wiederherstellen kann: Die wallonischen Kohlegruben rund um Lüttich und Charleroi könnten mit Gemeinschaftsgeldern modernisiert werden. Außerdem sehen die Bestimmungen vor, dass die Löhne in den Mitgliedsländern nach und nach angeglichen werden sollen. Das würde bedeuten, dass sich die anderen Länder dem belgischen Niveau anpassen müssten und ihr Wettbewerbsvorteil durch die niedrigeren Arbeitskosten wegfallen würde. Und schließlich: Als kleines Land kann Belgien nicht abseits stehen und damit riskieren, aus einem zusammenwachsenden Europa ausgeschlossen zu werden.

Luxemburg. Außenpolitik, Weinbau, schöne Künste und Wissenschaft gehören zum Portefeuille des luxemburgischen Polit-Veteranen Joseph Bech. Der Christdemokrat fügt sich nahtlos in die Reihe Schuman-Adenauer-De Gasperi ein: Er ist Jahrgang 1881, Katholik und entschiedener Nazi-Gegner – die Besatzungsjahre 1940 bis 1945 verbrachte er als Mitglied der Exilregierung in London. Gleichwohl kennt er keine Ressentiments: Wenn er mit Schuman, Adenauer und De Gasperi zusammenkommt, sprechen sie wie selbstverständlich Deutsch. Bech, der bedeutende politische Ereignisse gern mit seiner 16-Millimeter-Filmkamera in wackeligen Bildern festhält, ist auf der internationalen Bühne hoch geachtet – so bezeichnet ihn der amerikanische Außenminister Dean Acheson als seinen „weisen, schlauen und geistreichen Freund“. Weil Luxemburg nur ein so kleines Land ist, das niemanden bedroht, wird Bech zum Beichtvater seiner Amtskollegen und damit zum Geheimnisträger der internationalen Politik.

Mit Bech beginnt Luxemburgs Aufstieg zum unverzichtbaren Vermittler zwischen den europäischen Partnern. Dadurch wächst dem Großherzogtum eine Bedeutung zu, die sein Gewicht, gemessen an Größe und Einwohnerzahl, weit übertrifft. Nach heftigem Tauziehen wird Luxemburg-Stadt sogar zum Sitz der Hohen Behörde bestimmt. Eine Mehrheit der sechs Mitgliedsstaaten hat sich zwar für Brüssel ausgesprochen, denn das ist zentral gelegen, verkehrstechnisch gut angebunden, mehrsprachig und gleichzeitig nicht die Hauptstadt eines der großen Länder. Ein Land ist jedoch absolut gegen Brüssel: Belgien! Die belgische Regierung will Lüttich zum Standort der Gemeinschaft machen. Einmal deshalb, weil Lüttich das Zentrum der wallonischen Kohle- und Stahlindustrie ist. Und dann, weil es dort 1950 heftige Proteste gegen den umstrittenen König Leopold III. gegeben hatte. Die Polizei hatte das Feuer auf Demonstranten eröffnet, vier Menschen starben. Seitdem ist die Atmosphäre angespannt. Mit dem Sitz der prestigeträchtigen Hohen Behörde hofft die christdemokratische belgische Regierung, die Lütticher zu besänftigen. Das aber ist den anderen Regierungen entschieden zu viel belgische Innenpolitik: Sie votieren für Luxemburg. So bleiben sowohl Lüttich als auch Brüssel außen vor.

Sankt Germanshof/Wissembourg. Das hat der französische Zöllner René Rieffel an der elsässisch-pfälzischen Grenze auch noch nicht erlebt: An diesem schönen Sonntagnachmittag – es ist der 6. August 1950 – sinkt ihm eine junge Frau mit brünetten Haaren scheinbar ohnmächtig in die Arme. Pflichtschuldig umsorgt der Beamte die Unbekannte im Zollhaus. Zu spät erkennt er, dass alles nur ein Ablenkungsmanöver ist. Denn während seine Aufmerksamkeit dem Schwächeanfall der jungen Frau gilt – sie heißt Jeanette Luthi, kommt aus Bern und ist 23 Jahre alt –, reißen draußen andere Studenten Grenzpfähle und Schlagbäume ab, um sie anschließend zu verbrennen. Zollschilder werden durch den Hinweis ersetzt „Sie bleiben in Europa". Auf der deutschen Seite gestaltet sich der Handstreich nicht ganz so einfach: Dort ist der Grenzbaum aus Eisen, so dass die Studenten zur Metallsäge greifen müssen. Ein Zollbeamter ruft etwas von Schießen.

Auf die Frage, woher die etwa 300 Grenzstürmer kommen, antworten sie in Gegenwart der von ihnen direkt mitgebrachten internationalen Pressevertreter: „Aus München in Europa!" – „Aus Bern in Europa!" – „Aus Rom in Europa!" Nur ein junger Brite verhaspelt sich. Ihm entfährt: „Aus Brighton in England!" In ihrer Europa-Proklamation erklären die Studenten auf Französisch, Englisch und Deutsch: „Zum ersten Mal in der Geschichte marschieren Europäer nicht an die Grenze, um sich gegenseitig zu töten, sondern um die Beseitigung der Grenzen zu verlangen." Sie fordern ein europäisches Parlament, eine europäische Regierung und einen europäischen Pass.

Die jungen Aktivisten stehen mit ihrer Tat für all jene Europäer, denen es in diesen Jahren mit der Einigung gar nicht schnell genug gehen kann. Sie denken nicht daran, die Neugestaltung des Kontinents den Berufspolitikern zu überlassen. Überhaupt verfügt die europäische Idee kurz nach dem Krieg über großen Rückhalt in der Bevölkerung. Eine Umfrage in der französischen Besatzungszone ergibt 1948, dass 77 Prozent der befragten Deutschen hinter der europäischen Idee stehen. 88 Prozent erklären sich bereit, einem Beitritt Deutschlands zu den Vereinigten Staaten von Europa zuzustimmen, vorausgesetzt, dass die Deutschen die gleichen Rechte wie die anderen genießen. Eine erstaunliche Zahl, bei der man allerdings bedenken muss: Deutschland ist zu dieser Zeit kein souveränes Land, dementsprechend haben seine Einwohner nicht viel zu verlieren. Sie können bei einem Zusammenschluss eigentlich nur gewinnen.

Am Abend reisen die Demonstranten alle wieder friedlich im Bus in ihre internationalen Studentenlager nach Bayern und ins Elsass zurück. Zurückbleiben die perplexen Zollbeamten – auf deutscher wie auf französischer Seite.

Paris. Im April 1951 fliegt Adenauer zur Unterzeichnung des Vertrags über die Europäische Gemeinschaft für Kohle und Stahl in die französische Hauptstadt. Begleitet wird er unter anderem von Walter Hallstein, der die Verhandlungen auf deutscher Seite geführt hat. Abgesehen von einem nur wenige Stunden dauernden Aufenthalt in Versailles im Jahr 1919 ist es Adenauers erster Besuch an der Seine. Entgegen allen protokollarischen Gepflogenheiten wird er am Flughafen nicht von einem Mitglied der Regierung empfangen, sondern nur von Monnet. Begründet wird dies damit, dass keinerlei Aufsehen erregt werden soll, um antideutschen Demonstrationen oder gar einem Attentat vorzubeugen. Es ist eben nicht nur *sein* erster Besuch in Paris, es ist auch der erste Besuch eines deutschen Kanzlers seit der gespenstischen Visite Adolf Hitlers in den frühen Morgenstunden des 23. Juni 1940. „In wahnwitzigem Tempo" – so Jean Monnet – rast die kleine Wagenkolonne vom Flughafen in die Innenstadt. „Das Risiko eines Unfalls war an diesem Tag sicherlich größer als die Gefahr eines Attentats", spöttelt er.

Adenauer absolviert jetzt das volle Besichtigungsprogramm, schließlich hat er mit seinen fast 74 Jahren lange genug darauf warten müssen. Die Champs-Élysées, der Arc de Triomphe, Notre-Dame, der Louvre und sogar Austern und Champagner in einem Gourmetrestaurant – Adenauer nimmt alles mit. Die Pariser Passanten begegnen ihm freundlich, er ist glücklich.

Die Unterzeichnung des Gemeinschaftsvertrags findet am Nachmittag des 18. April im Uhrensaal des Quai d'Orsay statt, ebendort, wo Schuman im Jahr zuvor seinen Plan vorgestellt hat. Der Vertrag besteht aus niederländischem Papier, der Einband ist ein Geschenk Belgiens und Luxemburgs, die seidenen Lesezeichen stammen aus Italien, und die Tinte kommt aus Deutschland. Adenauer unterzeichnet als erster. Würdevoll und kerzengerade steht er an diesem Tag zwischen seinen europäischen Außenminister-Kollegen – er selbst hat das Auswärtige Amt in Personalunion mit übernommen, weil er niemanden kennt, der

Erste Annäherung. Bundeskanzler Konrad Adenauer besichtigt 1951 während seines Paris-Besuchs zur Unterzeichnung des Gründungsvertrags der Europäischen Gemeinschaft für Kohle und Stahl den Eiffelturm. Es war seine erste offizielle Auslandsreise – Deutschland kehrte damit auf die internationale Bühne zurück.

es seiner Meinung nach so gut ausfüllen könnte wie er selbst. Zum ersten Mal seit 19 Jahren nimmt wieder ein Vertreter eines demokratischen Deutschlands an einer solchen Konferenz teil. Deutschland ist damit in die internationale Gemeinschaft zurückgekehrt. Es ist wieder in den Kreis der zivilisierten Völker aufgenommen. Aber noch weiß niemand: Ist dies eine einzelne Sternstunde der Diplomatie – oder der Beginn von etwas Neuem? Und wohin wird es führen?

Als Adenauer abends in sein Hotel zurückkehrt, findet er dort einen an ihn adressierten Brief vor. Er enthält ein *Croix de Guerre*, einen französischen Kriegsorden. Absenderin ist eine junge Pariser Studentin. Sie spricht ihn an als

„Monsieur le Chancelier" und berichtet, das Kreuz stamme von ihrem Vater, der den gesamten Ersten Weltkrieg als Soldat mitgemacht habe und an den Folgen gestorben sei. Jetzt hoffe sie auf eine dauerhafte Versöhnung zwischen Deutschen und Franzosen und allen Völkern Europas und freue sich deshalb „unendlich" über seinen Besuch in der französischen Hauptstadt. „Ich bitte Sie, sehr geehrter Herr Bundeskanzler, dieses Kriegskreuz eines französischen Soldaten, das meinem Vater gehörte und das ich diesem Brief beilege, annehmen zu wollen. Behalten Sie es in bescheidener Erinnerung an Ihren bedeutsamen Besuch in Paris im April 1951."

Adenauer wird das Kreuz bis zu seinem Tod in seinem Schreibtisch aufbewahren.

Stichwort: Die Europäische Gemeinschaft für Kohle und Stahl (EGKS)

Keimzelle der Europäischen Union

Der europäische Ehrenbürger Helmut Kohl hat einmal sehr drastisch beschrieben, wie die Europäische Gemeinschaft für Kohle und Stahl zustande gekommen ist. Die Franzosen seien nach dem Krieg zu dem Schluss gekommen, dass sie die Deutschen nicht alle totschlagen könnten, sagte Kohl. Infolgedessen hätten sie sich die Frage gestellt: Was brauchen die Deutschen, um Krieg zu führen? Antwort: Kohle und Stahl. Da hätten sie sich gesagt: „Also machen wir jetzt Kohle und Stahl zusammen." Das hätten sie in einen Plan gekleidet, der schön europäisch geklungen habe. „Aber in Wahrheit ist das Kontrolle über die deutsche Stahl- und Kohleindustrie gewesen."

Tatsächlich lag der Europäischen Gemeinschaft für Kohle und Stahl ein einfacher Gedanke zugrunde. Einfach und genial: Ohne Waffen gibt es keinen Krieg. Für Waffen braucht man Kohle und Stahl. Also dürfen Kohle und Stahl nur noch gemeinsam organisiert werden. Dann kann kein Land mehr einseitig aufrüsten und einen Krieg vorbereiten.

Auf diese Weise wollte Frankreich die deutsche Gefahr ein für allemal bannen. Nicht durch Zwang und Beherrschung, sondern auf dem völlig neuen Weg einer friedlichen und freiwilligen Zusammenarbeit. Nach Jahrhunderten des Dominanzstrebens gab Frankreich dem Lauf der Geschichte eine andere Richtung. Dass es dazu bereit war, war eine direkte Folge des Zweiten Weltkriegs, der das Selbstvertrauen Frankreichs schwer erschüttert hatte. Nach der Besatzungserfahrung war es auch für Frankreich nicht mehr realistisch, sich eine Zukunft als unabhängiger Einzelakteur auf der Weltbühne auszumalen. Die beiden EU-Experten Dick Leonard und Robert Taylor haben deshalb einmal sehr pointiert geschrieben, Adolf Hitler sei der eigentliche Gründungsvater der EU.

Reine Kooperation zwischen den Nationalstaaten Frankreich und Deutschland wäre für eine dauerhafte Konfliktvermeidung allerdings zu wenig gewesen. Um zu garantieren, dass die gemeinsame Kontrolle über die Kohle- und Stahlproduktion auch wirklich erhalten blieb, bedurfte es einer mit deutlichen Befugnissen ausgestatteten überstaatlichen Institution – der Hohen Behörde. Dass die beteiligten Staaten an diese Instanz einen Teil ihrer Souveränität abgaben, war das fundamental Neue. Die Mitglieder der Hohen Behörde vertraten nicht die Interessen ihres Herkunftslandes, sondern waren dem Gemeinwohl aller Mitgliedsstaaten verpflichtet. Da die Hohe Behörde eine eigene Steuer erhob – ein Prozent des Umsatzes der Kohle- und Stahlunternehmen –, war sie von den Regierungen der sechs Mitgliedsstaaten unabhängig. Damit wurde erstmals in der Geschichte der Versuch unternommen, den mörderischen Wettbewerb zwischen den europäischen Nationalstaaten durch übernationale Strukturen zu beenden.

Der Herr der Kohle. Jean Monnet posiert als Präsident der Hohen Behörde der Europäischen Gemeinschaft für Kohle und Stahl in einer Kohlegrube. In der Anfangszeit der europäischen Einigung war Kohle noch der wichtigste Energieträger und daher von überragender Bedeutung.

KAPITEL II

Rache für Suez

Der Weg zu den Römischen Verträgen (1950–1957)

Die Erbauer Europas erleben ein Wechselbad der Gefühle. Zunächst lanciert Frankreich das ehrgeizigste Europa-Projekt der Geschichte – nur um es gleich wieder zu begraben. Danach sieht es erst einmal übel aus für Europa, doch wieder hat jemand eine zündende Idee, diesmal ein Geige spielender Niederländer. Aber dann droht die Sowjetunion mit Atombomben, ein britischer Premierminister verliert die Nerven, ein deutscher Bundeskanzler behält einen kühlen Kopf, und ein französischer Ministerpräsident fasst sich ein Herz. Im Übrigen bekommt Walter Hallstein – seinen Namen muss man sich noch merken – gesagt, dass er aufhören soll, von Bananen zu reden. Dann werden wichtige Verträge unterzeichnet – in Wahrheit sind es aber nur leere Blätter.

Seoul. Im Morgengrauen des 25. Juni 1950 bricht die Hölle los. Nordkoreanische Panzer überrollen an diesem Sonntag die 250 Kilometer lange Grenze nach Süden. Weder die Armee Südkoreas noch die US-Streitkräfte sind auf einen solchen Angriff vorbereitet. Schon einen Tag später greifen die Invasionstruppen Seoul an, zwei Tage danach gibt die südkoreanische Armee die Hauptstadt auf. Nach zwei Woche halten die Truppen des kommunistischen Diktators Kim Il-Sung fast die gesamte Halbinsel besetzt. Ein vollständiger kommunistischer Triumph scheint nur noch eine Frage von Tagen zu sein.

Bonn. Das ist der Dritte Weltkrieg! Menschen in aller Welt sind sich sicher – ganz besonders aber die Bürger der jungen Bundesrepublik. Die Parallelen zwischen dem geteilten Deutschland und der koreanischen Halbinsel mit einem kommunistischen Norden und einem kapitalistischen Süden liegen auf der Hand. Hunderttausende beginnen deshalb, Lebensmittel zu horten. Eine Journalistin beobachtet in Bonn, dass viele Menschen ihre Koffer packen und – sofern sie ein Auto besitzen – Benzinkanister kaufen, um im Kriegsfall nach Belgien, Luxemburg oder in die Niederlande ausweichen zu können.

„Korea, Korea, der Krieg kommt immer näher!“, singen die Kinder. Menschen, die in Hochhäusern leben, machen sich Sorgen, dass sie ein bevorzugtes Angriffsziel sein könnten. Marienerscheinungen nehmen zu. SED-Chef Walter Ulbricht prophezeit in Ostberlin, die Regierung in Bonn werde bald ebenso wie jene in Seoul „vom Willen des Volkes hinweggefegt“ und Leute wie Adenauer würden „vor ein Volksgericht gestellt“.

Adenauers persönlicher Referent Herbert Blankenhorn bittet die alliierten Hohen Kommissare daraufhin um 200 Pistolen, um notfalls das Palais Schaumburg verteidigen zu können. Der Kanzler selbst ist in düsterer Stimmung: „Ich will Ihnen sagen, was ich tue, wenn die Russen kommen: Dann vergifte ich mich.“

Washington. Auch die Regierung von Präsident Truman ist in höchstem Maße alarmiert. Aus ihrer Sicht hat sich die Lage des Westens in den vorhergehenden Monaten dramatisch verschlechtert: Am 29. August 1949 haben die Sowjets ihre erste Atombombe gezündet – damit ist das Atommonopol der USA verloren. Und am 1. Oktober hat Mao Tse-tung die Volksrepublik China ausgerufen, so dass nun auch das asiatische Riesenreich kommunistisch geworden ist. Ein Memorandum des Nationalen Sicherheitsrates hält fest: „Es geht um Sein oder Nichtsein nicht allein der USA, sondern der gesamten Zivilisation.“

Der nächste Kriegsschauplatz könnte Europa sein – und das hieße als allererstes Deutschland. Doch auch dort sieht es für den freien Westen nicht gut aus: Die Sowjetunion hat in ihren osteuropäischen Satellitenstaaten 22 Divisionen stationiert, weitere 100 stehen in Reserve. Die 1949 gegründete NATO hat dieser Streitmacht gerade einmal zehn Divisionen in der Bundesrepublik entgegenzusetzen. Für die US-Regierung ist klar: Ohne deutsche Beteiligung ist die Rheinlinie nicht zu verteidigen. Nur eine Woche nach Beginn des Koreakriegs hält der amerikanische Außenminister Dean Acheson bereits fest: „Die Regierung der Vereinigten Staaten ist entschlossen, Deutschland so schnell wie möglich in eine enge und feste Verbindung mit dem Westen zu bringen und Verhältnisse zu schaffen, unter denen das Potenzial Westdeutschlands endgültig dem Potenzial des Westens hinzugefügt werden kann.“ Am 13. Juli 1950 wirft der amerikanische Hochkommissar in Bonn, John McCloy, vor einer handverlesenen Runde von CDU-Politikern die Frage auf: „Meine Herren, sind Sie bereit, wieder aufzurüsten, und wenn ja, unter welchen Bedingungen?“ Die Antwort: Ja, wir sind es – aber unter der Bedingung völliger Gleichberechtigung.

Paris. In Frankreich lassen die amerikanischen Überlegungen einer deutschen Wiederbewaffnung die Alarmglocken schrillen. Eine neue Wehrmacht –

das ist der Alptraum eines jeden Franzosen. Die Frage ist: Was kann Frankreich noch tun? Wieder wendet sich die Regierung an Jean Monnet, und wieder hat er eine Idee: Die deutschen Soldaten sollen europäische Soldaten sein! Sie sollen europäische Uniformen tragen und unter europäischem Kommando stehen! Um das zu ermöglichen, sollen die europäischen Länder ihre Streitkräfte vereinigen. Diese Europa-Armee soll einem gemeinsamen politischen Überbau unterstellt werden, einer „einzigen supranationalen Autorität". Der Name dieses überaus ehrgeizigen Projekts: Europäische Verteidigungsgemeinschaft (EVG).

Es ist der ganz große Wurf. Würde er realisiert, hätte die europäische Einigung wohl ein Stadium erreicht, in dem der Prozess unumkehrbar wäre.

24. Oktober 1950. Der französische Ministerpräsident René Pleven – ein alter Freund und ehemaliger Assistent von Monnet – schlägt der Nationalversammlung „die Schaffung einer europäischen Armee" vor, „die mit den politischen Institutionen des geeinten Europas verbunden ist". Ein radikaler Vorstoß. Pleven weiter: „Eine Armee des geeinten Europas, gebildet aus Männern der verschiedenen europäischen Nationen, soll, soweit dies irgend möglich ist, eine vollständige Verschmelzung der Mannschaften und der Ausrüstung herbeiführen, die unter einer einheitlichen politischen und militärischen europäischen Autorität zusammengefasst werden."

Bonn. Die französische Regierung rechnet damit, dass Adenauer auch diesen Vorstoß – ebenso wie kurz zuvor den Schuman-Plan – begeistert begrüßen wird. Doch dem ist nicht so. Zwar findet er die Idee einer europäischen Armee prinzipiell gut, doch die französische Regierung hat Monnets ursprünglichen Vorschlag verwässert. So ist von europäischen Uniformen nicht mehr die Rede. Außerdem sollen die Streitkräfte in den französischen Kolonien nicht in die Europa-Armee integriert werden – Frankreich behielte also doch noch eine nationale Armee, was für Deutschland nicht gelten würde. Es wird also mit zweierlei Maß gemessen, während Adenauers Hauptziel gerade die Gleichstellung Deutschlands ist. Unter diesen Umständen ist der Pleven-Plan für ihn „nichts anderes als ein unverschämter Versuch, die französische Hegemonie in Europa wiederherzustellen". Staatssekretär Walter Hallstein erhält von Adenauer den Auftrag, Außenminister Schuman „von den großen Besorgnissen und der Enttäuschung des Kanzlers zu verständigen".

London. Bei einem Essen diskutiert Churchill mit Monnet über dessen Idee einer europäischen Armee. Der alte Briten-Krieger hält nicht viel davon. Ein französischer Offizier, der Griechen, Italiener, Deutsche, Türken und Holländer kommandiert? Das könne schon bei den einfachsten Befehlen nur zu äußerster Verwirrung führen. Eine Armee benötige einen *esprit de corps*, einen Korpsgeist, und der sei ohne Tradition und Nationalgefühl nicht zu haben, doziert Churchill. Bei dem, was Monnet vorschwebe, könne nur eines herauskommen: „Ein matschiger Mischmasch."

Paris. Am 17. Juni 1951 wird in Frankreich gewählt: Die Partei des großen Europafreunds Robert Schuman, die christdemokratische *Mouvement républicain populaire* (MRP), erleidet dabei eine vernichtende Niederlage. Sie verliert die Hälfte ihrer Wähler und ein Drittel ihrer Mandate. Einen Überraschungserfolg landet dagegen der erstmals angetretene *Rassemblement du peuple français (RPF)*, eine von Charles de Gaulle begründete Sammlungspartei für seine Anhänger. Der Nationalheld de Gaulle betrachtet die Bemühungen um eine europäische Einigung als Ausdruck von Schwäche und lehnt sie radikal ab. Zwar kommt seine Partei noch nicht an die Regierung, doch künftig stehen die Befürworter einer europäischen Integration in der Nationalversammlung unter dem Druck einer gaullistisch-kommunistischen Fundamentalopposition. Mit einem Mal wird deutlich, wie schmal das Zeitfenster für den Schuman-Plan gewesen ist. Da die Europäische Gemeinschaft für Kohle und Stahl bereits Realität ist, konzentrieren sich Gaullisten und Kommunisten nunmehr auf das nächste Einigungsprojekt: die Europäische Verteidigungsgemeinschaft. Sie wird zur großen Kontroverse der französischen Politik.

New York. Drei Tage nach der französischen Parlamentswahl trifft sich Jean Monnet im Waldorf Astoria-Hotel mit Dwight D. Eisenhower, ehemals Oberbefehlshaber der alliierten Streitkräfte im Zweiten Weltkrieg, nunmehr erster Oberkommandierender der NATO. Eisenhower drängt ebenso wie die amerikanische Regierung auf einen schnellen Verteidigungsbeitrag der Deutschen. Am Pleven-Plan kritisiert er, dass die Deutschen dort gegenüber Frankreich benachteiligt würden. Monnet legt ihm dar, dass das Sicherheitsverlangen der Franzosen so kurz nach dem Krieg zwangsläufig noch sehr ausgeprägt sei. Am Ende sprechen sie ab, dass sie beide auf ihre Regierungen einwirken wollen: Eisenhower will dafür werben, dass sich Washington hinter den Pleven-Plan stellt, Monnet will sich für Zugeständnisse gegenüber den Deutschen stark machen.

London. Einige Tage später hält Eisenhower eine Rede in Anwesenheit Churchills und verbreitet zu Monnets vollster Zufriedenheit genau die Botschaft, die dieser ihm nahegelegt hat: „Europa kann die Dimensionen, die seinen Fähigkeiten und seiner Intelligenz angemessen wären, nicht erreichen, solange es zerstückelt ist. Nur wenn es seine Einheit in einer Föderation realisiert, wird Europa seine wahre Sicherheit erlangen und dabei seinen Beitrag zum Fortschritt der westlichen Zivilisation leisten." Von nun an unterstützen die Amerikaner nach Kräften die Umsetzung der Europäischen Verteidigungsgemeinschaft einschließlich einer engen Politischen Union. Sogar Churchill steht der Idee nicht mehr so ablehnend gegenüber wie am Anfang. Nach einem knappen Wahlsieg im Oktober 1951 in die Downing Street zurückgekehrt, versichert er dort Kanzler Adenauer: „Ich freue mich auf die Zeit, wenn deutsche und französische Soldaten zusammen marschieren und die einen die ‚Marseillaise', die anderen die ‚Wacht am Rhein' singen."

Bonn. Adenauer stellt sich schließlich auf die veränderten Verhältnisse ein und gibt seine Vorbehalte gegen den Pleven-Plan auf. Seine Hauptziele sind Sicherheit für Deutschland und die volle Wiederherstellung der deutschen Souveränität. Anfang 1952 wird eine Einigung erzielt: Die NATO und die Europäische Verteidigungsgemeinschaft sollen künftig nebeneinander bestehen. Beide Organisationen sollen sich über eine Beistandsverpflichtung eng verbunden sein. Das heißt: Ein Angriff auf einen der sechs EVG- oder einen der zwölf NATO-Staaten würde gleichzeitig als Angriff auf beide Allianzen gewertet. Der Bundesrepublik werden im europäischen Verbund der Aufbau von Heer, Luftwaffe und Marine mit insgesamt über 400 000 Mann zugestanden. Damit hätte Deutschland auf dem Kontinent die stärksten Streitkräfte nach Frankreich.

Gemeinsam mit dem EVG-Vertrag tritt der sogenannte Deutschlandvertrag in Kraft: Darin erhält die Bundesrepublik von den drei westlichen Besatzungsmächten USA, Großbritannien und Frankreich die von Adenauer im Zuge der Wiederbewaffnung angestrebte Souveränität. Allerdings müssen beide Verträge – der EVG-Vertrag und der Deutschlandvertrag – noch von den Parlamenten ratifiziert werden.

Straßburg. Der italienische Regierungschef Alcide De Gasperi unterstützt die Gründung einer Europäischen Verteidigungsgemeinschaft ebenfalls. Aber sie könne nicht für sich alleinstehen, führt er in einer Rede beim Europarat in Straßburg aus: „Wenn wir an die Streitkräfte der einzelnen Länder appellieren, sich in einer ständigen verfassungsmäßigen Organisation zusammenzuschließen und gegebenenfalls ein größeres Vaterland zu verteidigen, dann muss dieses Vaterland auch sichtbar sein, muss Verstand und Leben haben." Bei der ersten Außenministerkonferenz der sechs EVG-Verhandlungspartner am 11. Dezember 1951 in Straßburg schlägt De Gasperi deshalb die Schaffung einer Politischen Gemeinschaft vor. Unter dem Einfluss seines Beraters Altiero Spinelli plädiert er dabei für starke supranationale Institutionen – denn andernfalls befürchtet er eine deutsch-französische Hegemonie. Bonn und Paris könnten die Dinge allzu oft unter sich regeln.

Sein Vorschlag findet Unterstützung. Am 15. Juni 1952 beginnen Verhandlungen über die Schaffung einer Europäischen Politischen Gemeinschaft (EPG). Ein Parlament wird geplant, eine Exekutive, ein Ministerrat, ein Gerichtshof ... Die Vereinigten Staaten von Europa rücken in greifbare Nähe.

London. Der Traum von Winston Churchill scheint damit wahr zu werden. Doch dessen Begeisterung für die europäische Idee ist merkwürdig abgekühlt, seit er zum zweiten Mal Premierminister geworden ist. Ein Grund dafür ist sein Außenminister und inoffizieller Kronprinz Anthony Eden, der Europa für kontinentale Fantasterei hält: „Wenn man in den Postsack eines englischen Dorfes schauen und sich die Briefe aus dem Ausland ansehen würde, dann würde man feststellen, dass 90 Prozent von außerhalb Europas kommen. Nur zehn Prozent kommen aus Europa." Als Engländer spüre man es deshalb in den Knochen, dass man sich an einem föderalen Europa unmöglich beteiligen könne, so Eden. Ein zweiter Grund ist Churchills stark angeschlagene Gesundheit. Die verbliebenen Kräfte konzentriert er auf sein wichtigstes Ziel, eine Annäherung zwischen den Supermächten USA und Sowjetunion zu vermitteln. Dass dies die reduzierten Möglichkeiten Großbritanniens übersteigt und beide Seiten dazu auch gar nicht bereit sind, erkennt er nicht mehr.

Churchill und Adenauer verstehen sich gut. Nur selten kommt es vor, dass bei dem einstigen Kriegspremier noch einmal alte Ängste durchblitzen. „Sind Sie Preuße?", fragt er einmal ganz unvermittelt. „Die Preußen sind Bösewichte! Ich habe Angst vor ihnen." Schnell versichert Adenauer: Nein, er sei kein Preuße, sondern Rheinländer! Dass das Rheinland seit dem Wiener Kongress zu Preußen gehört hat, lässt er einfach mal unter den Tisch fallen.

Immer wieder versucht der deutsche Kanzler, den Briten zu einem stärkeren Engagement in Europa zu bewegen. Warum nur diese Zurückhaltung? Im Frühjahr 1953 erklärt es ihm Churchill beim Abendessen. Auf die Speisekarte zeichnet er drei Kreise: das Commonwealth – die überwiegend englischsprachigen Nachfolgestaaten der britischen Kolonien –, die Vereinigten Staaten, zu denen Großbritannien eine *special relationship* unterhält, und *United Europe*. Im Schnittpunkt dieser drei Kreise liegt England: Es könne nie ausschließlich Teil Europas sein. Es navigiere zwischen verschiedenen Einflusssphären.

Nicht alle britischen Politiker stimmen darin mit ihm überein. Einer seiner Minister, Harold Macmillan, der 1948 auch am Europa-Kongress in Den Haag teilgenommen hat, warnt, dass eine Vereinigung ohne Großbritannien „Europa

Zwei Europäer im Gespräch. Konrad Adenauer und Winston Churchill stecken 1956 bei der Karlspreisverleihung an den ehemaligen britischen Premierminister die Köpfe zusammen. Churchill rühmte Adenauer als den „weisesten deutschen Staatsmann seit den Tagen Bismarcks".

Deutschland auf einem Silbertablett präsentiert und irgendwann die Früchte unserer hart erkämpften Siege in zwei Kriegen zunichte" machen werde.

Moskau. Stalin liegt in kurzer Pyjama-Hose und Unterhemd in einer Urinlache. Seine Haltung ist seltsam verdreht. Er ist bei Bewusstsein. „Was fehlt Ihnen, Genosse Stalin?", fragt der Leibwächter, der ihn so in seiner Datscha aufgefunden hat. Der 74 Jahre alte Diktator versucht, etwas zu sagen: „Dsch..." Er bekommt es nicht heraus. Die Leibwächter alarmieren den Kreml. Aber weder Georgi Malenkow, Stalins Stellvertreter als Vorsitzender im Ministerrat, noch Geheimdienstchef Lawrenti Beria wagen es, einen Arzt zu holen. Denn sie erinnern sich noch zu gut daran, dass Stalin vor einiger Zeit seinen Leibarzt hat foltern lassen, nachdem der sich die Dreistigkeit herausgenommen hatte, ihm Ruhe zu verordnen.

Erst zwölf Stunden nach dem Zusammenbruch werden Ärzte hinzugerufen. Ihre Diagnose: ein Schlaganfall. Der Zustand ist ernst. Drei Tage später, am 5. März 1953, ist Stalin im Todeskampf. Noch einmal öffnet er die Augen, „halb wahnsinnig, halb zornig, voll Entsetzen vor dem Tode", wie es seiner Tochter Swetlana erscheint. Und da geschieht es: Er hebt die linke Hand! Es kommt ihr vor wie eine letzte Drohgeste. Im nächsten Moment ist der tot.

Stalins Ableben verändert die Welt. Nur zwei Wochen später verabschiedet der Ministerrat der Sowjetunion eine Resolution, die „ein möglichst schnelles Ende des Koreakriegs" fordert. Am 27. Juli 1953 wird ein Waffenstillstand geschlossen. Plötzlich stehen die Zeichen auf Entspannung. Und die Gründung einer Europäischen Verteidigungsgemeinschaft erscheint weniger dringlich. Schumans Nachfolger als Außenminister, der Nationalist Georges Bidault, lässt sich die Bemerkung entfallen, die EVG sei ein „im Wandschrank eingeschlossenes Wesen, bei dem man einmal nachsehen muss, ob es noch am Leben ist".

Hanoi. 1954 kämpfen bereits Tausende junge Deutsche und Franzosen Seite an Seite: im Indochina-Krieg. Es sind vor allem sehr junge Männer, die sich zum Dienst in der Fremdenlegion verpflichtet haben. Sie sind aufgewachsen in der Hitlerjugend und im Bombenkrieg, orientierungslos und überfrachtet mit falschen Idealen. Fronterfahrung haben die wenigsten bis zu ihrer Ankunft gehabt, sie kannten den Krieg bisher nur aus Erzählungen und Wochenschauen. Ihr wichtigstes Motiv: raus aus Deutschland. Im Ruhrgebiet ist der Andrang besonders groß. Deutsche Zeitungen schildern zwar regelmäßig die Schrecken einer Legionärsexistenz in Fernost, doch nach jedem Artikel, jeder Fotoreportage verzeichnen die Franzosen größeren Zulauf. Es ist die Kombination aus Abenteuer und Exotik, die die jungen Männer anzieht. Der Fallschirmspringer Peter Scholl-Latour, der sowohl die deutsche als auch die französische Staatsbürgerschaft besitzt, erlebt in Hanoi „pure Exotik". Ein „kolonialer Traum wie in einem Roman von Kipling".

Doch der Traum verwandelt sich schnell in einen Alptraum. Franzosen und Deutsche bekommen es mit einem Feind zu tun, der nicht zu fassen ist, der sich keiner offenen Schlacht stellt, sondern einen zermürbenden Partisanenkrieg führt. Dazu erhält Ho Chi Minh, der Führer der kommunistischen Unabhängigkeitskämpfer, massive Unterstützung aus China.

Unter dem Kommando des „Roten Napoleon“ Vo Nguyen Giap machen die Vietnamesen ihren Rückstand an Material durch Motivation wett. Sie tragen Sandalen aus Autoreifen und transportieren schweres Gerät auf Fahrrädern über Dschungelpfade. Beide Seiten führen den Krieg mit großer Grausamkeit. Die Viet Minh foltern Gefangene zu Tode, die Franzosen brennen Dörfer nieder und schlachten Frauen und Kinder ab. Ihr Stalingrad finden sie in der Entscheidungsschlacht im Talkessel von Dien Bien Phu. Die Viet Minh stationieren Artillerie auf den umliegenden Bergen, so dass sie von dort aus die Franzosen zusammenschießen können. Nach zweimonatiger Belagerung kapituliert die Kolonialmacht. Viele, die die Schlacht überlebt haben, finden anschließend auf einem 600 Kilometer langen Marsch in die Gefangenenlager den Tod. Nur jeder Dritte kehrt zurück.

Paris. Die Niederlage im Indochinakrieg traumatisiert die Franzosen, ihr Nationalstolz ist tief verletzt. In dieser Situation können sich viele Parlamentarier nicht mehr vorstellen, die französischen Streitkräfte in einer Europaarmee aufgehen zu lassen. Der Druck, mit dem die USA bei Frankreich auf das Zustandekommen der EVG drängen, wirkt zudem kontraproduktiv. Die Stimmung ist stark antiamerikanisch, seit sich die US-Regierung geweigert hat, den eingeschlossenen Franzosen in Dien Bien Phu mit Luftunterstützung zu Hilfe zu kommen. Den einzigen Weg zu neuer militärischer Größe und Unabhängigkeit sehen viele französische Politiker nun in der Atombombe: Wenn sie selbst Atommacht werden könnten, wären sie auf den Schutz der Amerikaner nicht mehr angewiesen. Die Atombombe wollen sie allerdings auf keinen Fall mit den Deutschen teilen – und sind auch deshalb gegen die Europa-Armee eingestellt.

Auf der Rechten beschwört General de Gaulle die Abgeordneten, es drohe der Untergang der Nation: Man sei Zeuge einer „Verschwörung, die Frankreich seiner Souveränität beschneiden“ und „ihm seine Armee wegnehmen“ wolle, warnt er. Auf der Linken ruft der frühere Ministerpräsident Edouard Herrit zum Misstrauen gegenüber dem alten Feind Deutschland auf: Die EVG wäre das „Ende Frankreichs“. Adenauer dagegen hält den Franzosen vor: „Schaffen Sie die EVG, solange ich Kanzler bin. Vergessen Sie nicht, dass ich der einzige deutsche Kanzler bin, der die Einheit Europas der Einheit seines Landes vorzieht.“ Wenn Frankreich Europa jetzt scheitern lasse, werde das sein politisches Ende bedeuten: „Ich werde dann binnen kurzem zerschlagen und zerschmettert sein.“

Borgo Valsugana. Alcide De Gasperi, mittlerweile nicht mehr italienischer Ministerpräsident, sondern Präsident der Parlamentarischen Versammlung der Europäischen Gemeinschaft für Kohle und Stahl, sieht das Verhängnis kommen. Ständig hängt er am Telefon und beschwört seine politischen Freunde, alles zu tun, um ein Scheitern der EVG abzuwenden. Mitten in dieser fieberhaften Tätigkeit erliegt er am 19. August 1954 in den Bergen von Trentino nordöstlich des Gardasees mit 73 Jahren einem Herzinfarkt. Die Nachricht sendet Schockwellen durch Europa. Der Zug, der den Toten nach Rom transportiert, verspätet sich endlos, weil ihm unterwegs so viele Menschen die letzte Ehre erweisen wollen.

Paris. Am 30. August 1954 beschließt die Nationalversammlung mit 319 gegen 264 Stimmen, die Ratifizierung des EVG-Vertrags von der Tagesordnung abzusetzen. Anschließend stehen Gaullisten und Kommunisten auf und schmettern gemeinsam die Marseillaise. Dass der Beschluss gleichzeitig impliziert, dass Deutschland früher oder später eine eigenständige nationale Armee bekommen wird – was Frankreich doch unter allen Umständen verhindern wollte –, ist in diesem Moment Nebensache.

Der luxemburgische Ministerpräsident Bech spricht von einer Katastrophe, der belgische Außenminister Spaak von einem Triumph der Sowjets, der amerikanische Außenminister John Foster Dulles von einer Tragödie. Adenauer wird noch 1965 in einem Fernsehinterview mit Günter Gaus auf die Frage nach der bittersten Enttäuschung in seiner Zeit als Regierungschef antworten: „Die bitterste Enttäuschung und der größte Rückschlag für die gesamte deutsche Politik war nach meiner Meinung der Rückschlag in der Frage nach der Europäischen Verteidigungsgemeinschaft. Wenn Sie sich vorstellen, wie anders es in Europa gekommen wäre, wenn der Vertrag seinerzeit von allen Beteiligten angenommen worden wäre ... In dem EVG-Vertrag waren ja alle die Fragen, um die man sich jetzt streitet seit Jahr und Tag, waren da drin enthalten und wären gelöst gewesen."

Albon. Ist Europa jetzt verloren? Ob das so ist, hängt nicht allein von der großen Politik ab. Der elfeinhalb Jahre alte Reinhard Mey aus Westberlin erlebt diesen Sommer als Austauschschüler in Albon, einem kleinen Dorf in der Ardèche. Zweieinhalb Monate verbringt er hier gemeinsam mit dem zwei Jahre jüngeren Etienne, mehr ein „Bruder als ein Gast". Sie wohnen bei Etiennes Großmutter. Jeden Morgen um halb neun stiefeln sie zu seinem Vater Elie, der ihnen ein Kapitel aus der „Schatzinsel" auf Französisch diktiert. Bald fühlt sich Reinhard als Teil der Dorfgemeinschaft. Als er wieder nach Berlin kommt, fällt es ihm schwer, wieder Deutsch zu sprechen.

London. Mitternacht im Luxushotel Claridge's in Mayfair. In einer Sofaecke sitzen Konrad Adenauer, der luxemburgische Ministerpräsident Joseph

Er gibt die Richtung vor. Der belgische Politiker Paul-Henri Spaak 1957 bei der Karlspreisverleihung in Aachen. Die Ehrung fand wenige Wochen nach Unterzeichnung der Römischen Verträge statt, an deren Zustandekommen er als Verhandlungsleiter maßgeblich beteiligt gewesen war.

Bech und der belgische Außenminister Paul-Henri Spaak zusammen. Was sie nicht ahnen: Verborgen hinter einer Säule, belauscht sie ein „Spiegel"-Korrespondent. Er hört mit, wie Adenauer beschwörend auf die beiden anderen einredet, wobei Bech dem Belgier jeden seiner Sätze ins Französische übersetzt: „Wenn ich einmal nicht mehr da bin, weiß ich nicht, was aus Deutschland werden soll, wenn es uns nicht doch noch gelingen sollte, Europa rechtzeitig zu schaffen. Nutzen Sie die Zeit, solange ich noch lebe … Mein Gott, ich weiß nicht, was meine Nachfolger tun werden, wenn sie nicht in Europa gebunden sind." Verzweifelt reckt er beide Arme in die Luft: „Wenn wir jetzt aufgeben, ist Europa gescheitert, und alles war und bleibt vergebens."

Brüssel. Europa im Stimmungstief. Niemand weiß mehr weiter. In einer solchen Situation richten sich alle Blicke unwillkürlich auf Jean Monnet. Natürlich ist auch für ihn das Scheitern der EVG und der damit verbundenen EPG eine herbe Enttäuschung. Aber der Rückschlag bestätigt ihn in seiner Überzeugung, dass Europa nur schrittweise durch das Zusammenwachsen einzelner Sektoren

Porträt: Paul-Henri Spaak

Der Antreiber

Am 19. Oktober 1940 befand sich der belgische Außenminister Paul-Henri Spaak (1899–1972) unter dem doppelten Boden eines Kleinlasters auf dem Weg von Barcelona nach Lissabon. Bei ihm war der belgische Premierminister Hubert Pierlot. Beide waren nach der Besetzung ihres Heimatlandes durch deutsche Truppen nach Frankreich geflohen und von dort in das Spanien des Generals Franco. Dort wurden sie in Barcelona unter Hausarrest gestellt. Als sich jedoch der „Reichsführer SS" Heinrich Himmler zu einem Besuch ankündigte, setzten sie alles auf eine Karte und unternahmen einen abenteuerlichen Fluchtversuch im Laster. An der spanisch-portugiesischen Grenze verlebten sie bange Stunden, als Zollbeamte den Wagen durchsuchten. Aber sie blieben unentdeckt. Um fünf Uhr morgens erreichten sie Lissabon, von wo sie nach London gelangen konnten.

In der britischen Hauptstadt verbrachte Spaak die nächsten vier Jahre. Im Exil begegnete er vielen anderen geflohenen Westeuropäern, unter ihnen Jean Monnet, Joseph Bech und Wim Beyen. Nach dem Krieg trafen sie sich wieder. Alle trieb die Frage um, wie sie ihre Länder dauerhaft vor einer neuen Aggression Deutschlands schützen könnten. Ihre Antwort: Europa.

Dass er nur der Außenminister eines kleinen Landes war, konnte Spaak nicht entmutigen, denn nach seiner Überzeugung gab es in Europa sowieso nur zwei Typen von Staaten: kleine Staaten und kleine Staaten, die noch nicht verstanden hatten, dass sie klein waren. Als einer der ersten demonstrierte Spaak, dass Vertreter kleiner Länder in internationalen Verbänden nicht untergehen müssen, sondern gerade im Gegenteil die Möglichkeit haben, eine ungleich größere Rolle zu spielen, als dies im nationalen Kontext je denkbar wäre.

Der ehemalige Tennisprofi, der Belgien sogar beim Daviscup vertreten hatte, stand an der Wiege der Vereinten Nationen und wurde erster Präsident der UN-Vollversammlung, dann Vorsitzender des Europarats, dann Vorsitzender der Gemeinsamen Versammlung der EGKS, dann NATO-Generalsekretär. Spaak, der belgische Weltpolitiker. Seine *finest hour* – oder in seinen eigenen Worten *le grand jour de ma vie* – war das Aushandeln der Römischen Verträge. Hier entfalteten seine besonderen Qualitäten – Führungsstärke, Verhandlungsgeschick, Überzeugungskraft, Redekunst, Schlagfertigkeit – ihre größte Wirkung.

1957, im Jahr der Römischen Verträge, erschien in Berlin eine deutschsprachige Biografie des belgischen Staatsmanns. Die Autorin Irmgard Renne schildert darin, wie Spaak nach Dienstschluss durch die Marollen schlendert, das alte Brüsseler Volksviertel. Spaak sei in keiner Fremdsprache besonders gut, aber den Dialekt der Marollen beherrsche er. In den engen Gassen mit ihren kleinen rauchigen Cafés parliere er mühelos mit den kleinen Leuten, von denen viele alte Freunde seien. Hier, wo einst der Maler Pieter Bruegel lebte und im Jahr 1563 seinen „Turmbau zu Babel" schuf, war Spaak nun als Architekt des Hauses Europa tätig, eines ähnlich ambitiösen Projekts. „Spaak", schrieb seine Biografin, „ist heute das Rückgrat eines werdenden Europas."

geeinigt werden kann. Von dieser Grundauffassung ausgehend, schlägt er vor, nach dem Vorbild der Europäischen Gemeinschaft für Kohle und Stahl eine Europäische Gemeinschaft für Atomenergie zu gründen. Das erscheint naheliegend, denn zu dieser Zeit sieht es so aus, als würde die Kohle auf absehbare Zeit durch die Atomenergie abgelöst werden. Man spricht vom Beginn des Atomzeitalters und erwartet sich davon die Lösung aller Energieprobleme; manche Experten glauben sogar, dass es bald Flugzeuge mit Atomtriebwerken geben wird. Eine Einbindung Deutschlands auf diesem Gebiet würde Frankreich zugleich die Sicherheit verschaffen, dass der östliche Nachbar nicht irgendwann auf eigene Faust Atombomben baut. Nach Kohle und Atom könnten dann andere Bereiche folgen, zum Beispiel der Gas- und der Elektrizitätssektor und das Verkehrswesen.

Wie im Jahr 1950 braucht Monnet auch jetzt wieder einen aktiven Politiker, der seine Ideen umsetzen kann. Damals war es Robert Schuman, jetzt ist es der belgische Außenminister und Europa-Veteran Paul-Henri Spaak. Er leitet Monnets Vorschläge am 4. April 1955 an die Regierungen der sechs EGKS-Staaten weiter.

Am selben Tag jedoch erhält Spaak eine Denkschrift seines niederländischen Amtskollegen Johan Willem Beyen. Wim Beyen, wie er gewöhnlich genannt wird, ist ein völlig anderer Mensch als der belgische Außenminister. Kein Sozialist, sondern ein parteiloser Außenseiter. Kein impulsiver Vollblut-Politiker, sondern ein distinguierter Banker. „Ein schöner Mann mit sympathischen Zügen, piekfein gekleidet", so wirkt er auf Spaak. Und trotz seiner Amtspflichten nimmt er sich die Zeit, jeden Tag ein bis zwei Stunden Geige zu spielen. Trotz aller Gegensätze verstehen sich die beiden, sie kennen sich bereits aus dem Londoner Exil. Beyen empfiehlt Spaak nun eine gänzlich andere Vorgehensweise: Er will keine sektorale Einigung so wie Monnet, keine Vergemeinschaftung einzelner Wirtschaftsbereiche – sondern der gesamten Wirtschaft! Die sechs Mitgliedsstaaten – und, sofern es will, auch Großbritannien – sollen einen gemeinsamen Wirtschaftsraum bilden, einen Binnenmarkt. Ohne Zollschranken, ohne Produktionsvorgaben, ohne nationale Sondervorschriften. Dadurch würden sich die beteiligten Länder so eng miteinander verbinden, dass dies nie mehr rückgängig gemacht werden könnte. Und dadurch, so Beyens Überzeugung, würde dann auch ein europäisches Gemeinschaftsgefühl seiner Bürger entstehen.

Es ist kein Zufall, dass dieser Vorschlag ausgerechnet von einem Niederländer kommt, noch dazu von einem, der 15 Jahre seines Lebens im Ausland verbracht hat. Das Königreich hat einen beschränkten Inlandsmarkt, aber viele große Unternehmen wie die Ölgesellschaft Royal Dutch/Shell, den Elektronikkonzern Philips oder den Nahrungs- und Waschmittelkonzern Unilever. Diese

Wirtschaftsriesen drängen auf einen möglichst ungehinderten Zugang zu ausländischen Märkten. Sie wollen ihre Produkte in so hoher Zahl wie nur möglich herstellen, denn je größer die Stückzahl, desto geringer sind im Verhältnis die Produktionskosten. Ihre Heimatmärkte sind dafür zu klein – also brauchen sie Exportmärkte. Beyen weiß dies sehr gut: Der parteilose Banker hat selbst für Philips und Unilever gearbeitet.

Der Sozialist Spaak lässt sich vom liberalen Wirtschaftsmann Beyen überzeugen. Sie erarbeiten ein Benelux-Memorandum, das bei einem Ministertreffen der Sechs erörtert werden soll, am 1. und 2. Juni 1955. In Messina auf Sizilien. Das ist eine Gefälligkeit für den italienischen Außenminister Gaetano Martino, der hier zu Hause ist und gerade Wahlkampf führt. Da kann er den Glanz eines internationalen Ministertreffens gut gebrauchen.

Messina. Wim Beyen hat Herzrasen. Der niederländische Außenminister ist sowieso kein Freund schneller Autofahrten, aber das hier übertrifft alles, was er in dieser Hinsicht jemals mitgemacht hat. Begleitet von Polizisten auf Motorrädern, werden er und die Vertreter Deutschlands, Frankreichs, Belgiens und Luxemburgs jeden Morgen mit heulenden Sirenen vom Hotel San Domenico in Taormina ins 50 Kilometer entfernte Messina gefahren. Dabei geht es in rasendem Tempo über kurvenreiche Küstenstraßen. Wenn Beyen aus dem Fenster schaut, blickt er in den Abgrund. Er hat das Gefühl, „ständig mit dem rechten Vorder- und Hinterrad über der blauen See des Odysseus zu schweben … Nicht gerade ein Beruhigungsmittel."

Im Rathaus von Messina werden die Delegationen vom italienischen Außenminister Martino erwartet. Die Konferenz beginnt am 1. Juni um 17 Uhr unter dem Vorsitz des Luxemburgers Bech. Zunächst geht es um die Nachfolge von Jean Monnet als Präsident der Hohen Behörde der Europäischen Gemeinschaft für Kohle und Stahl. Monnet hat nach dem Scheitern der EVG seinen Rückzug von dem Posten angekündigt, auch weil er bemerkte, dass die damalige französische Regierung von Pierre Mendès-France nicht mehr hinter ihm stand, sondern seine Ablösung betrieb. In Anbetracht des vielversprechenden Benelux-Vorschlags hat er sich jetzt allerdings noch einmal umentschieden und will doch noch im Amt bleiben. Dafür gibt es unter den Ministern allerdings keine Unterstützung: Man einigt sich stattdessen auf den ehemaligen französischen Ministerpräsidenten René Mayer.

Der zweite Tag beginnt für die Benelux-Vertreter mit einer bösen Überraschung: Frankreich und Deutschland legen einen gemeinsamen Gegenentwurf für die Schlusserklärung auf den Tisch. Darin wird der wirtschaftliche Zusammenschluss auf die lange Bank geschoben. Denn die erst seit wenigen Monaten amtierende konservative Regierung in Frankreich hat große Bedenken gegen einen Binnenmarkt. In der von Protektionismus und Subventionen gekennzeichneten französischen Wirtschaft fürchtet man eine ungebremste Konkurrenz der Nachbarländer. Auch Adenauer steht dem Benelux-Vorschlag skeptisch gegenüber. Was er will, ist eine Politische Union, und da erscheint ihm der Umweg über die Wirtschaft als viel zu langwierig und ungewiss. Aufgrund der starken französischen Bedenken rechnet er mit einem Scheitern der Konferenz und ist deshalb zur Verärgerung der italienischen Regierung gar nicht erst angereist. Stattdessen hat er seinen Staatssekretär Walter Hallstein geschickt.

Für Beyen, Bech und Spaak ist der deutsch-französische Gegenvorschlag eine herbe Enttäuschung. Beyen sagt zu den wenigen Pressevertretern, die den weiten Weg nach Sizilien auf sich genommen haben: „Das wirft uns 25 Jahre zurück." Über schlechte Telefonverbindungen versucht Monnet, die Konferenz in seinem Sinne zu beeinflussen. Er gibt seinem Vertreter vor Ort, dem Niederländer Max Kohnstamm, immer neue Ideen durch, die dieser bei den Ministern vorbringen soll. Dabei dringt Kohnstamm überhaupt nicht bis zu ihnen vor. Irgendwann platzt ihm der Kragen: „Herr Monnet, bitte", beschwört er ihn am Telefon, „man ist überhaupt nicht hier, um Europa zu begründen, man ist hier, um Sie zu begraben." Auf der anderen Seite der Leitung hört er ein unterdrücktes Lachen. „Nun, dann irren sie sich gründlich!" Am Abend geht Kohnstamm völlig frustriert zu Bett. Er ist fest davon überzeugt, dass die Konferenz auf ein Desaster hinausläuft. Seine Reaktion ist geradezu körperlich: Der überzeugte Europäer muss sich heftig übergeben.

Zu dieser Zeit verfolgen die Minister im Rund des antiken Theaters von Taormina eine Ballettaufführung. Daran schließt sich um Mitternacht das offizielle Bankett an, das durch die Anwesenheit einiger Ballerinas zusätzlichen Glanz erhält. Offiziell ist der Gipfel jetzt bereits zu Ende, dabei gibt es bis auf die Regelung der Monnet-Nachfolge überhaupt kein Ergebnis. Um halb zwei in der Nacht lässt Bech die Minister deshalb noch einmal im Hotel San Domenico zusammenkommen. Hier nun findet in letzter Minute die eigentliche Konferenz von Messina statt, denn erst hier wird ernsthaft verhandelt. Irgendwann lässt sich der französische Außenminister Antoine Pinay davon überzeugen, dass Frankreich nicht zum zweiten Mal innerhalb eines Jahres „Nein" sagen kann. Dabei schwingt auch die Sorge mit, dass Deutschland in dem Fall wieder einen nationalistischen Kurs fahren könnte. Es zahlt sich aus, dass Spaak kurz vor der Konferenz mehrere private Treffen mit Pinay im Haus einer reichen Amerikanerin in Paris arrangiert hat, um eine gute persönliche Verbindung zu ihm aufzubauen.

Um vier Uhr morgens gibt es ein Ergebnis – ein sehr überraschendes: Ein Expertenkomitee soll auf der Grundlage des Benelux-Vorschlags untersuchen, wie der Integrationsprozess am besten weiter vorangetrieben werden kann. Begriffe wie „Europäische Wirtschaftsgemeinschaft“ und „Gemeinschaftliche Autorität“ werden zwar vermieden. Aber immerhin, im Schlusskommuniqué heißt es: „Die Regierungen der Bundesrepublik Deutschland, Belgiens, Frankreichs, Italiens, Luxemburgs und der Niederlande halten den Augenblick für gekommen, eine neue Etappe auf dem Weg des europäischen Aufbaus zurückzulegen. Sie glauben, dass diese vorerst auf wirtschaftlichem Gebiet verwirklicht werden muss.“

In Taormina ist es früher Morgen: Die Sonne geht auf, und ihre ersten Strahlen vergolden die Spitze des Ätna. Paul-Henri Spaak wird sich noch viele Jahre später an diesen Moment erinnern können. Er bestellt sich eine Flasche Champagner, tritt auf seinen Balkon und schmettert aus voller Kehle „O sole mio“. Da werden im Raum über ihm die Fensterläden aufgeklappt und Pinay erscheint in der Öffnung: „Pass mal auf, Spaak“, ruft er ihm zu, „du hast mich die ganze Nacht geärgert, kannst du mir jetzt nicht wenigstens ein bisschen Schlaf gönnen?“

Was man an diesem Morgen noch nicht wissen kann: Generationen von Europapolitikern werden fortan in Krisensituationen den „Geist von Messina“ beschwören – den Willen, Europa trotz scheinbar unüberwindlicher Schwierigkeiten doch voranzubringen.

Brüssel. Nun muss noch eine *personnalié politique* gefunden werden, die das Expertenkomitee führt. Konrad Adenauer ist für Wim Beyen, denn schließlich stammt die Idee des gemeinsamen Marktes von ihm. Der Niederländer wiegelt jedoch ab. Stattdessen empfiehlt er den Kollegen Spaak, der als Vollblutpolitiker viel geeigneter sei als er selbst. Damit hat er wohl recht. Es spricht einmal mehr für Beyen, dass er in diesem Moment erkennt, dass ein anderer besser dazu befähigt ist, seine Idee umzusetzen.

Spaak tut nun etwas Entscheidendes: Er geht weit über den Auftrag aus Messina hinaus. Denn er lässt die Experten aus allen sechs Mitgliedsländern nicht nur ein Konglomerat von denkbaren Integrationsszenarien erarbeiten, sondern einen ganz konkreten Vorschlag – ein Modell für einen Gemeinsamen Markt. Dieser soll dann in einer zweiten Phase zur Grundlage von Regierungsverhandlungen gemacht werden.

Großbritannien versucht indes, die Verhandlungen zu torpedieren. Die Briten sind von den Sechs ausdrücklich mit eingeladen worden, doch von einer festen Anbindung an Europa will man in London nichts wissen. Zunächst hat die Regierung von Churchills Nachfolger Anthony Eden die Gespräche mit ziemlichem Desinteresse verfolgt, nach dem Motto: „Daraus wird sowieso nichts“. Als das Ganze nun aber etwas konkretere Formen annimmt, fürchtet Großbritanni-

Das Wunder von Messina. Der luxemburgische Ministerpräsident Joseph Bech filmt 1955 während des Gipfels von Messina im Garten des Hotels San Domenico in Taormina mit seiner Privatkamera. Im Hintergrund der belgische Außenminister Paul-Henri Spaak (Mitte) und sein niederländischer Amtskollege Wim Beyen. Die Benelux-Länder konnten sich auf der Konferenz überraschend mit ihrem Vorschlag durchsetzen, einen europäischen Binnenmarkt ins Auge zu fassen.

en wirtschaftliche Nachteile. Wenn die Sechs eine Zollunion bilden sollten, würde das bedeuten, dass sie einen gemeinsamen Außenzoll gegenüber Drittländern erheben würden. Das wäre natürlich schlecht für britische Produkte. Deshalb prangert Außenminister Harold Macmillan die Pläne nun als Angriff auf den freien Welthandel an.

Bonn. Die britische Regierung hat am Rhein zwei starke Verbündete: Wirtschaftsminister Ludwig Erhard und Atomminister Franz Josef Strauß. Erhard sieht den Gemeinsamen Markt in erster Linie als ein protektionistisches Instrument. Die deutsche Wirtschaft, deren Produkte doch nicht nur in Westeuropa, sondern in aller Welt gefragt sind, soll dadurch gegängelt werden, meint der Mann mit der Zigarre. Strauß wiederum ist gegen eine Europäische Atomgemeinschaft, weil eine Zusammenarbeit mit den technisch viel weiter fortgeschrittenen Amerikanern und Briten aus seiner Sicht für Deutschland vielversprechender wäre. Die Opposition innerhalb des Kabinetts nimmt solche Ausmaße an, dass Adenauer im Januar 1956 von seiner Richtlinienkompetenz Gebrauch macht und seinen Ministern vorschreibt, die „Integration zunächst unter den Sechs (…) mit allen in Betracht kommenden Methoden zu fördern". Erhard schnaubt: Das sei ja ein „Integrationsbefehl"! Die Anweisung hält ihn nicht davon ab, das Vorhaben weiter mit allen Mitteln zu hintertreiben. Es ist „der Dicke" gegen „den Alten".

Brüssel. Dennoch legt Spaak am 21. April 1956 einen 135 Seiten starken Aktionsplan vor, der ab nun nur noch der „Spaak-Bericht" genannt wird. Er empfiehlt Regierungsverhandlungen zur Vorbereitung von zwei Verträgen: einen zur Schaffung eines Binnenmarkts und einen zur Gründung einer Europäischen Atomgemeinschaft.

Der Binnenmarkt soll auch den Dienstleistungs- und den Agrarsektor einschließen. Das ist ein Köder für Frankreich, denn die Landwirtschaft besitzt dort noch eine überragende Bedeutung. Die Aussicht, mit dem Binnenmarkt ein stark erweitertes Absatzgebiet für überschüssige französische Agrarprodukte zu gewinnen, macht das Projekt für Paris attraktiv.

Bonn. Große Bedenken haben dagegen die deutschen Bauern, die im Vergleich zur deutlich moderneren französischen und niederländischen Landwirtschaft kaum wettbewerbsfähig sind. Als einer von Spaaks engsten Mitarbeitern, Hans von der Groeben, die Pläne im Bundeskabinett in Bonn vorstellt, protestiert der Staatssekretär im Landwirtschaftsministerium, Theodor Sonnemann, sofort heftig dagegen. Adenauer entgegnet daraufhin listig: „Aber Herr Sonnemann, so schlimm ist es doch nicht, es ist doch nur ein Bericht." Sonnemann:

„Aber Herr Bundeskanzler, so ein Bericht kann doch die spätere Entwicklung vorwegnehmen!“ Adenauer, beschwichtigend: „Wir sind doch nicht daran gebunden.“ Und dann zu von der Groeben, in seinem typischen Kölner Dialekt: „Herr von der Groeben, sind wir jebunden oder sind wir nit jebunden?“ Von der Groeben: „Natürlich ist die Bundesregierung nicht gebunden, Herr Bundeskanzler.“ Darauf Adenauer, befriedigt: „Sehen Sie, Herr Sonnemann.“

Brüssel. Nach Spaaks Vorstellungen soll der Binnenmarkt stufenweise verwirklicht werden, in drei Etappen von jeweils vier Jahren mit einer möglichen Verlängerung um höchstens drei Jahre. Als erstes sollen die Sechs nach und nach die Zölle an ihren Binnengrenzen abbauen und gemeinsame Außenzölle festlegen. Ebenfalls in Phasen soll auch ein freier Verkehr von Personen und Waren ermöglicht werden, bis am Ende völlige Freizügigkeit für alle Staatsangehörigen der sechs Mitgliedsländer besteht.

In Anlehnung an die Europäische Gemeinschaft für Kohle und Stahl sieht der Spaak-Bericht die Schaffung von vier Organen vor. Dies sind ein Ministerrat zur Abstimmung der gemeinsamen Wirtschaftspolitik, eine Kommission zur Überwachung des Binnenmarkts, ein Gerichtshof, der über Klagen entscheidet, und schließlich die Gemeinsame Versammlung der Europäischen Gemeinschaft für Kohle und Stahl, die auch hier die parlamentarische Kontrolle ausführen soll.

Venedig. Das hat man selten: eine Europa-Konferenz, bei der sich alle so schnell einig sind, dass jede Menge Freizeit übrigbleibt. Zu Beginn fordert der Vorsitzende, der französische Außenminister Christian Pineau, den Kollegen Spaak auf, seinen Bericht zu erläutern. Der erwidert etwas spöttisch, er dürfe ja wohl davon ausgehen, dass die Minister den Bericht gelesen hätten, und eigentlich spreche der für sich selbst. Deshalb könne jetzt sofort entschieden werden, dass die Regierungsverhandlungen zur Umsetzung des Plans beginnen sollten. Pineau bittet um weitere Wortmeldungen, aber es kommen keine. Daraufhin stellt er etwas zögernd fest, dass wohl alle Delegationen mit Spaaks Vorschlag einverstanden seien, was auch für die Franzosen gelte. Damit seien die Regierungsverhandlungen beschlossen. Spaak wird wieder mit der Leitung beauftragt. Weitere Programmpunkte: Mittagessen – und dann die Stadt genießen. Unter wolkenlosem Himmel gleitet Wim Beyen mit seiner Frau Gretel über die Kanäle. Im Rückblick erscheint ihm die Konferenz „wie ein Ereignis aus einem Traum“.

Brüssel. Für die Regierungskonferenz wählt Spaak das Schlösschen Val Duchesse in seiner Heimatstadt aus. Von außen wirkt es recht repräsentativ, aber von innen ist es unrenoviert. Zudem gibt es hier nur ein einziges Telefon: an der Treppe zum Keller. Die Konferenzteilnehmer sind also ziemlich isoliert.

Woche für Woche verhandeln hier Experten der sechs Regierungen über Detailfragen. Spaak beaufsichtigt sie wie ein Studiendirektor seine Schüler. Mal anspornend, mal tadelnd. Hin und wieder staucht er eine Delegation vor versammelter Mannschaft zusammen. Oder wirft in einer dramatischen Geste seinen Bleistift auf den Tisch: „So geht es nicht weiter, meine Herren!“ Dann stürmt er theatralisch aus dem Sitzungssaal. Doch nur, um bald darauf wieder zurückzukehren und einen Kompromiss vorzuschlagen. Einem der deutschen Teilnehmer, Alfred Müller-Armack, werden Spaaks „blitzende Augen“ bis an sein Lebensende in Erinnerung bleiben.

Der stärkste Widerstand kommt nach wie vor von Frankreich. Am 20. September legt die Regierung des sozialistischen Ministerpräsidenten Guy Mollet ihre Forderungen auf den Tisch: Die Sozialsysteme der sechs Mitgliedsstaaten sollen angepasst werden, etwa bei Wochenarbeitszeit, Überstundenausgleich, Urlaubslänge und der in Frankreich gesetzlich verankerten gleichen Bezahlung von Männern und Frauen. Der Binnenmarkt soll erst mal ausgetestet werden, danach soll jedes Mitglied die nächste Etappe mit einem Veto stoppen können. Dazu Ausnahmeregelungen und Vergünstigungen zum Schutz der französischen Wirtschaft … und als vielleicht brisanteste Bedingung: Die französischen Kolonien sollen in den Binnenmarkt mit einbezogen werden. Mollet sieht darin eine hervorragende Möglichkeit, der algerischen Unabhängigkeitsbewegung den Wind aus den Segeln zu nehmen: Das Verhältnis beider Länder soll in eine viel größere „eurafrikanische“ Föderation eingebettet werden, die den Afrikanern ganz neue Perspektiven eröffnet. Spaak weiß allerdings, dass die Deutschen oder auch die Niederländer keineswegs erpicht darauf sind, Frankreichs oder Belgiens überseeische Besitzungen querzufinanzieren. Ist das das Ende? Nein, die restlichen Fünf entschließen sich zum Weiterverhandeln.

Paris. Am 20. und 21. Oktober 1956 findet ein Ministertreffen im Quai d'Orsay statt, aber das macht alles nur noch schlimmer: Ludwig Erhard lehnt die von Frankreich geforderte Senkung der Wochenarbeitszeit von 48 auf 40 Stunden ab und zerstreitet sich darüber mit Außenminister Pineau. Auf der Rückfahrt im Schlafwagen von Paris nach Bonn erklärt er, der Gemeinsame Markt sei „nun gescheitert“.

Doch noch gibt es einen Funken Hoffnung. Es soll ein letzter Rettungsversuch auf höchster Ebene unternommen werden: Der Bundeskanzler soll persönlich nach Paris reisen, um mit Regierungschef Mollet zu sprechen. Der neue Außenminister Heinrich von Brentano und andere raten ihm zwar ab – sie meinen, dass das Ganze nur auf eine Blamage hinauslaufen könne. Doch der überzeugte Europäer Adenauer lässt sich nicht abhalten.

Bonn. Als der Sonderzug des Kanzlers den Hauptbahnhof am Abend des 5. November, einem Montag, verlässt, herrscht Weltuntergangsstimmung. Die internationale politische Lage ist so angespannt wie noch nie seit 1945. In Ungarn sind sowjetische Truppen dabei, den bürgerlich-demokratischen Volksaufstand niederzuschlagen. Am Suezkanal sind am Morgen nach vorhergehender Bombardierung die ersten Bataillone britischer und französischer Fallschirmjäger abgesprungen. Sie wollen die Kontrolle über die Wasserstraße zurückerlangen, die für die Erdölversorgung von zentraler Bedeutung ist. Mit Israel haben sie sich darauf geeinigt, den ägyptischen Machthaber Gamal Abdel Nasser – der den Kanal eigenmächtig verstaatlicht hat – zu stürzen. Ein wichtiges Motiv für Frankreich ist dabei, dass der „Hitler vom Nil" die algerische Unabhängigkeitsbewegung unterstützt. Die USA haben die Operation allerdings scharf verurteilt, ebenso wie wichtige Commonwealth-Staaten. „Wahnsinn, jetzt nach Paris zu gehen", schimpft Ludwig Erhards Berater Alfred Müller-Armack. „Wahnsinn, jetzt die Europapolitik fortzusetzen." Die Haltung Frankreichs sei „verbrecherisch", Deutschland müsse sich distanzieren.

Während der Fahrt nach Paris geht in Adenauers Zug eine dramatische Nachricht ein: Die Sowjetunion droht Großbritannien und Frankreich mit Atomschlägen für den Fall, dass sie den Angriff auf Ägypten nicht sofort abbrechen. Der Kanzler, der schon schlafen gegangen ist, wird geweckt. Er lässt seinen Zug auf ein Abstellgleis rangieren und anhalten. Der deutsche Botschafter in Paris wird angerufen. Er soll klären: Ist der Besuch unter diesen Umständen überhaupt noch erwünscht? Die Antwort der französischen Regierung: Ja, gerade jetzt! Also setzt sich der Zug wieder in Bewegung.

Paris. Um acht Uhr morgens trifft der übernächtigte Kanzler im Gare de l'Est ein. Mehrere Kabinettsmitglieder empfangen ihn – Ministerpräsident Mollet lässt sich entschuldigen, da er noch bis sechs Uhr morgens Krisengespräche geführt hat. Als Adenauer aus dem Bahnhof tritt, wird er von einer Menschenmenge stürmisch begrüßt. Eine Kompanie empfängt ihn mit militärischen Ehren, es erklingen das Deutschlandlied und die Marseillaise. Was für ein Unterschied zu seinem ersten Besuch vor nur fünf Jahren! Unbeweglich wie ein Standbild steht der 80 Jahre alte Adenauer mit seinem Skulpturenkopf neben den französischen Regierungsmitgliedern. Die Botschaft dieses Bildes: In der kritischsten Stunde seit dem Krieg stehen Deutschland und Frankreich Seite an Seite.

Porträt: Konrad Adenauer

Der flexible Europäer

Konrad Adenauer (1876–1967) war neben dem Italiener Alcide De Gasperi und dem Luxemburger Joseph Bech der überzeugteste Europäer unter den Regierungschefs seiner Zeit. Sein Hauptziel war dabei zunächst die Wiedererlangung der Souveränität der Bundesrepublik Deutschland – insofern verfolgte er ebenso wie Robert Schuman und Jean Monnet nationale Interessen. Über das Engagement auf europäischer Ebene sollte Deutschland wieder ein vollwertiges und unabhängiges Mitglied der internationalen Gemeinschaft werden. Sein zweites Motiv war, dass Europa deutsche Sonderwege ein für allemal ausschließen sollte.

Die Politische Union hätte Adenauer am liebsten sofort durchgesetzt, aber er war Realist genug, um zu sehen, dass das nicht möglich war. Er ging deshalb sehr flexibel auf jede Idee ein, die das Potenzial hatte, Europa zusammenzubinden.

Adenauers Pro-Europa-Politik war in Deutschland hoch umstritten. Er musste sich nicht nur der SPD-Opposition unter Kurt Schumacher wie Erich Ollenhauer erwehren, die ihm den Ausverkauf deutscher Interessen vorwarf. Innerhalb der CDU wurde seine Europapolitik sowohl vom linken Flügel um Jakob Kaiser bekämpft, der in der Hoffnung auf eine schnelle Wiedervereinigung ein blockfreies Deutschland anstrebte, als auch vom wirtschaftsliberalen Flügel um Ludwig Erhard, für den die EWG „makroökonomischer Unsinn“ war. Wäre Erhard Bundeskanzler gewesen, hätte es die EWG nie gegeben, sondern vermutlich eine Freihandelszone mit Großbritannien.

Ein wesentlicher Grund für Adenauers europäische Einstellung war, dass er seinen Landsleuten selbst misstraute. Der überzeugte Demokrat hatte während der Nazizeit um sein Leben fürchten müssen, war nach dem Stauffenberg-Attentat auf Hitler verhaftet worden und schon zum Abtransport ins Konzentrationslager vorgesehen gewesen. Seine Frau Auguste, genannt Gussie, hatte in Gestapo-Haft einen Suizidversuch unternommen – möglicherweise starb sie später an den Folgen. Adenauer konnte deshalb die Vorbehalte und Ängste der europäischen Nachbarn sehr gut verstehen.

Am Ende seiner Amtszeit ging Adenauer stark auf de Gaulle ein, der eine supranational organisierte Gemeinschaft ablehnte und stattdessen eine enge Konföderation unter französischer Führung anstrebte. Adenauer enttäuschte damit viele seiner europäischen Weggefährten, unter ihnen Jean Monnet und Paul-Henri Spaak. Der Grund für seine scheinbare Abkehr von Europa war aber nicht etwa, dass er den Glauben daran verloren hatte, er war vielmehr zu der Überzeugung gelangt, dass mit de Gaulle nichts anderes zu machen war. Wenige Wochen vor seinem Tod rechtfertigte er sich dazu in einer Rede in Madrid: „Wenn nicht gleich die bestmögliche Lösung erreicht werden kann, so muss man eben die zweit- und drittbeste nehmen. Ob nun eine Föderation oder Konföderation entsteht, oder welche Rechtsform es immer sein mag: Handeln, anfangen ist die Hauptsache.“

Ankunft im Palais Matignon, dem Amtssitz des französischen Ministerpräsidenten. An diesem Tag ist keine Zeit für umständliche Begrüßungen und andere Förmlichkeiten. Mollet überfällt Adenauer sofort mit der Frage: „Was würden Sie uns raten, jetzt zu tun, Herr Bundeskanzler?" Adenauer denkt nach, dann sagt er: „Haben Sie schon feststellen lassen, welche Haltung die amerikanische Regierung einnimmt?" Er meint damit: Kann sich Frankreich sicher sein, dass die USA es notfalls mit Atomwaffen verteidigen würden? Nein, danach hat sich Mollet so explizit noch nicht erkundigt. Aber er beschließt prompt, dem Rat des deutschen Gastes zu folgen. Unverzüglich beauftragt er den französischen Botschafter in Washington damit, die Schicksalsfrage zu klären. Die Antwort kommt, als Mollet und Adenauer beim Mittagessen sitzen. Man legt das Botschaftstelegramm dem Kanzler vor. Der liest es und gibt Mollet dann den unverblümten Rat: „Blasen Sie die Aktion am Kanal ab!" Denn aus der ausweichenden Antwort, die der französische Botschafter von US-Außenminister Dulles erhalten hat, geht für ihn klar hervor, dass die US-Regierung keinesfalls bereit ist, für eine britisch-französische Militäraktion, die sie als koloniales Abenteuer betrachtet, in einen Atomkrieg mit der Sowjetunion einzutreten.

Die deutsch-französischen Gespräche gehen weiter. Da klingelt plötzlich Mollets Telefon. Es ist vier Uhr nachmittags. Am anderen Ende ist die Downing Street, Premierminister Anthony Eden. „Wir müssen aufhören." Seine Stimme klingt müde. „Das Pfund fällt immer weiter, wir riskieren eine Panik." Präsident Eisenhower gebe ihm zwölf Stunden Zeit, um einen Waffenstillstand zu erklären. Mollet erwidert: „Verlangen Sie Aufschub! Zwei Tage!" Edens Antwort: „Wir werden keine zwei Tage bekommen." Mollet, beschwörend: „Versuchen Sie es, wir helfen Ihnen!" Da sagt Eden: „Ich habe schon akzeptiert."

Dieser Satz kommt für Mollet als ungeheurer Schlag. Großbritannien hat die Aktion gemeinsam mit Frankreich geplant und begonnen, und nun hat es sie ohne vorherige Konsultation mit seinem Verbündeten abgebrochen. Also ist nicht nur auf die USA kein Verlass, sondern auch nicht auf Großbritannien. Und das, obwohl der anglophile Mollet – von Beruf Englischlehrer – Eden noch einige Wochen zuvor während eines London-Besuchs ein anglo-französisches Bündnis mit gemeinsamer Staatsbürgerschaft angeboten hat. *Top secret* natürlich – schließlich wurde gleichzeitig in Brüssel mit den europäischen Partnern verhandelt.

Mollet ist erschüttert. Und Adenauer weiß, was er jetzt tun muss. Das ist seine Chance, das ist Europas Chance. „An Ihrer Stelle würde ich akzeptieren", rät er. Die Suez-Offensive sei nicht mehr zu retten, und ein Dritter Weltkrieg müsse verhindert werden. „Das wäre weise." Und dann sagt er: „Frankreich und England werden nie Mächte sein, die vergleichbar sind mit den Vereinigten Staaten oder der Sowjetunion. Auch Deutschland nicht. Ihnen bleibt nur eine

Möglichkeit, um in der Welt noch eine Rolle von Bedeutung zu spielen: Sie müssen sich im vereinigten Europa zusammenschließen. England ist dafür noch nicht reif, aber die Suez-Krise wird dazu beitragen, seine Einstellung zu verändern. Wir dürfen keine Zeit verlieren: Lassen Sie Europa Ihre Rache sein." Für den französischen Außenminister Christian Pineau spricht Adenauer „wie ein Vater zu seinem Kind, das sein Spielzeug kaputt gemacht hat und dem er nun ein viel schöneres verspricht".

Was Adenauer vorschlägt, geschieht. Noch am selben Tag lässt der Sozialist Mollet die französische Hauptforderung nach einer Harmonisierung der Arbeitsbedingungen und Sozialleistungen fallen. Nur noch eine vage Absichtserklärung soll davon übrigbleiben. Plötzlich ist auch er fest entschlossen, sich in allen Punkten mit den anderen Fünf zu einigen und die Europäische Wirtschaftsgemeinschaft zu realisieren. Es ist ein Wendepunkt der internationalen Politik. Die Suezkrise hat erwiesen, dass kein europäisches Land noch den Status einer Weltmacht hat. Doch aus dieser Erkenntnis ziehen Großbritannien und Frankreich unterschiedliche Schlüsse: Großbritannien schickt sich in die Rolle des Juniorpartners der USA, was mit dem Begriff *special relationship* verbrämt wird. Frankreich dagegen setzt fortan auf Europa.

Als Adenauer noch am Abend desselben Tages die Heimreise antritt, wird er am Bahnhof mit bewegenden Worten des Dankes von Mollet verabschiedet. Als treuer Verbündeter habe er diesen schweren Tag an der Seite des französischen Volkes in Paris miterlebt, sagt der Regierungschef. Für Großbritannien und Frankreich war der Tag ein Desaster. Für Deutschland und Europa ein Triumph.

Am 18. Februar 1957 kehrt Adenauer noch einmal in die französische Hauptstadt zurück. Mollet hat ihn und seine vier anderen Amtskollegen in seine Residenz Palais Matignon eingeladen. Man könnte das zweitägige Treffen als den ersten Gipfel der europäischen Regierungschefs bezeichnen. Es gilt, das letzte Hindernis für eine Einigung aus dem Weg zu räumen: die Integration der Kolonien Frankreichs und Belgiens in den Binnenmarkt. Deutschland, Italien, die Niederlande und Luxemburg sind dagegen. Der deutsche Verhandlungsführer in Brüssel, Walter Hallstein, wird nicht müde, darauf hinzuweisen, dass billigere Bananen aus Brasilien dann mit Zöllen belegt würden, um die Einfuhr teurerer Bananen von den französischen Antillen oder aus Afrika sicherzustellen. Die Verhandlungen stocken.

In dieser Situation lädt Mollet Adenauer zu einem Spaziergang durch den großen Garten des luxuriösen Anwesens ein. Nur sie beide allein – sonst niemand. Was sie nicht wissen: Der niederländische Ministerpräsident Willem Drees beobachtet sie von einem Fenster aus, von dem man den Garten überblicken kann. Nach einiger Zeit ruft er seine engsten Mitarbeiter mit dazu. Sie alle können sehen, wie der Franzose und der Deutsche Arm in Arm über den Rasen schlendern. Sie sehen aus wie alte Freunde. Ohne dass man auch nur ein Wort versteht, ist zu erkennen, dass Mollet einen dringenden Appell an Adenauer richtet: Er soll auf die französischen Forderungen eingehen. Und man sieht auch schon, was passieren wird. Drees, der in seiner Heimat auch als Privatperson für seine extreme Sparsamkeit berühmt ist, seufzt: „Da geht unser schönes Geld …" Ein niederländischer Diplomat pflichtet ihm bei: „Jede Minute dieser Unterhaltung kostet Adenauer mindestens eine Million."

Im November ist es Mollet gewesen, der bei den Sozialforderungen nachgegeben hat. Nun ist es Adenauer, der ihm entgegenkommt: Es wird ein Investitionsfonds in Höhe von 581 Millionen Dollar für die ersten fünf Jahre beschlossen. 511 Millionen davon fließen in die französischen Überseegebiete. An Hallstein richtet Adenauer die Frage: „Wollen Sie Europa schaffen oder nicht?" „Natürlich, Herr Bundeskanzler", kommt als Erwiderung. Darauf Adenauer: „Nun denn, langweilen Sie uns dann nicht länger mit Ihren Bananen!"

Rom. Dauerregen. Das ist eigentlich nichts, was man mit der Ewigen Stadt verbindet. Aber an diesem Montag, dem 25. März 1957, schüttet es wie aus Kübeln und will auch den ganzen Tag nicht aufhören. Das Festprogramm zur Unterzeichnung der Gründungsverträge für die Europäische Wirtschaftsgemeinschaft und die Europäische Atomgemeinschaft beginnt um 16 Uhr in der Basilica di San Lorenzo fuori le Mura mit einer Gedenkmesse für Alcide De Gasperi. Was hätte er dafür gegeben, diesen Tag noch miterleben zu können?

Durch abgesperrte Straßen geht es dann zum Kapitol. Alle Glocken Roms läuten – das allerdings hat nichts mit Europa zu tun, sondern mit dem katholischen Feiertag Mariä Verkündigung. Die Treppen zum Kapitol. Nationalflaggen der sechs Staaten, Europaplakate, Frühlingsblumen. Und dann der Konservatorenpalast: Hier steht vor einem gewaltigen Fresko mit dem Kampf der Horatier gegen die Curiatier ein zwölf Meter langer, mit purpurnem Damast ausgeschlagener Tisch. Davor vergoldete Empire-Sessel. Es nehmen Platz: der belgische Außenminister Paul-Henri Spaak, der französische Außenminister Christian Pineau, Bundeskanzler Konrad Adenauer und Staatssekretär Walter Hallstein, der italienische Ministerpräsident Antonio Segni und Außenminister Gaetano Martino, der luxemburgische Regierungschef Joseph Bech, der neue niederländische Außenminister Joseph Luns und vier weitere Regierungsvertreter.

Um 18 Uhr beginnt die Zeremonie, die direkt im Fernsehen übertragen wird. Was hier beginne, sei nicht weniger als „eine neue Ära in der Geschichte der europäischen Völker", sagt Außenminister Martino. Und natürlich ist es die glückliche Folge der Konferenzen von Messina und Venedig, weshalb jetzt auch der krönende Abschluss in Italien stattfindet. Der Ort sei perfekt, lobt Adenauer: „Europa hätte keinen bedeutsameren Rahmen für diese Konferenz finden können als diese seine ehrwürdigste Stadt." Dann sagt er: „Danken möchte ich vor allem dem Manne, der diese Verträge zur Unterzeichnung vorgelegt hat: Herrn Präsident Paul-Henri Spaak." Die jetzt erzielte Einigung, so Adenauer, hätten viele nicht für möglich gehalten: „Nach dem großen Anfang, der für immer mit den Namen der Präsidenten Schuman und De Gasperi verbunden ist, schien der Einigungswille Europas geschwächt. Noch die Brüsseler Verhandlungen wurden vielfach mit Zweifeln begleitet. Aber die Optimisten, nicht die Pessimisten, haben Recht behalten."

Danach ist Spaak an der Reihe: Die Unterzeichnung der Römischen Verträge ist für ihn „die größte freiwillige und zielbewusste Umwandlung in der europäischen Geschichte". Bech spielt auf das berühmte Zitat des Römers Cato über die Zerstörung Karthagos an: *„Ceterum censeo, Europam esse construendam"*, sagt er. Im Übrigen meine ich, dass Europa gebaut werden muss. In der Präambel der Verträge heißt es, die sechs Mitgliedsstaaten seien entschlossen, „die Grundlagen für einen immer engeren Zusammenschluss unter den Völkern Europas zu legen" – *an ever closer union*. Eine Formulierung, die Bestand haben wird. Als integraler Bestandteil Frankreichs wird auch das nordafrikanische Land Algerien Mitglied der EWG. Die anderen Kolonien Frankreichs, Belgiens und der Niederlande sind nur assoziierte Gebiete.

Zur Vertragsunterzeichnung hat die Stadt Rom einen goldenen Füllfederhalter gestiftet. Was keiner der 200 Journalisten im Saal ahnt: Adenauer und seine Kollegen unterschreiben nur einen Stapel leerer Seiten, von denen lediglich das erste und das letzte Blatt bedruckt sind. Denn peinlicherweise sind die Verträge nicht rechtzeitig fertig geworden. Zunächst gab es durch den Schweizer Zoll Verzögerungen beim Transport der Entwürfe von Brüssel nach Italien. Dann streikten die Studenten, die die gedruckten Entwürfe binden sollten. Und dann räumten Putzfrauen die zum Trocknen der Druckerschwärze ausgelegten Bögen weg.

Um 18.53 Uhr ist alles vollbracht. Applaus brandet auf, die Zeremonie ist zu Ende. Am 1. Januar 1958 sollen die Verträge in Kraft treten. Jetzt folgen ein Bankett in der Villa Madama und ein Empfang im ehemaligen Arbeitszimmer von Benito Mussolini im Palazzo Venezia. Zur Verärgerung des niederländischen Außenministers Luns hat die italienische Regierung auch seinen Vorgänger und Intimfeind eingeladen, den einige Monate zuvor aus dem Amt geschiedenen Wim Beyen. Bescheiden steht er am Rande, manche kennen ihn schon nicht mehr und fragen, wer das sei. Dabei ist es seine Idee, die hier in Vertragsform gegossen worden ist: die Gründung eines einheitlichen europäischen Marktes. In einer Amtszeit von nur vier Jahren hat Beyen Europa seinen Stempel aufgedrückt.

Stichwort: Die Europäische Wirtschaftsgemeinschaft (EWG)

Größte Handelsmacht der Welt

Die Europäische Wirtschaftsgemeinschaft, später nur noch als Europäische Gemeinschaft (EG) bezeichnet, ist die direkte Vorläuferorganisation der Europäischen Union. Mit ihr wurde die politische Kooperation hinter die wirtschaftliche zurückgestellt. Ihr Ziel war die Schaffung eines gemeinsamen Wirtschaftsraums, des Binnenmarkts. Darunter versteht man eine Zollunion ohne Binnenzölle und mit ungehindertem Verkehr von Waren, Personen, Dienstleistungen und Kapital. Gegenüber Drittländern schirmt sich die Gemeinschaft mit einem gemeinsamen Außenzoll ab. Die Wirtschaftspolitik der Sechs wurde koordiniert, um Wettbewerbsverzerrungen zu vermeiden.

Von der Organisation her war die EWG – wie schon die Europäische Gemeinschaft für Kohle und Stahl – gekennzeichnet von einem Nebeneinander von supranationalen Elementen und zwischenstaatlicher Zusammenarbeit. Das supranationale Organ war diesmal keine Hohe Behörde, sondern eine Kommission. Der bescheidenere Name deutet schon darauf hin, wohin die Reise nicht gehen sollte: Ein europäischer Superstaat war nicht geplant. Der Ministerrat, also die Vertretung der nationalen Regierungen, hatte anfangs das alleinige Recht, Gesetze zu verabschieden. Für die ersten Jahre sollte der Ministerrat nur einstimmig entscheiden können – das hieß: Jeder Mitgliedsstaat hatte ein Vetorecht. Von 1966 an sollte dann auch mit qualifizierter Mehrheit entschieden werden, in der Praxis dauerte dies aber bis 1985. Die großen Länder Deutschland, Frankreich und Italien hatten je vier Stimmen, die mittelgroßen Niederlande und Belgien zwei und das kleine Luxemburg eine. Für eine qualifizierte Mehrheit waren bis zur ersten Erweiterung 1973 12 von 17 Stimmen nötig, die zudem 67,8 Prozent der Bevölkerung der EWG repräsentieren mussten. Der Vorsitz im Ministerrat wechselte halbjährlich in alphabetischer Reihenfolge – das ist bis heute so geblieben.

Dem Gesetzgebungsmonopol des Ministerrats stand das Initiativmonopol der Kommission gegenüber. Das bedeutete, dass allein die Kommission das Recht hatte, Gesetzesentwürfe im Ministerrat einzubringen. Sie konnte also die politische Tagesordnung bestimmen.

Die Gemeinsame Versammlung – ab 1962 *Europäisches Parlament* – teilte sich die EWG mit der EGKS. Das Parlament erhielt fast keine neuen Kompetenzen dazu. Es hatte lediglich das Recht, die Kommission mit einer Zweidrittelmehrheit zum Rücktritt zu zwingen. Die Zahl der Abgeordneten wurde von 78 auf 142 aufgestockt: je 36 für Deutschland, Frankreich und Italien, je 14 für die Niederlande und Belgien und sechs für Luxemburg. Der Gerichtshof wurde ebenso wenig neu geschaffen, sondern von der EGKS übernommen. Dennoch existierten fortan drei europäische Organisationen nebeneinander: EGKS, EWG und Euratom, die europäische Atomgemeinschaft, die nie besonders viel darstellte.

Die Schaffung des Binnenmarkts vollzog sich schrittweise über Jahrzehnte hinweg. Der größte Erfolg war zunächst die Abschaffung der innergemeinschaftlichen Zölle bis zum 1. Juli 1968. Andere

Handelshemmnisse wie technische Normen, nationale Sicherheitsstandards und Staatsmonopole blieben jedoch bis in die Zeit von Kommissionspräsident Jacques Delors in den 80er Jahren bestehen. Auch gab es weiterhin Einschränkungen beim freien Verkehr von Menschen, Kapital und Dienstleistungen. Die weitestgehende Vergemeinschaftung wurde in den ersten zehn Jahren im Agrarbereich erzielt. Dieser verschlang auch den Großteil des Haushalts der EWG.

Schon der nur ansatzweise realisierte Binnenmarkt brachte den sechs Mitgliedsländern in den ersten Jahren einen starken Wachstumsimpuls. Der Binnenhandel expandierte sogar so stark, dass die EWG die USA als größte Handelsmacht der Welt überflügelte. Dabei muss man allerdings bedenken, dass die sechs Länder schon vor Unterzeichnung der Römischen Verträge vor allem untereinander Handel getrieben und starke Wachstumsraten verzeichnet hatten.

Gleichwohl steht fest, dass alle Mitglieder von der Gemeinschaft enorm profitierten. So erhielt Italien, das ärmste Land, Kredite und Zuwendungen für strukturschwache Gebiete. All dies trug dazu bei, dass die EWG rasend schnell an Ansehen gewann. Sie wurde zum begehrtesten Club der Welt.

KAPITEL III

Professor gegen General

Der Konflikt mit Charles de Gaulle (1958–1969)

Die beiden Hauptpersonen dieses Kapitels sind ein sehr großer General, der zu Beginn Präsident von Frankreich wird, und ein ziemlich kleiner Professor, der zur selben Zeit die Führung der ersten Europäischen Kommission übernimmt. Er empfängt Staatsgäste auf dem roten Teppich, was den General maßlos ärgert. Womit der sich auch nicht anfreunden kann, ist die Aussicht auf einen britischen Beitritt, weshalb er den armen Premierminister mit Blutkonserven und spöttischen Bemerkungen bei der Fasanenjagd piesackt. Schließlich platzt ihm der Kragen, und das bedeutet *High Noon* in Brüssel. Man kann sich schon denken, wer von den beiden Protagonisten den Kürzeren zieht. Mit einem wunderlichen Kompromiss findet die Gemeinschaft doch noch aus der Krise. Und die Deutschen? Mit denen geht der General eine Ehe ein, bleibt zu seiner Enttäuschung aber Jungfrau.

Paris. Welcher Staat bekommt den Sitz der EWG? Das ist eine offene Frage nach der Vertragsunterzeichnung. Im Rennen sind Straßburg, der Sitz der Gemeinsamen Versammlung der EGKS, Luxemburg, Sitz der Höhen Behörde der EGKS sowie des Europäischen Gerichtshofs, und Brüssel, wo unter Leitung von Spaak so lange über die EWG verhandelt worden ist. Dazu kommen Turin, Mailand, Monza, Stresa und Paris beziehungsweise der kleine Ort Chantilly bei Paris. Frankreich erklärt sich bereit, ein ganzes Europaviertel aus dem Boden zu stampfen.

Einigkeit kann aber nicht erzielt werden, auch nicht auf einer Dringlichkeitssitzung am 6. Januar 1958 in Paris, Tag 6 nach Inkrafttreten der Römischen Verträge. Die Minister beschließen deshalb, erst einmal genau untersuchen zu lassen, welche Anforderungen der Gemeinschaftssitz erfüllen müsste. Derweil soll die Kommission jeweils im Wechsel in Brüssel und in Luxemburg tagen.

Brüssel. Und nun kommt Belgien der Zufall zu Hilfe. Der Ministerrat soll reihum immer ein halbes Jahr lang von einer der sechs Regierungen geleitet werden. Wer fängt an? Es geht nach dem Alphabet, wird beschlossen. Dadurch kommt Belgien als erstes an die Reihe. Und das gibt der belgischen Regierung die Möglichkeit, Tatsachen zu schaffen: Sie mietet Büros in Brüssel in mehreren Gebäuden im Quartier Léopold an, unter anderem rund um einen Kreisverkehrsplatz an der Rue de la Loi. Er wird später den Namen Schumanplatz bekommen.

Die andere große Frage: Wer wird erster Kommissionspräsident? Die niederländische Regierung bewirbt sich mit Landwirtschaftsminister Sicco Leendert Mansholt. Dieser hat anfangs auch die Unterstützung von Jean Monnet. Doch Adenauer stellt sich auf den Standpunkt: „Ein Bauer und ein Sozialist, das ist des Guten zuviel!" Mansholt, Mitglied der sozialdemokratischen Partei der Arbeit, kommt in der Tat aus einer Bauernfamilie und hat noch immer seinen eigenen Hof. Schließlich läuft es darauf hinaus, dass Mansholt einer der drei Vizepräsidenten wird. An die Spitze der Kommission gelangt überraschend Walter Hallstein, Staatssekretär im Bundeskanzleramt. Es ist das erste Mal, dass einem Vertreter Nachkriegsdeutschlands ein international wichtiger Posten anvertraut wird. Hallstein gilt zwar als blass, aber seine lange Erfahrung in der Europapolitik lässt sich nicht bestreiten. Auch spricht er ausgezeichnet Englisch und Französisch und dazu noch Italienisch.

Am 16. Januar 1958 eröffnet Hallstein im Brüsseler Schloss Val Duchesse die erste Kommissionssitzung der Geschichte. In der Rechten hat er einen Stift, in der Linken eine Zigarre, auf dem Tisch stehen mehrere Aschenbecher. Mit den anderen acht Kommissaren – gemeinsam nennt man sie bald die Neun von Brüssel – bildet er schnell ein eingespieltes Team. Das schafft er, indem er mit ihnen vorzugsweise in kleinen Räumen zusammenkommt, in denen für andere Beamte kein Platz ist. Dort parlieren die Neun – mit Ausnahme des zweiten deutschen Kommissars Hans von der Groeben – auf Französisch. Wenn es zu kompliziert wird, verfällt jeder Kommissar in seine Muttersprache, und es werden Dolmetscher hinzugezogen. Immer mittwochs kommen die für vier Jahre ernannten Kommissionsmitglieder zusammen. Jeder der Neun ist aufgefordert, sich nicht nur zu seinem eigenen Bereich zu äußern, sondern auch zu allen anderen. Schon bald zeigt sich, dass das Gewicht eines Kommissars innerhalb der Gruppe nicht von der Größe seines Heimatlandes abhängt, sondern von seiner persönlichen Kompetenz.

Hallstein hat große Pläne. Was ihn betrifft, muss die Kommission von nun an die Lokomotive der europäischen Einigung sein. Sie muss die Schaffung des Binnenmarkts kontinuierlich vorantreiben. Dadurch, so seine Überzeugung, wird die Verflechtung der sechs Volkswirtschaften logischerweise immer weiter zunehmen. Fast zwangsläufig wird sich daraus dann auch die politische Eini-

Von Sylt bis Sizilien. Werbeplakat aus den 50er Jahren mit einer Karte der sechs Gründungsmitglieder der Europäischen Gemeinschaft für Kohle und Stahl. „Die Sechs", wie sie genannt wurden, bildeten 1958 auch die Europäische Wirtschaftsgemeinschaft (EWG). Erst 1973 kamen erstmals weitere Mitgliedsländer dazu.

gung ergeben. „Sachlogik“ ist der Begriff, den Hallstein dafür verwendet. „Der Stein, der ins Wasser geworfen wurde, treibt immer neue Kreise.“ Der kleine Mann mit der großen Brille macht Druck: Im Jahr 1958 stellt er rund 1000 Beamte ein. Schon bald sind die angemieteten Büroräume in Brüssel zu klein. Frankreich und Luxemburg sperren sich jedoch weiter dagegen, Brüssel zum Sitz der EWG zu machen. Deshalb kann vorerst nichts Größeres gebaut oder angemietet werden.

Paris. Ungefähr gleichzeitig mit der Installation der ersten Kommission und der Arbeitsaufnahme der EWG gleitet der führende Mitgliedsstaat Frankreich ins Chaos ab: In Algerien putschen am 13. Mai französische Militärs, weil sie befürchten, dass der neue Ministerpräsident in Paris, der elsässische Christdemokrat Pierre Pflimlin, einen Friedensschluss mit der algerischen Unabhängigkeitsbewegung aushandeln könnte. Die Militärs bestehen dagegen darauf, dass Algerien französische Kolonie bleibt. Am 15. Mai droht der Chef der französischen Luftwaffe, Maurice Challe, der Regierung Pflimlin: „Zählen Sie nicht darauf, dass irgendeiner in der Armee auf unsere Kameraden aus Algerien schießen wird, wenn sie in Frankreich landen!“ Das heißt also: Die Streitkräfte sind im Zweifelsfall nicht bereit, die Republik zu verteidigen. Einige Tage später besetzen die aufständischen Militärs sogar Korsika. Ihr nächstes Ziel – so die allgemeine Befürchtung – ist Paris.

Anfangs haben die Putschisten keineswegs vor, ausgerechnet Charles de Gaulle wieder zur Macht zu verhelfen. Seit seinem Rücktritt als Präsident 1946 hat sich „der berühmteste aller Franzosen“ in die Abgeschiedenheit seines Landsitzes in Colombey-les-Deux-Églises zurückgezogen und seine Zeit mit Patiencespiel und dem Abfassen seiner Kriegsmemoiren verbracht. Die Hoffnung, noch einmal an die Spitze zurückzukehren, ist mit jedem Jahr weiter geschwunden. Nun aber wissen er und seine Anhänger die Gunst der Stunde zu nutzen: Als einer der Putschisten, General Raoul Salan, am 15. Mai vom Balkon des Regierungssitzes in Algier eine Rede hält und sie mit den Worten *„Vive la France! Vive l'Algérie-française!“* abschließt, stößt ihm ein anderer Putschist – den de Gaulle zuvor während eines Gesprächs in Paris für sich gewonnen hat – in die Rippen und raunt ihm zu: „Rufen Sie *Vive de Gaulle!*“ Salan gehorcht. Noch am selben Tag veröffentlicht de Gaulle in Paris eine Erklärung, in der es heißt, Frankreich kämpfe seit zwölf Jahren – also seit seinem Ausscheiden aus der Regierung – mit Problemen, die für das „Parteienregime“ unlösbar seien. „Einst hat mir das Land aus seinem tiefsten Inneren das Vertrauen geschenkt, es als Ganzes seiner Rettung zuzuführen. Heute, angesichts der Herausforderungen, die sich ihm aufs Neue stellen, soll es wissen, dass ich bereitstehe, die Regierungsgewalt wieder zu übernehmen."

De Gaulle erscheint als die einzige nationale Identifikationsfigur, die sowohl für die Putschisten in Algier als auch für die Demokraten in Paris akzeptabel ist: Den Militärs hat er – fälschlich, wie sich noch herausstellen wird – signalisiert, an Algerien festhalten zu wollen. Den Parteienvertretern hat er versichert, die Macht nur auf legalem Weg anzustreben. So erklären sich der amtierende Staatspräsident René Coty und eine Mehrheit im Parlament dazu bereit, de Gaulle mit der erneuten Rettung Frankreichs zu beauftragen. Der 67-Jährige wird Ministerpräsident und erhält den gesetzlichen Auftrag, eine neue Verfassung auszuarbeiten, über die die Franzosen in einem Referendum entscheiden sollen. Damit ist die Vierte Republik Geschichte. Die Fünfte Republik ist auf de Gaulle zugeschnitten – der Präsident hat eine überragende Stellung.

Bonn. Konrad Adenauer verbindet mit dem Namen de Gaulle ausschließlich Negatives: Der General wollte Deutschland nach dem Krieg zerstückeln, hat dann die Europäische Verteidigungsgemeinschaft torpediert und sich immer gegen das europäische Einigungsprojekt ausgesprochen. Wird er die EWG nur einige Monate nach ihrer Entstehung schon wieder zerstören? Dann wäre alles umsonst gewesen.

Ob er mit dem General sprechen soll? Eigentlich müsste der ihn einladen, denn er ist schließlich neu im Amt, während Adenauer schon seit neun Jahren Regierungschef ist. Auch ist er ja erst am 6. November 1956 zu einem offiziellen Besuch in Paris gewesen und dann wieder zur Konferenz der sechs Regierungschefs im darauffolgenden Februar. Doch aus Paris verlautet: Ein de Gaulle lädt niemals ein. Man muss ihn um eine Audienz ersuchen.

Stresa. Immerhin, noch nimmt die EWG unverdrossen die Umsetzung der Römischen Verträge in Angriff. Eben dort ist vermerkt, dass die sechs Mitgliedsstaaten möglichst bald eine Konferenz zur Entwicklung einer Gemeinsamen Agrarpolitik abhalten sollen. Denn dies ist der erste Bereich, in dem der Binnenmarkt verwirklicht werden soll. Die Konferenz findet vom 3. bis zum 12. Juli 1958 unter sehr angenehmen Bedingungen am Lago Maggiore statt. Es ist das erste große Treffen der EWG-Landwirtschaftsminister – zahllose weitere werden folgen.

Ein Mann schafft es in diesen drei Tagen, die anderen nachhaltig von sich zu beeindrucken: der für Agrarpolitik zuständige Kommissar Sicco Mansholt. Der Niederländer gibt an einem Abend ein großes Sommerfest. Ein junger Diplomat von deutschem Adel will bei dieser Gelegenheit die weiblichen Gäste beeindrucken, indem er sich als Wasserskifahrer versucht. Er kippt jedoch dreimal hintereinander um und gibt dann auf. Eine peinliche Nummer. Dann kommt Mansholt, der holländische Bauer. Der 1,90-Meter-Mann hat noch nie in seinem Leben auf Wasserski gestanden, aber das hält ihn nicht davon ab, es jetzt ebenfalls zu probieren – vor den Augen von so ziemlich allen, die in der Agrarpolitik der sechs EWG-Staaten etwas zu sagen haben. Der 49-Jährige schnallt sich die Wasserski an, das Boot fährt los. Mansholt hält sich kurze Zeit, fällt dann ins Wasser. Zweiter Versuch. Diesmal bleibt er stehen. Und dann zieht er weite Kreise über den See, so als hätte er nie etwas anderes gemacht. Als er schließlich wieder ans Ufer stapft, brandet Applaus auf. Der niederländische Politiker Henk Vredeling wird später schreiben: „Nach meiner Auffassung hat Mansholt hier seine gemeinschaftliche Agrarpolitik zustande gebracht.“

Colombey-les-Deux-Églises. Konrad Adenauer hat eine Verabredung. Er ist unterwegs zu Charles de Gaulle. Nach langen inneren Kämpfen hat er sich dazu durchgerungen, ihn um eine Audienz zu bitten. Und de Gaulle ist ihm daraufhin sofort entgegengekommen, indem er ihn nicht etwa nach Paris eingeladen hat, sondern in sein Privathaus in Colombey-les-Deux-Églises im Nordosten des Landes. Adenauer ist der einzige ausländische Staatsgast, dem diese Ehre je zuteilwird. Doch in diesem Moment graut dem Kanzler vor dem Besuch. Um ihm nach außen hin keine zu große Bedeutung zu geben, unternimmt er die Fahrt auf dem Rückweg aus seinem Sommerurlaub in Cadenabbia am Comer See. Er startet am 14. September von Baden-Baden.

Schon während der Fahrt bessert sich seine Stimmung. Es ist ein strahlender Sonntagmorgen, und entlang der Route über Straßburg und durch die lothringischen Industriegebiete wird die kleine Kolonne aus drei deutschen Limousinen vielerorts erkannt. Freundlich winken die Menschen dem deutschen Kanzler zu. Er hat das Gefühl, wie ein Freund begrüßt zu werden – 13 Jahre nach Kriegsende.

Der Weg zu de Gaulle führt in eine karge, dünn besiedelte Landschaft. Gegen Mittag erreicht die Kolonne ihr Ziel, das Landhaus *La Boisserie*. Man ist etwas zu spät, da zunächst irrtümlich das etwa 100 Kilometer entfernte Dorf Colombey-les-Belles angefahren wurde. Nur Adenauers Mercedes biegt auf den knirschenden Kiesweg ein und hält vor dem efeubewachsenen Landhaus unter Eichen. Er steigt aus. Im selben Moment kommt de Gaulle aus der säulengeschmückten Tür. Er geht auf den Gast zu, schüttelt ihm die Hand – und spricht Deutsch. Denn de Gaulle war im Ersten Weltkrieg, als Adenauer schon Oberbürgermeister von Köln war, mehr als zweieinhalb Jahre in deutscher Kriegsgefangenschaft. In aufgeräumter Stimmung stellt er dem deutschen Gast seine Frau

Yvonne vor. Nach kurzer Zeit weicht die Befangenheit einer offenkundigen Sympathie auf beiden Seiten.

Auf de Gaulles Wunsch hin werden alle Begleiter fortgeschickt, auch die beiden Außenminister. Nur ein einziger Dolmetscher bleibt noch bei ihnen. Aber da de Gaulle Deutsch spricht und Adenauer auch etwas Französisch, kommen die beiden meist ohne ihn zurecht. De Gaulle zeigt seinem Gast das Haus. Adenauer ist überrascht davon, wie einfach es ist. Nur im Erdgeschoss sind einige Räume halbwegs passabel eingerichtet, sonst erscheint es ihm geradezu „primitiv“. Der größte Raum des Hauses ist die Bibliothek. Adenauer bittet darum, sich die Bücher genauer ansehen zu dürfen. „Eine ausgezeichnete Bibliothek“, wird er sich noch sieben Jahre später in einem Fernsehinterview erinnern. Es sind viele geschichtliche und militärhistorische Bände darunter, die die uralte Feindschaft zwischen Deutschland und Frankreich bezeugen. Aber auch Bücher, die ein aufrichtiges Interesse am Nachbarland signalisieren: deutsche Klassiker, manche, zum Beispiel der „Werther“, sogar auf Deutsch. Der gefürchtete de Gaulle entpuppt sich als Deutschland-Kenner.

In der Bibliothek sprechen die alten Männer vier Stunden lang über Weltpolitik – „von Mensch zu Mensch“, wie de Gaulle es ausdrückt. Dabei versichert der General, dass er zu den Römischen Verträgen stehe und darüber hinaus eine organisierte Zusammenarbeit Europas anstrebe. Zwischendurch unterbrechen sie das Gespräch für einen Spaziergang durch den Garten. De Gaulle geht mit Adenauer zu einer Stelle, an der sie über die Gartenhecke hinwegsehen können, und macht eine ausladende Bewegung: „So weit auch Ihr Auge schweift, sehen Sie in dieser Einsamkeit nicht eine einzige menschliche Siedlung – ein armes Land.“ Dass er dennoch gerade hierhergezogen ist, gefällt Adenauer sehr.

Das Abendessen findet gemeinsam mit den Ministern und Beratern statt. Lachend erzählt de Gaulle, seine Köchin – die er sich von seinem Schwager aus Calais „ausgeliehen“ hat – sei anfangs entsetzt gewesen bei der Aussicht, für einen *Boche* kochen zu müssen. Er habe sie aber davon überzeugen können, dass Adenauer „ein guter Deutscher“ sei, der sich nie etwas habe zuschulden kommen lassen. Adenauers altmodisch gute Manieren machen an diesem Abend einen denkbar günstigen Eindruck auf die Dame.

Schon nach einer guten Stunde verabschiedet sich der gesamte Stab wieder, und Adenauer bleibt als einziger im Haus von Charles und Yvonne de Gaulle zurück. Während im Kamin ein Feuer prasselt, schlägt de Gaulle seinem Gast vor, gemeinsam ein starkes Europa zu bauen – auch als Gegengewicht gegen die Supermacht USA. Das deutsch-französische Verhältnis müsse man dafür auf eine ganz neue Grundlage stellen – nämlich auf die einer herzlichen Freundschaft. Sie müssten jetzt „dem Rad der Geschichte in die Speichen greifen“ und die Erbfeindschaft zwischen Franzosen und Deutschen beenden, sagt de Gaulle beschwörend. Damit spricht er Adenauer aus dem Herzen. Als der Abend zu Ende geht, haben der General und der eingefleischte Zivilist trotz aller Unterschiede ein gemeinsames Fundament entdeckt: Wurzeln, die tief in die Geschichte bis zu Karl dem Großen zurückreichen. Dazu kommen ihr fester katholischer Glaube und die bürgerliche Herkunft aus dem späten 19. Jahrhundert.

Der Gast übernachtet im Turmzimmer. „Ich war glücklich", wird er später in seinen Memoiren schreiben – und das ist für ihn ganz außergewöhnlich. De Gaulle hat sich als „ein völlig anderer Mann" herausgestellt als die Schreckgestalt aus Presseartikeln und Diplomatenberichten. Adenauer ist „auf das angenehmste überrascht durch seine Einfachheit und Natürlichkeit". Er wird sich dem Charme und Charisma des Generals nie mehr entziehen können.

Brüssel. Walter Hallstein legt den Spielraum der Kommission so weit wie möglich aus. Auch nach außen hin macht er deutlich, dass hier eine neue Macht mit eigenem Souveränitätsanspruch entsteht. Wie der Präsident eines Staates nimmt er von nun an in einem feierlichen Zeremoniell die Beglaubigungsschreiben der Botschafter anderer Länder entgegen, die bei dieser Gelegenheit Cut tragen. Auf einem roten Teppich und vor laufenden Kameras schüttelt er Staatsgästen die Hand, bei einem Neujahrsempfang defilieren die Botschafter an ihm vorbei. Es scheint kein Zweifel möglich: *La Commission Hallstein* ist eine europäische Regierung im Aufbau.

Charles de Gaulle empfindet das als anmaßend. „Die Ansprüche der Brüsseler Kommissare, den Regierungen Befehle geben zu wollen, sind lächerlich!", schimpft er. Für ihn gibt es nur ein Europa der Staaten, aber kein Europa über den Staaten. Dennoch ist er nicht dafür, die EWG abzuschaffen, denn er sieht durchaus, dass sie Frankreich wirtschaftliche Vorteile bringt. Vorerst akzeptiert er die bestehende Ausgangslage, aber er will es nicht dabei belassen. Er will Europa als Unterbau für den Aufstieg Frankreichs benutzen. Frankreichs Größe ist das, worum es ihm eigentlich geht. Nach einem Jahrhundert des Niedergangs will er dem Land seine frühere Macht, seinen Reichtum und seine Ausstrahlung, kurz: seine *grandeur* zurückgeben – dies ist seine *certaine idée de la France*. Frankreich muss sich dafür aus seiner Abhängigkeit von den USA befreien und eher früher als später aus der NATO austreten. Dabei ist ihm klar, dass Frankreich den Aufschwung zu alter Größe nicht aus eigener Kraft schaffen kann. Er braucht dafür die anderen fünf EWG-Staaten, gleichsam als Ersatz für das verloren gegangene Kolonialreich. Sie sollen sich aber nicht zu einem Bundesstaat mit supranationaler Regierung zusammenschließen, denn für eine Einschränkung nationaler Hoheitsrechte ist in de Gaulles Vision kein Platz. Stattdessen strebt er eine Konföderation an, einen Staatenbund, der künftig in der Weltpolitik mit einer Stimme sprechen soll. Dann, so de Gaulles Hoffnung, könnte Europa die dritte große Macht neben den USA und der Sowjetunion werden. Dabei würde Frankreich nach seinen Vorstellungen automatisch die Führungsrolle zufallen, denn es ist die einzige Atommacht und das einzige Weltsicherheitsratsmitglied unter den Sechs. Deutschland ist aufgrund der Belastung durch seine Nazi- und Kriegsvergangenheit auf absehbare Zeit kaum in der Lage, sein wirtschaftliches Gewicht politisch umzumünzen. Es braucht dafür Frankreich. „Wozu dient Europa?“, fragt de Gaulle seinen Vertrauten Alain Peyrefitte – und gibt selbst die Antwort: „Europa ist für Frankreich das Mittel, um wieder zu werden, was es seit Waterloo aufgehört hat zu sein: der erste in der Welt.“

Rom. Mit komfortabler Mehrheit zum ersten Präsidenten der Fünften Republik gewählt, geht de Gaulle daran, seine Europapläne zu verwirklichen. Im Juni 1959 schlägt er während eines Besuchs in Rom regelmäßige Treffen der sechs EWG-Außenminister und dazu die Einrichtung eines Sekretariats vor. Eigentlich keine so große Sache – doch bei dem niederländischen Außenminister Joseph Luns schrillen sofort die Alarmglocken. Luns – der es später noch zum NATO-Generalsekretär bringen wird – ist ein überzeugter Atlantiker und verdächtigt de Gaulle zurecht, einen neuen Staatenblock bilden zu wollen, der zu den USA auf Distanz gehen soll. Das aber ist für ihn tabu. Schließlich einigen sich die Sechs darauf, dass sich die Außenminister künftig zwar viermal im Jahr treffen sollen, aber ohne Gründung eines eigenen Sekretariats.

Brüssel. Über den Sitz der EWG ist unterdessen immer noch keine Einigkeit erzielt worden. Provisorisch arbeitet die Kommission weiter in Brüssel. Im Mai 1960 schließt die belgische Regierung einen Kaufvertrag mit Ordensschwestern ab: Es geht um das Kloster Berlaymont unweit des Kreisverkehrs an der Rue de la Loi, an dem schon mehrere angemietete Bürogebäude der Kommission liegen. Das Kloster ist im 17. Jahrhundert gegründet worden, sein ursprüngliches Konventgebäude ist ihm von der Familie Berlaymont zur Verfügung gestellt worden. Im 19. Jahrhundert haben sich die Nonnen dann an der Rue de la Loi angesiedelt. Seitdem besitzen sie hier ein repräsentatives Gebäude mitsamt Mädcheninternat und weitläufigem Garten. Die belgische Regierung kauft nun den ganzen Komplex an, die Nonnen werden nach Waterloo vor den Toren von Brüssel umgesiedelt.

Rambouillet. Am 29. Juli 1960 ist Konrad Adenauer wieder bei Charles de Gaulle, diesmal auf Schloss Rambouillet bei Paris. De Gaulle beklagt sich über die EWG-Kommission, die ihre Kompetenzen in seinen Augen ständig überschreitet. Und Adenauer? Pflichtet ihm bei! Das rührt wohl auch daher, dass der Kanzler höchst verärgert ist über Kommissionspräsident Hallstein. Denn als es im Vorjahr für kurze Zeit so ausgesehen hat, als würde Adenauer Bundespräsident und Ludwig Erhard neuer Kanzler, da hat sich Hallstein bei einer Pressekonferenz in New York geradezu überschwänglich über Erhard geäußert. Erhard – den Intimfeind Adenauers! Dabei hatte er dem Kanzler kurz zuvor noch versichert, der EWG-Gegner Erhard dürfe auf keinen Fall Kanzler werden. Ein solches Verhalten von seinem ehemaligen Staatssekretär, der ihm alles zu verdanken hat, kommt für Adenauer einem Verrat gleich. Er werde ihm das nie vergessen, sagt er ihm ins Gesicht. Im Übrigen ist er der Meinung: „Die EWG-Kommission nimmt Führungsrechte für sich in Anspruch, die dem Ministerrat zustehen."

De Gaulle und Adenauer stimmen darin überein, dass sich das ändern muss. Auch zu diesem Zweck wollen sie regelmäßige Treffen der Staats- und Regierungschefs der Gemeinschaft, alle drei Monate. Bisher kommen nur die Außenminister regelmäßig zusammen. Enge Mitarbeiter des Kanzlers sind entsetzt: Was ist auf einmal los mit dem großen Europäer Adenauer? Er sei jetzt wohl endgültig auf de Gaulles Linie eingeschwenkt, kritisiert Außenminister von Brentano. Sein Vertrauter Heinrich Krone hält Adenauer vor, de Gaulles Pläne liefen auf ein „Europa der Vaterländer" hinaus. Das sei „im Grunde eine Abkehr von dem bisherigen Wege, Europa über europäische Institutionen aufzubauen". Adenauer erwidert darauf ziemlich lakonisch, eine europäische Regierung sei derzeit noch nicht möglich. „Die Europäer in den verschiedenen Ländern sind einfach dafür noch nicht reif."

Paris. In der *Salle de l'Horloge,* dem Uhrensaal des französischen Außenministeriums am Quai d'Orsay, in dem Robert Schuman 1950 seinen berühmten Plan vorgestellt hat, sitzen am 10. Februar 1961 die sechs Staats- und Regierungschefs um einen großen runden Tisch herum – und dazu Joseph Luns. Der niederländische Ministerpräsident Jan de Quay erklärt das damit, dass die Außenpolitik nach der Verfassung seines Landes in erster Linie Sache des zuständigen Ministers sei. Luns hat das entsprechende Selbstbewusstsein dafür: Er ist fast zwei Meter groß und bezeichnet sich selbst als den „Zauberer von Den Haag".

De Gaulle präsentiert der Runde einen Plan, den er am Abend zuvor mit Adenauer abgesprochen hat: Die Sechs sollen eine politische Zusammenarbeit beginnen, indem sich die Regierungschefs, die Außenminister und die Kulturminister jeweils alle drei Monate treffen sollen. Italien, Belgien und Luxemburg erklären sich damit einverstanden unter der Bedingung, dass dies nicht auf

Kosten der NATO und anderer bestehender Gemeinschaften gehen dürfe. Dann ist Luns an der Reihe – und nun bricht ein Donnerwetter über de Gaulle und Adenauer herein. Eine Dreiviertelstunde lang hält er ihnen vor, dass sie die anderen EWG-Mitglieder offenbar vor vollendete Tatsachen stellen wollten. Das aber sei mit ihm nicht zu machen. Die vorgeschlagenen Treffen seien für ihn höchstens denkbar, wenn daran auch Großbritannien teilnehme. Außerdem müsse hundertprozentig sichergestellt sein, dass der NATO und der EWG damit kein Abbruch getan werde. Gerade die Kommission ist den Niederländern wichtig, denn sie soll über die Interessen der kleineren Mitgliedsstaaten wachen. Später wird Luns dazu sagen: „Es ist doch verständlich, dass ein kleineres Land mit nur 12,5 Millionen Seelen mehr Wert darauf legt, das neue Europa auf Integrationsbasis und supranationaler Basis zu bauen als ein großes Land wie Frankreich."

De Gaulle hört sich die Einwände des Niederländers unbewegt an. Adenauer dagegen kann sich kaum unter Kontrolle halten. „Lächerlich", stößt er hervor, „reine Dummheit." Später wird er über den „langen Kerl" schimpfen, dieser sei so „stur, wie nur ein Holländer sein kann". Und weiter: „Ich könnte ihm den Hals umdrehen." Immerhin: Wenn er mal depressiv sei, tröste er sich mit dem Gedanken, dass es Frau Luns immer noch schlechter gehen müsse.

Ein neues Gipfeltreffen in Bonn kann die Wogen am 18. Juli 1961 etwas glätten. Beschlossen wird, dass eine Kommission unter Leitung des französischen Diplomaten Christian Fouchet untersuchen soll, wie Europa nicht nur auf wirtschaftlichem, sondern auch auf politischem Gebiet zusammenwachsen kann.

London. 13 Tage später, am 31. Juli 1961, kündigt Premierminister Harold Macmillan im Unterhaus an, mit den Sechs über einen Beitritt Großbritanniens zur EWG verhandeln zu wollen. Im Kabinett hat er zuvor erklärt, Ziel des Beitritts sei es, „jetzt de Gaulle im Zaum zu halten und später Deutschland". Großbritannien solle nicht mehr außen stehen, sondern versuchen, „Europa wirtschaftlich und politisch zu kontrollieren und zu beherrschen". Andernfalls drohe auf dem Kontinent ein neues „großspuriges und mächtiges Reich Karls des Großen" zu entstehen.

Das Vereinigte Königreich ist zuletzt gegenüber den Sechs immer weiter ins Hintertreffen geraten. Sein Wirtschaftswachstum ist deutlich schwächer, die Wettbewerbsfähigkeit britischer Unternehmen gegenüber denen der EWG-Zone nimmt ab, der Handel mit dem Commonwealth geht stark zurück. Während sich Macmillans Konservative Partei daraufhin Europa zuwendet, bleibt die Labour-Partei europafeindlich. Ein Beitritt würde „das Ende von Großbritannien als unabhängigem europäischen Staat bedeuten ... das Ende von tausend Jahren Geschichte", warnt Parteichef Hugh Gaitskell.

Im November 1961 besucht de Gaulle Macmillan, den er noch aus Kriegstragen kennt, auf seinem Landsitz Birch Grove in Sussex. Das Foreign Office warnt Macmillans Frau Dorothy vor, dass im Kühlschrank Platz für die Blutkonserven gemacht werden müsse, die der Präsident für den Fall eines Attentats immer mit sich führe. Die Familienköchin weigert sich jedoch, de Gaulles Blut im Küchenkühlschrank neben dem Fisch und anderen Lebensmitteln zwischenzulagern; in aller Eile wird ein zweiter Kühlschrank aufgestellt.

Der Besuch verläuft deprimierend: De Gaulle, der die geringschätzige Behandlung durch die Briten während seines Londoner Kriegsexils nie vergessen hat, macht keinen Hehl daraus, dass er sich das Vereinigte Königreich nur schwer in der Gemeinschaft vorstellen kann. Ihn stört unter anderem ihre „große Eskorte" an Commonwealth-Ländern. Die Briten sind in seinen Augen keine richtigen Europäer, und um welche zu werden, müssten sie ihre ganze Lebensart, ja ihre Essgewohnheiten ändern. Zu Adenauer bemerkt er wenige Tage später, Macmillan habe ihm eine „große sentimentale Szene" gemacht, um ihm den Beitrittswunsch nahezubringen. Bei einem Gegenbesuch in Frankreich auf dem ehemaligen Schloss von Madame Pompadour wird Macmillans Ton geradezu flehentlich: Die jungen Briten dächten europäischer als die alten, die noch in den Tagen des Kolonial-Schriftstellers Rudyard Kipling aufgewachsen seien, versichert er de Gaulle. Doch der widerspricht: „Das insulare Gefühl bleibt sehr stark ausgeprägt bei euch. England blickt auf das Meer, den weiteren Horizonten entgegen. Durch Sprache, Gewohnheiten und bestimmte Vereinbarungen bleibt es den Vereinigten Staaten eng verbunden."

Als ihm Macmillan wenige Monate später nochmals seine Aufwartung macht, veranstaltet de Gaulle zu seinen Ehren zwar eine Fasanenjagd, beteiligt sich aber selbst nicht daran. Stattdessen beschränkt er sich darauf, in einem schwarzen Citroën hinter Macmillan und den anderen Schützen stehen zu bleiben und jeden verfehlten Schuss lautstark zu kommentieren. Es regnet, und Macmillan hat keinen guten Tag – weder als Schütze noch als Politiker. Am Ende ist der englische Gast den Tränen nahe. Höhnisch erzählt de Gaulle seinem Regierungskabinett: „Dieser arme Mann, dem ich nichts anzubieten hatte, erschien so traurig, so niedergeschlagen, dass ich ihm am liebsten meine Hand auf die Schulter gelegt und zu ihm wie in dem Chanson von Edith Piaf gesagt hätte: *Ne pleurez pas, milord* – Weinen Sie nicht, Mylord!"

Paris. Am 19. Oktober 1961 legt Fouchet seinen Plan für eine Europäische Politische Union (EPU) vor. Die Sechs sollen eine unauflösbare Staatenunion bilden, basierend auf dem „Respekt vor der Personalität der Völker und Mitgliedsstaaten". Die Union soll aus drei Institutionen bestehen: dem Rat der Regierungschefs, einer Europäischen Parlamentarischen Versammlung und einer Kommission, die aber ausschließlich ausführende, administrative Aufgaben übernehmen soll. Ihr Sitz soll nicht Brüssel sein, sondern Paris.

Brüssel. Mammutkonferenz zur Gemeinsamen Agrarpolitik (GAP): Unter Leitung von EWG-Kommissar Sicco Mansholt tagen die Experten selbst zwischen Weihnachten und Neujahr und dann über die Deadline 31. Dezember hinaus bis in den Januar 1962. „45 verschiedene Treffen, davon sieben nachts; insgesamt 137 Stunden Diskussion, dazu 214 Stunden in Unterausschüssen; 582 000 Seiten Dokumente, drei Herzattacken" – so fasst Hallstein die Verhandlungen zusammen. Am Ende ist es so weit: Der Binnenmarkt wird auf dem Agrarsektor Realität. Das bedeutet zum Beispiel, dass in absehbarer Zeit ein gemeinsamer Getreidepreis festgelegt wird. Die Einigung wird als großer Erfolg gefeiert. Adenauer bezeichnet sie im Bundestag gar als eines der wichtigsten Ereignisse der letzten Jahrhunderte.

Paris. Noch ehe sich ein definitives Meinungsbild zum ersten Fouchet-Plan ergeben hat, verschärft de Gaulle am 17. Januar 1962 eigenmächtig eine zweite Fassung des Berichts. Er streicht daraus das von den Benelux-Staaten geforderte Bekenntnis zu NATO und EWG. Damit hat der Plan keinerlei Chance auf Verwirklichung mehr – Luns und Spaak, nun wieder belgischer Außenminister, lehnen ihn umgehend ab. Seinerseits erteilt de Gaulle bei einer Pressekonferenz am 15. Mai 1962 dem Konzept der Supranationalität eine Absage: „Ist es denn vorstellbar, dass Frankreich, Deutschland, Italien, Holland, Belgien und Luxemburg bei einer für sie in nationaler und internationaler Hinsicht wichtigen Frage bereit wären, etwas zu tun, was ihnen als nachteilig erscheint, nur weil das die anderen wollen? Wären denn die Franzosen, Deutschen etc. dazu bereit, sich Gesetzen zu unterwerfen, die ihnen fremde Abgeordnete diktierten, wenn diese Gesetze ihren ureigensten Vorstellungen zuwiderliefen?" Das ist die entgegengesetzte Position zu Hallstein, der immer wieder betont, dass Europa nur dann gelingen könne, wenn jeder dazu bereit sei, sein nationales Interesse auch einmal zurückzustellen.

Mit dem Scheitern des Fouchet-Plans gibt es de Gaulle nunmehr auf, alle fünf EWG-Partner für die Bildung eines Staatenblocks zu gewinnen. Stattdessen konzentriert er sich nur noch auf seinen Freund Adenauer. Sein Ziel: Er will die Deutschen aus ihrer – wie er es wahrnimmt – Umklammerung durch die USA lösen und Frankreich zu ihrem wichtigsten Verbündeten machen. Er rechnet damit, dass ein Zweierbund Deutschlands und Frankreichs eine solche Sogwirkung ausüben wird, dass sich ihm Italien und die Benelux-Staaten später anschließen werden.

Ein Bild fürs Geschichtsbuch. Der französische Präsident Charles de Gaulle und der deutsche Bundeskanzler Konrad Adenauer stehen 1962 während einer Messe nebeneinander in der Kathedrale von Reims. Die demonstrative Aussöhnung mit dem einstigen „Erbfeind" sollte die französische Bevölkerung auf eine enge Partnerschaft mit Deutschland vorbereiten. Dahinter stand de Gaulles Bestreben, Frankreich mit dem zusätzlichen Gewicht der wirtschaftlich erfolgreichen Bundesrepublik wieder zum Status einer Großmacht zu verhelfen.

Als erstes geht de Gaulle daran, den Franzosen seinen „guten Deutschen“ anzupreisen. *Le Chancelier Adenauer, mon ami*, nennt er ihn. Während eines sechstägigen Besuchs des Kanzlers vom 2. bis zum 8. Juli 1962 entfaltet die französische Republik allen Prunk und Pomp, zu dem sie fähig ist – und das ist einiges. Nie zuvor ist Adenauer derart mit Ehren überhäuft worden. In einer Rede anlässlich eines Dinners im Élysée-Palast überblickt de Gaulle 2000 Jahre deutsch-französische Geschichte, die nun in einer Union beider Völker kulminieren sollen. Die Franzosen, so sagt er an Adenauer gerichtet, „sehen in Ihnen einen großen Deutschen, einen großen Europäer, einen großen Mann, der Frankreichs Freund ist“.

In der Champagne, in Mourmelon, auf den alten Schlachtfeldern der Kriege, inszeniert der General eine Truppenparade deutscher und französischer Verbände. Das kann nur er: deutsche Truppen nach Frankreich hereinholen. Einem zivilen Staatschef ohne die Widerstandsvergangenheit von de Gaulle würde man das kaum durchgehen lassen. NATO-Flaggen sind bei der Parade nicht zu sehen.

Höhepunkt des Besuchs ist an diesem Sonntag eine Versöhnungsmesse in der Reimser Krönungskirche der französischen Könige, dem Heiligtum Frankreichs, das im Ersten Weltkrieg von den Deutschen bombardiert und stark beschädigt worden ist. Der geschichtsbewusste General hat alle Einzelheiten selbst festgelegt. Wie von ihm geplant, geht das Bild der beiden alten Staatsmänner vor der ehrwürdigen gotischen Kulisse in die Geschichtsbücher und ins kollektive Bewusstsein ein. Symbolpolitik *par excellence*.

Bonn. Charles de Gaulle steht auf der Freitreppe des Rokoko-Rathauses. Neben ihm Konrad Adenauer, vor ihm auf dem Platz Tausende Menschen. De Gaulle spricht zu ihnen – auf Deutsch und scheinbar frei. Tatsächlich hat er die Rede vorher mit seinem Übersetzer ausgearbeitet und auswendig gelernt, auch weil er in der Öffentlichkeit keine Brille aufsetzen will. „In der Welt von heute haben unsere beiden Völker ein umfassendes und bedeutsames Werk gemeinsam zu vollbringen“, sagt er. „Nichts jedoch kann mich besser dazu ermutigen als der glänzende Empfang, den Sie mir alle bereiten. Wenn (ich) Sie alle so um mich herum versammelt sehe, wenn ich die Kundgebungen höre, empfinde ich noch stärker als zuvor die Würdigung und das Vertrauen, das ich für Ihr großes Volk – jawohl, für das große deutsche Volk – hege.“ Das sind Worte, wie man sie in Deutschland lange nicht mehr gehört hat – gesprochen von einem Mann, der das Land kurz nach dem Krieg für immer zerstückeln wollte. „Es lebe Deutschland“, ruft er jetzt, „es lebe die deutsch-französische Freundschaft!“ Ungeheurer Jubel ist die Antwort. Aber dies ist erst der Anfang einer beispiellosen Charme-Offensive.

Während seines Staatsbesuchs vom 4. bis zum 9. September 1962 setzen sich die Begeisterungsstürme fort, egal ob in Düsseldorf, Hamburg oder München. Jedes Mal nimmt der Präsident trotz großer Anschlagsgefahr durch extremistische Gegner der Unabhängigkeit Algeriens ein Bad in der Menge, die er stets um mindestens einen Kopf überragt. Einmal stürmen sogar Tausende das Rollfeld des Flughafens Echterdingen, auf dem de Gaulle landet. Ein „Ausbruch von Herzlichkeit", kommentiert die Polizei. In München ragt aus der Zuschauermenge auch ein Schild aus Ingolstadt auf, wo de Gaulle seine Kriegsgefangenschaft im Ersten Weltkrieg verbracht hat: „Herr Präsident, die Jugend aus der Stadt Ihrer Gefangenschaft entbietet Ihnen freundschaftliche Grüße. Es lebe Europa."

Im Hof des Ludwigsburger Schlosses bei Stuttgart hält der Präsident vor 20 000 Jugendlichen eine „Rede an die deutsche Jugend" – wieder auf Deutsch. „Ich beglückwünsche Sie zunächst, jung zu sein", hebt er an. „Ich beglückwünsche Sie ferner, junge Deutsche zu sein. Schließlich beglückwünsche ich Sie, die Jugend von heute zu sein." Er endet damit, Deutschland und Frankreich bildeten den Grundstein, auf dem die Einheit Europas gebaut werden müsse.

Die triumphale Deutschlandtournee kommt gleichsam einem Plebiszit für eine deutsch-französische Union gleich. Adenauer sieht seine Politik der Annäherung an Frankreich „vom Volk bestätigt", wie er im Kabinett ausführt. Die Reise hat ihren Zweck erfüllt.

Was de Gaulle wirklich über die Deutschen denkt, bekommt nur ein enger Mitarbeiter während seines Auftritts in Hamburg zu hören. Gerade hat der Präsident der Menge wieder einmal versichert, dass die Deutschen „ein großes Volk" seien, da raunt er mitten im Sturm der Begeisterung: „Wenn sie wirklich ein so großes Volk wären, würden sie mir jetzt nicht so zujubeln."

Paris. Am 14. Januar 1963 legt de Gaulle in einer Pressekonferenz sein Veto gegen einen Beitritt Großbritanniens zur EWG ein. Großbritannien sei „insular, maritim, gebunden durch seinen Austausch, seine Märkte und Lieferketten in den unterschiedlichsten und oft entferntesten Ländern", argumentiert er. Zwar tragen die Briten durch ihr Beharren auf zahlreichen Ausnahmeregelungen selbst eine Mitschuld am Scheitern der Beitrittsverhandlungen, doch der entscheidende Grund sind die Vorbehalte de Gaulles. Er sieht die Briten als amerikanisches U-Boot, das die Einigungsversuche der Westeuropäer torpedieren würde. Und ganz davon abgesehen: Ein Charles de Gaulle duldet keine weiteren Götter neben sich.

Die Empörung über die Selbstherrlichkeit, mit der de Gaulle die Verhandlungen im Alleingang beendet hat, ist groß. „De Gaulle versucht, Europa zu dominieren", notiert Macmillan in sein Tagebuch. Er bezeichnet den französischen Informationsminister Alain Peyrefitte als neuen „Goebbels" und Adenauer als neuen „Pétain", den Chef des Vichy-Regimes. Auch Ludwig Erhard versteigt sich dazu, de Gaulle mit Hitler zu vergleichen: Vor 30 Jahren habe Hitler die Deutschen unter sein Joch gezwungen, jetzt habe de Gaulle das gleiche mit Europa getan.

Nur wenige Tage später ist Adenauer zurück in Paris. Die deutsch-französische Union soll jetzt besiegelt werden. Doch während eines Abendessens in der Deutschen Botschaft beschwören ihn sowohl Monnet als auch Hallstein, das geplante Abkommen nicht zu unterzeichnen. So kurz nach der Brüskierung der Briten durch den Großmacht-Nostalgiker de Gaulle müsse dies wie eine Kampfansage an das restliche Europa und die USA erscheinen, argumentieren sie.

Ein General auf Deutschlandtournee. Charles de Gaulle und Konrad Adenauer werden im Sommer 1962 auf dem Bonner Marktplatz umjubelt. Die triumphale Reise des französischen Präsidenten durch die Bundesrepublik ging mit einer Welle der Europa-Begeisterung einher – dabei setzte de Gaulle zu diesem Zeitpunkt schon nur noch auf eine Partnerschaft mit Deutschland.

Monnet appelliert an den Kanzler: „Alle Anstrengungen, die Sie unternommen haben, all der Ruhm, der Ihnen zukommt, laufen Gefahr, beschmutzt und zerstört zu werden."

Doch Adenauer wischt die Bedenken weg. Am 22. Januar unterzeichnen er und de Gaulle im Élysée-Palast ein völkerrechtlich verbindliches Abkommen, den deutsch-französischen Freundschaftsvertrag. Er soll eine enge politische Zusammenarbeit besiegeln, aber auch kulturellen Austausch, die Begegnung und Freundschaft von Jugendlichen. Unmittelbar im Anschluss erheben sich die zwei Politiker von ihren Plätzen, der ungelenke Riese de Gaulle zieht Adenauer zu sich hin, umarmt ihn und drückt ihm einen Kuss auf jede Wange, was Adenauer verlegen erwidert. Sichtlich bemüht, sich wieder unter Kontrolle zu bringen, wendet sich de Gaulle zur Seite – und blickt in das Gesicht des angesichts von so viel Rührung geniert lächelnden Außenministers Gerhard Schröder. Da stößt de Gaulle auf Deutsch hervor: „Sie … küsse ich nicht!" Anschließend hält er eine kurze Ansprache, auf die der immer noch tief bewegte Adenauer nur entgegnet: „Herr General, Sie haben das so gut gesagt, dass ich dem nichts hinzufügen könnte." Auf der Treppe raunt ihm de Gaulle zu: „Das ist der Anfang der Integration, und das sagt niemand anderer als ich. Diesmal aber auf realer Grundlage, das heißt, den Staaten." Also nicht supranational.

Bei allen Übereinstimmungen verbinden die beiden alten Herren mit dem Vertrag doch nicht das gleiche. Für Adenauer, der das Ende seiner Kanzlerschaft vor Augen hat, ist es die Krönung und der Abschluss seines Lebenswerks: die Aussöhnung mit Frankreich, die Verankerung Deutschlands unter den westlichen Demokratien. Für de Gaulle dagegen markiert der Vertrag einen Anfang – den Beginn einer Politischen Union Frankreichs und Deutschlands. Nicht mehr Amerika, sondern Frankreich soll künftig der wichtigste Partner der Bundesrepublik sein. Und die EWG? Als Jean Monnet den französischen Außenminister Maurice Couve de Murville darauf anspricht, antwortet der: „Die Sechs existieren nicht mehr – nur noch das deutsch-französische Band."

Bonn. Nun bricht ein Sturm der Kritik los. US-Präsident John F. Kennedy verurteilt den Vertrag als „Dolchstoß in den Rücken". Deutschlands Botschafter in Paris, Herbert Blankenhorn, protestiert: „Wir haben zwar die deutsch-französische Zusammenarbeit, wir haben aber einen verstimmten Teil, ein tief verärgertes Belgien, ein aggressiv negatives Holland. Wir sind auf dem besten Wege, unsere guten Beziehungen zu Großbritannien zu verschlechtern, ja vielleicht zu verlieren." Monnet unterstützt die deutschen Gegner der bilateralen Allianz und reist dafür eigens nach Bonn. Schnell ist deutlich, dass der Bundestag den Vertrag in dieser Form nicht ratifizieren wird. Stattdessen erreichen die Kritiker –

unter ihnen Ludwig Erhard und Außenminister Gerhard Schröder –, dass dem Vertrag eine Präambel mit einem klaren Bekenntnis zu den USA und zur NATO vorangestellt wird. Der Text beschwört die „enge Partnerschaft zwischen Europa und den Vereinigten Staaten" und die Einigung Europas „auf dem durch die Schaffung der europäischen Gemeinschaften begonnenen Wege" unter Einbeziehung Großbritanniens.

So wie der niederländische Außenminister Joseph Luns 1961/62 durch seinen Widerstand die Gründung einer Politischen Union unter französischer Führung verhindert hat, ist es jetzt der Bundestag, der einer vom Rest der westlichen Welt abgegrenzten Zweierformation einen Riegel vorschiebt. Die Bundesrepublik bleibt im transatlantischen und europäischen Rahmen verankert.

Paris. Damit sind de Gaulles Pläne zur Aufwertung Frankreichs abermals gescheitert. Er reagiert mit ohnmächtiger Wut – nicht ganz zu Unrecht, denn hat man je gehört, dass zwei Staaten einen Vertrag abschließen und dieser dann von der einen Seite ohne Konsultation mit der anderen völlig umdefiniert wird? „Die Amerikaner versuchen, unseren Vertrag seines Inhalts zu entleeren", poltert er bei einer Kabinettssitzung. „Sie wollen ihn zu einer leeren Muschel machen. Und warum das alles? Weil deutsche Politiker Angst haben, nicht genügend vor den Angelsachsen zu kriechen! Sie benehmen sich wie Schweine!" Später wird er sagen, man könne auf die Deutschen, *„les petits gents de Bonn"* (die kleinen Leute von Bonn), nicht zählen. „Sie waren meine große Hoffnung. Sie sind meine große Enttäuschung." Die deutsch-französische Ehe wird in seinen Augen nie vollzogen – bei Adenauer wird er sich 1964 beklagen: „Ich bin Jungfrau geblieben."

Erst die Zukunft wird erweisen, dass der Deutsch-Französische Freundschaftsvertrag trotz der Präambel keineswegs wertlos ist, sondern die einstigen Erbfeinde tatsächlich zu enger Partnerschaft animiert. Und das sicher nicht zum Schaden Europas: Auch wenn die anderen EWG-Mitglieder eine Dominanz der beiden mächtigsten Staaten immer fürchten werden, so wird sich die deutsch-französische Achse doch als unverzichtbar erweisen, um die schwerfällige Gemeinschaft mit den oft gegensätzlichen Interessen der Mitgliedsstaaten vor dem Stillstand zu bewahren. Die deutsch-französische Partnerschaft wird langfristig zum Motor der europäischen Einigung – genauso wie Konrad Adenauer es sich erhofft hat. Er betrachtet den Vertrag darum als die größte Leistung seiner 14-jährigen Amtszeit.

Bonn. Dienstag, 15. Oktober 1963. Konrad Adenauer wird im Bundestag verabschiedet. In einem Fernsehinterview weist er noch einmal geradezu beschwörend darauf hin, dass Europa heute „zerstückelt und zerteilt" sei. „Es kann nur – ich kann es immer nur wieder betonen – es kann nur wirklich am Leben bleiben auf die Dauer, wenn es sich zusammenschließt, und ein Zusammenschluss von Europa ohne eine Freundschaft zwischen Frankreich und Deutschland ist unmöglich."

Adenauers Nachfolger wird der Mann, den er unbedingt verhindern wollte, den die CDU/CSU-Fraktion aber gegen seinen Willen durchgesetzt hat: Ludwig Erhard. Damit stehen nun in Paris und in Bonn Männer an der Spitze, die die EWG in dieser Form nicht wollen. Dennoch steht eine Abwicklung der Gemeinschaft nicht zur Debatte, denn schon in den wenigen Jahren ihres Bestehens hat sie den Mitgliedsländern so enorme wirtschaftliche Vorteile gebracht, dass sie nicht mehr grundsätzlich infrage gestellt werden kann.

Luxemburg. Am 5. Februar 1963 schreibt der Europäische Gerichtshof Rechtsgeschichte. Dabei geht es vordergründig um einen völlig unspektakulären Fall: Das niederländische Unternehmen Van Gend & Loos hat geklagt, weil es eine Chemikalie aus der Bundesrepublik eingeführt und die niederländischen Behörden dafür einen erhöhten Zoll erhoben haben: nicht mehr nur fünf, sondern acht Prozent des Warenwerts. Darüber beschwerte sich Van Gend & Loos unter Berufung auf die Römischen Verträge. Das Argument: Die Erhebung von Ein- und Ausfuhrzöllen wird dort verboten. Das zuständige Verwaltungsgericht in den Niederlanden verwies den Fall weiter an den Europäischen Gerichtshof. Es wollte wissen: Können sich auch Privatpersonen und Unternehmen auf den europäischen Vertrag berufen oder eben nur die Mitgliedsstaaten, die den Vertrag geschlossen haben? Die Antwort des Gerichts: Der Vertrag gilt keineswegs nur für die Mitgliedsstaaten. Es sei vielmehr so, „dass die Gemeinschaft eine neue Rechtsordnung des Völkerrechts darstellt, zu deren Gunsten die Staaten, wenn auch in begrenztem Rahmen, ihre Souveränität eingeschränkt haben". Dadurch sind auch die einzelnen Bürger zu Rechtssubjekten dieser neuen Völkerrechtsordnung geworden. Sie können sich fortan darauf berufen, dass das europäische Gemeinschaftsrecht Vorrang vor dem nationalen Recht hat. Auf diese Weise entsteht eine direkte Verbindung zwischen der Gemeinschaft und ihren Bürgerinnen und Bürgern.

Wiesbaden. Im Samstagabendprogramm der ARD läuft am 25. Januar 1964 zum ersten Mal die Quizshow „Einer wird gewinnen" mit Hans-Joachim Kulenkampff. Der Titel lehnt sich an die Abkürzung für die Europäische Wirtschaftsgemeinschaft, EWG, an, weil die Show den Europagedanken unterstützen soll. Auch die Sendung wird bald so abgekürzt – „heute Abend kommt

EWG", heißt es dann. Im Vorspann erscheinen Symbole für europäische Länder wie der Eiffelturm, das Atomium in Brüssel und holländische Tulpen. Die Kandidaten kommen aus acht europäischen Ländern.

„EWG" wird ein riesiger Erfolg, die Show erreicht Einschaltquoten von bis zu 90 Prozent. Das kommt vor allem durch den Charme und Witz ihres galanten Moderators. Insbesondere auf gutaussehende junge Kandidatinnen reagiert „Kuli" außerordentlich erfreut. Einmal entfährt ihm im Gespräch mit einer Ungarin der Stoßseufzer, er müsste nochmal 25 Jahre jünger sein. Doch dann schießt ihm durch den Kopf: „Moment, da muss ich überlegen, was war vor 25 Jahren, was haben wir jetzt, 1969 … … 1944 … uh, nee, bloß nicht, um Gottes … sehr gut, lieber so!"

Kulenkampff, geboren 1921 in Bremen, wurde mit 20 Jahren eingezogen. Von den 160 Mann seiner Einheit, mit denen er 1942 in Russland kämpfte, überlebten außer ihm nur vier. Vier abgefrorene Zehen schnitt er sich selbst mit dem Taschenmesser ab. Danach galt er zwei Jahre als kriegsuntauglich, doch 1944 musste er wieder an die Front. Er kam zu einer Flakstellung bei Hannover. „Nachts flogen die Briten an, warfen ihre Bomben ab, während wir schossen. Neben uns lag eine Scheinwerferbatterie. Lauter 17-, 18-jährige Mädchen bedienten die Scheinwerfer. Die bekamen einen Volltreffer in ihre Stellungen. Danach haben wir die Mädchen stückweise ausgebuddelt. Wo ich Mädchen so gern habe."

Kulenkampff weiß genau, warum er den europäischen Gedanken verbreiten will.

Brüssel. Die EWG-Kommission wird immer mächtiger. Das spiegelt sich auch in der Tatsache, dass mittlerweile Witze über sie die Runde machen. Einer geht so: Agrarkommissar Sicco Mansholt kommt nach seinem Tod zur Himmelspforte. Der heilige Petrus schaut auf seine Liste und sagt: „Es tut mir leid, Herr Mansholt, aber Sie sind hier falsch. Sie kommen in die Hölle." Mansholt ist fassungslos: „Warum das denn?" – „Naja, weil Sie diese furchtbare Agrarpolitik erfunden haben." Mansholt protestiert, aber Petrus lässt sich nicht erweichen. „Ich kann Ihnen ein Zugeständnis machen", sagt er schließlich. „Sie können sich in der Hölle umsehen und einen Platz aussuchen." Mansholt dreht eine Runde und kommt dabei in ein rot tapeziertes Boudoir, in dem Walter Hallstein mit Brigitte Bardot auf einem Sofa liegt. Wütend eilt er zu Petrus zurück und sagt: „So also wird Hallstein behandelt, dabei haben wir das alles gemeinsam gemacht. Auch die Agrarpolitik war von uns beiden." Darauf erwidert Petrus: „Das ist ein Missverständnis, Herr Mansholt. Das ist nicht der Lohn für Herrn Hallstein. Das ist die Strafe für Madame Bardot."

Porträt: Sicco Mansholt

Der Vollstrecker der Europäischen Agrarpolitik

Als die EWG-Landwirtschaftsminister am 15. Februar 1971 in Brüssel über den „Mansholt-Plan" zur Reform des europäischen Agrarsektors berieten, ging plötzlich die Tür auf und drei Kühe stürmten herein. Die Minister trauten ihren Augen nicht, denn sie tagten in einer der obersten Etagen! Hinter Stühlen und Tischen versuchten sie in Deckung zu gehen. Die Kühe, behangen mit der Parole „Mansholt an den Galgen", hinterließen ein Bild der Verwüstung.

Sicco Mansholt (1908–1995) war viele Jahre das Schreckgespenst der europäischen Landwirte, der „Bauernkiller". Allein bei einer Kundgebung in Bonn wurden 1971 neun Mansholt-Puppen am Galgen mitgeführt. Auf einem der Transparente stand: „1940 die Juden, 1970 die Bauern, im Jahr 2000 du". Dies war umso geschmackloser, weil Mansholt ein aktiver Widerstandskämpfer gewesen war. Nach der Besetzung der Niederlande durch Nazi-Deutschland hatte er auf seinem Bauernhof Juden versteckt und ein weitreichendes Netz zur Versorgung von Untergetauchten aufgebaut. In Anerkennung seiner Leistungen wurde er kurz nach der Befreiung Bürgermeister und noch 1945 mit nur 36 Jahren niederländischer Landwirtschaftsminister. Der Europa-Kongress in Den Haag 1948 überzeugte den Sozialdemokraten davon, dass ein vereintes Europa gebaut werden müsse. Als der ehrgeizige Idealist 1958 nach Brüssel wechselte, seufzte der niederländische Ministerpräsident Willem Drees erleichtert: „Zum Glück sind wir ihn endlich los."

In seiner neuen Position als Agrarkommissar kontrollierte Mansholt den Bereich, in dem der Binnenmarkt als erstes realisiert wurde. Die Entscheidungen, die in Brüssel getroffen wurden, beeinflussten das Leben von zig Millionen Menschen. Der für damalige Verhältnisse ungewöhnlich lockere Mansholt, der von seinen Mitarbeitern geradezu verehrt wurde, schreckte dabei nicht vor unpopulären Maßnahmen zurück: Er erkannte richtig, dass es aufgrund der immer effizienteren Anbaumethoden für die meisten Bauern keine Zukunft mehr gab. Die nationalen Politiker waren aber nicht bereit, dies zu akzeptieren, und strichen seine angeblich „teuflischen" Reformpläne immer wieder zusammen. Bei all dem fühlte sich Mansholt immer selbst als Bauer: Noch als Kommissionsmitglied träumte er schlecht von Missernten und verregneten Sommern.

Mit über 60 Jahren vollzog Mansholt unter dem Einfluss der Experten-Organisation Club of Rome noch einmal eine radikale Kehrtwende und wandelte sich über Nacht zum Umweltschützer und Propheten eines Nullwachstums. Vielleicht als erster Politiker in einer Spitzenposition forderte er eine völlige Neuausrichtung der Wirtschafts- und Energiepolitik nach dem Kriterium der Nachhaltigkeit. Seine Kollegen reagierten mit Unverständnis. Industriekommissar Altiero Spinelli fragte ihn verwundert: *„Sicco, are you becoming a hippy?"*

In diese Zeit der Umorientierung fiel auch eine Liebesaffäre mit Petra Kelly, der späteren Mitbegründerin der Grünen. Sie war 25, er 64. „Das ist das Mädchen, auf das ich mein ganzes Leben gewartet habe", erklärte er jedem, der es hören wollte. In einem Punkt allerdings blieb er sich treu: Er verlor nie den Glauben an Europa.

Der segelnde Holländer. Sicco Mansholt steht auf seinem hölzernen Plattbodenschiff *Atlanta* in dem kleinen Ort Breskens in Zeeland nahe der belgischen Grenze. Ein enger Mitarbeiter von ihm erinnerte sich 2006, dass Mansholt ihm insbesondere nach durchwachten Brüsseler Konferenznächten vorschlug: „Gehen wir segeln!" Dann fuhren sie in aller Frühe zum Schiff. Segeln war für den vielfach angefeindeten Agrarkommissar die „perfekte Nervenberuhigung, eine andere Welt, eine andere Sprache, ein anderes Universum".

Paris. Donnerschlag im Herbst: Am 21. Oktober 1964 droht Charles de Gaulle damit, die EWG zu verlassen, falls nicht endlich die gemeinsame Agrarpolitik verwirklicht werde – so wie dies bereits drei Jahre zuvor beschlossen worden sei. Er fordert die Festlegung eines einheitlichen Getreidepreises bis Jahresende. Damit setzt er den ungeliebten Bundeskanzler Erhard unter Druck, der diesen für die deutschen Bauern äußerst schmerzhaften Schritt bis nach der Bundestagswahl im September 1965 aufschieben will. Der Getreidepreis liegt in Deutschland weit über dem der anderen Mitgliedsstaaten. Und die deutschen Bauern, traditionell CDU-Wähler, sind gut für zwei Millionen Stimmen oder 5,5 Prozent aller Wahlberechtigten. Die französischen Bauern hingegen wollen den gemeinsamen Agrarmarkt unbedingt, weil sie mehr produzieren als Frankreich benötigt. Sie wollen in andere EWG-Länder exportieren und setzen außerdem auf EWG-Subventionen.

Hallstein sputet sich nach Bonn und redet beschwörend auf Erhard ein: „Es geht in diesen Tagen um eine Entscheidung für das Fortbestehen der Gemeinschaft." Erhard lenkt schließlich ein, nicht nur, um die EWG und damit den für Deutschland äußerst einträglichen gemeinsamen Markt zu retten, sondern auch, weil die Verhandlungen über die Gemeinsame Agrarpolitik eng verknüpft sind mit der sogenannten Kennedy-Runde: Dabei geht es um Verhandlungen mit den USA, die ihre Zölle auf industrielle Waren abbauen sollen. Die Exportnation Deutschland ist daran hochgradig interessiert. Die US-Regierung fordert aber umgekehrt eine stärkere Öffnung des EWG-Agrarmarkts für ihre landwirtschaftlichen Produkte.

Brüssel. Die legendäre Getreidenacht von Brüssel! Nach einer Marathonsitzung einigen sich die EWG-Staaten am Morgen des 15. Dezember 1964 auf einen einheitlichen Getreidepreis. Dieser Preis ist der mit Abstand wichtigste in der gesamten Agrarbranche, an ihm orientieren sich wiederum die Preise für andere Produkte. Die Regierung Erhard akzeptiert jetzt ein Niveau, das deutlich unter dem liegt, was bisher in Deutschland gezahlt worden ist. Allerdings soll der Einheitspreis erst ab 1. Juli 1967 gelten, und bis 1970 sollen die deutschen Landwirte Milliarden an Ausgleichszahlungen bekommen, sowohl aus dem Bundeshaushalt als auch aus EWG-Kassen.

Für die Kommission bedeutet die Schaffung des gemeinsamen Agrarmarkts einen erheblichen Machtzuwachs. „Wir bestimmen hier die Preise für Getreide und bald für Butter, Brot, Milch, Fleisch, Eier, Schweine und so weiter", sagt Mansholt. „Es gibt kein einziges nationales Parlament, das darauf noch Einfluss ausüben kann." Diesen Umstand nutzt er aus, um gleich auch einen Kompetenzzuwachs für das Europäische Parlament zu fordern: „Ich glaube, dass es hier nur eine Lösung gibt: Das Europäische Parlament muss wirkliche Kontrollbefugnisse bekommen." Zudem müssten sich europäische Parteien herausbilden – und eine europäische Öffentlichkeit: „Geschieht das nicht, so werden Entscheidungen getroffen, und dann kann man erst im Nachhinein Kritik daran üben. Aber dann ist es natürlich zu spät." Der Einigungsprozess vollziehe sich jetzt rasend schnell: Die Jahre von 1950 bis 1965 hätten gezeigt, dass die wirtschaftliche Einheit keine Utopie sei, sondern jetzt in greifbare Nähe rücke. „Und was sind 15 Jahre in der Geschichte? Nichts."

Professor mit Baby. Etwas ungelenk hält Kommissionspräsident Walter Hallstein in einer Kita für Kinder von Brüsseler EWG-Beamten ein Kleinkind im Arm. Hallstein – der als Workaholic ohne Privatleben galt – war keine charismatische Persönlichkeit, fand aber Anerkennung aufgrund seiner europäischen Gesinnung, seiner Fachkenntnisse und Fähigkeit zur Teamarbeit.

Washington. Nachdem Walter Hallstein 1961 bereits von Präsident Kennedy im Oval Office empfangen worden ist, wird ihm diese Ehre jetzt auch von dessen Nachfolger Lyndon B. Johnson zuteil. Noch mehr Signalwirkung hat, dass er auf dem Höhepunkt des Kalten Krieges Zugang zum Pentagon erhält, um sich dort mit Verteidigungsminister Robert McNamara zu besprechen. Untergebracht ist Hallstein im Blair House, dem offiziellen Gästehaus des US-Präsidenten, in dem sonst nur Staats- und Regierungschefs logieren. Sein Ziel ist es, eine *Atlantic partnership* zwischen der EWG und den USA zu begründen.

All das wird in Paris mit Argusaugen verfolgt. Zum einen betrachtet de Gaulle den amerikafreundlichen Kurs von Hallstein als direkten Angriff auf seine Politik, Europa als einen von den USA unabhängigen Machtblock zu etablieren. Zum anderen empfindet er das Auftreten des blassen Technokraten als anmaßend. Es kursieren sogar Berichte, wonach dieser auf die Frage eines amerikanischen Journalisten, was genau denn nun ein Kommissionspräsident sei, geantwortet habe: „Das ist so etwas wie der Premierminister Europas."

Straßburg. Hallstein ist sich mit den meisten EWG-Kommissaren einig, dass sie die euphorische Stimmung nach der Gründung des gemeinsamen Agrarmarkts auf keinen Fall ungenutzt verstreichen lassen dürfen. Jetzt ist der Moment gekommen, um die Mitgliedsstaaten mitzureißen und den Einigungsprozess voranzutreiben. Aber wie? Hallstein entscheidet sich für eine Strategie, die auf den ersten Blick brillant erscheint. Es ist gleichsam ein Tauschgeschäft mit de Gaul-

Porträt: Walter Hallstein

Der Mann des Aufbaus

Walter Hallstein (1901–1982) sah aus wie das Klischeebild eines deutschen Professors. Er war klein und schmal, mit einer überdimensionierten Hornbrille auf der Nase. Dazu sprach er mit einer unangenehm näselnden Stimme, und seine einschläfernden Reden waren mit Fremdwörtern gespickt. Im Umgang war er distanziert und steif. Der Franzose Robert Marjolein, der während der gesamten Amtszeit Hallsteins – immerhin neun Jahre, von 1958 bis 1967 – Kommissionsmitglied war, sagte anschließend, er könne nicht behaupten, ihn nun besser zu kennen als zu dem Zeitpunkt, als er ihm zum ersten Mal begegnet sei. Drastischer äußerte sich FDP-Chef Thomas Dehler: Schon Bismarck habe gesagt, ein Staatsmann müsse „über die drei großen H verfügen – Hirn, Herz und Hoden". Hallstein habe ausschließlich Hirn.

Ganz anders fiel das Urteil von Jean Monnet aus: „Mir sagte seine Persönlichkeit sofort zu, und zwischen uns ergab sich sofort eine Vertrauensbasis", urteilte der Mann, der die europäische Einigung wie niemand sonst verkörperte. „Er war im Grunde ein aktiver Humanist und ein großer Europäer." Mit seiner leisen, betont sachlichen Art war Hallstein so ziemlich das Gegenteil des lauten, großsprecherischen Deutschen, den viele Europäer noch sehr ungut in Erinnerung hatten. Hilfreich war auch, dass Hallstein alle Dossiers in- und auswendig kannte. Gleichzeitig verfolgte er den europäischen Gedanken mit großer Überzeugung: Sein Ziel war nicht nur die wirtschaftliche, sondern auch die politische Einigung Europas. Wie Monnet war er jedoch davon überzeugt, dass diese nur schrittweise erreicht werden konnte. Dabei drängte er stets auf einen Ausbau der Befugnisse des Europäischen Parlaments. Die später oft geäußerte Kritik, er sei der Vater der demokratisch nicht legitimierten Brüsseler Beamtenbürokratie, trifft deshalb den Falschen.

Schwerer wiegt der Vorwurf, Hallstein habe mit seinen weitreichenden Vorschlägen vom März 1965 den Konflikt mit Charles de Gaulle provoziert und damit eine lange Phase der Stagnation im europäischen Einigungsprozess verschuldet. Dazu ist zu sagen, dass Hallsteins Initiative für de Gaulle eher der Auslöser als die eigentliche Ursache für seinen Angriff auf die Kommission war. Schon vorher hatte er Vertrauten gegenüber klargemacht, dass er die in den Römischen Verträgen vorgesehene Einführung von Mehrheitsbeschlüssen nicht akzeptieren würde. Er hätte es also ungefähr zu dieser Zeit sowieso auf eine Konfrontation angelegt. Hallstein hat gleichwohl die Entschlossenheit de Gaulles unterschätzt, jede Abtretung nationaler Souveränität zu verhindern. Eine Auseinandersetzung mit dem legendären Anführer des zu dieser Zeit mächtigsten Mitgliedsstaats konnte der blasse Professor nicht gewinnen. Er war kein europäischer George Washington.

Dennoch hat Hallstein Europa seinen Stempel aufgedrückt: Er war es, der aus dem Nichts eine europäische Verwaltung aufbaute und Politiker aus sechs unterschiedlichen Ländern zu einem funktionierenden Team zusammenschweißte. Alle späteren Kommissionen haben auf diesem Fundament aufgebaut.

le: Hallstein will vorschlagen, den von Frankreich ersehnten gemeinschaftlichen Agrarmarkt noch früher als geplant zu vollenden, nämlich bis zum 1. Juli 1967. Dann soll es einheitliche Garantiepreise nicht nur für Getreide, sondern auch für Milch, Reis, Rindfleisch und Zucker geben. Im Gegenzug sollen die Kompetenzen der Kommission und des Europäischen Parlaments ausgebaut werden.

Unter anderem will Hallstein eigene Einnahmen der EWG durch Zölle auf ausländische Agrarimporte kreieren sowie ein stärkeres Mitspracherecht des Europäischen Parlaments bei der Haushaltsplanung festschreiben. Der brisanteste Punkt ist jedoch die Einführung von qualifizierten Mehrheitsentscheidungen im Ministerrat. Die Römischen Verträge sehen dies ab 1. Januar 1966 vor, doch bekannt ist, dass de Gaulle das nicht akzeptieren will. Hallstein aber will den Übergang zum Mehrheitsprinzip nun als Teil des Gesamtpakets durchsetzen. Dadurch wäre es künftig möglich, Frankreich im Ministerrat zu überstimmen.

Am 24. März 1965 macht Hallstein seine Vorschläge in einer Rede vor dem Europäischen Parlament öffentlich – ohne die Regierungen der Mitgliedsstaaten vorab konsultiert zu haben. Das ist ein Bruch mit dem Protokoll. Hallstein tritt damit auf wie ein selbstständig agierender Staatschef.

De Gaulle kocht vor Wut. Der französische Außenminister Couve de Murville droht düster, es werde bald „keine Gemeinschaft mehr geben". Nach einer gescheiterten Krisensitzung in Brüssel teilt der Élysée-Palast mit, Frankreich habe jetzt beschlossen, „wirtschaftliche, politische und rechtliche Konsequenzen" zu ziehen. Kurz darauf wird deutlich, was damit gemeint ist: Frankreich boykottiert die EWG. Es will nicht mehr an den Sitzungen des Ministerrats teilnehmen. Das werde sich erst wieder ändern, wenn die anderen Partner die Notwendigkeit einstimmiger Voten im Ministerrat einsähen, verkündet de Gaulle. Zudem fordert er die Abberufung der „supranationalen Mafia". Er will keine Europa-Regierung, die zu Empfängen den roten Teppich ausrollt – auch wenn dieser Teppich nur ein aus zwei Läufern zusammengenähtes Stück ist, wie der „Spiegel" recherchiert. Er will nicht, dass Hallstein in Washington wie der Präsident Europas behandelt wird. Er werde „die politischen Illusionen der Föderalisten" ein für allemal beenden, schwört er. Es sei Zeit, den Leuten mal Angst zu machen: „*Hallstein et Mansholt, c'est fini!*" So kommt es zur schwersten Krise der Gemeinschaft seit Unterzeichnung der Römischen Verträge. Hallstein reagiert schockiert – und wird krank. Mansholt dagegen bläst, seinem Charakter gemäß, zum Gegenangriff: Eine Zerstörung des Binnenmarkts wäre „die größte Katastrophe seit Hitler", warnt er.

Paris. Traditionelle Pressekonferenz von Charles de Gaulle zu Beginn des parlamentarischen Jahrs. Mittlerweile hat er Gegenwind bekommen, nicht nur aus Brüssel, wo der Ministerrat einfach ohne Frankreich weiter tagt, sondern auch aus dem Inland: Frankreichs Bauern befürchten, dass der General den für sie äußerst lukrativen Agrar-Binnenmarkt mit seinem Austritt zerstören wird. Nun ist die Weltpresse versammelt, um zu erfahren, was der Präsident darauf zu erwidern hat. Der zeigt sich kompromisslos: Die Kommission gebärde sich als eine technokratische und vaterlandslose oberste Instanz, schimpft er, Frankreich strebe jetzt eine „vollkommene Revision" der Römischen Verträge an. Das lehnen die übrigen Fünf umgehend ab. Der Gründungsvertrag dürfe nicht verändert werden, stellen sie klar. Allerdings bieten sie de Gaulle ein klärendes Treffen an – ohne Hallstein.

Mitten in diesem Nervenkrieg stellt sich de Gaulle im Dezember 1965 zur Wiederwahl. Er rechnet fest damit, schon im ersten Wahlgang bestätigt zu werden. Doch zu seiner Enttäuschung bekommt er nicht einmal 45 Prozent der Stimmen. Erst im zweiten Wahlgang kann er sich mit 55 Prozent gegen seinen sozialistischen Herausforderer François Mitterrand durchsetzen. Klar ist, dass ihn seine Anti-Europa-Linie massiv Stimmen gekostet hat, vor allem bei den Bauern, die etwa 20 Prozent der Wähler ausmachen. Mitterrand hatte sich dagegen als „Kandidat Europas" profiliert – mit Unterstützung von de Gaulles altem Gegner Jean Monnet.

Luxemburg. Frankreich will auf neutralem Territorium verhandeln, außerhalb von Brüssel. So kommt es zu einem Ministerrat am 17. und 18. Januar 1966 in Luxemburg. Hier legt der französische Außenminister Couve de Murville de Gaulles Forderungen auf den Tisch: Zum einen soll sich die Kommission nicht mehr gebärden, als wäre sie die Regierung Europas. Botschafter von Drittländern sollen nur noch im Beisein des Ministerrats empfangen werden, und Gesetzgebungsvorhaben soll die Kommission zunächst den Mitgliedsländern, dann dem Europäischen Parlament und erst danach der Öffentlichkeit vorlegen. Viel entscheidender ist jedoch: In Angelegenheiten, die „sehr wichtige Interessen" eines einzelnen Mitgliedsstaats berühren, soll jedes Land ein Vetorecht haben. Das lehnen die übrigen Fünf ab. Ohne Ergebnis geht man auseinander.

28. Januar 1966, zweiter Versuch. Nach eineinhalb Tagen einigen sich die Fünf mit Frankreich auf eine Kompromissformel: Demnach soll es zwar kein Vetorecht geben, doch wenn ein Land in einer bestimmten Frage wesentliche Interessen bedroht sieht, sollen die Partner so lange weiterverhandeln, bis eine für alle akzeptable Lösung gefunden ist. Damit ist die „Krise des leeren Stuhls" überwunden, und Frankreich gibt seinen Boykott auf. Die Einigung geht als „Luxemburger Kompromiss" in die Geschichte ein.

Stichwort: Die Gemeinsame Agrarpolitik (GAP)

Eine europäische Tragödie

Ähnlich wie Kohle und Stahl hatte auch der Agrarsektor in der Nachkriegszeit eine heute kaum noch zu ermessende Bedeutung. Nicht nur Deutschland, auch andere Länder hatten Hungerwinter erlebt. So waren in den Niederlanden 1944/45 mindestens 20 000 Menschen an den Folgen von Hunger und Kälte gestorben, weil die Deutschen die „Festung Holland" von der Lebensmittelzufuhr abgeschnitten hatten.

Das Hauptziel der Europäischen Gemeinschaft für Kohle und Stahl und der Europäischen Wirtschaftsgemeinschaft kann man in der Doppel-Parole „Nie wieder Krieg – nie wieder Hunger" zusammenfassen. Einen besonderen Widerhall fand dieser Zweiklang in Italien: Dort hatten die Bauern die größte Wählergruppe des Faschistenführers Benito Mussolini gebildet. Daraus erwuchs nach dem Krieg die Überzeugung, dass die junge italienische Demokratie die Bauern unbedingt zufriedenstellen müsse, um zu verhindern, dass sie ihr abermals entglitten. Noch 1960 war ein gutes Drittel der arbeitenden Bevölkerung Italiens in der Landwirtschaft tätig.

Die wichtigste Voraussetzung für den Sieg über den Hunger war nach Meinung der damaligen Politiker, dass der Agrarmarkt dem freien Spiel des Marktes entzogen und staatlich kontrolliert werden musste. Getreidebörsen wurden geschlossen. Von nun an setzte der Staat die Preise fest und garantierte den Bauern die Abnahme ihrer Produkte. Diese Planwirtschaft erzielte in den 50er Jahren vielfach die erwünschte Wirkung: Die Produktion stieg, weil der Beruf des Bauern durch die staatlichen Sicherheiten attraktiv wurde – vor dem Krieg waren die Preise oft so niedrig gewesen, dass viele Bauern in Armut gelebt hatten. Jetzt konnten sie so viel produzieren, wie sie wollten – ohne sich dabei Gedanken machen zu müssen, ob diese Erzeugnisse überhaupt benötigt wurden. Diese Politik wurde anfangs als außerordentlich erfolgreich betrachtet, denn sie garantierte den Bauern ein gutes Auskommen und stellte die allgemeine Selbstversorgung mit Lebensmitteln sicher. Es würde nie wieder Hunger geben.

Die EWG setzte diese Politik auf europäischer Ebene fort. Die Preise für landwirtschaftliche Produkte wurden von ihr garantiert und lagen durchweg weit über dem Weltmarktpreis. So kostete ein Pfund Butter 1969 in der EWG 3,40 D-Mark, auf dem Weltmarkt aber nur 90 Pfennig. Gegen die preiswerteren Konkurrenzprodukte aus dem Ausland wurde der europäische Binnenmarkt durch Zölle abgeschirmt. Das führte dazu, dass doch wieder Menschen an Hunger starben – nur nicht mehr in Europa, sondern jetzt in Entwicklungsländern. Die Kleinbauern in diesen Ländern hatten aufgrund der hohen Zollschranken keine Chance, ihre Erzeugnisse in die wohlhabende EWG zu exportieren. Überschussprodukte, die die europäischen Bauern zu dem von Brüssel garantierten Preis nicht absetzen konnten, wurden aufgekauft und eingelagert, um sie gegebenenfalls bei günstigeren Bedingungen auf den Markt zu bringen, oder vernichtet. So entstanden die berüchtigten Butterberge, Getreidemassive, Zuckergipfel, Milch- und Weinseen. In den 80er Jahren verschlang die Landwirtschaft 70 Prozent des EWG-Haushalts,

vier von fünf Brüsseler Beamten waren mit der Gemeinsamen Agrarpolitik beschäftigt. Jahr für Jahr strichen die Bauern zig Milliarden auf Kosten des Steuerzahlers ein – ein kompletter Irrsinn.
Die Europäische Gemeinschaft und die spätere Europäische Union reagierten auf dieses Desaster nur sehr langsam. Verantwortlich dafür waren die nationalen Politiker, die sich von ihren Bauernverbänden erpressen ließen. Nur sehr zögerlich konnten sie sich dazu durchringen, die unsinnigen Subventionen zurückzufahren.

Wie sich zeigt, läuft die Einigung letztlich doch auf ein Vetorecht der einzelnen Mitgliedsländer hinaus, denn was „wesentliche Interessen" sind, erweist sich als sehr interpretationsfähig. Für die Kommission und ihren Präsidenten Hallstein ist das eine deprimierende Niederlage. Das Initiativmonopol der Kommission – das ausschließlich ihr zustehende Recht, Gesetzesvorschläge im Ministerrat einzubringen – wird dadurch faktisch eingeschränkt. Denn die Kommission weiß, dass sie nur Vorschläge auf der Grundlage des kleinsten gemeinsamen Nenners machen kann: Es muss schließlich Einstimmigkeit erzielt werden. Der Ministerrat ist nun zur bestimmenden Institution der EWG geworden, während die Rolle der Kommission zurückgedrängt wird.

Und doch hat der General auf diesem Schlachtfeld keinen vollständigen Sieg davongetragen. Vor aller Welt ist deutlich geworden, dass der Text der Römischen Verträge unantastbar ist. Und anders als von de Gaulle erwartet, hat er Europa mit seiner Blockade keineswegs lahmgelegt – zu seiner allergrößten Verärgerung ist der Ministerrat einfach ohne Frankreich zusammengetreten. Auch das für ihn enttäuschende Abschneiden bei der Präsidentschaftswahl hat gezeigt, dass sich die Gemeinschaft nicht einfach abwickeln lässt.

Die Dynamik des Einigungsprozesses ist allerdings erst einmal abgebremst, der Elan der Aufbauphase verflogen. 1967 gibt Bundeskanzler Kurt Georg Kiesinger dem Drängen de Gaulles nach und entzieht Hallstein seine Unterstützung für eine weitere Amtszeit. Der neue Kommissionspräsident Jean Rey aus Belgien wird keinen roten Teppich mehr ausrollen.

Paris. Das darauffolgende Epochenjahr 1968 mit Massenprotesten französischer Studenten, gewaltsamen Ausschreitungen, Generalstreik und Staatskrise besiegelt allerdings auch das Schicksal de Gaulles. 1969 räumt er nach einem verlorenen Referendum seinen Posten und zieht sich in die Einsamkeit seines Hauses in Colombey zurück. Hier bricht er am Abend des 9. November 1970 beim Patience-Legen mit einem Schmerzensschrei zusammen, der herbeigeeilte Arzt diagnostiziert ein Aneurysma der Bauchaorta. Eine halbe Stunde später ist de Gaulle tot. Die Generation der „großen alten Männer" ist abgetreten.

KAPITEL IV

Eine Frau will ihr Geld zurück

Ausbau und Stagnation der Gemeinschaft (1969–1984)

Am Anfang sieht es gar nicht so schlecht aus für Europa: Großbritannien tritt endlich doch bei, allerdings gehen auf der Insel kurz danach die Lichter aus. Bei einem Kaffeekränzchen wird die wichtigste europäische Institution gegründet, und der Kommissionspräsident erfreut sich seines guten Lebens, indem er unter anderem ein Kamel verspeist. Dennoch muss man feststellen, dass es mit der Europäischen Gemeinschaft nicht mehr richtig vorwärts geht. Zudem wird die Handlung jetzt von einer erstklassigen Gegenspielerin befeuert, die sich auf aggressives *handbagging* versteht und „die Augen von Caligula und den Mund von Marilyn Monroe" hat. Erst als sie endlich Rabatt bekommt, hellt sich die Lage wieder auf. Mittlerweile haben in Bonn und Paris zwei Männer übernommen, die mit Europa noch Großes vorhaben. Sie könnten unterschiedlicher nicht sein – und halten dennoch Händchen.

Den Haag. Willy Brandts erster Gipfel als Bundeskanzler! Da will ihn ARD-Bundeskorrespondent Friedrich Nowottny unbedingt live in der „Tagesschau" haben. Brandt sagt auch zu, aber dann erscheint er im Smoking, weil er direkt im Anschluss zum Galadinner ins Königsschloss muss. „Herr Brandt, so können Sie hier nicht auftreten", erklärt ihm Nowottny. Das würde merkwürdig auf die Zuschauer wirken. Daraufhin legt Brandt kurzerhand die Smoking-Jacke ab und zieht sich das C&A-Sakko seines Leibwächters über. Perfekt. Das Interview wird dennoch ein Reinfall: Man sieht den Kanzler zwar, aber man hört ihn nicht. Der Ton ist ausgefallen – worüber Brandt ziemlich sauer ist. Noch 50 Jahre später wird sich Nowottny daran lebhaft erinnern.

Die Konferenz am 1. und 2. Dezember 1969 ist mit großen Erwartungen verbunden: Jetzt, so Willy Brandt, müsse sich zeigen, ob die Gemeinschaft „einen mutigen Schritt nach vorn tut oder aber in eine gefährliche Krise gerät". Die niederländische Ratspräsidentschaft hat zumindest schon mal einen symbolträchtigen Ort ausgewählt: den Rittersaal, Schauplatz von Churchills legendärem Europa-Kongresses von 1948. Auf dem Platz davor demonstrieren lautstark

Pro-Europa-Aktivisten. Mit großen Porträtfotos der „Väter Europas“ Monnet, Schuman, Adenauer, De Gasperi und Spaak ziehen sie durch die Straßen.

Nach der bisher schwersten Krise der Gemeinschaft durch de Gaulles destruktive Politik des leeren Stuhls soll Den Haag für einen Neuanfang stehen. Die Gelegenheit dafür ist günstig, denn die beiden Hauptrollen auf der europäischen Bühne sind gerade neu besetzt worden: In Frankreich hat Georges Pompidou die Präsidentschaftswahl gewonnen. Er ist zwar auch ein Gaullist, aber weitaus gemäßigter als sein großes Vorbild. In der Bundesrepublik ist am 21. Oktober Willy Brandt als erster Sozialdemokrat zum Kanzler gewählt worden.

Pompidou, der konservative Macht- und Genussmensch, der gern seine humanistische Bildung zur Schau stellt, und Brandt, der linke Idealist, sind geradezu Gegenpole. Ihr Verhältnis wird immer kühl bleiben, und dennoch sind beide entschlossen, Europa voranzubringen. Deshalb treffen sie sich im Anschluss an das Abendessen bei der europabegeisterten Königin Juliana zu einem Zweiergespräch. Brandt weiß zu diesem Zeitpunkt bereits, dass er dem Franzosen sein Ja zur Neueröffnung der Beitrittsverhandlungen mit Großbritannien gar nicht

Mit Adenauer für Europa. Demonstranten werben 1969 während eines Treffens der europäischen Staats- und Regierungschefs in Den Haag mit einem Bild des ersten Bundeskanzlers für neuen Schwung in der Europapolitik. Tatsächlich leitete der Gipfel eine Phase neuer Dynamik ein.

abringen muss. Pompidou ist bereits überzeugt. Den Grund dafür hat Brandt in seiner Rede im Rittersaal selbst angesprochen: „Wer befürchtet, dass sich das wirtschaftliche Gewicht der Bundesrepublik Deutschland zum Nachteil der Ausgewogenheit innerhalb der Gemeinschaft auswirken könnte, der sollte auch deswegen für die Erweiterung sein." Währungsturbulenzen im vorangegangenen Jahr 1968 haben schmerzlich gezeigt, wie sehr sich das Machtgleichgewicht in Europa zugunsten Deutschlands verschoben hat, jedenfalls was die Wirtschaft betrifft: Die starke D-Mark und der schmerzlich unter Druck geratene Franc sind zum Symbol für deutschen Aufstieg und französischen Niedergang geworden. Und obwohl die Franzosen darauf drängten, lehnte Deutschland eine Aufwertung der D-Mark ab, um Exporteinbußen vorzubeugen. Erstmals hat die Bundesrepublik damit ihr nationales Interesse auf Kosten des französischen Nachbarn durchgesetzt. „Jetzt sind die Deutschen Nr. 1 in Europa", titelte „Bild". Großbritannien kann nach Auffassung Pompidous das dringend benötigte Gegengewicht zu Deutschland bilden.

Brandt befürwortet einen Beitritt des Vereinigten Königreichs seit Langem. Seine urdemokratischen Traditionen sollen unbedingt in das vereinte Europa integriert werden – ebenso wie das wohlfahrtsstaatliche Element der skandinavischen Staaten Dänemark und Norwegen, die sich auch für eine Mitgliedschaft interessieren.

Doch die Erweiterung der Sechsergemeinschaft reicht nach übereinstimmender Meinung nicht aus, um dem Einigungsprojekt nach der schweren Krise der vergangenen Jahre wieder neue Dynamik zu verleihen. Brandt hat sich deshalb kurz vor dem Gipfel in Bonn mit Jean Monnet getroffen, und dieser hatte natürlich gleich wieder einen neuen Plan in der Tasche: „die Umwandlung des Gemeinsamen Marktes in eine Wirtschafts- und Währungsunion, der Anfang einer Politischen Union".

So beschließt der Haager Gipfel letztlich zweierlei: Erstens soll der luxemburgische Ministerpräsident Pierre Werner einen Stufenplan für die Einführung einer Wirtschafts- und Währungsunion erstellen. Und zweitens soll der belgische Politiker Étienne Davignon Vorschläge entwickeln, wie die Außenpolitik der sechs Mitgliedsstaaten besser aufeinander abgestimmt werden kann. Das ist genau das, was Monnet mit Brandt besprochen hat – wieder einmal gibt der mittlerweile über 80 Jahre alte Anwalt Europas damit die Agenda vor. „Es ist uns gelungen, den lähmenden Stillstand der europäischen Entwicklung zu überwinden und den Weg freizumachen für den Ausbau und die Erweiterung der Gemeinschaft", stellt Brandt zufrieden fest. Manch einer fragt sich: Warum kommen die Staats- und Regierungschefs eigentlich nicht viel öfter zusammen? Die Antwort darauf ist, dass die kleineren Staaten das nicht wollen. Sie sehen die

Kommission als wichtigstes Gremium der Gemeinschaft. Wenn sich die Staats- und Regierungschefs regelmäßig treffen und quasi eine europäische Regierung bilden würden, dann – so die Befürchtung – würden die Großen wohl das meiste unter sich ausmachen.

Auch in anderer Hinsicht hat die europäische Integration ein neues Stadium erreicht: Die Gemeinschaft wird zunehmend nicht mehr als EWG, sondern als EG, als Europäische Gemeinschaft, bezeichnet. Seit 1. Juli 1967 ist der EG-Fusionsvertrag in Kraft, der die Europäische Wirtschaftsgemeinschaft (EWG), die Europäische Gemeinschaft für Kohle und Stahl (EGKS) und die Europäische Atomgemeinschaft (EAG) teilweise miteinander verschmolzen hat: Alle haben jetzt nur noch eine gemeinsame Kommission und einen Ministerrat. Den Gerichtshof und das Europäische Parlament – vormals Parlamentarische Versammlung genannt – hatten sie sich schon vorher geteilt.

Brüssel. Agrarkommissar Sicco Mansholt gibt gerade zwei „Spiegel"-Redakteuren ein Interview, als sie plötzlich eine Bewegung wahrnehmen. „Haben Sie gemerkt, wie das Gebäude zittert?", fragt Mansholt. Wenn eine kräftige Windböe aufkommt, dann schwankt die neue Zentrale der EG-Kommission, das Berlaymont-Gebäude, 1967 fertiggestellt, merklich. Der sternförmige Riesenbau – inspiriert vom UNESCO-Hauptquartier in Paris – symbolisiert von nun an die Macht der Brüsseler „Eurokraten". Die Baukosten betrugen umgerechnet 640 Millionen D-Mark. Besonders beeindruckend für die Zeitgenossen: Die neue Zentrale hat 110 einkommende und 280 ausgehende Telefonleitungen. Drumherum sind private Investoren fleißig dabei, Grundstücke aufzukaufen und Häuser abzureißen – an ihrer Stelle werden Bürobauten hochgezogen, um sie anschließend an die immer weiter expandierende Gemeinschaft zu vermieten. So verschwindet allmählich das historische Quartier Léopold, und das Europaviertel entsteht.

London. Die Briten haben ihre ganz eigenen Vorstellungen vom EG-Beitritt. *„Willy, you must get us in, so we can take the lead"* (Willy, du musst uns reinholen, damit wir dann die Führung übernehmen können), hat der europafreundliche Außenminister George Brown von der Labour-Partei dem SPD-Kanzler klarzumachen versucht. Brown ist davon überzeugt, dass Großbritannien „dazu vorbestimmt ist, die Führungsrolle in Europa zu übernehmen". Eine solche Europäische Gemeinschaft könne dann „ebenso viel Macht und Einfluss in der Welt haben wie einst das alte britische Commonwealth". Dieser Gedanke ist auf der Insel weit verbreitet: Die EG soll das verlorene Empire ersetzen, sie soll dem Land also seine alte Größe zurückgeben, ähnlich wie sich de Gaulle

Stichwort: Der Ministerrat

Reden und regeln

In dem Monty-Python-Film „Das Leben des Brian“ bekämpfen sich eine „Judäische Volksfront“ und eine „Volksfront von Judäa“. Ähnliche Verwirrung ergibt sich daraus, dass zwei unterschiedliche Institutionen der EU fast genau den gleichen Namen tragen: Zum einen ist da der 1974 gegründete Europäische Rat, bestehend aus den Staats- und Regierungschefs. Und dann ist da der seit 1952 bestehende Rat der Europäischen Union, oft zur besseren Unterscheidung als Ministerrat bezeichnet. Er wird so genannt, weil er sich aus den jeweils zuständigen Fachministern aller Mitgliedsstaaten zusammensetzt. So bilden die Außenminister den Rat für allgemeine Angelegenheiten, die Wirtschafts- und Finanzminister den Rat für Wirtschaft und Finanzen, auch Ecofin-Rat genannt. Insgesamt gibt es zehn verschiedene Zusammensetzungen des Rats. Auch der Regierungschef kann sein Land im Ministerrat vertreten. Den Vorsitz hat das Land, das gerade die halbjährlich wechselnde Ratspräsidentschaft innehat. Gemeinsam mit dem Europäischen Parlament bildet der Ministerrat das Zweikammersystem der EU – er wird als Gesetzgeber tätig. Dabei ist es so, dass es auf europäischer Ebene genau genommen keine Gesetze gibt, sondern Verordnungen und Richtlinien. Eine Verordnung ist, sobald sie beschlossen ist, sofort für alle Mitgliedsstaaten gültig. Bekannte Verordnungen aus der EU-Geschichte sind etwa die „Bananenverordnung“ von 1995, die einen bestimmten Mindeststandard für Bananen festlegt, und die Datenschutz-Grundverordnung von 2018, abgekürzt DSGVO. Mit ihr vereinheitlichte die EU die Regeln zur Verarbeitung personenbezogener Daten. Eine Richtlinie ist dagegen eher ein Ziel, das von der EU vorgegeben wird. Die einzelnen Mitgliedsstaaten sind dann verpflichtet, die Richtlinie in national geltendes Recht umzusetzen. Ein Beispiel dafür ist die 2011 beschlossene Verbraucherrechte-Richtlinie. Hier bestand das Ziel darin, die Rechte der Verbraucher in der EU zu stärken. Um das zu erreichen, änderte Deutschland zahlreiche Gesetze, unter anderem das Gesetz gegen unlauteren Wettbewerb und das Widerrufsrecht bei Verbraucherverträgen.

Initiiert werden Verordnungen und Richtlinien immer von der EU-Kommission. Wie eine Regierung legt sie den jeweiligen Entwurf dem Europäischen Parlament zur Prüfung vor. Dort beschäftigt sich zunächst der zuständige Parlamentsausschuss mit dem Vorschlag und leitet ihn dann mit einer bestimmten Empfehlung ans Plenum weiter. Dort stimmt das Parlament darüber ab. Dann leitet es seinen Standpunkt an den Ministerrat weiter. Die zuständigen Minister bewerten den Vorschlag erneut – ähnlich einer zweiten Parlamentskammer. Wenn sie ihm zustimmen, tritt die Verordnung beziehungsweise Richtlinie in Kraft. Stimmen sie ihm nicht zu, machen sie einen Gegenvorschlag und geben diesen an das Parlament zurück, wo die Abgeordneten darüber abstimmen. Votieren sie dagegen, ist der Vorschlag gescheitert und die Kommission muss einen neuen Vorschlag erarbeiten. In der Praxis sprechen sich die drei Institutionen – Kommission, Parlament und Ministerrat – während dieses Prozesses aber meist informell ab, um Probleme frühzeitig auszuräumen und einen Kompromiss zu erzielen.

das für Frankreich vorgestellt hatte. In einem berühmten Ausspruch hatte US-Außenminister Dean Acheson einst erklärt, Großbritannien habe ein Empire verloren und noch keine neue Rolle gefunden. Darauf kontert Brown nun: „Wir *haben* eine Rolle: Unsere Rolle ist die, Europa zu führen. Seit elf Jahrhunderten, seit der Herrschaft von König Alfred, sind wir einer der Führer Europas gewesen. Gut möglich, dass Großbritannien vorbestimmt ist, *der* Führer Europas zu werden. Zunächst einmal Westeuropas und später eines so großen Teils von Europa wie auch immer dazukommen mag." Jenseits des Kanals stoßen solche Machtträume auf Kopfschütteln: „Milde gesagt, ein Missverständnis", ist die Meinung Willy Brandts. Es könne nicht darum gehen, „den einen überzogenen Führungsanspruch durch einen anderen ersetzt zu bekommen".

Daneben ist der Beitrittswunsch Großbritanniens ökonomisch motiviert, denn als Wirtschaftsgemeinschaft ist Europa ein beispielloser Erfolg. Seit 1958 haben die Mitgliedsstaaten ihr Handelsvolumen untereinander versechsfacht und gegenüber Drittstaaten verdreifacht. Dadurch hat die EG die USA als größte Handelsmacht überflügelt. Das Bruttosozialprodukt der sechs Länder ist bis 1970 um 70 Prozent gestiegen. Deutsche Fernsehgeräte flimmern nun in belgischen Wohnzimmern, französische Autos rauschen über niederländische Straßen, und italienische Kühlschränke summen in luxemburgischen Küchen. Je nach Land spricht man von den *trentes glorieuses*, vom *miracolo economico* oder eben vom *Wirtschaftswunder*. Damit einhergehend ist die Zustimmung zu Europa in der ganzen Gemeinschaft gewachsen. Die Menschen haben es ja selber erfahren: Europa bringt Wohlstand. Und das, obwohl der Binnenmarkt noch lange nicht vollendet ist – auf vielen Gebieten bestehen weiterhin nationale Sonderregelungen, unterschiedliche technische Normen, Rechts- und Sicherheitsvorschriften. Und noch immer stauen sich vor den Schlagbäumen die Lastwagen, kontrollieren Zöllner die Warenströme.

Großbritannien dagegen gilt als „kranker Mann Europas". Von 1950 bis 1970 ist sein Anteil am weltweiten Export von Industriegütern von einem Viertel auf ein Zehntel gesunken. Schon 1958 wurde es als Exporteur von Industriegütern von der Bundesrepublik überflügelt. Das Bruttoinlandsprodukt ist von 1950 bis 1964 um durchschnittlich drei Prozent im Jahr gestiegen, während die Wirtschaft in Deutschland, Frankreich, Italien und Japan um mindestens fünf Prozent zulegte. Die Insel, die vor noch gar nicht so langer Zeit ein Weltreich beherrschte, ist grau und marode geworden, wenig funktioniert mehr. Deutsche Austauschschüler erleben eine Welt voller rußgeschwärzter viktorianischer Backsteinhäuser mit WC auf dem Hof und dem „Mirror" als Klopapier.

„Seit 25 Jahren haben wir nach etwas gesucht, was uns wieder ans Laufen bringt – hier ist es. Wir haben die Chance zu neuer Größe – wir müssen jetzt nur zugreifen.“ Das sind die Worte des größten Europafreundes in der britischen Politik, Edward Heath. Genau im richtigen Moment hat der Karlspreisträger im Juni 1970 die Parlamentswahl gewonnen. Der konservative Politiker ist entschlossen, „den Lauf der Geschichte dieser Nation zu ändern“ und sie in die Gemeinschaft zu führen. Anfang der 60er Jahre hat er bereits die letztlich an de Gaulle gescheiterten Verhandlungen unter Premierminister Macmillan geleitet und dabei 63 Besuche in Brüssel, Paris und anderen europäischen Hauptstädten absolviert. Gerne erzählt er davon, wie er 1937 als junger ausländischer Beobachter den Reichsparteitag in Nürnberg besucht hat: Hitler ging so dicht an ihm vorbei, dass er ihn fast streifte, Himmler gab ihm einen schlaffen, feuchten Händedruck, Goebbels erschien ihm ausgemergelt, klein und totenblass, „die Personifizierung des Bösen“. 1945 kehrte er nach Nürnberg zurück, um Göring, Hess und Ribbentrop auf der Anklagebank sitzen zu sehen. Als er den Gerichtssaal verließ, stand für ihn fest: Um die Wiederholung einer solchen Katastrophe auszuschließen, würde er fortan für die Einigung Europas kämpfen.

Im Juli 1970, einen Monat nachdem Heath die Wahl gewonnen hat, beginnen die Verhandlungen, und schon im Januar 1971 werden sie abgeschlossen. Die oppositionelle Labour-Partei unter Heath' Vorgänger Harold Wilson kritisiert die Ergebnisse scharf und legt sich auf einem Sonderparteitag darauf fest, den Vertrag im Fall einer Regierungsübernahme neu zu verhandeln und anschließend ein Referendum über die britische Mitgliedschaft abzuhalten. Heath hingegen bittet die Bevölkerung in einer leidenschaftlichen Radioansprache um Unterstützung: „Viele von Ihnen haben wie ich in Europa gekämpft oder haben Väter, Brüder oder Ehemänner verloren, die in Europa kämpfend gefallen sind. Eingedenk dieser Erfahrung sage ich Ihnen in dieser Stunde, dass der Beitritt zur Gemeinschaft die beste Garantie dafür ist, dass wir dauerhaften Frieden in Europa erreichen können.“

Am 28. Oktober 1971 stimmt das britische Unterhaus deutlicher als erwartet für den Beitritt, mit einer Mehrheit von 112 Stimmen. Bester Laune kehrt Heath in die Downing Street zurück und spielt dort erstes Präludium und Fuge aus Bachs „Wohltemperiertem Klavier“. Ex-Premier Harold Macmillan entzündet in Dover ein Freudenfeuer, das von einem Feuer in Calais erwidert wird: Der Ärmelkanal soll England und den Kontinent nicht länger trennen – es wird jetzt sogar über den Bau eines Autotunnels unter der Meerenge gesprochen. Am 22. Januar 1972 folgt die Vertragsunterzeichnung im Brüsseler Egmont-Palast in Anwesenheit der Europa-Koryphäen Monnet, Bech, Spaak und Hallstein. Heath wird dabei von einer britischen Beitrittsgegnerin mit einer Flüssigkeit bespritzt – für einen Moment befürchtet er, dass es eine gefährliche Säure sein könnte. Aber es ist nur Tinte.

„Großbritannien steht davor, sich mit seinen Nachbarn in der Europäischen Gemeinschaft zu verbinden", sagt Königin Elizabeth in diesem Jahr in ihrer Weihnachtsansprache. Man weiß, dass ihr das Commonwealth am Herzen liegt, und deshalb überrascht es kaum, dass sie klarstellt: „Die neuen Verbindungen mit Europa werden jene mit dem Commonwealth nicht ersetzen. Alte Freunde werden nicht verloren gehen – Großbritannien wird seine Verbindungen mit dem Commonwealth mit sich nach Europa nehmen. Großbritannien und die anderen europäischen Nationen betrachten die Gemeinschaft als Chance für die Zukunft. Sie glauben, dass die Dinge, die sie gemeinsam haben, wichtiger sind als die Dinge, die sie trennen, und dass, wenn sie zusammenarbeiten, nicht nur sie, sondern die ganze Welt davon profitieren wird." In Wahrheit ist das Commonwealth als politischer Verbund tot: Die um den ganzen Erdball verstreuten Länder sind ein Mix ohne gemeinsame Linie. Viele ihrer Regierungen tendieren stark zum Sozialismus – und keine von ihnen will sich von den ehemaligen Kolonialherren aus London noch etwas vorschreiben lassen.

Der Beitritt zur EG erfolgt am Neujahrstag 1973. An diesem Tag veröffentlicht die „Times" eine repräsentative Umfrage, aus der hervorgeht, dass nur 38 Prozent der Briten froh über diesen Schritt sind. Eine knappe Mehrheit von 39 Prozent ist dagegen, 23 Prozent sind unentschlossen. Das Land ist in der Europafrage tief gespalten. Die Teilnehmer der „Times"-Umfrage äußern sich auch dazu, ob sie sich die Übernahme kontinentaleuropäischer Gewohnheiten vorstellen können. Nur elf Prozent wünschen sich Straßencafés, fünf Prozent die Öffnung von Geschäften am Sonntag, elf Prozent einen Kaffee mit einem Croissant zum Frühstück. Doch all das wird in den nächsten Jahrzehnten auch auf der Insel Normalität werden.

Mit einem zwölftägigen Festreigen feiert „Mr. Europe" Edward Heath den britischen Beitritt, den er als die Krönung seines Lebenswerks betrachtet. Es gibt ein Fußballspiel im Wembley-Stadion, zu dem Franz Beckenbauer eingeflogen wird, ein Oldtimer-Rennen von London nach Brüssel und einen Schönheitswettbewerb, der von der späteren „Emmanuelle"-Darstellerin Sylvia Kristel aus den Niederlanden gewonnen wird. Herbert von Karajan gibt ein Konzert mit den Berliner Philharmonikern, das Victoria & Albert Museum zeigt „Schätze aus der Europäischen Gemeinschaft". Der Louvre lehnt es allerdings ab, die „Mona Lisa" auszuleihen – schließlich habe das Britische Museum gerade erst den Rosetta-Stein für eine Ausstellung in Paris verweigert. Höhepunkt der Feiern ist am 3. Januar das Galakonzert „Fanfare für Europa" im Königlichen Opernhaus Covent Garden in London. Ehrengäste sind die Queen und Prinz Philip. Doch bei ihrer Ankunft werden sie von einer großen Gruppe von Anti-Europa-Demonstranten mit „Heath raus"-Transparenten und „Sieg Heil"-Rufen empfangen.

Vergleichbare Proteste hat das Königspaar noch nie aus solcher Nähe erlebt – beide wirken entgeistert.

Auf die Jubelfeiern folgt schnelle Ernüchterung: Statt des erhofften Aufschwungs verschlechtert sich die Wirtschaftslage Großbritanniens im Beitrittsjahr 1973 dramatisch – denn im Herbst bricht der Jom-Kippur-Krieg aus, und die Organisation der Erdöl exportierenden Länder drosselt die Fördermenge, um westliche Staaten wegen ihrer Hilfe für Israel unter Druck zu setzen. Dadurch kommt es zur Ölkrise. Heath sieht sich gezwungen, die Drei-Tage-Woche auszurufen: Alle Unternehmen bekommen nur noch an drei aufeinanderfolgenden Tagen in der Woche Strom. Jetzt flackern Kerzen in den Büros der Londoner City, die Rolltreppen in der U-Bahn stehen still, Behörden und Ministerien schließen bei Einbruch der Dunkelheit. Auf der Insel gehen die Lichter aus – in der Wahrnehmung der Briten wird der EG-Beitritt zum Fehlstart.

Dublin. Heinrich Böll hat seine erste Reise nach Irland nie vergessen. „Als ich an Bord des Dampfers ging, sah ich, hörte ich, roch ich, dass ich eine Grenze überschritten hatte." Das ist der erste Satz seines „Irischen Tagebuchs", erschienen 1957, im Jahr der Römischen Verträge. Irland war anders – das hatte Böll wahrgenommen, noch bevor er die Insel zum ersten Mal betreten hatte. „Hier roch es schon nach Torf, klang kehliges Keltisch aus Zwischendeck und Bar, hier schon nahm Europas Ordnung andere Formen an: Armut war nicht nur keine Schande mehr, sondern weder Ehre noch Schande."

Dieser Aspekt – die Armut, die nicht unbedingt als solche empfunden wird – fasziniert Böll an Irland. „Deutschlands erfolgreichster Nachkriegsautor", wie ihn der „Spiegel" 1961 nennt, steht der Bundesrepublik kritisch gegenüber. Fresswelle, Reisewelle, Kaufrausch und Autoboom – ihn stößt das ab. Das schroffe, unverstellte Irland erscheint ihm als Gegenwelt. 1958 kauft er sich ein Haus in der Nähe der Ortschaft Keel auf Achill Island, einsam vor der Nordwestküste im Atlantik gelegen. Die ganze Insel kommt ohne eine einzige Bank aus: Die Männer gehen zum Arbeiten für viele Monate nach England, und in dieser Zeit lassen die zurückgebliebenen Familien beim Bäcker und beim Krämer anschreiben. Wenn die Männer mit einer vollen Lohntüte heimkehren, wird alles auf einmal bezahlt. In Keel ist Heinrich Böll aus der Welt. Telefon gibt's nicht, ein Brief nach Deutschland braucht eine Woche.

Nirgendwo wächst die Wirtschaft in der Nachkriegszeit so langsam wie in Irland. 1973 verdient der durchschnittliche Ire weniger als halb so viel wie der durchschnittliche Däne. Die Abhängigkeit vom großen Nachbarn England ist erdrückend: 75 Prozent der Exporte gehen 1961 dorthin – und nur sechs Prozent in die Länder der EWG. In dieser Zeit heißt es, dass Irland überhaupt nur drei

Beziehungen zur Außenwelt unterhalte: nach Großbritannien, von dem es so lange beherrscht und unterdrückt worden ist, in die USA, in die so viele Iren ausgewandert sind, und zum Vatikan, mit dem sich das streng katholische Land spirituell eng verbunden fühlt. Die Gründung der Europäischen Gemeinschaft für Kohle und Stahl, der Abschluss der Römischen Verträge – in Irland ist das weit weg.

Doch 1961 ändert sich das alles mit dem Aufnahmeantrag Großbritanniens. Der Regierung in Dublin ist klar, dass es auf eine wirtschaftliche Katastrophe hinauslaufen würde, wenn Großbritannien Mitglied der EWG würde, nicht aber Irland, denn dann wäre es durch Zollschranken von seinem wichtigsten Markt abgetrennt. Sofort bewirbt sich Irland ebenfalls um eine Eintrittskarte in den Club, stößt aber aufgrund seiner Rückständigkeit auf Skepsis. Das erweist sich als heilsamer Schock für die Iren: Fortan arbeiten sie daran, ihre Ausgangslage zu verbessern – mit Erfolg: 1970 beginnen die Beitrittsverhandlungen parallel zu jenen mit Großbritannien. In einem Referendum sprechen sich im Mai 1972 83 Prozent der Bevölkerung für den Beitritt aus.

Das Beispiel Irland zeigt, dass eine Mitgliedschaft in der Europäischen Gemeinschaft nicht mit einem Verlust von Souveränität einhergehen muss, sondern die Unabhängigkeit eines Landes im Gegenteil fördern kann. Die kleine Republik, die bisher quasi als Fortsatz Großbritanniens wahrgenommen worden ist, wird zum vollwertigen Mitglied des größten Wirtschaftsblocks der Welt. Als sie im ersten Halbjahr 1975 turnusmäßig die Ratspräsidentschaft übernimmt, spricht sie erstmals für alle neun Mitgliedsstaaten. Der von ihr organisierte EG-Gipfel findet auf Dublin Castle statt, einer genau in der Mitte der Stadt gelegenen Zwingburg, die jahrhundertelang Sitz der britischen Besatzungsmacht gewesen ist. Jetzt wird dort unter irischem Vorsitz über die britische Mitgliedschaft in der Gemeinschaft verhandelt, die nach einem Regierungswechsel in London erneut zur Diskussion steht. Für Irland ist dies ein kaum zu überschätzender Prestigegewinn – denn bis kurz vorher ist Dublin überhaupt noch nie von einem britischen Premierminister besucht worden.

Auch wirtschaftlich erweist sich der Beitritt als Segen: Als lange Zeit ärmstes Mitgliedsland profitiert Irland enorm von Transferzahlungen. Straßen werden mit EG-Mitteln ausgebaut und instandgesetzt, die Kommunikationstechnologie wird modernisiert, Landwirte liefern zu garantierten Preisen. All dies führt dazu, dass Irland in der Gemeinschaft fortan eine besonders aktive Rolle spielt und die Bevölkerung das europäische Projekt so stark unterstützt wie in kaum einem anderen Land.

Es ist vielleicht kein Zufall, dass Heinrich Böll seine Irland-Reisen 1973 einstellt. Es ist nicht mehr die entrückte Insel aus den 50er Jahren. Irland ist ein Teil Europas geworden.

Kopenhagen. Dänemark unterhält sowohl enge Wirtschaftsbeziehungen zu Großbritannien als auch zu Kontinentaleuropa. Die wirtschaftlichen Vorteile eines Beitritts liegen daher auf der Hand. Aber es gibt große politische Vorbehalte: Dänemark ist sehr bedacht auf seine Souveränität. Der europäische Block wird als Bedrohung wahrgenommen, die Sozialdemokraten etwa sehen ihn als kapitalistische und christdemokratische Unternehmung. Vor allem aber fürchten die Dänen den großen Nachbarn Deutschland, der ihr Königreich von 1940 bis 1945 brutal besetzt hat. Könnte es nun dazu kommen, dass Deutsche massenhaft Ferienhäuser und landwirtschaftliche Flächen aufkaufen, sich in Dänemark niederlassen und dort Sozialleistungen in Anspruch nehmen? Ein Teil dieser Bedenken wird von der EG durch Ausnahmeregelungen für den Beitrittskandidaten schon im Vorfeld ausgeräumt. Bei einem Referendum votieren 1972 schließlich 63 Prozent der Dänen für den Beitritt. Die Hinwendung nach Europa bleibt aber eine Entscheidung aus wirtschaftlicher Vernunft und keine Herzensangelegenheit.

Mit Dänemark tritt auch Grönland der EG bei – obwohl die Einwohner mit großer Mehrheit dagegen gestimmt haben. Das Votum der ehemaligen Kolonie fällt jedoch nicht ins Gewicht, weil es vom „Mutterland" überstimmt wird. Die Grönländer müssen rein in die Gemeinschaft – in ihren Augen ein Affront. Schließlich ist ihr Ziel die Unabhängigkeit von Dänemark. Auch die europäischen Trawler, die jetzt in ihren Fischgründen auftauchen, sind nicht willkommen – die Fischerei ist der Haupterwerbszweig der arktischen Insel. 1982 setzen die Grönländer eine neue Volksabstimmung durch und votieren für den Gröxit – der allerdings noch nicht so genannt wird. Die Verhandlungen über das Austrittsabkommen werden in Bonn von Außenminister Hans-Dietrich Genscher geführt. Das Ergebnis ist für die Regierung in Nuuk äußerst günstig: Die EG bekommt zwar eine Fangquote, zahlt dafür aber Lizenzgebühren. Zudem dürfen die Grönländer ihren Fisch zollfrei in Europa verkaufen und erhalten noch Millionen an Bildungsförderung. Außerdem bleiben sie juristisch Unionsbürger.

Oslo. Für Schweden und Finnland kommt ein Beitritt nicht infrage, weil sie im Ost-West-Konflikt ebenso wie die Alpenländer Österreich und die Schweiz einen Kurs strikter Neutralität verfolgen. Anders verhält es sich mit dem NATO-Mitglied Norwegen. Die Aufnahme seiner zweiten Heimat ist auch Willy Brandt ein Anliegen. Als Widerstandskämpfer gegen die Nazis hat er mehrere Jahre in Norwegen gelebt, die norwegische Staatsbürgerschaft angenommen und zweimal eine Norwegerin geheiratet: zunächst Carlota Thorkildsen, dann Rut Hansen.

Das norwegische Parlament entscheidet sich 1970 mit 132 zu 17 Stimmen für einen Beitrittsantrag, doch dann beginnt sich eine breite Opposition zu formieren. Vor einer für September 1972 angesetzten Volksabstimmung kommt auch Brandt zu einer Kundgebung der Pro-Europäer nach Oslo. Am Abend erstaunt ihn der Bericht eines Freundes, der gerade aus den dünn bevölkerten Landesteilen jenseits des Polarkreises zurückgekehrt ist. Alkoholgegner haben ihn dort gefragt, ob man in der EG zum Weintrinken gezwungen werde? Ob der Papst die Stellung der lutherischen Kirche untergraben wolle? Schließlich stimmen die Norweger mit 53,5 Prozent gegen den Beitritt. Der Großraum Oslo votiert zwar dafür, doch in der Einsamkeit der Fjorde will man für sich bleiben. So kommt es, dass aus den berühmten Sechs erstmal noch keine Zehn werden, sondern nur Neun. Immerhin, auch das bringt der Gemeinschaft einen Zuwachs von 64 Millionen Menschen oder 33 Prozent ihrer Bevölkerung.

London. Anfang 1974 wird die britische EG-Mitgliedschaft allerdings schon wieder infrage gestellt, denn im Februar verliert der Europafreund Heath die Unterhauswahl. Sein Vorgänger Harold Wilson wird auf diese Weise auch zu seinem Nachfolger, und Wilsons Haltung gegenüber Europa ist ebenso schwankend wie die der gesamten Labour-Partei. 1961 hat Wilson erklärt, die Briten hätten kein Recht, ihre Freunde und Verwandten aus dem Commonwealth zu verraten, nur um „in Düsseldorf ein paar Waschmaschinen mehr verkaufen“ zu können. Großbritanniens Interessensphäre beschränke sich nicht auf Europa, „unsere Grenzen liegen im Himalaya“. Dies hielt ihn nicht davon ab, sechs Jahre später als Premierminister selbst einen Aufnahmeantrag zu stellen. Diesmal vertrat er die Meinung: „Es wäre doch gelacht, wenn wir uns die nicht gefügig machen könnten.“

Doch erneut scheiterten die Briten am *Non* von General de Gaulle. In der Opposition hat sich Wilson dann erneut als EG-Skeptiker profiliert. Wohin die Reise jetzt geht, ist unklar. Fest steht nur: Wilson hat den Briten Nachverhandlungen über den Beitrittsvertrag und anschließend ein Referendum versprochen. Kann also sein, dass sie bald wieder draußen sind.

Paris. Auch in Frankreich und Deutschland wechseln die Männer an der Spitze. Am 2. April 1974 stirbt Georges Pompidou, die vorgezogene Präsidentschaftswahl gewinnt der reformorientierte Liberalkonservative Valéry Giscard d’Estaing. Einen Monat später tritt Willy Brandt als Bundeskanzler zurück, nachdem sein persönlicher Referent Günter Guillaume als Stasi-Spion enttarnt worden ist. Es rückt nach: Helmut Schmidt. Er kennt Giscard d’Estaing gut, weil beide zuvor Finanzminister gewesen sind. Beide sprechen hervorragend Englisch und können sich deshalb ohne Dolmetscher verständigen. Obwohl sie aus unterschiedlichen politischen Richtungen und gesellschaftlichen Milieus stammen – Giscard ist Großbürger mit gekauftem Adelstitel, Schmidts Großvater war noch ungelernter Hafenarbeiter – fühlen sie sich als Seelenverwandte und werden zu lebenslangen Freunden.

Schon bei ihrem ersten Treffen in neuer Funktion am 31. Mai 1974 in Paris – wenige Tage nach ihrer Amtsübernahme – kommt es zu einer symbolischen Geste. Nach ihrer Unterredung im Élysée-Palast schlägt Giscard vor: „Wenn Sie wollen, begleite ich sie zu Ihrem Hotel. Es ist nicht weit, wir können zu Fuß gehen." Schmidt ist erfreut: „Eine gute Idee. Ich schnappe gern noch ein bisschen frische Luft." Und so wandern die beiden wenig später durch das nächtliche Paris, umringt von einem Pulk von Kameraleuten und Reportern. Polizisten grüßen überrascht, als sie den Präsidenten erkennen, Passanten stellen sich auf die Zehenspitzen, um zu sehen, was da los ist. Vor der Drehtür des Hotels Bristol verabschiedet sich Giscard per Handschlag vom „lieben Helmut" und geht zu Fuß zum Élysée-Palast zurück.

Giscard und Schmidt werden in den nächsten sieben Jahren die Geschicke der EG im Wesentlichen im Alleingang bestimmen. Obwohl die Bundesrepublik der größte Einzahler in die Gemeinschaftskassen ist und Schmidt allgemein als der fähigere der beiden angesehen wird, überlässt er seinem Freund nach außen hin immer die Initiative. Er unternimmt nichts, was dieser nicht gutheißen würde, denn: „Wir dürfen keinen Schritt ohne Frankreich tun, wir müssen Paris den Vortritt lassen, der den Franzosen gebührt." Als die deutsche Nationalmannschaft im Sommer 1974 im Münchner Olympiastadion das Finale der Fußballweltmeisterschaft gegen die technisch überlegene Oranje-Elf von Johan Cruyff für sich entscheidet, sagt Schmidt zu dem anwesenden niederländischen Finanzminister Wim Duisenberg: „Es ist überhaupt nicht gut, dass Deutschland gewonnen hat. Deutschland ist nicht so weit, dass es der mächtigste sein darf."

Der ehemalige Wehrmachtssoldat Schmidt ist davon überzeugt, dass eine Führungsrolle Deutschlands nur 30 Jahre nach Kriegsende nicht akzeptiert würde. Der ehrgeizige und gelegentlich auch ziemlich arrogante Giscard macht davon nur zu gern Gebrauch. So rückt das Ziel de Gaulles, Frankreich mit dem zusätzlichen Gewicht der Gemeinschaft zu altem Großmachtstatus zu verhelfen, in greifbare Nähe.

London. Samstag, 30. November 1974. In der kathedralenartigen Westminster Central Hall hält die regierende Labour-Partei ihren Parteitag ab, und Gastredner ist Helmut Schmidt. Die Partei befindet sich in einer schwierigen Lage: Die Europafrage droht sie zu spalten. Der linke Parteiflügel betrachtet die EG als eine kapitalistische Verschwörung gegen die Interessen britischer Arbeiter und will so schnell wie möglich austreten. Was Schmidt betrifft, haben die Linken den Parteivorstand gewarnt: Sollte der Deutsche seine Viertelstunde

Ein Deutscher bringt die Briten auf Kurs. Helmut Schmidt spricht 1974 beim Labour-Parteitag in London, Premierminister Harold Wilson hört zu. Die Rede bewirkte einen Stimmungsumschwung, so dass Wilsons Regierung danach aktiv für ein Ja beim Referendum über einen Verbleib Großbritanniens in der EG warb.

Redezeit am letzten Tag der Versammlung dafür nutzen, für einen Verbleib in der EG zu werben, werde man geschlossen den Saal verlassen. Die britische Presse fiebert dem Auftritt des Kanzlers schon seit Tagen entgegen – vermutlich werde er seine Rede auf Krawall anlegen, um in der Heimat zu punkten, wird spekuliert. Die „Times" bemüht ein Western-Bild: Da die Rede für *High Noon* angesetzt ist, vermutet die Zeitung, dass er bereit sein werde, „aus der Hüfte zu schießen".

Es ist tatsächlich genau zwölf Uhr mittags, als der Parteitagsvorsitzende, Außenminister James Callaghan, den Gastredner ankündigt. Dabei bedient er sich eines Kunstgriffs: Er führt Schmidt nicht als Bundeskanzler ein, sondern betont, hier stehe ein „brüderlicher Delegierter der SPD, ein guter Genosse und langjähriges Mitglied der Sozialistischen Internationale". Dann wendet er sich an „Helmut" selbst: „Mir ist erzählt worden, dass du heute all jene Dinge ansprechen würdest, die sofort die Hälfte der Delegierten aus dem Saal treiben würden." Er habe aber eine Wette darauf abgeschlossen, dass dies nicht geschehen werde. Nun solle sich Helmut bitte auch dementsprechend verhalten. Mit diesen humorigen Worten hat Callaghan die Situation schon erheblich entspannt.

Schmidt tritt vors Mikrofon. Direkt hinter ihm sitzt Premier Wilson, der Mann, der es mit Rücksicht auf die *anti-marketeers* in seiner eigenen Partei nicht wagt, eine klare Position zu Europa zu beziehen. Stattdessen überlässt er es Schmidt, die Vorzüge der Europäischen Gemeinschaft darzulegen. „Herr Vorsitzender, liebe Freunde", hebt Schmidt an, „es ist mir ein Vergnügen und eine Ehre, heute zu Ihnen als Delegierter einer Bruderpartei zu sprechen." Anders als von der Presse dargestellt, befinde er sich nicht auf Kollisionskurs und habe auch nicht vor, „aus der Hüfte zu schießen".

Die Delegierten erleben einen Mann, der ihr Land und ihre Lebensart zu verehren scheint. Ausführlich rühmt Schmidt Großbritannien im Allgemeinen und die Labour-Partei im Besonderen. Die Liebe zu allem Britischen sei ihm schon in die Wiege gelegt worden: „Geboren und aufgewachsen in der alten Schifffahrts- und Handelsstadt Hamburg, die sich zuweilen britischer benimmt als die Briten selbst, bin ich immer ein Bewunderer der glorreichen Traditionen und Tugenden britischer demokratischer Institutionen gewesen." Gerade deshalb müsse er nun doch auch ein Wort über die Europäische Gemeinschaft verlieren, auch wenn er sich dabei so fühle, als wolle er die „Damen und Herren der Heilsarmee von den Vorteilen des Trinkens überzeugen". Schallendes Gelächter und Applaus. Klar, räumt Schmidt ein, auch er habe seine Probleme mit der EG: „Ständig steigende Fleischpreise werden noch dazu führen, die Menschen in zwei Klassen zu teilen: diejenigen mit den größeren Einkommen auf der einen Seite – und die Vegetarier auf der anderen." Auch das ist 1974 noch ein guter Witz.

Doch dann appelliert er psychologisch geschickt an die Solidarität der Genossen: „Was ich wirklich sagen möchte, ist nur dies, selbst auf die Gefahr hin, dass manche den Saal verlassen: Ihre Genossen auf dem Kontinent möchten, dass Sie bleiben. Meine Partei ist der Überzeugung, dass die Vorteile der EG schwerer wiegen als die Spannungen und Belastungen. Wir meinen, dass sie uns die Mittel zur Zusammenarbeit an die Hand gibt, derer wir zur Lösung der Probleme der heutigen Krise der Weltwirtschaftsstruktur bedürfen." Und dann bittet er noch, aus Shakespeares „Julius Cäsar" zitieren zu dürfen – einige Zeilen, die daran erinnern, wie wichtig es ist, die Zeichen der Zeit zu erkennen:

Der Strom der menschlichen Geschäfte wechselt;
Nimmt man die Flut wahr, führet sie zum Glück;
Wir sind nun flott auf solcher hohen See
Und müssen, wenn der Strom uns hebt, ihn nutzen,
Wo nicht, verlieren wir des Zufalls Gunst.

„Mit William Shakespeare möchte ich mich nicht anlegen. Ich danke Ihnen sehr."

Die Abgeordneten springen von ihren Plätzen, es gibt *standing ovations*. „Die vollendetste und beste Rede der vier Tage", lobt der „Guardian". Mit Witzen, Zitaten und Schmeicheleien habe Schmidt die Beitrittsgegner entwaffnet, urteilt der „Evening Standard". „Sunday Times"-Journalist Hugo Young weiß nicht, was er mehr bewundern soll – Schmidts Fähigkeit zur feinen Ironie in einer für ihn fremden Sprache oder seinen anspruchsvollen Diskurs über Europa „als eine Kraft des Guten in einer gefährlichen Welt".

Nach seinem Rede-Triumph fährt Schmidt mit Wilson zum Landsitz des Premierministers nach Chequers in einer klassisch englischen Parklandschaft. „So wie Chequers habe ich mir als Leser von Agatha Christie immer die englischen Landsitze vorgestellt, auf denen am Wochenende die geheimnisvollen Morde stattfinden", gesteht er. „Altertümlich, anheimelnd, voller alter Bilder, Bücher und Möbel." Schmidt darf in Churchills Bett schlafen, es riecht nach altem Holz, Kaminfeuer und Lavendel. Durchs Fenster schaut er in einen Rosengarten.

In seinen Gesprächen mit Wilson stellt er ihm Zugeständnisse bei der Neuverhandlung des britischen Beitritts in Aussicht. Im Gegenzug erwartet er, dass sich der Premierminister offensiv für den Verbleib Großbritanniens in der Gemeinschaft einsetzt. Unmittelbar nachdem sich Schmidt am Sonntag verabschiedet hat, zieht sich Wilson in sein Büro zurück und telefoniert mit Außenminister James Callaghan. In diesem Gespräch legen sie fest, dass sie fortan konsequent pro Europa agieren werden. Die Entscheidung ist gefallen.

Bonn. Im Palais Schaumburg bekommt Helmut Schmidt Besuch von einem sehr alten Mann. Es ist Jean Monnet, der legendäre Gründer Europas. Er wirkt jetzt schon wie eine Gestalt aus dem Geschichtsbuch. Aber er ist immer noch da und zieht Fäden. Schmidt kennt ihn bereits, weil er Mitglied seines einflussreichen „Aktionskomitees für die Vereinigten Staaten von Europa" ist. In diesem Komitee ist er sowohl Giscard d'Estaing als auch Heath zum ersten Mal begegnet. Nun kommt Monnet mit einem Anliegen zu ihm, das er zuvor auch schon bei Brandt, Pompidou und Heath vorgebracht hat: Europa braucht endlich eine gemeinsame Regierung! Und das können unter den derzeitigen Umständen nur die Staats- und Regierungschefs der Mitgliedsstaaten sein. „Die existierenden gemeinschaftlichen Institutionen haben für sich nicht genug Kraft", sagt Monnet. Die Staats- und Regierungschefs sollen künftig regelmäßig zusammenkommen und den Entscheidungsstau der EG überwinden. Um die Macht dieses Gremiums auszutarieren, müsse gleichzeitig das Europäische Parlament gestärkt werden – dringend erforderlich sei ein konkreter Zeitpunkt für die erste

Direktwahl der Abgeordneten. Mit Schmidts Freund Giscard hat Monnet das alles schon besprochen – er ist bereit, die Initiative zu ergreifen. Und nun versichert ihm Schmidt, dass auch er den Vorstoß „mit aller Kraft unterstützen wird“.

Paris. Das Problem sind die kleineren Mitgliedsstaaten. Sie befürchten, in einem solchen Gremium von den Großen übergangen zu werden. Deutschland und Frankreich würden die Dinge dann wohl noch öfter als bisher schon unter sich regeln. Die kleineren Länder setzen deshalb auf die supranationalen Institutionen, insbesondere die Kommission. Da sind sie gleichberechtigt. Die Ideen für eine „europäische Regierung“ erinnern sie an die Fouchet-Pläne von General de Gaulle, die seinerzeit vom niederländischen Außenminister Joseph Luns torpediert worden sind.

Giscard greift deshalb zu einer List. Als Ratsvorsitzender lädt er die EG-Partner für den 9. und 10. Dezember 1974 zu einem informellen Gespräch in den

Beginn der europäischen Gipfelroutine. Bundeskanzler Helmut Schmidt trifft 1976 zu einer Sitzung des Europäischen Rates in Brüssel ein. Die regelmäßigen Treffen der Staats- und Regierungschefs waren 1974 von dem französischen Präsidenten Valéry Giscard d’Estaing initiiert worden.

Großen Salon des Élysée-Palastes ein. Am Nachmittag des zweiten Tages relaxen die neun Spitzenpolitiker in Sesseln, die locker verstreut im Salon herumstehen, und trinken Kaffee oder Tee. Beamte sind nicht zugelassen, man bleibt unter sich. Giscard hat das alles ganz genau geplant – er ist darauf bedacht, eine Konferenzsituation zu vermeiden. In diese entspannte Atmosphäre hinein fragt er, ob es denn nicht schön wäre, sich künftig öfter so zu treffen. Dann wären auch die Erwartungen der Öffentlichkeit nicht so groß, weil die Zusammenkünfte Routinecharakter hätten.

Der erste, der sich dafür ausspricht, ist der italienische Ministerpräsident Aldo Moro – denn nach seinem Empfinden sprechen sich Deutschland und Frankreich viel zu oft bilateral ab, und Italien bleibt außen vor. Die Spitzentreffen könnten das ändern. Der britische Premierminister Harold Wilson bleibt abwartend, so wie dies seine Art ist. Helmut Schmidt ist als einziger von Anfang an eingeweiht und unterstützt seinen Freund Giscard voll und ganz. Die stärksten Bedenken haben die Regierungschefs der Benelux-Länder. Der Belgier Leo Tindemans wendet ein, da sei das Problem der Tagungsorte – wenn, dann müssten die Treffen sehr häufig in Brüssel stattfinden, um die Verbindung zu den europäischen Institutionen aufrechtzuerhalten. Innerlich jubelt Giscard: Wenn jetzt schon über den Ort verhandelt wird, dann hat man sich mit den Treffen im Prinzip schon arrangiert. So wird festgelegt, dass mindestens eines der anvisierten vier Treffen im Jahr in Brüssel organisiert werden soll, das zweite in Luxemburg und das dritte und vierte im Land des jeweiligen Ratspräsidenten, der nach wie vor jedes halbe Jahr wechselt. Außerdem soll das Europäische Parlament gestärkt werden, was die Benelux-Länder seit Langem fordern: Es soll direkt gewählt werden und den Haushalt der Gemeinschaft zurückweisen können.

Widerstrebend willigt als Letzter schließlich auch der niederländische Ministerpräsident Joop den Uyl ein – unter der Bedingung, dass Giscard darauf verzichtet, die künftigen Treffen als „Europäischen Rat“ zu bezeichnen. Dementsprechend kommt der Begriff im offiziellen Kommuniqué nicht vor. Doch bei der Abschlusspressekonferenz ruft Giscard gleichwohl: „Lang lebe der Europäische Rat!“ Eben dieser Begriff bürgert sich ein.

So ist quasi bei einem Kaffeetrinken im Élysée-Palast eine neue europäische Institution geschaffen worden, die rechtlich gesehen noch gar nicht existiert. Und doch wird sie sich in kürzester Zeit zum Zentralgestirn des europäischen Sonnensystems entwickeln. Der Europäische Rat etabliert sich auf Kosten des Ministerrats wie auch der Kommission, denn künftig werden die wirklich wichtigen Entscheidungen von den Chefs der nationalen Regierungen getroffen. Das Europäische Parlament wird zwar insofern gestärkt, als es erstmals direkt gewählt werden soll, doch kann es keine Kontrollfunktion über die Staats- und

Stichwort: Der Europäische Rat

Zu 27 im Space Egg

Der Europäische Rat ist die jüngste und zugleich mächtigste Institution der Europäischen Union. Er besteht aus den Staats- beziehungsweise Regierungschefs der heute 27 Mitgliedsstaaten. Daran sieht man schon, dass in der EU die Nationalstaaten den Ton angeben. Was sie mehrheitlich nicht wollen, geschieht auch nicht. Falls die Vereinigten Staaten von Europa irgendwann Wirklichkeit werden sollten, wären es die Vereinigten Nationalstaaten von Europa.

Die vierteljährlichen Zusammenkünfte des Europäischen Rats sind Mega-Ereignisse mit mehr als 1000 akkreditierten Journalisten. Zunächst waren die Gipfel ein Wanderzirkus durch die Mitgliedsstaaten, doch seit Beginn des 21. Jahrhunderts tritt der Europäische Rat normalerweise nur noch in Brüssel zusammen. Sein Sitz ist das 2017 eröffnete futuristische Europagebäude im Europaviertel, Spitzname „Space Egg".

Den Vorsitz bei den Treffen hat der Präsident des Europäischen Rats, der seit 2009 von eben diesem gewählt wird. Außerdem nimmt der jeweilige EU-Kommissionspräsident teil, der allerdings ebenso wie der Präsident des Europäischen Rats kein Stimmrecht hat.

Überzeugte Föderalisten werfen dem Rat vor, den Aufbau eines wirklich geeinten Europas zu verhindern. Stattdessen versuchten die Staats- und Regierungschefs immer nur, ihre jeweiligen nationalen Interessen durchzusetzen. Das ende dann meist mit einem undurchschaubaren Kuhhandel. Außerdem ist der Rat nach Meinung seiner Kritiker nicht ausreichend demokratisch legitimiert, weil er Entscheidungen für die gesamte EU trifft, aber nur aus 27 national gewählten Spitzenpolitikern besteht.

Dass die Regierungen immer nur an ihr eigenes Land denken, ist allerdings übertrieben. Sie haben mitunter durchaus auch die *res publica* im Blick, die gemeinsame Sache. Im Übrigen hat der Europäische Rat einen nicht zu überschätzenden Vorteil: Die mächtigsten Politiker Europas treffen sich auf diese Weise alle drei Monate. Sie lernen sich kennen, sie kommen sich näher, sie bleiben kontinuierlich miteinander im Gespräch. Damit dient der Europäische Rat der wichtigsten Aufgabe des Einigungsprozesses: der Sicherung des Friedens.

Regierungschefs ausüben. In Deutschland ist die Gründung des Europäischen Rats denn auch höchst umstritten – jetzt habe Charles de Gaulle posthum doch noch triumphiert und sein „Europa der Vaterländer" anstelle eines geeinten Europas durchgesetzt, heißt es. Die „Frankfurter Rundschau" schreibt sogar über „Charles de Schmidt". Erst im Abstand von etwa 20 Jahren werden sich die Befürchtungen als unbegründet herausstellen. Dann wird sich zeigen, dass der Europäische Rat die supranationalen Institutionen nicht ersetzt, sondern eng mit ihnen zusammenarbeitet. In den 80er und 90er Jahren wird er die supranationale Gemeinschaftsarchitektur vertiefen und ausbauen.

Europas großer alter Mann Jean Monnet scheint das alles vorauszusehen. Einen Monat nach dem Pariser Gipfel, am 9. Januar 1975, besucht er Giscard im Élysée-Palast. „Die Schaffung des Europäischen Rats, die Ihr Werk ist, ist die wichtigste Entscheidung auf dem Weg zur Einheit Europas seit der Unterzeichnung des Vertrags von Rom", versichert er ihm. Und das vom Erfinder supranationaler Institutionen! Doch Monnet ist eben zuallererst Pragmatiker. Und bei den derzeitigen Verhältnissen ist er davon überzeugt, dass das Einigungsprojekt am ehesten vorankommt, wenn die Staats- und Regierungschefs es zur Chefsache machen. Der Übervater der europäischen Einigung ist darüber so erleichtert, dass er sein 1955 gegründetes „Aktionskomitee für die Vereinigten Staaten von Europa" zum 9. Mai 1975 auflöst.

London. Am Tag des britischen EG-Referendums erscheint Anna Eliza Williams, Jahrgang 1873, mit einem Respekt einflößend hohen Damenhut auf dem Kopf im Rathaus der walisischen Stadt Swansea. Die 102-Jährige will ihre Stimme abgeben, aber dummerweise kann sie ihre Wahlbenachrichtigung nicht mehr finden. Zunächst bedauert man nur, doch die resolute Lady macht den Beamten deutlich, dass sie keineswegs gewillt ist, sich mit weniger als einem neuen *ballot paper* zufriedenzugeben. Seit Frauen im Jahr 1918 das Wahlrecht bekommen haben, hat sie keine einzige Wahl verpasst, wie sie den vor dem Gebäude wartenden Reportern berichtet. Dieses erste Referendum der britischen Geschichte wird da keine Ausnahme bilden.

Das Beispiel von Mrs. Williams zeigt, wie sehr Europa das Königreich in seinen Bann gezogen hat. Seit Wochen werben Gegner und Befürworter um Stimmen. Geschäfte geben Einkaufstüten mit der Aufschrift *„Yes to Europe"* aus, Aufkleber zieren britische Autos. Ein Viertel aller Kirchen hat Gottesdienste und Gebetstage zugunsten der Gemeinschaft abgehalten. Prominente wie die Schauspieler Peter Ustinov und Dirk Bogarde unterstützten die Kampagne „Menschen für Europa", Geistesgrößen wie der Philosoph Karl Popper und die Kriminalschriftstellerin Agatha Christie schalteten eine Pro-Europa-Anzeige in der „Times". Und die neue Chefin der Konservativen, die Edward Heath entthront hat, ist bei einer Kundgebung vor dem Churchill-Denkmal am Parlament in einem Pulli mit den Flaggen der EG-Länder aufgetreten. Sie heißt Margaret Thatcher.

Die Konservativen sind nach wie vor die große Pro-Europa-Partei. Labour dagegen ist gespalten. Doch Premierminister Harold Wilson – wiewohl persönlich eher ein *Fish and Chips Man* ohne emotionale Verbindung zum Kontinent – hat eine meisterhafte Kampagne für den Verbleib in der EG geführt. Wie von Helmut Schmidt in Aussicht gestellt, hat er der Gemeinschaft Zugeständnisse abgetrotzt und damit viele Skeptiker überzeugt. So wurden Commonwealth-

Als die Eiserne Lady noch Europafreundin war. In einem Pulli mit Europaflaggen wirbt die konservative Oppositionsführerin Margaret Thatcher 1975 für einen Verbleib in der EG. Lange Zeit waren die Konservativen die europafreundliche Partei Großbritanniens, wohingegen es in der Labour-Partei starke Widerstände gab.

Anhänger mit verbesserten Handelskonditionen für Neuseeland und andere Mitglieder geködert, linke Gewerkschaftler und überzeugte Sozialisten beschwichtigte man mit einem regionalen Entwicklungsfonds für verarmte Industrieregionen. Wilson schickte maßgeschneiderte Botschaften an so unterschiedliche Gruppen wie Fischer, Landwirte, Fabrikarbeiter, alleinerziehende Eltern, praktizierende Christen, schottische oder walisische Nationalisten und ethnische Minderheiten. Die Anti-Europa-Kampagne ist dagegen ein Sammelbecken radikaler Linker wie Rechter. So sind in Nordirland sowohl die pro-irische IRA als auch Terrorgruppen der loyalistischen Gegenseite im Lager der EG-Gegner. Angst macht den Europafreunden am Ende nur eine unglückliche Europacup-Niederlage von Leeds United gegen Bayern München: Der französische Schiedsrichter verwehrt Leeds zwei Elfmeter, ein scheinbar legitimes Tor zählt nicht.

Aber auch diese vermeintliche deutsch-französische Allianz auf dem Fußballfeld kann die Stimmung nicht kippen: Bei einer Wahlbeteiligung von 65,5 Prozent votieren an diesem 5. Juni 1975 mehr als 67 Prozent der Briten für Europa. Das Ergebnis ist so klar, dass der Labour-Politiker Neil Kinnock, der Wahlkampf für den Austritt gemacht hat, unumwunden einräumt: „Nur ein Idiot würde eine solche Mehrheit ignorieren oder auf Vergeltung hoffen. Wir sind drin für immer.“ Kommentar der „Sun“: „Jetzt sind wir alle Europäer.“

Auch Anna Eliza Williams kann zufrieden sein. Sie hat am Ende tatsächlich noch einen Ersatz-Stimmzettel bekommen und „Ja“ angekreuzt. Trotz ihres stolzen Alters von 102 Jahren kann sie noch lange Zeit mitverfolgen, wie sich die Dinge in Europa entwickeln. Irgendwann ist sie die älteste Waliserin, dann die älteste Britin und schließlich der älteste Mensch der Welt. Sie stirbt am 27. Dezember 1987 im Alter von 114 Jahren.

Brüssel. Leo Tindemans hat einen Auftrag bekommen: Der belgische Ministerpräsident soll für den Europäischen Rat einen Bericht darüber schreiben, wie die EG in eine Politische Union umgeformt werden kann. Dahinter steht das Eingeständnis, dass die Gemeinschaft noch lange nicht das ist, was sie sein könnte. Kritiker sagen, dass sie im Grunde kaum mehr ist als eine Zoll- und Agrarunion, ein Zweckverein. Die Europa-Begeisterung der unmittelbaren Nachkriegszeit ist verflogen.

Tindemans macht sich an die Arbeit. Der flämische Christdemokrat reist durch alle Mitgliedsländer, befragt ungefähr 1000 Personen und 200 Organisationen. 1976 veröffentlicht er das Ergebnis seiner Überlegungen – den „Bericht über die Europäische Union“, oder, wie er letztlich genannt werden wird, den Tindemans-Bericht. Er ist kein abgehobener Aufsatz in verschachtelter Sprache, sondern eine sehr konkrete und glasklar formulierte, dabei aber auch realistische Handlungsempfehlung. Der erste Satz lautet: „Warum hat der Europagedanke viel von seiner ursprünglichen Zündkraft und Dynamik verloren?“ Tindemans' Antwort: „Der Europagedanke ist zum Teil ein Opfer seines eigenen Erfolgs geworden. Die Versöhnung früherer Feinde, der durch den erweiterten Markt ermöglichte wirtschaftliche Wohlstand – all das scheint bereits erreicht und damit keiner neuerlichen Anstrengungen zu bedürfen. Europa ist heute etwas Alltägliches geworden, es scheint den Reiz des Abenteuers eingebüßt zu haben.“ Doch ein unvollendetes Bauwerk könne dem Zahn der Zeit nicht standhalten, es müsse fertiggestellt werden, sonst zerfalle es. „Alles in der Gemeinschaft bisher Erreichte steht daher heute auf dem Spiel“, warnt Tindemans. Das ist eine Überzeugung, die den europäischen Einigungsprozess von Anfang an geprägt hat: So wie ein Fahrradfahrer nie mit dem Strampeln aufhören darf, wenn er nicht umfallen will, muss die Integration immer weitergehen – andernfalls droht alles verloren zu gehen.

Tindemans ist davon überzeugt, dass Europa „im täglichen Leben fühlbar werden“ muss – er fordert ein „Europa der Bürger“ anstelle einer alltagsfernen Technokratie. Die Weiterentwicklung der Gemeinschaft zu einer Europäischen Union erfordert zudem ein vereintes Auftreten nach außen. „Wir müssen in allen wichtigen Bereichen unserer Außenbeziehungen, also Außenpolitik, Sicherheit,

Wirtschaftsbeziehungen und Kooperation, gemeinsam handeln." Und dieses gemeinsame Handeln müsse „immer und jederzeit" erfolgen, denn: „Die europäische Identität wird in der Welt nicht anerkannt werden, wenn die europäischen Staaten zwar *manchmal* gemeinsam auftreten, dann aber wieder uneins sind." Dies wiederum setzt voraus, dass die Mitgliedsstaaten das Prinzip der Einstimmigkeit aufgeben und auf ihr Veto verzichten. Denn wenn nichts entschieden werden kann, außer alle sind einer Meinung, dann bleibt die Gemeinschaft gelähmt.

Tindemans verwirft auch die Vorstellung einer reinen Konföderation souveräner Nationalstaaten. Als Regierungschef eines der kleineren Länder ist er davon überzeugt, dass dann immer „die Macht- und Interessenunterschiede zwischen unseren Staaten" den Ausschlag geben werden, sprich: dass die großen die kleinen dominieren – so wie es immer schon gewesen ist. „Deshalb muss der gemeinschaftliche institutionelle Apparat verstärkt werden." Ohne Supranationalität geht es nicht! Für Tindemans bedeutet das vor allem auch eine Aufwertung des Europäischen Parlaments, um die demokratische Legitimität der gesamten Union zu stärken. Konkreter Vorschlag: Das Parlament soll Gesetzesinitiativen ergreifen können.

Auch für die Kommission sieht Tindemans eine wichtigere Rolle vor: Sie soll mehr Handlungsspielraum und neue Befugnisse erhalten. Der Kommissionspräsident soll künftig vom Europäischen Parlament bestätigt werden müssen, was ihm zusätzliche Autorität verschaffen würde.

Die Zukunft wird zeigen, dass Tindemans seiner Zeit voraus ist. Doch zunächst einmal geschieht – gar nichts. Dafür sorgt Valéry Giscard d'Estaing. In einem Telefongespräch mit Helmut Schmidt giftet er im Januar 1976, der Bericht sei „ohne viel Intelligenz und Ideen" abgefasst worden. Dahinter steht, dass der französische Präsident ganz in der Tradition von de Gaulle keine Stärkung der supranationalen Institutionen Kommission und Parlament will – sein Ziel ist es in erster Linie, die Gemeinschaft als Instrument zur Machterweiterung Frankreichs einzusetzen. Selbst verfolgt Giscard einen ganz anderen Plan, um die Schlagkraft der Gemeinschaft zu stärken: Die großen Mitgliedsstaaten sollen künftig ein „Direktorium" bilden – der Begriff entstammt der Französischen Revolution – und darin wesentliche Fragen allein entscheiden. In diesem Direktorium sollen jeweils zwei große Mitgliedsstaaten und ein dritter vertreten sein. Die Auswahl soll nach der „Qualität" der jeweiligen Staats- und Regierungschefs erfolgen. Kein Zweifel, dass Giscard dabei für sich selbst und für Schmidt eine Dauerpräsenz vorsieht. Als Tindemans von der Idee erfährt, ist er schockiert. Allerdings ist ihm auch sofort klar, dass die Idee ein Hirngespinst des mitunter zu Größenwahn neigenden Franzosen ist: Einer solchen Selbstentmachtung würden die *Little Five* – darunter versteht man jetzt die Niederlande, Belgien, Luxemburg, Irland und Dänemark – niemals zustimmen.

Im Ergebnis bleibt alles wie gehabt. Auch Helmut Schmidt rührt für Tindemans keinen Finger. Mit dem *Non* seines Freundes Giscard hat sich die Sache für ihn erledigt. „Die Einigung der demokratisch regierten Staaten Europas ist nur möglich, wenn und soweit Paris diese Einigung will und sie zu seiner eigenen Sache macht", ist seine generelle Überzeugung. Allerdings kommt ihm das keinesfalls ungelegen, denn auch er führt Entscheidungen gern in möglichst kleiner Runde herbei. Der Realist und Pragmatiker Schmidt – „Wer Visionen hat, sollte zum Arzt gehen" – ist der Meinung: „Sehr vieles lässt sich bei gutem Willen und durch *common sense* erreichen." Mit Giscard teilt er eine Abneigung gegen jede Art von schwärmerischer Europa-Begeisterung. „Keine Wolkenkuckucksheime", ist seine Devise. Noch als Finanzminister haben sich die beiden Politiker 1972 während eines EG-Gipfeltreffens in Paris kleine Zettelchen zugeschoben, auf denen sie sich über die hochfliegenden Pläne einiger schwadronierender Redner lustig gemacht haben. Schmidt zufolge hat durch diesen Austausch ironischer Bemerkungen sogar ihre Freundschaft begonnen.

Tindemans ist bitter enttäuscht davon, wie Giscard seinen Bericht torpediert. Später verhindert ihn der Franzose auch noch als EG-Kommissionspräsidenten. Doch Tindemans wird lange genug leben, um 2002 in seinen Memoiren festhalten zu können, dass sein Bericht „im Lauf der Jahre – ich kann es nicht genug betonen – praktisch vollständig realisiert worden ist".

Immerhin sind sowohl Giscard als auch Schmidt der Meinung, dass der Posten des Kommissionspräsidenten nun endlich mal wieder mit einem politischen Schwergewicht besetzt werden muss. Diese Persönlichkeit soll möglichst aus Großbritannien kommen – um die zögerlichen Insulaner endlich näher an die Gemeinschaft heranzuführen. Giscard und Schmidt können sich den großen Europa-Freund Edward Heath für das Amt vorstellen, doch der ist ein Konservativer, und in London regiert Labour. So kommt es, dass das Amt dem flamboyanten Roy Jenkins angetragen wird, Innenminister und Autor erfolgreicher politischer Biografien. Zunächst lehnt er ab, denn er sieht sich als Anwärter für den Posten des Premierministers. Doch als Harold Wilson kurz darauf freiwillig zurücktritt – er erkennt bei sich erste Anzeichen von Altersdemenz –, macht Außenminister James Callaghan das Rennen. Nun greift sich Jenkins den Trostpreis und geht nach Brüssel – obwohl er von der Funktionsweise der EG bisher keinen blassen Schimmer hat, wie er zugibt.

Die ersten Erfahrungen sind deprimierend. Jenkins hat sich vorgestellt, eine Art Premierminister von Europa zu werden, doch wie sich zeigt, kann er sich noch nicht mal seine Kommissare selbst aussuchen – das machen die Regierungen der Mitgliedsstaaten. Dazu müht er sich ab, sein Französisch zu verbessern, doch nur mit mäßigem Erfolg. Seines natürlichen Habitats, der Londoner Clubszene, beraubt, fühlt er sich einsam und niedergeschlagen, ja, er spricht in seinem Tagebuch von einer gelegentlichen „suizidalen Depression mit Rücktrittsgedanken, die in meinem Kopf herumspuken".

Immer wieder muss er die Erfahrung machen, dass es die nationalen Regierungschefs sind, die in der EG den Ton angeben – allen voran der machtbewusste Giscard. So muss Jenkins darum betteln, zu den von Giscard und Schmidt initiierten Weltwirtschaftsgipfeln zugelassen zu werden. Die fünf kleinen EG-Staaten sind aus dieser Elefantenrunde ausgeschlossen und drängen deshalb auf eine Teilnahme des Kommissionspräsidenten, um durch ihn repräsentiert zu sein. Giscard lehnt dies jedoch ab. Er sieht den Kommissionspräsidenten – ganz in der Tradition von de Gaulle – nur als hohen Beamten. Jenkins wendet sich daraufhin an Schmidt, den er als brillantesten Politiker überhaupt verehrt, doch zu seiner Enttäuschung sagt der, dass er es sich mit seinem „einzigen echten Freund" Valéry nicht verscherzen wolle.

London. Am Ende schafft es Jenkins doch noch, wenigstens an einigen Programmpunkten teilnehmen zu dürfen. Allerdings sitzt er beim Abendessen nicht am Tisch der Staats- und Regierungschefs, sondern bei den Finanzministern. Von der Sitzung am nächsten Tag wird er ausgeschlossen, darf aber abends beim Festbankett im Buckingham-Palast mit dabei sein. Giscard begrüßt ihn mit einem herablassenden *„Ah, mon ami Jenkins, bonsoir"*. Noch bevor der Hauptgang aufgetragen wird, fängt Schmidt an zu rauchen und drückt seine Zigaretten für den Rest des Abends auf den kostbaren Palasttellern aus. Die Queen ist *not amused*. Ihre Schwester, die zu Ausschweifungen aller Art neigende Prinzessin Margaret, steckt sich dagegen sofort auch eine an. Nach dem Dinner spricht Elizabeth höflicherweise Französisch, wobei sich zeigt, dass sie die Sprache besser beherrscht als Jenkins. Bei der Abschlusspressekonferenz sitzt er dann doch noch neben den Staats- und Regierungschefs. Allerdings ohne Mikrofon.

Brüssel. Zumindest dauert es nicht lange, bis Jenkins feststellt: Draußen in der Welt ist er eine große Nummer. Für den Repräsentanten der größten Handelsmacht auf Erden öffnen sich alle Türen. Er trifft die Päpste Paul VI. und Johannes Paul II., US-Präsident Jimmy Carter, den chinesischen Parteichef Deng Xiaoping, die indische Premierministerin Indira Gandhi, den japanischen Kaiser Hirohito und viele mehr. In Ägypten erkundet er das Tal der Könige und bestaunt die mondbeschienene Sphinx, in New York sitzt er neben Hollywoodstar Shirley MacLaine. In Timbuktu in Mali wird ihm ein ganzes Kamel

Stichwort: Die Europäische Kommission

Eine potenzielle Europa-Regierung

Hoch über Brüssels Europaviertel, im 13. Stockwerk des Berlaymont, befindet sich so etwas wie der Olymp der Europäischen Union: das Büro des Kommissionspräsidenten beziehungsweise der Kommissionspräsidentin. Dazu gehören auch noch ein Apartment und ein eigenes Restaurant, das zu den besten der an guten Restaurants so reichen belgischen Hauptstadt gehören soll.

Die Brüsseler Kommission war stets die umstrittenste aller EU-Institutionen, weil in ihr eine europäische Regierung angelegt ist, die die einzelnen Gliedstaaten überwölbt wie die Bundesregierung in Berlin die Bundesländer oder die die amerikanische Bundesregierung in Washington die US-Staaten. Der Präsident der Kommission muss geloben, „Weisungen von einer Regierung, einem Organ, einer Einrichtung oder jeder anderen Stelle weder einzuholen noch entgegenzunehmen".

Die Kommission besteht aus 27 Kommissaren – jeder Mitgliedsstaat stellt einen. Allerdings sollen die Kommissare keine nationalen, sondern ausschließlich EU-Interessen vertreten. Das wichtigste Instrument der Kommission ist ihr alleiniges Initiativrecht. Von allen EU-Institutionen hat nur die Kommission das Recht, einen EU-Rechtsakt, also eine Verordnung oder eine Richtlinie, auszuarbeiten und dann beim Europäischen Parlament und beim Ministerrat einzubringen. Diese können den Vorschlag zwar noch überarbeiten oder auch verwerfen, aber die Initiative muss immer von der Kommission ausgehen.

Zudem überwacht die Kommission die Umsetzung der erlassenen Verordnungen und Richtlinien, die Verwendung der Haushaltsgelder und die Ausführung der Förderprogramme. Sie wird deshalb auch als „Hüterin der Verträge" bezeichnet. Nur wenige Instanzen in der Welt haben den Mut, es mit Tech-Giganten wie Google oder Apple aufzunehmen – die Europäische Kommission aber schon. Immer wieder verhängt sie Milliardenstrafen für Konzerne, die ihre marktbeherrschende Stellung missbrauchen.

Wenn vom „europäischen Superstaat" gesprochen wird, von den „Brüsseler Eurokraten", der „Brüsseler Bürokratie" oder schlicht und einfach nur von „Brüssel", dann ist damit die EU-Kommission gemeint. Ihr unterstehen etwa 35 000 Mitarbeiter. Zum Vergleich: Allein die Stadt München hat mehr Bedienstete, gut 38 000. Die EU-Beamten werden oft wegen ihrer angeblich unsinnigen Verordnungen kritisiert. Für die Qualität ihrer Arbeit spricht jedoch, dass die EU-Standards mittlerweile in weit entfernten Teilen der Welt übernommen worden sind – einfach deshalb, weil sie wissenschaftlich unterbaut, kompetent erstellt und in einem großen Wirtschaftsraum erprobt sind. Egal ob es um Sondermüll geht, um Elektroschrott oder Luftreinhaltung, oft orientiert man sich am EU-Recht. Man nennt das den „Brüssel-Effekt".

serviert, aus dem ein geröstetes Schaf herausgeholt wird, in dem sich wiederum ein gebratenes Huhn befindet, dessen Inneres eine kleine Taube füllt, in der am Ende ein Ei versteckt ist. Kurzum, alle tun, was sie können, um es dem Gast aus Brüssel recht zu machen. Und der genießt das. Charles de Gaulle würde sich im Grab umdrehen, wenn er wüsste, wie der Nachfolger von Walter Hallstein rund um den Globus hofiert wird.

Das sinnenfrohe Brüssel lernt Jenkins mit der Zeit ebenfalls schätzen. Der unermüdliche Netzwerker und Feinschmecker testet nach und nach sämtliche Spitzenrestaurants, eingedenk der von Jean Monnet überlieferten Weisheit: Die Atmosphäre für einen Kompromiss wird bei einer guten Mahlzeit geschaffen. Jenkins' Spesenabrechnungen fallen allerdings noch bescheiden aus im Ver-

Hoher Besuch. Kommissionspräsident Roy Jenkins empfängt 1980 die britische Königin Elizabeth II. im Berlaymont-Gebäude in Brüssel. Die Queen wirkte auf Jenkins „ziemlich still" und war nicht zu Fragen zu animieren, während ihr Mann Prinz Philip die Kommission mit Vorwürfen überhäufte. Jenkins versuchte dennoch, den Besuch in den britischen Medien als Zeichen königlicher Wertschätzung für die Gemeinschaft darzustellen.

gleich zu denen seines Stellvertreters Willi Haferkamp, eines aus dem Ruhrgebiet stammenden Gewerkschafters. Haferkamp ist oft über Tage hinweg nicht auffindbar und wird, wie der „Economist" enthüllt, auf seinen Auslandsreisen von einer Dolmetscherin begleitet, die gleichzeitig seine Geliebte ist. Obwohl er seinen Chef Jenkins dadurch mehrfach in Erklärungsnot bringt, bewahrt sich dieser eine große Sympathie für *„the old Willi"*. Unterm Strich ist sein Job als Kommissionspräsident doch so erfüllend, dass er keinen Augenblick überlegen muss, als ihm Premierminister Callaghan eines Tages auf der Herrentoilette anbietet, Gouverneur von Hongkong zu werden. *„Certainly not, Jim."*

Rimini. Letzter Schultag, Zeugnisse – und jetzt erstmal drei, vier Wochen ab in den Urlaub! Jedes Jahr im Sommer wird Europa zur gelebten Realität. Die beliebtesten Urlaubsländer der Bundesbürger sind Österreich und – Italien. Früher klassisches Ziel der Bildungsreisenden, ist das südlichste EG-Land jetzt weniger seiner archäologischen Stätten, Kirchen und Kulturdenkmäler wegen gefragt als für Sonne, Strand und Flair. Schlager wie die „Capri-Fischer" oder „O mia bella Napoli" erzählen von dieser Sehnsucht.

In den allermeisten Fällen fährt man mit dem Auto gen Süden, und das kann sich gut und gern zwei bis vier Tage hinziehen. An jeder Grenze müssen sich die Reisenden in Geduld üben: In sengender Hitze stehen sie über Stunden im Stau, weil alle Pässe von streng dreinschauenden Uniformierten kontrolliert werden.

Was hinter der Grenze kommt, hat exotischen Kontrastcharakter. Zum ersten Mal den geriffelten Stamm einer Palme berühren oder eine Limo mit Eiswürfeln an der Poolbar bestellen! Und dann das gute Essen: Spaghetti, Pizza, Amarena-Eis. Ein Löffel im Mund, und schon läuft ein Film ab mit Fischerbooten, Vespas und Händchenhalten. Wer kein Hotel mit Vollpension bucht, sondern eine Ferienwohnung mit eigener Küche, beginnt kulinarisch zu experimentieren: Zucchini, Knoblauch und Olivenöl lernen die Deutschen im Urlaub kennen.

Am Strand liegen die Gäste aus den nordeuropäischen Schlechtwetter-Ecken in der knallenden Sonne, bis sich die Haut pellt. Die Geräuschkulisse setzt sich zusammen aus Besteck- und Tellergeklapper, leisem Lachen, Gesprächsfetzen und hin und wieder dem Ruf „Telefonoooo!" Manche Touristen schaffen es nämlich, vom Imbissbuden-Mann quer über den Strand ans Festnetztelefon gerufen zu werden. Bedeutende Herrschaften müssen das sein, die selbst in Badehose Ferngespräche führen.

Ibiza. In den 70er Jahren kommt auch der Flugtourismus auf. Man steigt im tiefsten Ruhrpott ins Auto, umgeben von Ruß spuckenden Kokereien und flackernden Stichflammen, fährt zum Düsseldorfer Flughafen, besteigt dort eine

Lufthansa-Maschine, in der sogar warmes Essen serviert wird, landet bei Dunkelheit, wird per Bus zum Hotel kutschiert, wacht am nächsten Morgen auf und blickt durch die geöffnete Terrassentür auf einen azurblauen Pool, umstanden von Palmen. Wenn es ein Leben nach dem Tod gibt, dann muss es sich so ähnlich anfühlen. Die Bundesbürger entdecken jetzt Spanien – ein Land, das immer noch von dem faschistischen Diktator Francisco Franco beherrscht wird, abgeschirmt und konserviert wie unter einer Vakuumglocke. Zum Straßenbild gehören ebenso Soldaten wie bettelnde Kinder. Wenn man nach einer gefühlten Ewigkeit braun gebrannt nach Hause zurückkehrt, fühlt sich die eigene Wohnung richtig fremd an.

Athen. Auch Kanzler Schmidt macht mal Urlaub. In Griechenland. Er und seine Frau Hannelore, genannt Loki, sind begeistert. „Dass die Ruinen aus klassischer Zeit und die große Zahl erhalten gebliebener Kunstwerke einen so überwältigenden Eindruck auf uns machen würden, hatten wir uns nicht vorstellen können." Schmidt spricht mit Archäologen und Museumsleuten, aber natürlich auch mit Konstantinos Karamanlis, dem ersten demokratischen Regierungschef seit dem Zusammenbruch der Militärdiktatur 1974. Der liberalkonservative Politiker, ein mazedonischer Bauernsohn, ist Schmidt in seiner Offenheit auf Anhieb sympathisch, schnell entwickelt sich eine freundschaftliche Beziehung. Karamanlis strebt eine möglichst schnelle Aufnahme seines Landes in die EG an. Die Regierungen der bisherigen Mitgliedsstaaten haben dabei gemischte Gefühle. Einerseits stehen sie der Wiege westlicher Kultur mit Sympathie gegenüber und wollen die junge Demokratie stabilisieren. Andererseits haben sie große Zweifel an der Wettbewerbsfähigkeit der griechischen Wirtschaft. Griechenland hat noch nicht einmal eine funktionierende Steuerverwaltung, und das Ausmaß an Korruption ist gewaltig. Vor allem die Deutschen, die sich sowieso schon als Zahlmeister fühlen, befürchten deshalb Transferleistungen in bisher ungekanntem Ausmaß. Letztlich werden politisch-idealistische Überlegungen jedoch den Ausschlag geben. Zum 1. Januar 1981 wird Griechenland als zehntes Mitglied in die EG aufgenommen.

Lissabon. Ein vergleichbarer Beitrittskandidat ist Portugal, das sich auch gerade erst zur Demokratie gewandelt hat und sogar noch ärmer ist als Griechenland. Lebensgenießer Jenkins kann gar nicht glauben, wie gut man im Herzen von Lissabon essen kann – für umgerechnet weniger als vier Pfund. „Ich dachte erst, die hätten eine Null vergessen." Lissabon hat es ihm auch sonst angetan: „Es unterscheidet sich auf eigentümliche Weise von mediterranen Städten", hält er in seinem Tagebuch fest. „Geografisch und fast auch klimatisch wirkt es mehr wie eine Art armes San Francisco. Die Portugiesen sind ein gewaltloses Volk, und ihre Entschlossenheit, der Gemeinschaft beizutreten, scheint ebenfalls ziemlich stark zu sein."

Hamburg. Valéry Giscard d'Estaing und Helmut Schmidt arbeiten an etwas streng Geheimem. Sie tun das an einem Ort, an dem man den Präsidenten der Republik Frankreich eher nicht vermuten würde: im Esszimmer eines bescheidenen Reihenhauses in Hamburg-Langenhorn, Neubergerweg 80. Es ist das Wohnhaus des Ehepaars Schmidt. Ehefrau Loki versorgt die beiden mit Kaffee. Als sie das erste Mal hereinkommt, sitzen sie noch im Jackett da. Beim zweiten Mal haben sie das Sakko abgelegt. Beim dritten Mal tragen sie auch keine Krawatten mehr. Am Abend folgt ein entspannender Plausch an der Hausbar. Danach übernachtet Schlossbesitzer Giscard im Gästezimmer in der Mansarde.

Die beiden Staatsmänner sind dabei, eine große Sache auszubrüten. Es geht um ein gemeinsames Währungssystem für die EG-Mitgliedsstaaten. Durch das Abkommen von Bretton Woods waren die Wechselkurse der verschiedenen Währungen am Ende des Zweiten Weltkriegs in einem festen Verhältnis zueinander stabilisiert worden. Bei diesen Kursen gab es eine gewisse Schwankungsbreite, die aber nicht überschritten werden durfte, denn große Wechselkursschwankungen machen Zahlungsvorgänge schwierig und sind dadurch Gift für den Handel und Investitionen. Die gemeinsame Ankerwährung des Systems von Bretton Woods war der Dollar, der durch Gold gedeckt war, das heißt, man konnte seine Dollarnoten jederzeit gegen Gold eintauschen. Als die Bundesrepublik 1949 Teil des Systems wurde, wurde auch für die D-Mark ein festes Tauschverhältnis zum Dollar festgelegt.

Um die zuvor vereinbarte Wechselkursbandbreite einzuhalten, mussten die Zentralbanken der Mitgliedsstaaten des Bretton-Woods-Systems immer mal wieder auf dem Devisenmarkt intervenieren, indem sie zum Beispiel die eigene Währung durch Ankäufe stützten. Aber auch das Gegenteil konnte notwendig sein: Da die D-Mark im Laufe der Zeit immer stärker wurde, tätigte die Bundesbank im großen Stil Dollarankäufe, um den Aufwärtstrend der Mark zu bremsen.

Ende der 60er Jahre geriet der Dollar unter Druck, weil die Volkswirtschaften der Bundesrepublik und Japans immer stärker wurden und die US-Regierung gleichzeitig immer mehr Mittel für den Vietnamkrieg benötigte. Dies führte 1971 zum „Nixon-Schock": US-Präsident Richard Nixon kündigte das System von Bretton Woods in einer Fernsehansprache an die Nation einseitig auf, ohne seine Partner zuvor konsultiert zu haben. Der amerikanische Staat tauschte von nun an nicht mehr Dollar gegen Gold ein, und die Währungen stan-

Plausch unter Freunden. Der französische Präsident Valéry Giscard d'Estaing sitzt 1978 mit Helmut Schmidt in dessen Hausbar in Hamburg. Während dieses Aufenthalts entwarfen die beiden befreundeten Staatsmänner das Europäische Währungssystem, den Vorläufer des Euro.

den nicht mehr in einem festen Verhältnis zueinander. Die Wechselkursschwankungen nahmen dadurch zu, was sich 1973 durch die massive Ölpreiserhöhung durch die OPEC-Staaten noch weiter verschärfte.

Schmidt und Giscard suchen nun nach einem Weg, um die europäischen Währungen wieder zusammenzubringen. Das dafür von ihnen entwickelte System nennen sie das *Europäische Währungssystem*. Es sieht vor, dass die Währungen der EG-Mitgliedsländer nur noch um 2,25 Prozent nach oben oder unten abweichen, also insgesamt nicht mehr als 4,5 Prozent schwanken. Andernfalls müssen die Zentralbanken einschreiten und Währungskäufe oder -verkäufe vornehmen, bis der Kurs wieder innerhalb des zulässigen Schwankungsbereichs liegt. Wenn es auch dadurch nicht gelingen sollte, den Kurs der abweichenden Währung zu stabilisieren, muss ein neuer Leitkurs festgelegt werden. Das alte System von Bretton Woods wird also in Teilen wiederhergestellt – nur ist der Dollar jetzt nicht mehr die Ankerwährung. Diese Rolle übernimmt – und das ist durchaus revolutionär – eine neu gegründete europäische Währung. Diese soll allerdings vorläufig nur eine Buchungsgröße sein und noch nicht in Banknoten ausgegeben werden. Dennoch betrachten Schmidt und Giscard ihr Währungssystem schon als Vorstufe einer richtigen gemeinsamen europäischen Währung, die nach ihrem Willen eines Tages entstehen soll. Um die Widerstände gegen ihr Projekt nicht noch zu vergrößern, behalten sie das allerdings für sich.

Bremen. Tagung des Europäischen Rats am 6. und 7. Juli 1978 im Rathaus der Hansestadt. Das Europäische Währungssystem ist beschlossene Sache. Wie immer gibt es einige Zugeständnisse: So wird Italien eine größere Bandbreite eingeräumt, es darf nicht nur 2,25 Prozent, sondern sechs Prozent vom Mittelkurs abweichen. Und Großbritannien bleibt vorläufig außen vor. Jetzt ist nur noch zu klären, wie die Währung heißen soll. Präsident Giscard hätte gern einen französischen Namen, aber dagegen lassen einige seiner Partner eine deutliche Abneigung erkennen. Daraufhin erklärt er: „Ich schlage vor, der neuen Währungseinheit keinen speziellen Namen zu geben, sondern sie ganz einfach nach ihrer Funktion zu bezeichnen: European Currency Unit." Damit sind alle sofort einverstanden. Ganz nebenbei erwähnt Giscard noch, dass man die Bezeichnung mit den Anfangsbuchstaben abkürzen könne: ECU. Erst viel später fällt den meisten auf, dass Écu der Name für französische Gold- und Silbermünzen vom Mittelalter bis zur Frühen Neuzeit gewesen ist. So hat der Fuchs Giscard durch die Hintertür doch eine französische Bezeichnung durchgesetzt!

Luxemburg. Wegweisendes Urteil des Europäischen Gerichtshofs vom 20. Februar 1979: Die Bundesmonopolverwaltung für Branntwein darf der Supermarktkette Rewe nicht verbieten, den französischen Johannisbeerlikör „Cassis de Dijon" einzuführen. Die Bundesbehörde hatte dies damit begründet, dass „Cassis de Dijon" nicht den in Deutschland für Likör vorgeschriebenen Mindestalkoholanteil von 25 Prozent enthalte. Doch die Luxemburger Richter urteilen, dass „Cassis de Dijon" in Frankreich zugelassen ist und deshalb automatisch auch in den anderen EG-Ländern verkauft werden darf. Künftig gilt in der EG das Prinzip der gegenseitigen Anerkennung: Jeder Mitgliedsstaat muss seinen Markt für Produkte aus den Partnerländern öffnen, sofern sie mit den Vorschriften des jeweiligen Erzeugerstaats im Einklang sind. Damit ist ein kaum zu überschätzender Durchbruch zum Gemeinsamen Markt erzielt worden. Und ganz nebenbei hält jetzt französischer Likör in Deutschland Einzug und entwickelt sich, gemixt mit Champagner, zum Modegetränk der 80er Jahre: dem Kir Royal.

Montfort-l'Amaury. „Alle Menschen werden Brüder ..." In der katholischen Pfarrkirche Saint-Pierre erklingt die „Ode an die Freude" von Ludwig van Beethoven, seit 1972 die noch inoffizielle Europahymne. Es ist das Totenamt für

Stichwort: Der Europäische Gerichtshof (EuGH)

Die letzte Instanz

Der Europäische Gerichtshof auf dem Kirchberg hoch über Luxemburg ist neben der Kommission Hüter der europäischen Verträge. Wenn EU-Institutionen, Mitgliedsstaaten oder auch Einzelpersonen glauben, dass eine bestimmte Regelung gegen EU-Recht verstößt, können sie vor dem EuGH klagen. Auch nationale Gerichte können einen Fall an das EU-Gericht weiterverweisen, wenn sie die Ansicht vertreten, dass hier eine klärende Entscheidung der höchsten richterlichen Instanz in Fragen des europäischen Rechts notwendig ist. Das Urteil, das der Europäische Gerichtshof dann fällt, ist in allen Fällen bindend, denn es gilt das Prinzip: Europäisches Recht hat Vorrang vor nationalem Recht. Da der Europäische Gerichtshof seine Zuständigkeit immer weit ausgelegt hat, hat er den Kompetenzbereich der EU durch seine Urteile wesentlich erweitert. Man könnte so weit gehen zu sagen, dass seine wichtigsten Grundsatzurteile mehr zur Vertiefung der Union beigetragen haben als die meisten Entscheidungen des Europäischen Rats und die Gesetzesinitiativen der Kommission. Das so geschaffene Europarecht ist eine europäische Erfolgsgeschichte, weil es in einem großen Wirtschaftsraum Rechtssicherheit schafft und dadurch Risiken reduziert, was von Unternehmen geschätzt wird.

Jean Monnet, das hier gehalten wird. Im Alter von 90 Jahren ist der geistige Vater der Europäischen Gemeinschaft am 16. März 1979 gestorben. Unter den Trauergästen sind Valéry Giscard d'Estaing, Helmut Schmidt und Roy Jenkins. Später werden die sterblichen Überreste des ersten europäischen Ehrenbürgers in das Panthéon nach Paris umgebettet werden. Dort findet Monnet seine letzte Ruhe in der Nachbarschaft von Voltaire, Jean-Jacques Rousseau und Victor Hugo.

London. Im Mai 1979 ist Helmut Schmidt eine Woche nach der britischen Parlamentswahl an der Themse zu Gast. Er hat den Besuch mit seinem Freund James Callaghan vereinbart, Premierminister seit 1976. Doch zu Schmidts großer Enttäuschung ist es nicht mehr der allzeit höfliche Labour-Mann, der ihn vor der schwarzen Tür von Number 10 Downing Street empfängt, sondern Margaret Thatcher. Die „Eiserne Lady", wie sie jetzt schon genannt wird, ist für Schmidt keine Unbekannte. Er hat sie schon einmal kennengelernt, als sie noch als Oppositionsführerin einen Abstecher nach Bonn gemacht hat. Ein US-Diplomat hat anschließend an den damaligen Außenminister Henry Kissinger gemeldet, Schmidt habe einen denkbar ungünstigen Eindruck von ihr gewonnen: *„He says that she is a bitch."*

Thatcher hält für ihren Gast sofort eine unangenehme Botschaft bereit: Sie ist der Meinung, dass Großbritannien viel zu viel in die EG-Kasse einzahlt. Das

Land ist neben Deutschland der größte Nettozahler, obwohl es gemessen am Pro-Kopf-Einkommen eines der ärmsten Länder der Neuner-Gemeinschaft ist. Die hohen Abgaben erklären sich dadurch, dass die britische Landwirtschaft relativ klein ist und nur geringe Überschüsse hervorbringt – deshalb profitiert das Land nicht von den Agrarsubventionen, die den Löwenanteil des EG-Haushalts ausmachen. Gleichzeitig muss das Vereinigte Königreich hohe Zolleinnahmen nach Brüssel abführen, weil es viel Handel mit Commonwealth-Staaten treibt. Dies führt zusammen zu dem Ungleichgewicht, das Thatcher durch eine Beitragsentlastung behoben sehen will.

Paris. „Spiegel"-Herausgeber Rudolf Augstein wird im Élysée-Palast zum Interview empfangen. Thema sind Giscards europapolitische Vorstellungen – schließlich steht in einigen Monaten die erste Direktwahl des Europäischen Parlaments an. Nebenbei berichtet der Präsident, dass er in Koblenz das Licht der Welt erblickt hat, wo sein Vater 1926 Finanzinspektor der französischen Besatzungsarmee im Rheinland war. Er weiß auch noch eine Anekdote von Adenauers legendärem Besuch im Haus von de Gaulle in Colombey-les-Deux-Églises zu erzählen: Der General habe seinen Gast in nicht ganz korrektem Deutsch zur Begrüßung gefragt „Wie gehen Sie?" Worauf der verdutzte Adenauer geantwortet habe: „Zu Fuß." Seine eigene Freundschaft mit Helmut Schmidt bezeichnet Giscard als „in der Welt einzigartig". Der „Spiegel" wird die beiden in seinem Artikel als den „Kaiser und Kanzler eines künftigen Großeuropa" bezeichnen.

Giscard macht auch in diesem Gespräch deutlich, dass er einen europäischen Bundesstaat ablehnt. „Es geht darum, eine europäische Konföderation zu bilden. Dieser Staatenbund wird keine Regierung haben wie die einzelnen Nationen, er wird von einer Exekutive geführt werden, die aus dem gegenwärtigen Europäischen Rat hervorgeht." Das ist das Gremium, das er selbst geschaffen hat. Für die Kommission sieht er genau wie de Gaulle nur eine untergeordnete Position vor: Es soll die Verwaltung sein, die die Beschlüsse des Europäischen Rats ausführt. „Der Irrtum einiger der ersten Visionäre Europas bestand in dem Glauben, dass sich in Europa die Geschichte wiederholen würde, wie sie sich anderswo, besonders in den Vereinigten Staaten, abgespielt hat."

Straßburg. Europa-Premiere: An vier aufeinanderfolgenden Tagen wählen vom 7. bis zum 10. Juni 1979 erstmals 180 Millionen Europäerinnen und Europäer von den Färöer-Inseln im Nordatlantik bis zur Südspitze Siziliens die Mitglieder des Europäischen Parlaments in Straßburg. Christdemokraten, Sozialisten und Liberale, aber auch Trotzkisten und Neofaschisten bewerben sich um die 410 Sitze im Straßburger Palais de l'Europe. Ein spezielles Segelschiff, vom Belgier Leo Tindemans *Traité de Rome* (Römischer Vertrag) getauft, ist zuvor mit einer internationalen Crew aus den EG-Ländern von der Nordsee bis nach Afrika gesegelt, um für die erste Direktwahl zu werben. Das Parlament soll künftig das demokratische Gegengewicht zum Europäischen Rat der Staats- und Regierungschefs bilden. Doch dazu fehlen ihm vorerst die Kompetenzen: Die Abgeordneten dürfen weder Gesetze erlassen noch eine Regierung wählen. Stattdessen haben sie lediglich das Recht, Änderungen beim Haushaltsplan vorzuschlagen, die Kommission und den Ministerrat zu befragen und den Jahresbericht der Kommission zu begutachten. Ihr schärfstes Schwert ist, dass sie die Kommission durch ein Misstrauensvotum zum Rücktritt zwingen können.

17. Juli. Louise Weiss sitzt als Alterspräsidentin dem ersten direkt gewählten Europäischen Parlament vor. Mit ihren weißen Haaren und ihrem dunkelblauen Kleid samt weißer Perlenkette und rotem Abzeichen der Ehrenlegion hat sie etwas Königliches. Die 86 Jahre alte Dame ist eine bedeutende französische Frauenrechtlerin und Europäerin der ersten Stunde: 1918 hat sie die Zeitschrift „Europe nouvelle" gegründet und sich in den 20er Jahren zusammen mit Aristide Briand – Außenminister, Friedensnobelpreisträger und Autor einer „Denkschrift zur Errichtung einer Europäischen Union" – für eine deutsch-französische Partnerschaft eingesetzt. Ihre Wahl in das Europäische Parlament ist für sie die Krönung ihres Lebens. Als ältestes Mitglied hält sie die Eröffnungsrede und leitet die Wahl des Parlamentspräsidenten.

Gewählt wird an diesem Sommernachmittag eine Präsident*in*: „Madame Veil: 192 Stimmen", verkündet Louise Weiss mit durchdringender Stimme. „Madame Veil: absolute Mehrheit." Simone Veil in einer der hinteren Reihen wirkt verlegen. Auch für sie schließt sich an diesem Tag ein Kreis: Denn Simone Veil ist jene Simone Jacob, die 1944 als 16-Jährige aus Nizza nach Auschwitz deportiert worden ist, zusammen mit den Kindern von Izieu. Ihr Vater, ihre Mutter und ihr Bruder sind von den Deutschen ermordet worden, aber sie hat überlebt. Sie studierte Jura, wurde Gesundheitsministerin … und jetzt sitzt sie hier im Parlament in Straßburg. Die ganz überwiegend männlichen Abgeordneten erheben sich von ihren Plätzen und klatschen. Zögernd ergreift Simone Veil ihre Handtasche und geht durch die Reihen nach vorn. Louise Weiss steht auf, gibt ihr die Hand und überlässt ihr, immer noch unter tosendem Applaus, den Präsidentinnenplatz. Simone Veil setzt ihre Brille auf und beginnt ihre Antrittsrede: „Zum ersten Mal in der Geschichte, einer Geschichte, in der unsere Gemeinschaften sich so oft gespalten hatten und sich feindselig gegenüber standen, in der sie so verbissen darauf aus waren, sich gegenseitig zu zerstören, haben die Europäer nun gemeinsam ihre Abgeordneten zu einer Versammlung gewählt, die über 260 Millionen Bürger vertritt." Sie nennt zwei Hauptaufgaben der Abgeordneten, zu denen Berühmtheiten wie Willy Brandt und Altiero Spinelli gehören: Zum einen sollen sie ihre demokratische Kontrollfunktion ausüben, zum anderen „kraftvoll die Rolle des Impulsgebers im gemeinschaftlichen Aufbau übernehmen".

In Anbetracht der historischen Wahl ist Straßburg auch Tagungsort des Europäischen Rats. Doch Feierstimmung will dort nicht aufkommen – dafür sorgt Margaret Thatcher. Sie besteht auf einer Kürzung der britischen Zahlungen. Die anderen dagegen vertreten die Auffassung, dass Großbritannien schon vor seinem Beitritt wusste, dass es teuer werden würde, und sich trotzdem dafür entschieden hat. Kommissionspräsident Jenkins versucht, seiner Landsfrau klarzumachen, wie die EG funktioniert: Es geht darum, Interessen auszugleichen und Kompromisse zu finden, so dass am Ende jeder sein Gesicht wahren kann. Dabei werden die unterschiedlichsten Politikfelder einbezogen, der eine gibt hier nach, der andere dort. Doch für einen solchen „Kuhhandel" ist die prinzipienfeste Thatcher nicht zu haben. Sie ist geprägt vom britischen Mehrheitswahlrecht mit seinen klaren Siegern und Verlierern und der darauf aufbauenden Tradition des Durchregierens. Jenkins empfiehlt ihr, sich an Schmidt zu halten, der im Prinzip Verständnis für ihre Situation habe und eine Einigung herbeiführen wolle. Doch obwohl sie Jenkins darin zustimmt, dass man noch am ehesten mit Schmidt ins Geschäft kommen könne – die anderen sind in ihren Augen „eine Horde kreischender Kinder" und ein „verluderter Haufen" –, bekommt sie durch ihre fordernde Art doch sofort Krach mit ihm. Von Giscard fühlt sie sich brüskiert, weil dieser als amtierender Ratsvorsitzender lauter andere Themen vorzieht und die Diskussion über den Britenrabatt auf das Abendessen schiebt. Beim Dinner düpiert er sie, indem er sie nicht neben sich sitzen lässt. Ihm wird zuerst serviert – schließlich ist er als Einziger Staatsoberhaupt. Ja, es kann bei einem Europäischen Rat zugehen wie am Königshof Ludwigs XIV. oder beim Wiener Kongress. So gibt es seit Langem einen inoffiziellen Wettbewerb darum, wer als letztes zum Europäischen Rat erscheint. Es ist ein altes Gesetz der Diplomatie, dass der Ranghöchste zuletzt kommt. Als Schmidt einmal verspätet auf dem Flughafen landet, bleibt auch Giscard weg, bis der Kanzler schließlich am Gipfelort eingetroffen ist. Der luxemburgische Ministerpräsident Gaston Thorn bemerkt bei dieser Gelegenheit, dass Giscard vermutlich in seiner Limousine in einer Seitenstraße in der Nähe des Flughafens gewartet habe, bis er Schmidt habe vorbeirauschen sehen. Der niederländische Ministerpräsident Dries van Agt findet das alles so albern, dass er daraufhin bewusst eine halbe Stunde zu spät zum Dinner erscheint. Kommentar von Jenkins: „Ziemlich coole Aktion."

Porträt: Simone Veil

Die Versöhnerin

Die EU hat nicht nur Gründerväter, sondern auch Gründermütter - und sogar eine Großmutter. Als solche hat Helmut Schmidt Louise Weiss (1893–1983) bezeichnet, die Alterspräsidentin des ersten direkt gewählten Europäischen Parlaments. Simone Veil (1927–2017) wiederum ist ohne Zweifel eine der Mütter der Union. Zwar hatte die erste Präsidentin des direkt gewählten Europäischen Parlaments nie ein Amt inne, das es ihr erlaubt hätte, Europa konkret in eine bestimmte Richtung zu lenken, doch hat sie die liberale Zivilgesellschaft wesentlich mit aufgebaut.

Veil wurde 1927 als Simone Jacob in Nizza geboren. Ihre Familie war jüdisch, aber nicht religiös. An ihre Kindheit erinnerte sie sich später wie an eine Zeit im Paradies, sonnendurchflutet und geprägt durch die Nähe zum Meer und zur Natur. Aber schon in dieser Phase hatte sie Angst vor einem kommenden Krieg, möglicherweise ausgelöst durch Wochenschaubilder über die Lage in Deutschland und den Spanischen Bürgerkrieg. Der deutsche Überfall im Mai 1940 traumatisierte die Familie. Mit 16 Jahren kam Simone zusammen mit ihrer Mutter Yvonne Steinmetz und ihrer Schwester Minou zunächst nach Auschwitz-Birkenau und später, nach einer Fahrt bei klirrender Kälte in offenen Waggons, nach Bergen-Belsen. Dort starb ihre Mutter an Hunger, Erschöpfung und Typhus. Auch ihr Bruder Jean und ihr Vater André wurden ermordet. Nur Simone und ihre beiden Schwestern Minou und Denise überlebten. Simone ging fortan mit eintätowierter Häftlingsnummer durchs Leben. Schrecken konnte sie nichts mehr. Als einmal eine ihrer Wahlkampfveranstaltungen von dem rechtsextremen Jean-Marie Le Pen gestürmt wurde, rief sie ihm zu: „Ich sage Ihnen nur eins: Sie machen mir keine Angst. Ich habe Schlimmeres überlebt. Sie sind nur ein Hasenfuß von SS!"

Für die junge Simone war das Erlittene Ansporn, an einer besseren Zukunft zu bauen. 1946 heiratete sie Antoine Veil, mit dem sie bis zu seinem Tod 67 Jahre später ein unzertrennliches Paar bildete. Sie bekamen drei Söhne. Simone Veil wurde Richterin und machte Karriere im Justizministerium. Giscard d'Estaing holte sie als Gesundheitsministerin in die Regierung. In dieser Funktion drückte sie nach langem Kampf die *Loi Veil*, das Veil-Gesetz, durch, das den Schwangerschaftsabbruch bis zur zehnten Woche erlaubte.

„Für mich war es klar, dass wir uns mit den Deutschen versöhnen müssten", schrieb sie in ihren Memoiren, „deshalb habe ich mich immer für die europäische Einigung eingesetzt." Dieses Europa musste nach ihrer Überzeugung auf zwei Pfeilern aufgebaut sein: der Demokratie und der Weitergabe der Erinnerung an den Holocaust im Sinne eines „Nie wieder". Kennzeichnend für Veil waren Unbeugsamkeit und Engagement, aber auch Gespür für das richtige Maß in den politischen Positionen. Schwärmerei war ihr fremd.

Als sie 2017 kurz vor ihrem 90. Geburtstag starb, sagte Präsident Macron, sie habe „alle Kämpfe des Jahrhunderts gekämpft". 2018 wurden ihre sterblichen Überreste im Panthéon in Paris beigesetzt, der heiligen Grabkammer der französischen Republik.

Für die Behandlung in Straßburg rächt sich Thatcher einige Zeit später bei einem Besuch Giscards in London: Sie weist ihm einen Platz zu, vom dem aus er direkt auf zwei lebensgroße Porträts von Admiral Nelson und dem Herzog von Wellington schaut – den Siegern von Trafalgar und Waterloo.

Dublin. Der nächste Europäische Rat im November 1979 wird noch schlimmer. *„I want my money back, and I want it now!"*, fordert Thatcher. Ihre Handtasche wirkt jetzt wie eine Handfeuerwaffe. Ihre acht Kollegen witzeln untereinander, wie schade es doch sei, dass sie nicht Lady Palmerston heiße – eine Anspielung auf Premierminister Viscount Palmerston aus dem 19. Jahrhundert, als Großbritannien noch die führende Weltmacht war. Jenkins bemerkt, dass die Summe, um die hier so heftig gestritten werde, winzig sei im Vergleich zum britischen Verteidigungsetat. Gleichzeitig habe der Konflikt das Potenzial, „einen Großteil jenes Einflusses zu zerstören, den zu sichern das Ziel des Verteidigungsetats ist".

Während des Abendessens redet Thatcher ohne Unterlass auf ihre Kollegen ein. Zur Weißglut bringt sie, dass die anderen sich noch nicht einmal die Mühe machen, auf sie einzugehen: Giscard liest während ihrer Tiraden demonstrativ Zeitung, während Schmidt sogar vorgibt zu schlafen. Fortan ist die Atmosphäre vergiftet. Thatcher geht dazu über, Entscheidungen der Gemeinschaft zu blockieren. Nichts geht mehr voran in der EG, die Gemeinschaft stagniert. Später wird dafür der Begriff „Eurosklerose" geprägt.

Die Mitgliedsstaaten setzen mehr und mehr auf nationale Lösungen. Die schönen Pläne, die 1969 auf dem Gipfel von Den Haag angestoßen worden waren – der Werner-Plan für eine Wirtschafts- und Währungsunion und der Davignon-Bericht für eine Gemeinsame Außenpolitik –, erscheinen im Rückblick wie Utopien. Es gibt nichts zu beschönigen: Das europäische Einigungsprojekt befindet sich in der Krise.

Straßburg. Das Restaurant „Au Crocodile" in der Straßburger Altstadt hat seinen Namen von einem im Foyer hängenden Krokodil, das ein Einwohner der Stadt einst als Andenken von Napoleons Ägyptenfeldzug mitgebracht hat. Am 9. Juli 1980 trifft sich Altiero Spinelli hier erstmals mit anderen Europaparlamentariern. Es geht um nicht weniger als einen Neustart für Europa. Jetzt, da die Abgeordneten direkt gewählt sind, besitzen sie nach seiner Überzeugung die nötige Autorität, um die Gemeinschaft von innen heraus neu zu erfinden – so wie er sie sich schon immer gewünscht hat: als europäischen Bundesstaat mit eigener Verfassung, starkem Parlament und der daraus erwachsenden demokratischen Legitimation. Die Zukunft Europas dürfe nicht von Regierungschefs und

Ministern entworfen werden, sondern von dem einzigen Organ, „das im Namen des europäischen Volks, das es gewählt hat, sprechen und Vorschläge machen darf". Die Krise des Europäischen Rats, symbolisiert durch die Blockadepolitik von Margaret Thatcher, ist für Spinelli der letzte Beweis dafür, dass das intergouvernementale Europa nicht funktioniert: Es muss ein supranationales Europa werden.

Die Idee, für die der charismatische Römer mit der ihm eigenen Überzeugungskraft wirbt, gewinnt unter den Parlamentariern schnell an Unterstützung: Schon nach wenigen Monaten zählt der *Club du Crocodile* – wie die Treffen bald genannt werden – 180 Mitglieder.

Im Zeichen des Krokodils. Das Restaurant *Au Crocodile* in der Altstadt Straßburg. Hier traf sich der Föderalist Altiero Spinelli seit 1980 mit gleichgesinnten Europa-Parlamentariern, um eine grundlegende Reform der EG in die Wege zu leiten.

Stuttgart. Die Beziehung zwischen Helmut Schmidt und Außenminister Hans-Dietrich Genscher ist nicht die allerbeste, wie Roy Jenkins aufgefallen ist. Einmal, während eines Europäischen Rates in Rom, saßen die beiden nebeneinander, aber Genscher las ununterbrochen Zeitung, auch dann, wenn Schmidt sprach. Und zwar nicht, indem er die Zeitung vor sich auf den Tisch legte, sondern indem er sie direkt vor sein Gesicht hielt, „als ob er an seinem Frühstückstisch säße". Sein offen zur Schau gestelltes Desinteresse erreichte seinen Höhepunkt, als Schmidt gerade einen ihm besonders wichtigen Punkt erörterte, und Genscher zu eben diesem Zeitpunkt seine „Frankfurter Allgemeine Zeitung" umblätterte, so dass der neben ihm sitzende Schmidt geradezu hinter den Zeitungsseiten verschwand und gegen das Knistern des Papiers anreden musste.

Genscher hält die Europapolitik des Kanzlers für zu wenig ambitioniert. Deshalb lanciert er beim traditionellen Dreikönigstreffen der FDP am 6. Januar 1981 einen Plan, der die EG aus der Phase der Stagnation führen soll. „Europa braucht einen neuen politischen Impuls", sagt er. „Ich frage: Ist es nicht endlich Zeit für einen Vertrag über die Europäische Union?" Was ihm vorschwebt, ist

Porträt: Altiero Spinelli

Der unbeugsame Föderalist

Altiero Spinelli (1907–1986) war ein Gegen-Monnet – nicht in dem Sinne, dass er gegen die europäische Einigung gewesen wäre, vielmehr war er ihr leidenschaftlichster Verfechter überhaupt. Aber er wollte sie ganz anders als Monnet. Spinelli wollte die souveränen Nationalstaaten abschaffen und ein vereintes Europa mit eigener Verfassung, gemeinsamem Parlament und supranationaler Regierung begründen.

Der 1907 in Rom als Spross einer sozialistischen Familie geborene Spinelli trat schon in jungen Jahren der Kommunistischen Partei bei und wurde 1926 von einem faschistischen Sondergericht zu 16 Jahren und acht Monaten Haft verurteilt. Im Gefängnis distanzierte er sich von der Kommunistischen Partei und wandte sich dem europäischen Föderalismus zu. Das Manifest „Für ein freies und einiges Europa", das er 1941 auf der Insel Ventotene zusammen mit seinen Mitgefangenen Ernesto Rossi und Eugenio Colorni formulierte, kann als eines der Gründungsdokumente der Europäischen Union betrachtet werden, als „bescheidene Magna Charta" Europas, wie es der Dichter Durs Grünbein formuliert hat. Spinelli ging davon aus, dass nach dem Zusammenbruch von Nazi-Deutschland ein Vakuum entstehen würde, und in dieser Zeitspanne sollte eine „revolutionäre Bewegung" eine europäische Verfassung in Kraft setzen. Dies stellte sich jedoch als Wunschdenken heraus.

Obwohl die Europäische Wirtschaftsgemeinschaft nicht das war, was er sich vorgestellt hatte, war er pragmatisch genug, um zu erkennen, dass die Vereinigten Staaten von Europa unter den gegebenen Umständen aus dieser Organisation heraus entwickelt werden mussten. So ging er 1970 als EG-Industriekommissar nach Brüssel in der Hoffnung, die Kommission stärker politisch zu profilieren. Dies gelang jedoch nicht, stattdessen musste er 1974 die Gründung des Europäischen Rats miterleben. Dies war in Spinellis Augen der völlig falsche Weg. Für ihn als überzeugten Föderalisten lag die Zukunft Europas nicht in einer verstärkten Zusammenarbeit der nationalen Regierungen, sondern in der Übertragung der Macht auf supranationale Institutionen.

Um eben das zu erreichen, setzte er fortan auf das Europäische Parlament. Bei der ersten Direktwahl 1979 wurde er als Unabhängiger auf der Liste der Kommunistischen Partei gewählt. Nun schlug seine größte Stunde: Mit seinem „Krokodilsclub" bereitete er die Ausarbeitung einer europäischen Verfassung vor. Spinelli, mittlerweile ein alter Mann mit schneeweißem Bart, aber immer noch genauso entschlossen und umtriebig wie eh und je, wusste, dass die nationalen Regierungen seinem weitreichenden Plan niemals zustimmen würden, doch setzte er darauf, dass die nationalen Parlamente dies tun würden. Auch dies erwies sich jedoch als trügerische Hoffnung. Gleichwohl erhöhte der „Spinelli-Entwurf" den Reformdruck und schuf damit eine neue Dynamik in der Europapolitik.

Der unbeugsame Föderalist fand seine letzte Ruhestätte auf Ventotene, der Insel im Tyrrhenischen Meer, auf der er mitten in Europas dunkelster Stunde seinen Plan für einen geeinten, freien und demokratischen Kontinent ohne Grenzen entworfen hatte.

eine Politische Union, die den USA auf Augenhöhe entgegentreten kann. Dazu müssen die jetzt noch weitgehend nebeneinander bestehenden europäischen Institutionen in einer Einheitlichen Europäischen Akte zusammengefasst und stärker aufeinander bezogen werden. Der Europäische Rat etwa ist bisher überhaupt noch nicht in einem Vertragstext als Organ der Gemeinschaft erfasst. Er soll nach dem Willen Genschers künftig das „politische Lenkungsorgan" der EG sein und zum Integrationsmotor werden.

Schmidt reagiert äußerst zurückhaltend auf die Initiative seines Außenministers. Aber auch aus den anderen europäischen Hauptstädten kommt wenig Beifall. Der Einzige, der Genscher unterstützt, ist sein italienischer Amtskollege Emilio Colombo. Obwohl sich die beiden Politiker nicht in einer gemeinsamen Sprache verständigen können, sondern immer auf Dolmetscher angewiesen sind, entwickeln sie gemeinsam die „Genscher-Colombo-Initiative": Da Colombo an den Erfolgschancen eines rein auf das Politische ausgerichteten Vorstoßes zweifelt, will er dem Plan – quasi als Anreiz – noch eine wirtschaftliche Dimension hinzufügen. Die beiden Außenminister sind entschlossen, an der Sache dranzubleiben.

Aachen. Nicht in Brüssel oder Straßburg, sondern in einer mittelgroßen Grenzstadt wird immer am Himmelfahrtstag die wichtigste Auszeichnung der Europa-Idee vergeben: der Karlspreis. Die Zeremonie im Krönungssaal des Rathauses hat sich im Laufe der Jahrzehnte zum inoffiziellen europäischen Staatsakt entwickelt. Dabei waren die Anfänge sehr bescheiden: Inmitten der Kriegstrümmer hatte der weitgereiste Tuchhändler Kurt Pfeiffer 1949 die Idee, einen Preis für Förderer der „abendländischen Einigung" zu stiften. Damit wollte er an Karl den Großen anknüpfen, der mitunter als „Vater Europas" bezeichnet wird. „Es war eine kühne Initiative Ihrer Stadt, durch Stiftung dieses Preises eine Brücke über elf Jahrhunderte zu schlagen, von der großartigen Tradition des Frankenreiches zur größten Hoffnung unserer Tage: den Vereinigten Staaten von Europa", lobte 1950 der erste Preisträger Richard Graf Coudenhove-Kalergi, der schon in den 20er Jahren für ein vereintes Europa eingetreten war.

Die Liste der Geehrten aus den folgenden Jahren liest sich wie ein Who's who der europäischen Einigung: Alcide De Gasperi, Jean Monnet, Konrad Adenauer, Winston Churchill, Paul-Henri Spaak, Robert Schuman, Joseph Bech, Walter Hallstein, Edward Heath, Roy Jenkins, Leo Tindemans ... Und nun, im Jahr 1981, erstmals eine Frau – Simone Veil.

In ihrer Rede lädt die Präsidentin des Europäischen Parlaments ihre Zuhörerinnen und Zuhörer ein, sich gedanklich ins Jahr 2000 zu versetzen: Wie wird man dann auf die Europa-Akteure von 1981 zurückblicken? „Werden wir ein

Bild von zehn Staaten hinterlassen, die (...) zögern, zwei jungen Demokratien, die sich gerade vom Totalitarismus befreit haben, die Tür nach Europa ein wenig zu öffnen?“ Immer noch gibt es Widerstände gegen einen Beitritt von Spanien und Portugal, insbesondere Frankreich und Italien befürchten Billigkonkurrenz in Landwirtschaft und Fischerei. Werden wir, so fragt Veil, das Bild einer Gemeinschaft bieten, die sich in einer wirtschaftlichen Krise nicht zusammengerauft hat, die sich zu keiner gemeinsamen Verteidigungspolitik bereitfinden konnte und die „Dritte Welt“ sich selbst überließ? „Wird dieses verwirrte Bild von uns zurückbleiben? Oder wird man uns später in günstigerem Licht sehen?“

Harrogate. Wenn der Sternenkranz erscheint, wird es feierlich im Fernsehen. Dann ertönt die Eurovisionshymne, eigentlich das Hauptthema aus dem Präludium eines „Te Deum“ des französischen Komponisten Marc-Antoine Charpentier aus der Zeit Ludwigs XIV. Seit 1950 kündigt sie Produktionen an, die im Rahmen der European Broadcasting Union in mehreren europäischen Ländern gezeigt werden. Im deutschen Fernsehen sind das zum Beispiel die Shows „Einer wird gewinnen“ und „Wetten, dass ...?“ Doch die mit Abstand bedeutendste Eurovisionssendung ist der seit 1956 abgehaltene „Grand Prix Eurovision de la Chanson“, später „Eurovision Song Contest“ genannt. Es ist der einzige Abend im Jahr, an dem es wirklich eine europäische Öffentlichkeit gibt: Von Portugal bis Israel und von Finnland bis Zypern sind zig Millionen Familien zur selben Zeit an den Bildschirm gefesselt. Hier hören die Briten den Iren zu, die Türken den Griechen und sogar die Österreicher den Deutschen. Wer hier gewinnen will, muss ein Lied haben, das europaweit Menschen anspricht. Er oder sie muss sozusagen einen europäischen Sound erfinden.

In diesem Jahr gibt es eine ganz klare Favoritin. Immer wenn sie bei den Proben gesungen hat, haben die Putzfrauen innegehalten und die Leute von der Produktion sind stehen geblieben. Auf einem Hocker sitzend, mit einer weißen Gitarre vor dem Oberkörper, singt die 17 Jahre alte Gymnasiastin Nicole „Ein bisschen Frieden“. Ihre Darbietung ist nicht perfekt, aber das macht sie nur noch glaubwürdiger. Und die Friedensbotschaft trifft einen Nerv in der Zeit des NATO-Doppelbeschlusses und der Friedensbewegung – Gastgeberland Großbritannien rüstet zudem für einen Krieg um die Falklandinseln. Am Ende gewinnt Nicole haushoch, sie bekommt unter anderem zwölf Punkte aus Israel und später eine Einladung nach Tel Aviv. Sie ist die erste Siegerin aus Deutschland überhaupt. Als sie ihr Lied am Ende der Show traditionsgemäß noch einmal singt, entscheidet sie sich, dies in mehreren Sprachen zu tun: auf Niederländisch, Englisch und Französisch. Danach kennt Europa kein Halten mehr, sogar in Großbritannien landet *A Little Peace* auf Platz 1 der Charts.

Hamburg. Wieder mal bewirten Helmut und Loki Schmidt in ihrem Reihenhaus hohen Besuch. Der spanische König Juan Carlos und seine Frau Sophia sind zu Gast. Es gibt ein typisch hamburgisches Essen – Aal, Krabben und Rote Grütze. Der König hat darum gebeten, dass sie sich ohne Dolmetscher treffen – also sprechen alle vier Englisch. Helmut Schmidt wird die Zusammenkunft als „eine wunderbare Nacht" in Erinnerung behalten. Sie reden über Gott und die Welt und natürlich auch über Spanien, das möglichst schnell der EG beitreten will. Schon 1961 hat es seine Fühler nach Brüssel ausgestreckt, damals noch vergeblich, weil seine diktatoriale Staatsform keine Annäherung zuließ. Aber jetzt ist das anders. Juan Carlos hat sich selbst große Verdienste um die junge Demokratie erworben: Im Vorjahr, am 23. Februar 1981, als Oberstleutnant Antonio Tejero mit Männern von der Guardia Civil den Plenarsaal des Parlaments gestürmt, einige Salven in die Decke gefeuert und sämtliche Abgeordnete samt der Regierung als Geisel genommen hatte, hat Juan Carlos erklärt, die Putschisten müssten erst ihn töten, wenn sie eine neue Militärdiktatur errichten wollten. Da brach der Putschversuch zusammen.

Die spanischen Parteien sehen eine Mitgliedschaft in der EG als eine Garantie für die Erhaltung der Demokratie. Sie betrachten Europa nicht in erster Linie als Wirtschaftsgemeinschaft, sondern als Symbol für Frieden, Freiheit und Modernisierung. In der Bevölkerung, die die Franco-Diktatur endgültig hinter sich lassen will, stößt der Beitrittswunsch auf breiteste Zustimmung. „Spanien ist das Problem, Europa die Lösung" – dieser Satz des spanischen Philosophen José Ortega y Gasset, eines überzeugten Befürworters der Vereinigten Staaten von Europa, wird zum offiziellen Slogan der Beitrittskampagne. Die Aufnahme Spaniens wird zu einer Frage der nationalen Ehre: Das Land soll seinen angestammten Platz in Europa wieder einnehmen.

Erst im Morgengrauen verlassen Juan Carlos und Sophia das Heim des Ehepaars Schmidt. Trotz der frühen Stunde sind schon einige Nachbarn auf den Beinen, sie wollen sich die Gelegenheit nicht entgehen lassen, ein echtes Königspaar zu sehen. Eine alte Dame zeigt sich ein bisschen enttäuscht: Der König und die Königin, so sagt sie zu Loki, hätten ja gar keine Krone getragen.

Bonn. „Mit Ja haben gestimmt: 256 Abgeordnete." Als Bundestagspräsident Richard Stücklen diese Worte am 1. Oktober 1982 im Bundestag ausspricht, brandet Beifall auf. Soeben ist der Bundeskanzler der Bundesrepublik Deutschland durch ein konstruktives Misstrauensvotum gestürzt worden. Sein Koalitionspartner FDP hat kurzerhand die Seiten gewechselt. Mit versteinertem Gesicht nimmt Schmidt das erwartete Abstimmungsergebnis auf. Dann steht er auf und gratuliert seinem Nachfolger.

Helmut Kohl gilt im Vergleich zu dem Hamburger Weltökonomen als provinziell, derb und mittelmäßig. Er wird als „Birne“ verspottet. Niemand ahnt, dass ausgerechnet dieser Mann entschlossen ist, in seiner Amtszeit die Vereinigten Staaten von Europa Wirklichkeit werden zu lassen. Dabei kann man das im „Europäischen Manifest“ der CDU von 1976 alles schon schwarz auf weiß nachlesen: Angestrebt werden „ein von allen Bürgern zu wählendes Parlament, das umfassende parlamentarische Gesetzgebungs- und Kontrollrechte hat, eine europäische Regierung, die allein diesem Parlament verantwortlich ist, eine europäische Staatenkammer, die den Mitgliedsstaaten die Beteiligung an der Gesetzgebung des Bundes ermöglicht, ein europäischer Gerichtshof, der die Auslegung und Anwendung der europäischen Rechtsprechung überwacht.“ Darauf wird der neue Kanzler von nun an mit äußerster Entschlossenheit hinarbeiten.

Paris. Am 4. Oktober 1982, drei Tage nach seiner Wahl, ist Kohl zum Antrittsbesuch im Élysée-Palast. Dort residiert seit eineinhalb Jahren nicht mehr Schmidts Freund Giscard, sondern der Sozialist François Mitterrand, eine Persönlichkeit von faszinierender Komplexität. Charmant und kultiviert, belesen und eloquent, aber auch verschlossen und misstrauisch, ist er sowohl ein Mann starker politischer Überzeugungen als auch ein undurchschaubarer Machtstratege. Vor allem aber ist Mitterrand das personifizierte Frankreich. Er sagt nicht „ich will“, sondern „Frankreich will“. Mit einiger Nervosität tritt Kohl, der immer etwas tapsige und geschwätzige Koloss, dem weltgewandten Präsidenten in der Kulisse französischer Grandeur gegenüber. „Ein Stück de Gaulle, Ludwig XIV.“ – so kommt er ihm vor. Sowohl äußerlich als auch charakterlich und politisch bilden die beiden Männer direkte Gegenpole. Und doch klickt es zwischen ihnen. Der 16 Jahre jüngere Kohl schildert dem stolzen Résistance-Kämpfer seine Familiengeschichte: Der Onkel ist im Ersten Weltkrieg gefallen, der Bruder im Zweiten. Deshalb sei er aus tiefster Überzeugung ein Mann des Friedens und der Verständigung mit Frankreich. „Täuschen Sie sich nicht“, sagt er geradezu beschwörend, „ich bin der letzte proeuropäische Bundeskanzler.“ Damit meint er, dass er die Europa-Begeisterung der unmittelbaren Nachkriegszeit noch selbst erfahren und in sich aufgesogen hat.

Kohls historisches Bewusstsein und sein offenbar tief empfundener europäischer Idealismus machen Eindruck auf Mitterrand. Er erzählt seinem Gast von Churchills legendärem Europa-Kongress in Den Haag, an dem er als junger Mann teilgenommen hat und den er irrtümlich ins Jahr 1947 statt 1948 verlegt. Als er seinen Gast verabschiedet, ist er angenehm überrascht: Der neue Partner in Bonn scheint ihm sowohl warmherziger als auch beeinflussbarer zu sein als sein zwar scharfsinniger, aber auch unterkühlter und sarkastischer Vorgänger

Schmidt. Im Gegensatz zur deutschen Öffentlichkeit erkennt Mitterrand – ebenso wie Roy Jenkins – das Potenzial dieses Kanzlers. Er sieht in ihm *le formidable animal politique*.

Brüssel. Im Frühjahr 1983 droht das von Giscard und Schmidt begründete Europäische Währungssystem auseinanderzufliegen. Mitterrands sozialistische Politik mit Lohnerhöhungen, Verstaatlichungen und Einführung der 35-Stunden-Woche hat den Franc auf Talfahrt geschickt. Eine weitere Abwertung der französischen Währung, die seit der Einführung des Systems 1978 schon 20 Prozent ihres Werts gegenüber der D-Mark eingebüßt hat, scheint unumgänglich. Bei einer Sitzung in Brüssel drängen die EG-Finanzminister ihren französischen Kollegen zu dem in ihren Augen unvermeidlichen Schritt. Doch diese Schmach will Kohl den Franzosen ersparen: Er macht deshalb von seiner Richtlinienkompetenz Gebrauch und weist seinen Finanzminister Gerhard Stoltenberg in einem Telefongespräch an, den Franc zu stabilisieren. „Wir lassen die Franzosen nicht hängen“, sagt er. Stoltenberg muss zuvor schon gemachte Zusagen gegenüber den anderen Ministern und Notenbankchefs widerrufen. Mitterrand ist erleichtert und dankbar – auch wenn er gegenüber Kohl nie ein Wort darüber verliert. Als Konsequenz aus der Währungskrise begräbt er seine sozialistische Utopie und vollzieht eine radikale wirtschaftspolitische Wende. Nun braucht er allerdings dringend ein neues Projekt für seine bis zu diesem Zeitpunkt deprimierend erfolglos verlaufene Präsidentschaft. Und so erfindet sich Mitterrand neu – als Champion der europäischen Integration. Dabei will er eng mit dem Mann zusammenarbeiten, der sich gerade als treuer Helfer in der Not erwiesen hat.

Ludwigshafen-Oggersheim. Der vierte Präsident der fünften Republik zu Besuch in der pfälzischen Heimat von Helmut Kohl. François Mitterrand spricht nur ein paar wenige Brocken Deutsch, die er sich aus seiner eineinhalbjährigen deutschen Kriegsgefangenschaft bei Kassel und in der Nähe von Rudolstadt in Thüringen bewahrt hat. Im Wesentlichen müssen sich die beiden mit Dolmetschern behelfen, denn Kohl spricht kein Französisch, und Englisch beherrschen sie beide nur rudimentär. Das ändert allerdings nichts daran, dass sich die beiden ungleichen Männer immer besser verstehen. Gemeinsam planen sie eine *relance européenne*, einen europäischen Neustart, so wie er in den 50er Jahren nach dem Scheitern der Europäischen Verteidigungsgemeinschaft auf der Konferenz von Messina schon einmal gelungen ist. Die europäische Einigung muss „irreversibel“ werden, wie Kohl es formuliert. Ähnlich wie sein großes Vorbild Adenauer misstraut er seinen wankelmütigen Landsleuten und will sie deshalb noch fester in Westeuropa einbinden. Dieses Interesse trifft sich genau mit dem des französischen Präsidenten: Er will die wirtschaftlich übermächtige Bundesrepublik in aller Freundschaft an die Kette legen.

Straßburg. Es ist ein Paukenschlag: Mit der gewaltigen Mehrheit von 237 gegen 31 Stimmen bei 43 Enthaltungen verabschiedet das Europäische Parlament am 14. Februar 1984 einen Verfassungsvertrag, der die Umgestaltung der derzeitigen intergouvernemental dominierten Europäischen Gemeinschaft zu einer stärker föderalistisch und supranational ausgerichteten Europäischen Union vorsieht. Das Parlament soll ein legislatives Mitentscheidungs- und Initiativrecht erhalten. Die Vetomöglichkeiten der Mitgliedsstaaten im Europäischen Rat werden stark eingeschränkt, die Kompetenzen der Union in der Außen- und Sicherheitspolitik erweitert. Diese aufsehenerregende Initiative des Europäischen Parlaments ist ganz wesentlich das Werk von Altiero Spinellis Krokodilsclub. Sein alter Traum eines europäischen Bundesstaats – erstmals entworfen 1941 im Manifest von Ventotene – nimmt konkrete Form an. Weil er weiß, dass ihn viele für einen Fantasten halten, tut er alles dafür, seine Rolle herunterzuspielen, denn es geht ihm um die Sache, nicht um sich. Er habe lediglich Geburtshilfe im Sinne des alten Sokrates praktiziert: „Ich bin die Hebamme, die das Parlament von diesem Säugling entbunden hat. Jetzt müssen wir ihn nähren."

Drei Monate später, am 24. Mai 1984, reagiert der französische Präsident und amtierende Ratsvorsitzende François Mitterrand in einer Rede vor dem Europäischen Parlament auf den Plan. In einem überraschenden Bruch mit seiner früheren Europapolitik bekennt er sich zu den Zielen der Abgeordneten: „Frankreich, meine Damen und Herren, steht bereit für eine solche Unternehmung." Mitterrand will die Weiterentwicklung der Europäischen Gemeinschaft zur Europäischen Union, institutionelle Reformen, mehr Kompetenzen in der Außenpolitik, eine Ausweitung von Mehrheitsentscheidungen. All diese Punkte kommen mit dem Spinelli-Entwurf überein. „Ich schlage deshalb vor, dass vorbereitende Konsultationen mit Blick auf eine Konferenz der Mitgliedsstaaten begonnen werden sollten." Es ist ein großer Erfolg für das Parlament: Dank seiner Initiative ist wieder Bewegung in den europäischen Einigungsprozess gekommen.

Brüssel. Glatt, schwarz und glänzend, dazu akkurat und kurzbügelig ist die Handtasche, die Margaret Thatcher demonstrativ vor sich auf den Tisch zu stellen pflegt. Angeblich enthält das Lederaccessoire auch geheime Staatsdokumente, denn einen sichereren Ort als das Innere dieses Utensils gibt es nicht. In erster Linie aber ist es ein Symbol der Macht mit der Botschaft „Ich bin der Boss". Die Frau mit der toupierten Helm-Frisur hat kein Problem damit, die ge-

Europäischer Idealist der ersten Stunde. Denkmal für den italienischen Europapolitiker Altiero Spinelli in der rumänischen Hauptstadt Bukarest. Spinelli war der bedeutendste Vertreter der europäischen Föderalisten, die die Nationalstaaten durch einen europäischen Bundesstaat ersetzen wollten.

samte EG zu blockieren. *„I want my money back"*, ist ihre nunmehr zur Genüge bekannte Forderung. Sie sagt noch nicht einmal „unser Geld", sie sagt „mein Geld". Es ist die *Bloody British Question*, die die Gemeinschaft nun schon jahrelang lähmt. Wer sich der Siegerin des Falkland-Krieges entgegenstellt, kann ein *handbagging* erwarten, das heißt, dass sie im übertragenen Sinne ihre Handtasche schwingt und ihm eins überzieht. Eine solche Behandlung widerfährt Helmut Kohl beim Europäischen Rat im Brüsseler Schlösschen Val Duchesse, dem Ort, an dem Paul-Henri Spaak einst die Römischen Verträge entwarf. „Margaret", appelliert Kohl an die Premierministerin, „wie glaubst du würden Churchill und Adenauer handeln, wenn sie an unserer Stelle wären?" Sie erwidert ungerührt: *„No. Sorry. I want my money back."*

So wenig Thatcher den Oberlehrer Helmut Schmidt vermisst, mit seinem elefantösen Nachfolger kommt sie erst recht nicht zurecht. Weder hat sie Geduld mit seiner Weitschweifigkeit noch ist sie bereit, sich auf seine ungelenke Jovialität einzulassen. Seine massive physische Präsenz gepaart mit einem unstillbaren Appetit verstärkt ihre sowieso schon pathologische Abneigung gegen das in ihren Augen unverdient zu Reichtum gelangte Nachkriegsdeutschland. „Wissen Sie, was das Problem mit Helmut Kohl ist?", fragt sie einmal einen ihr zugeneigten Journalisten. Bevor er etwas erwidern kann, gibt sie ihm die Antwort: „Er ist

Stichwort: Das Europäische Parlament

Wo Malta größer gemacht wird

Nach der Parlamentswahl in Indien ist die Wahl des Europäischen Parlaments die größte demokratische Abstimmung der Welt. Gleichzeitig ist es die einzige direkt gewählte supranationale Organisation überhaupt. Es ist ein wahrhaft staatenübergreifendes Parlament, denn es zerfällt kaum je in nationale Lager, sondern gliedert sich – wie andere Parlamente auch – in politische Fraktionen. Dass dies über alle Mentalitätsgrenzen hinweg gelungen ist, wird man als großen Erfolg werten dürfen. Zurecht bezeichnet sich das EU-Parlament deshalb als Vertretung „der Unionsbürger“, nicht „der Völker“. In der Diskussion ist seit einiger Zeit, auch einen Teil der Sitze über transnationale Listen zu vergeben. Deutsche könnten dann also Finnen oder Italiener wählen – und umgekehrt.

Das Europäische Parlament hat einen doppelten Sitz in Straßburg und Brüssel, was ein kostspieliges Dauerpendeln der Abgeordneten mit sich bringt. Der Grund dafür ist, dass Frankreich den Standort Straßburg unter keinen Umständen preisgeben will. Seit 1979 wird das Parlament in allgemeiner, unmittelbarer, freier, aber nicht in gleicher Wahl gewählt. Das demokratische Urprinzip „Eine Person, eine Stimme“ gilt nicht, denn sonst würden Kleinstaaten wie Luxemburg und Malta untergehen. Der Europäische Rat der Staats- und Regierungschefs hat sich deshalb 1976 auf nationale Kontingente geeinigt, die die kleineren Staaten begünstigen – und zwar massiv: Ein deutscher Europarlamentarier vertritt 830 000 Bürger, ein maltesischer 70 000. Das bedeutet, dass die Stimme eines maltesischen Wählers zwölfmal so viel Gewicht hat wie die eines deutschen. Nur so kann Europa funktionieren, doch gleichzeitig wird die demokratische Legitimation des Parlaments dadurch geschwächt. Einige sehen als Ausweg die Unterteilung des gesamten EU-Gebiets in Regionen – die nationalen Ländergrenzen denken sie sich weg. Letztlich wäre das aber ein Taschenspielertrick, mit dem dann doch eine Wahl nach dem Prinzip *one person, one vote* herbeigeführt würde. Die kleinen Länder würden von den großen dominiert, und ge-

Ein Niederländer auf Wahlplakaten in Deutschland. Im Europawahlkampf 2019 wirbt die Sozialdemokratische Partei Europas (SPE) mit ihrem Spitzenkandidaten Frans Timmermans. Die deutsche Idee der Spitzenkandidaten wurde jedoch insbesondere von Frankreich nicht mitgetragen, was dazu führte, dass nach der Wahl weder Timmermans noch der konservative Spitzenkandidat Manfred Weber Kommissionspräsident wurde, sondern die plötzlich nach vorn geschobene Ursula von der Leyen.

nau das soll durch die europäische Einigung verhindert werden.
Aus dem demokratischen Defizit des Europäischen Parlaments folgt, dass es nur im Zusammenwirken mit den nationalen Parlamenten gedacht werden kann. Im europäischen Gefüge sind die nationalen Parlamente durch die gewählten nationalen Politiker im Ministerrat und im Europäischen Rat mittelbar vertreten.
Im Laufe der Zeit hat das Europäische Parlament seine Kompetenzen schrittweise erweitert. Mit dem Ministerrat teilt es sich die Gesetzgebungsfunktion in der Union. Das Initiativrecht für Gesetze lag ursprünglich ganz bei der Kommission, mittlerweile kann das Parlament die Kommission jedoch dazu auffordern, einen bestimmten Gesetzesentwurf vorzulegen oder aber binnen drei Monaten zu begründen, warum sie dies nicht tun will. Dadurch hat das Parlament ein eingeschränktes Initiativrecht bekommen. Dass es kein volles Initiativrecht besitzt, ist ein weiteres Demokratiedefizit. Einzelne Abgeordnete können jedoch mit entsprechender Sachkenntnis und Verhandlungsgeschick großen Einfluss auf ein Gesetzgebungsverfahren ausüben. Sie sind auch freier als in einem nationalen Parlament, weil das klare Gegenüber von Regierung und Opposition mit entsprechendem Fraktionszwang fehlt.
Das Europäische Parlament entscheidet zudem gemeinsam mit dem Ministerrat über den Haushalt der Europäischen Union und muss Abkommen mit Drittstaaten billigen. Seit 2014 wird auch der Präsident der EU-Kommission vom Parlament gewählt, die Kommission als Ganzes benötigt die Zustimmung der Abgeordneten. Mit einem Misstrauensvotum kann das Parlament die gesamte Kommission stürzen.

Deutscher." Umgekehrt empfindet Kohl die Eiserne Lady als nervig, schrill, penetrant und in irritierender Weise nationalstaatlichem Denken verhaftet. Das Verhältnis zwischen ihr und Mitterrand ist dagegen viel besser, auch wenn er ihr als Sozialist politisch denkbar fern steht: Er kann aber sehr charmant sein und versteht sich darauf, sie als Frau zu behandeln. Gleichzeitig lässt er keinen Zweifel daran, dass er sie als politische Partnerin auf Augenhöhe akzeptiert. Das verfehlt seine Wirkung nicht. Beobachter nehmen zwischen den beiden eine unterschwellige erotische Strömung wahr. „Sie hat die Augen von Caligula", sagt Mitterrand über sie, „und den Mund von Marilyn Monroe."

Fontainebleau. Nächster EG-Gipfel, diesmal in dem Palast, in dem Napoleon 1814 abdanken musste. Wieder geht es um den Britenrabatt, aber diesmal ist es anders als bei allen vorhergehenden Verhandlungsrunden. Der Unterschied besteht darin, dass sich Mitterrand und Kohl auf eine gemeinsame Linie verständigt haben. Sie haben abgesprochen, wie weit sie Thatcher entgegenkommen wollen, und sie haben sich eine Strategie für den Fall überlegt, dass der Lady dies abermals zu wenig sein könnte: In dem Fall wollen sie in einem Kerneuropa ohne Großbritannien zentrale Politikfelder unter sich regeln. Ob sich englandfreundliche Länder wie Dänemark und die Niederlande darauf einlassen würden, ist alles andere als sicher, doch die reine Drohkulisse reicht schon aus, um Wirkung zu entfalten. Thatcher hat kein Problem damit, sich im Europäischen Rat gegen alle anderen zu stellen, aber sie will dem Club durchaus weiter angehören. Also erklärt sie sich einverstanden.

Der Deal ist allemal gut genug, um ihn auf der Insel als triumphalen Sieg hinzustellen: Künftig erhält Großbritannien einen Rabatt von nicht weniger als 66 Prozent seiner Nettobeitragszahlungen. Dieser Rabatt wird nie wieder abgeschafft werden. Der Erfolg bekräftigt Thatcher in ihrer Überzeugung, dass Unnachgiebigkeit die einzige Sprache ist, die die Europäer verstehen. Zu Hause bringt ihr konfrontatives Verhalten ihr großen Respekt ein – sie erscheint als unbeugsame Vorkämpferin britischer Interessen. Ihre auftrumpfende Rhetorik wird dabei von den britischen Boulevardzeitungen dauerhaft übernommen, die Gemeinschaft mutiert zum Feindbild der Rechtspresse. Was Thatcher nicht sieht: Mit ihrer Fixierung auf die Rabattfrage und der damit verbundenen Blockadepolitik hat sie sich in den Augen der anderen als „schlechte Europäerin" erwiesen. Die Chance auf eine britische Führungsrolle in Europa ist verspielt. Künftig regeln Frankreich und Deutschland die wichtigsten Punkte vorab unter sich. Großbritannien wird zum ewigen Störenfried.

Die Lösung der *Bloody British Question* beendet auf einen Schlag fünf Jahre der Lähmung. Eben das war das Ziel von Kohl und Mitterrand, und eben deshalb sind sie Thatcher am Ende so weit entgegengekommen. Jetzt wollen sie keine Zeit verlieren: Die EG soll ausgebaut werden – in die Breite und in die Tiefe. Das bedeutet zum einen eine Vergrößerung der Gemeinschaft durch die Aufnahme Spaniens und Portugals und zum anderen eine Kompetenzerweiterung. Noch in Fontainebleau wird eine Aufstockung des Haushalts beschlossen.

Doch das soll nur der Anfang sein. Kohl und Mitterrand haben große Pläne, und der Gipfel von Fontainebleau hat gezeigt, dass ihre Zweierallianz funktioniert. Die nun beginnende Expansionsphase der Gemeinschaft wird allerdings letztlich von einem Trio angetrieben werden. Der Dritte hat Helmut Kohl am Flughafen empfangen, und dort hat der Kanzler in extra langsam gesprochenem Deutsch zu ihm gesagt: „Der Reihe nach ist als nächster Präsident der Kommission ein Deutscher dran, aber es kann ein politisches Interesse geben, dass es ein Franzose wird. In dem Fall würde ich niemand anders akzeptieren als jemanden, dessen Initialen J. D. sind." J. D. – wie Jacques Delors. Mitterrands Finanzminister.

Sankt Gilgen. Nach der Klärung des Britenrabatts unternehmen Kohl und Thatcher im August 1984 einen neuen Anlauf, ihr Verhältnis zu entkramp-

Bewegende Geste der Versöhnung. Der französische Präsident François Mitterrand und der deutsche Kanzler Helmut Kohl stehen 1984 Hand in Hand auf dem Schlachtfeld von Verdun. Die beiden ungleichen Männer verband eine Freundschaft, die zur Voraussetzung für eine der wichtigsten Ausbauphasen der Gemeinschaft von Mitte der 80er bis Anfang der 90er Jahre wurde.

fen. Während seines alljährlichen Sommerurlaubs in Sankt Gilgen am Wolfgangsee besucht sie ihn zu einem zwanglosen Gedankenaustausch, weil sie ebenfalls in Österreich ist. Doch schon nach einer Stunde hat Kohl keine Lust mehr, sich ihre endlosen Monologe anzuhören. Er müsse die Unterredung jetzt leider beenden, da er noch einen dringenden Termin habe, erklärt er. Termine im Urlaub? Thatcher ist ein wenig verwundert. Schneller als erwartet steht sie wieder vor der Tür und beschließt, nun noch eine Runde durch den Ort zu drehen. Und was sieht sie da zu ihrer allergrößten Verärgerung? Helmut Kohl! Er sitzt in einem Café und vertilgt ein großes Stück Torte.

Verdun. Unablässig fällt der Nieselregen an diesem Samstag, dem 22. September 1984. Dazu bläst ein eisiger Wind. In dicken Wintermänteln stehen François Mitterrand und Helmut Kohl vor einem Gestell, das auf der einen Seite mit einem blau-weiß-roten und auf der anderen Seite mit einem schwarz-rot-goldenen Tuch beschlagen ist, eingerahmt von zwei Kränzen. Zuvor sind sie an den schwarzen Kreuzen der hier begrabenen Soldaten entlang geschritten. Mitterrand hat mehrere persönliche Verbindungen zu dem Ort: Sein Vater hat hier im Ersten Weltkrieg gekämpft, er selbst ist während der Schlacht geboren worden. Auch hat er Kohl die Stelle gezeigt, an der er selbst am 14. Juni 1940 – dem Tag des deutschen Einmarsches in Paris – durch einen Tieffliegerangriff verwundet worden ist. Kurz darauf ist er in deutsche Gefangenschaft geraten und musste als Zwangsarbeiter schuften. Kohl wiederum hat ihm erzählt, dass auch sein Vater im Zweiten Weltkrieg hier in der Nähe gekämpft hat – bis an sein Lebensende hat er immer noch davon geträumt.

Und jetzt stehen sie hier etwa einen Meter voneinander entfernt im Regen, der Koloss Kohl und der schmale, feingliedrige Mitterrand. Reglos hören sie dem Trompetenspieler zu, der über den Gräbern die Totenklage bläst. Dann folgt das Deutschlandlied. Als der letzte Ton verklungen ist, wendet sich Mitterrand unerwartet seinem Gast zu und bietet ihm seine Hand an. Kohl ergreift sie. So verharren sie minutenlang, während die Marseillaise gespielt wird. Der französische Präsident und der deutsche Kanzler stehen Hand in Hand auf dem Schlachtfeld der einstigen Erbfeinde. 70 Jahre nach Beginn des Ersten Weltkriegs. 45 Jahre nach Beginn des Zweiten Weltkriegs. 40 Jahre nach der Deportation der Kinder von Izieu. Mitterrands scharf geschnittene Züge bleiben unergründlich wie immer. Kohl dagegen schaut einmal zu ihm hinüber, und als die Musik verklingt und sie ihre Hände loslassen, lächelt er ihm zu.

Im Hintergrund hört man jetzt das Geschnatter und Gelächter von Kindern. Sie sind vom Deutsch-Französischen Jugendwerk als Zeugen der Szene eingeladen worden. Aber sie haben schon gar keinen Bezug mehr zu dem, was da geschieht. Sie sind lange danach geboren worden. In Europa.

Margaret Thatcher hat die Zeremonie im Fernsehen verfolgt. Ob das nicht bewegend gewesen sei, wird sie gefragt. „Nein, war es nicht“, ist ihre Antwort. „Zwei erwachsene Männer, die Händchen halten!“

KAPITEL V

Die Entschärfung der deutschen Atombombe

Von der D-Mark zum Euro (1985–2002)

Jetzt beginnen große Jahre für Europa. Im Mittelpunkt: die Währungsunion. Angestoßen von einem Franzosen, der damit die wirtschaftliche Vorherrschaft der Deutschen brechen will. Anfangs sieht es nicht danach aus, dass sein Freund die Sache für ihn durchboxen könnte. Doch dann fällt die Mauer. Jetzt gibt es ein Druckmittel: die Zustimmung zur Wiedervereinigung. Im Gegenzug bestimmen die Deutschen, wie die neue Währung aussehen soll. Sie erfinden auch ihren neuen Namen, obwohl der die Griechen an Urin erinnert. Am Ende muss jemand noch ganz schön ackern und zwei Teller rohe Butter verzehren, ehe man wirklich neue Geldscheine ziehen kann. Die Europäische Gemeinschaft heißt inzwischen Europäische Union und hat eine lange Schlange von Beitrittskandidaten vor der Tür. Astrid Lindgren befürchtet allerdings, dass dies das Ende von Bullerbü bedeutet.

London. Wenn Jacques Delors mit Margaret Thatcher verhandelt, dann stellt er sie sich manchmal als kleines Mädchen vor. Sie ist dann wieder die Tochter des Kolonialwarenhändlers Alfred Roberts, der nach dem Krieg den Niedergang des glorreichen Britanniens miterleben muss. Wenn sich Delors das ausmalt, versteht er besser, warum die Frau, die ihm gegenübersitzt, so unerbittlich Nein sagt. Nein zu allem, wovon sie glaubt, dass es die Größe des Vereinigten Königreichs schmälern könnte.

Der neue Kommissionspräsident ist Margaret Thatcher gleich aus drei Gründen suspekt: Er ist Katholik, Sozialist und überzeugter Europäer. Um deutlich zu machen, dass sie die Kommission nur als eine Art technisches Sekretariat betrachtet, spricht sie ihn nie als „Herr Präsident“ an, sondern durchgängig nur als „Monsieur Delors“. Für ihn dagegen ist sie immer *„Prime Minister“*. Delors ist sich darüber im Klaren, dass Thatcher so ziemlich alles, was auf einen Ausbau der EG hinauslaufen würde, ablehnt. Man spricht auf der

Insel auch gar nicht von der *European Community*, sondern vom *Common Market*, vom gemeinsamen Markt. Daran anknüpfend, entwickelt Delors einen raffinierten Plan, mit dem er Thatcher letztlich überlisten wird: Er schlägt ihr die Vollendung des Binnenmarkts vor. Der im Grunde schon 1957 beschlossene gemeinsame Wirtschaftsraum ist nie im vollen Umfang realisiert worden. Seit der ersten Ölkrise 1973 haben die Regierungen der Mitgliedsstaaten durch protektionistische Maßnahmen zum Schutz der heimischen Wirtschaft sogar wieder zusätzliche Handelsschranken errichtet. Dadurch gerät Europa gegenüber den USA und Japan wirtschaftlich immer weiter ins Hintertreffen. Delors will deshalb nun *les quatre libertés* in die Tat umsetzen, den freien Verkehr von Gütern, Dienstleistungen, Kapital und Menschen. Das entspricht genau den neoliberalen Überzeugungen Thatchers. Die Marktfetischistin fängt Feuer: Ist es denkbar, dass sie gemeinsam mit Delors ihre in Großbritannien begonnene Revolution zur Entfesselung der Wirtschaft auf europäischer Ebene fortsetzen kann? Voller Tatendrang entsendet sie ihren überzeugten Anhänger Lord Arthur Cockfield als Vizepräsident und Binnenmarkt-Kommissar in die Delors-Kommission. Cockfield listet sofort 292 Deregulierungsmaßnahmen auf, die bis 1992 verwirklicht werden sollen. Thatcher ist begeistert. Dabei verdrängt sie: Die Schaffung eines echten gemeinsamen Marktes erfordert nicht nur den Abbau von nationalen Sonderregeln. Bestimmte Regeln für den gigantischen Wirtschaftsraum werden auch weiterhin nötig sein, nur werden diese künftig nicht mehr in den Hauptstädten der Mitgliedsstaaten erlassen werden, sondern in Brüssel.

Schengen. Ein kleiner Winzerort in Luxemburg steht künftig für ein großes Versprechen: Reisefreiheit. Am 14. Juni 1985 unterzeichnen Staatssekretäre aus Deutschland, Frankreich und den Benelux-Staaten auf dem luxemburgischen Ausflugsschiff „Princesse Marie-Astrid" auf der Mosel ein Übereinkommen zum Abbau der Binnengrenzen. Die Schlagbäume sollen fallen, ganz so wie die jungen Europäer es einst erträumt hatten. Jetzt sind auch die Politiker so weit: „Ab morgen sind die Grenzen offen", hat der französische Präsident Mitterrand schon ein Jahr zuvor bei einem Treffen mit Kanzler Kohl auf Schloss Rambouillet verkündet. Personenkontrollen an den Grenzen ihrer beiden Länder würden „abgeschafft", verkündeten sie – wohl auch, um vor den anstehenden Direktwahlen zum Europäischen Parlament zu demonstrieren, dass Europa wirklich auch praktische Vorteile bringt. Die Niederlande, Belgien und Luxemburg hielten das für eine gute Idee und schlossen sich an. Jetzt wird die Sache offiziell. Um grenzüberschreitender Kriminalität und illegaler Einwanderung vorzubeugen, wollen die beteiligten Länder ihre Außengrenzen künftig verstärkt kontrollieren und im

Polizei- und Justizbereich intensiv zusammenarbeiten. So ist ein Austausch von Daten im Schengener Informationssystem geplant.

Warum wird ein so wichtiger Schritt ausgerechnet in einem winzigen Dorf mit ein paar Hundert Einwohnern vollzogen? Weil man hier das Große im Kleinen sehen kann. Schengen liegt direkt im Dreiländereck. Man spricht hier mindestens drei Sprachen: Letzeburgisch, Deutsch und Französisch. Man passiert jeden Tag die Grenze, als gäbe es sie nicht. Europa ist hier Alltag. Dennoch scheint es fast, als würden die hier versammelten Politiker selbst nicht daran glauben, dass ihre Vision der offenen Grenzen eines Tages Wirklichkeit werden könnte. Das Ereignis – im Rückblick eines der wichtigsten in der Geschichte der europäischen Integration – vollzieht sich in einem merkwürdig bescheidenen Rahmen. Keine einzige Filmkamera ist dabei, um den historischen Moment festzuhalten.

Mailand. Europäischer Rat im Castello Sforzesco, einer zinnenbewehrten Renaissance-Festung. In nur einem Kilometer Entfernung demonstrieren an diesem 28. Juni 1985 etwa 100 000 Menschen für die Schaffung einer Europäischen Union, ganz so wie sie das Europäische Parlament auf Initiative von Altiero Spinelli gefordert hat. Es ist nun schon wieder ein Jahr vergangen, seit Präsident François Mitterrand dem Parlament die Weiterentwicklung der EG zur Europäischen Union in Aussicht gestellt hat. Auch andere Regierungen vertreten die Ansicht, dass die Römischen Verträge einer Novellierung bedürfen. Was 1957 für sechs Mitgliedsstaaten beschlossen wurde, reicht für zehn, demnächst zwölf nicht mehr aus. Deshalb hat der italienische Ratspräsident Bettino Craxi vor, eine Regierungskonferenz einzuberufen, die Vorschläge für einen neuen europäischen Vertrag machen soll. Margaret Thatcher, der dänische Premier Poul Schlüter und der griechische Ministerpräsident Andreas Papandreou sind jedoch dagegen. Es wird lange diskutiert, aber ohne Annäherung.

Und da tut Craxi am Nachmittag des zweiten Gipfeltags, Samstag, dem 29. Juni 1985, etwas Revolutionäres: Er lässt über die Frage, ob es eine Regierungskonferenz geben soll, abstimmen. Seit dem Luxemburger Kompromiss von 1966 gilt die Regel, dass in Fragen von nationalem Interesse nur dann eine Entscheidung getroffen werden kann, wenn alle zustimmen. Craxi argumentiert jedoch, dass es hier nur um eine Verfahrensfrage geht – es soll ja noch nichts beschlossen, es soll zunächst mal nur untersucht und geprüft werden. Papandreou ist darüber so empört, dass er „Putsch!" ruft und mit seiner Abreise droht. Schlüter spricht von einer „Vergewaltigung", Thatcher zeigt sich hochgradig irritiert. Aber Craxi ist nun mal Ratsvorsitzender und setzt sich durch. Die Kampfabstimmung ergibt sieben zu drei für die Einberufung der Regierungskonferenz, dagegen sind Großbritannien, Dänemark und Griechenland. Damit ist die Sache beschlossen. Der belgische Ministerpräsident Wilfried Martens spricht von einem Wendepunkt in der Geschichte der Gemeinschaft.

Luxemburg. Schon ein halbes Jahr später beschließt der Europäische Rat 1986 den ersten europäischen Vertrag seit Unterzeichnung der Römischen Verträge. Das Abkommen mit dem sperrigen Namen *Einheitliche Europäische Akte* soll die Gemeinschaft fit machen für die jetzt anstehende Süderweiterung um Spanien und Portugal. Die Handlungsfähigkeit wird entscheidend verbessert, indem die Zahl der Mehrheitsentscheidungen im Europäischen Rat ausgeweitet wird. Doch das ist nicht alles: Das Europäische Parlament bekommt mehr Kompetenzen in Gesetzgebungsverfahren. Die Zuständigkeit der EG wird auf neue Politikfelder ausgedehnt, künftig regelt sie auch Teile der Umwelt-, Sozial-, Forschungs- und Technologiepolitik. Zudem wird vertraglich festgehalten, dass die Mitgliedsstaaten eine Gemeinsame Europäische Außenpolitik entwickeln und umsetzen sollen.

Unterm Strich bedeutet die Akte einen bisher beispiellosen Machtzuwachs für Brüssel. Wie hat Margaret Thatcher das nur zulassen können? Ganz einfach: Jacques Delors hat den Ausbau Europas an die Verwirklichung des Binnenmarkts gekoppelt, die mit der Akte ebenfalls beschlossen wird. Und den Binnenmarkt will die Vorkämpferin des ungezähmten Kapitalismus unbedingt. Dafür nimmt sie alles andere widerstrebend in Kauf – und weil sie dies tut, tun dies auch die vielen Europa-Skeptiker im britischen Parlament, die andernfalls Sturm laufen würden. So aber stimmen gerade einmal 17 konservative Abgeordnete gegen den Vertrag, der die Souveränität Großbritanniens in vielen Bereichen drastisch beschneidet.

Die Vollendung des Binnenmarkts ist für Thatcher im Prinzip der Abschluss des europäischen Prozesses – jetzt ist alles erreicht, was man sich erhoffen konnte: ein riesiger Markt ohne Handelsschranken. Für Delors dagegen ist dies nur der Anfang. Jetzt beginnt erst die Schaffung der Vereinigten Staaten von Europa – und diese müssen jedem Bürger konkrete Vorteile bringen. Deshalb ist es für ihn ganz entscheidend, dass die EG einheitliche Standards etwa bei den Arbeitszeiten, beim Arbeitsschutz und beim Mindestlohn garantiert. Außerdem will Delors die Lebensverhältnisse in der Gemeinschaft so weit wie möglich angleichen. Dahinter steht nicht nur soziales Bewusstsein, sondern auch die Überzeugung, dass ein Markt besser funktioniert, wenn das Gefälle bei der wirtschaftlichen Leistungsfähigkeit nicht zu groß ist. Das Stichwort heißt „Kohäsion" – Zusammenhalt. Europa soll verbinden, nicht spalten. Schon seit ihren Anfangstagen versucht die Gemeinschaft, die Entwicklung rückständiger Regionen voranzutreiben, und lenkt dafür Geldflüsse aus den reicheren Ländern in die ärmsten Regionen um. Für viele Politiker, die ihren Wählern dadurch Brücken und Straßen bauen, Ausbildungsprogramme anbieten oder neue Technologien erschließen können, ist dies das mit Abstand Beste an Europa. Unter Delors werden die Förderprogramme massiv verstärkt. Die Kohäsionspolitik wird neben der Landwirtschaft zum größten Kostenposten im EG-Haushalt. Hauptnutznießer ist der sogenannte Club Med – Spanien, Portugal, Griechenland und das nicht gerade unter mediterraner Sonne gelegene Irland: die vier ärmsten Staaten der Gemeinschaft. Das Geld wird allerdings nicht an nationale Regierungen ausgezahlt, es fließt in Regionen und muss für konkrete Projekte verwendet werden. Dadurch bauen Regionen wie etwa die deutschen Bundesländer eigene Beziehungen zu Brüssel auf und entwickeln ein sehr handfestes Interesse daran, dass die europäische Integration weitergeht.

Straßburg. Altiero Spinelli ist mit dem Erreichten dennoch nicht zufrieden. Er vermisst in der Einheitlichen Europäischen Akte die klare supranationale Struktur seines vom Europäischen Parlament mit großer Mehrheit unterstützten Entwurfs für eine Europäische Union. In einer seiner letzten Reden vor dem Parlament vergleicht er die Einheitliche Europäische Akte mit dem großen Fisch aus Ernest Hemingways „Der alte Mann und das Meer". „Auch wir sind zuhause angekommen, und alles was uns geblieben ist, ist das Gerippe des Fischs. Das ist aber kein Grund für das Parlament, seinen Kampf aufzugeben. Wir müssen uns bereitmachen, um wieder auszufahren, einen besseren Fang zu machen und unseren Fisch vor den Haien zu retten." Er selbst allerdings wird daran nicht mehr beteiligt sein: Vier Monate nach seiner Rede stirbt Spinelli nach fünf Dekaden aktiver Europapolitik im Alter von 78 Jahren in Rom.

Brüssel. Am 29. Mai 1986, drei Monate nach der Unterzeichnung der Einheitlichen Europäischen Akte, wird vor dem Amtssitz von Jacques Delors, dem Berlaymont-Gebäude, erstmals die dunkelblaue Europaflagge mit den zwölf Sternen gehisst. Die Sterne stehen dabei nicht für die zwölf Mitgliedsstaaten, sondern sollen Einheit, Solidarität und Harmonie symbolisieren. Die Flagge ist schon älteren Datums, entworfen hat sie Anfang der 50er Jahre der Europarat in Straßburg. Während die Flagge an der Fahnenstange emporgezogen wird, erklingt Beethovens „Ode an die Freude", nunmehr die offizielle Europahymne.

Flagge und Hymne – diese klassischen Symbole eines Nationalstaats werden jetzt also auch von der Europäischen Gemeinschaft beansprucht. Es ist ein deutliches Zeichen dafür, dass sich Kommissionspräsident Delors genau wie einst Walter Hallstein auf dem Weg zum europäischen Bundesstaat wähnt. Und

Porträt: Jacques Delors

Ein französischer Zentralist in Brüssel

Jacques Delors (1925–2023) hatte den Ehrgeiz, der neben Walter Hallstein wichtigste Kommissionspräsident der europäischen Geschichte zu werden. Er hat diesen Anspruch wahrgemacht.

Delors, ein äußerlich unscheinbarer Typ mit Brille, Vorderglatze und Aktentasche, hatte das Glück, dass in Deutschland Helmut Kohl regierte, der größte Föderalist, den man sich vorstellen kann, und in Frankreich François Mitterrand, der zu Beginn seiner Amtszeit mit einer ausgesprochen links orientierten Wirtschaftspolitik Schiffbruch erlitt und daraufhin die Europapolitik entdeckte. Dadurch entstand für Delors ein Gestaltungsraum, den er auszufüllen verstand. Die heutige Europäische Union mit ihrer gemeinsamen Währung, ihrem Binnenmarkt und ihren freien Grenzen ist ganz wesentlich das Werk des Trios Kohl, Mitterrand und Delors.

Insbesondere Delors' erste Amtszeit von 1985 bis 1989 gilt als die erfolgreichste in der Geschichte der europäischen Integration. In diese Zeit fallen seine beiden Meisterleistungen: Die erste war die Einheitliche Europäische Akte von 1986, mit der der Binnenmarkt vollendet wurde, der in den Römischen Verträgen bereits angelegt, aber nie vollständig verwirklicht worden war. Das zweite Kunststück war der Delors-Bericht, den er im April 1989 veröffentlichte. Er war das Ergebnis der von ihm geleiteten Arbeitsgruppe der Zentralbank-Präsidenten zur Vorbereitung der Wirtschafts- und Währungsunion. Dass Delors es schaffen würde, den Bundesbankpräsidenten Karl Otto Pöhl dazu zu bewegen, einen Plan zur Abschaffung der D-Mark mit auszuarbeiten und anschließend seine Unterschrift darunter zu setzen, hatten viele für unmöglich gehalten, nicht zuletzt Margaret Thatcher.

Thatchers Sturz Ende 1990 befreite Delors von seiner mächtigsten Gegenspielerin. Dennoch konnte er in seiner zweiten Amtszeit von 1989 bis 1993 und in der dritten von 1993 bis 1995 (sie war so kurz, damit sich fortan die Amtszeit der Kommission mit der Legislaturperiode des Europäischen Parlaments deckte) nicht an frühere Erfolge anknüpfen. Präsident Mitterrand, dem er zuvor als Finanzminister gedient hatte, misstraute ihm zusehends, auch weil er die deutsche Einheit von Anfang an öffentlich guthieß. Mitterrand lehnte auch die von Delors geforderten zusätzlichen Kompetenzen für die Europäische Kommission ab.

Im Jahr 2015 wurde Delors hochbetagt zum Europäischen Ehrenbürger ernannt, dem dritten nach Jean Monnet und Helmut Kohl. Bereits zu Lebzeiten war er zu einer mythischen Figur der EU-Geschichte geworden. Dabei gerät mitunter aus dem Blick, wie sehr Delors auch als Kommissionspräsident von Frankreich geprägt blieb. Bewusst oder unbewusst versuchte er, die zentralstaatliche Tradition Frankreichs auf die europäische Ebene zu übertragen. Gerade weil er damit so erfolgreich war, geriet er zunehmend in Konflikt mit der Regierung in Paris, der die Ambitionen des neuen Machtzentrums Brüssel zu weit gingen.

Die erste Osterweiterung. Bei einem Besuch in Bonn im September 1990 kurz vor der Wiedervereinigung überreicht Kommissionspräsident Jacques Delors Bundeskanzler Helmut Kohl eine Karte der Europäischen Gemeinschaft mit Gesamtdeutschland als Mitgliedsland. Delors war der einzige namhafte französische Politiker, der die deutsche Einheit vorbehaltlos unterstützte.

dabei kann er sich eines mächtigen Verbündeten sicher sein: Es dauert nicht lange, bis Helmut Kohl in Bonn anordnet, neben der Bundesflagge fortan immer auch die Europafahne aufzuziehen.

Rom. Fast zwei Jahrzehnte hat sich die italienische Erziehungswissenschaftlerin Sofia Corradi für ein internationales Austauschprogramm für Studenten eingesetzt. Ausgelöst wurde ihr Engagement durch eine persönliche Erfahrung: 1958 konnte die junge Römerin mit einem Stipendium für ein Jahr an der Columbia University in New York studieren, was damals noch etwas ganz Besonderes war. Zurück in Rom, weigerte sich ihre Universität, die in New York abgelegten Prüfungen anzuerkennen. „Warum sollten wir Ihnen einen Abschluss geben, wenn Sie Ihre Zeit damit verbracht haben, um die Welt zu reisen?“, hielt ihr der zuständige Sachbearbeiter vor. Sie musste die Prüfungen noch einmal in Italien nachmachen, ihr Studium verlängerte sich dadurch um ein Jahr. Das empfand sie als eine solche Schikane, dass sie sich von nun an unermüdlich dafür einsetzte, Studienaufenthalte im Ausland für künftige Generationen einfacher zu machen. Während sie selbst eine akademische Laufbahn startete, richtete sie zahllose Briefe an Universitätsdirektoren, Politiker und

Europaabgeordnete. 1976 erzielte sie einen ersten Durchbruch, als Italien Studienleistungen und Diplome aus Frankreich anerkannte. Und jetzt, im Juni 1987, führt ihre Initiative dazu, dass der Ministerrat ein Förderprogramm für Studenten begründet. Es heißt **Eur**opean Community **A**ction **S**cheme for the **M**obility of **U**niversity **S**tudents, abgekürzt Erasmus. Damit erinnert es an den Humanisten Erasmus von Rotterdam, der schon im 16. Jahrhundert souverän zwischen unterschiedlichen Sprach- und Kulturräumen pendelte. Erasmus wird sich zum weltgrößten Förderprogramm von Auslandsaufenthalten an Universitäten entwickeln. Bis zum Jahr 2014 werden Schätzungen zufolge etwa eine Million „Erasmus-Babys“ geboren werden – Kinder, die seit dem Start des Programms aus Erasmus-Beziehungen hervorgegangen sind. Und Sofia Corradi? Die wird passenderweise „Mamma Erasmus“ genannt.

Paris. Europa ist im Kommen – die Frage ist nur, wer dort künftig den Ton angibt. Traditionell spielt Paris die erste Geige, doch das muss nicht so bleiben. In mancherlei Hinsicht ist es sogar schon jetzt nicht mehr so. Ja, Frankreich ist ständiges Mitglied im UN-Sicherheitsrat und Atommacht. Gerade die Atomstreitmacht, umgangssprachlich als *Force de frappe* – „Schlagkraft“ – bezeichnet, ist für das französische Selbstverständnis essenziell. Aber Deutschland hat seine eigene Art von Atombombe: „Die Macht Deutschlands beruht auf der Wirtschaft“, analysiert François Mitterrand, „und die D-Mark ist Deutschlands Atombombe.“ Die D-Mark ist ein ökonomisches Herrschaftsinstrument, dem sich die anderen Länder Europas anpassen müssen. Vor den Leitzinsentscheidungen der Frankfurter Bundesbank zittern Frankreich, Großbritannien und Italien gleichermaßen. Schon lange drehen sich Mitterrands Gedanken deshalb darum, wie er den Deutschen ihre Atombombe entreißen oder sie zumindest entschärfen kann. Das geeignete Mittel dafür wäre in seinen Augen die Auflösung der D-Mark in einer europäischen Einheitswährung. Die demütigenden Abwertungen des Franc und die sklavische Orientierung der französischen Zentralbank an den Leitzinsentscheidungen der Bundesbank hätten dann ein Ende. Über eine Gemeinschaftswährung könnte Frankreich schließlich mitbestimmen, das Machtmonopol der Bundesbank wäre gebrochen.

Die Idee einer Wirtschafts- und Währungsunion ist nicht neu. Schon der Haager Gipfel von 1969 hatte den luxemburgischen Ministerpräsidenten Pierre Werner mit der Erstellung eines Stufenplans beauftragt. Ein Jahr später legte Werner seinen Bericht vor, der den Weg zu einer europäischen Währung bis 1980 skizzierte, inklusive der Schaffung einer Europäischen Zentralbank. Doch nach der Ölkrise verliefen die Pläne im Sande. Jetzt aber greift Mitterrand die Idee wieder auf. Die Frage ist nur: Wird Deutschland da mitziehen?

Viele Experten sagen: Nein, keine Chance. Die D-Mark ist die größte Errungenschaft der Deutschen nach dem Krieg. Sie steht für den wirtschaftlichen Erfolg der Bundesrepublik, sie ist der Garant dafür, dass sich die katastrophale Hyperinflation aus den ersten Jahren der Weimarer Republik nicht wiederholt. Der Stabilität der D-Mark wird in der Bundesrepublik gehuldigt wie einer Gottheit, und überwacht wird das Allerheiligste von den Hohepriestern der Bundesbank. „Nicht alle Deutschen glauben an Gott", hat Jacques Delors einmal gesagt. „Aber alle glauben an die Bundesbank."

Mitterrand jedoch hält die Gelegenheit für so günstig wie noch nie. Schließlich regiert in Bonn Helmut Kohl. Und der ist ein Erzföderalist, zutiefst davon überzeugt, dass die Epoche der Nationalstaaten zu Ende ist und der europäische Bundesstaat geschaffen werden muss. Dabei denkt er aber in erster Linie an eine Politische Union mit einer untereinander abgestimmten Politik auf vielen Feldern und einem starken Europäischen Parlament als demokratischer Legitimation. Eine Währungsunion schließt er auch nicht aus, aber sie ist nicht sein eigentliches Ziel – das ist die Politische Union. Außerdem weiß er genau, dass er auf absehbare Zeit kaum in der Lage wäre, eine Gemeinschaftswährung in Deutschland durchzusetzen. Die unantastbare Bundesbank würde sich da ebenso querstellen wie sein Finanzminister Gerhard Stoltenberg – und der hat im Gegensatz zu ihm gute Umfragewerte. Die Bundesbank vertritt in der Frage einer Europäischen Währungsunion die sogenannte Krönungstheorie: Erst muss die politische und wirtschaftliche Einigung Europas erfolgen, und dann kann ganz zum Schluss, als Krönung des Einigungswerks, eine gemeinsame Währung eingeführt werden. Das ist aus Sicht der Frankfurter Zentralbanker die einzig sinnvolle Reihenfolge, denn für eine einheitliche Währung bedarf es einer einheitlichen Wirtschafts- und Finanzpolitik.

Mitterrand setzt deshalb zunächst auf Hans-Dietrich Genscher. Der altgediente Außenminister ist ebenfalls ein überzeugter Europäer, im Gegensatz zu Kohl aber äußerst populär. Genscher versteht sich ausgezeichnet mit seinem französischen Amtskollegen Roland Dumas, obwohl dieser Deutschen gegenüber eigentlich sehr reserviert ist: Der 1922 geborene Sozialist war während des Krieges Mitglied der Résistance, sein Vater, ebenfalls ein Widerstandskämpfer, wurde von Partisanenjägern der SS als Geisel erschossen. Zu Genscher aber hat Dumas ein freundschaftliches Verhältnis entwickelt, die beiden telefonieren ständig miteinander und vertrauen sich vorbehaltlos.

Bonn. Mitterrand, Dumas und Genscher sind sich einig, dass ein Vorstoß zu einer Währungsunion nur von deutscher Seite kommen kann – denn käme er aus Frankreich, würde ihm die deutsche Öffentlichkeit sofort misstrauen.

Und so veröffentlicht Genscher im Februar 1988 ein Memorandum über die Schaffung eines europäischen Währungsraums und einer Europäischen Zentralbank. Da Genscher das brisante Papier weder mit dem Bundesfinanzminister noch mit der Bundesbank abgesprochen hat, veröffentlicht er es nur unter seinem eigenen Namen und nicht in seiner Funktion als Außenminister. Er betont in dem Papier, dass eine Europäische Zentralbank nach dem Vorbild der Bundesbank entworfen sein müsste: von der Politik vollkommen unabhängig und nur der Preisstabilität verpflichtet. Damit kommt er deutschen Forderungen entgegen – und wendet sich gegen die in Frankreich übliche politische Einflussnahme. Genscher skizziert eine Alternative zur Krönungstheorie: Wenn das Prinzip der unabhängigen Zentralbank aus Deutschland auf die europäische Ebene übertragen würde, dann könnte die Währungsunion am Anfang stehen und die Politische Union wie von selbst nach sich ziehen, weil sich die beteiligten Staaten automatisch immer mehr einander anpassen würden. Die deutsche würde also einfach eine europäische Währungsstabilität – und Europa nebenbei auch politisch geeinigt.

Weil man das Eisen bekanntlich schmieden muss, solange es noch heiß ist, schlägt Genscher vor, beim anstehenden Europäischen Rat in Hannover einen Sachverständigenausschuss zu berufen, der Vorschläge für die konkrete Verwirklichung einer Wirtschafts- und Währungsunion vorlegen soll.

Jetzt ist Kohl unter Zugzwang. Er befürchtet, dass ihm der beliebte Genscher den Rang ablaufen und die Außenpolitik dominieren könnte. Dieser Eindruck wäre für ihn umso gefährlicher, weil die FDP bei der Bundestagswahl von 1987 einen deutlichen Zuwachs erzielt hat, während die CDU Einbußen hinnehmen musste. Kohl ist innerparteilich umstritten, viele glauben, dass der baden-württembergische Ministerpräsident Lothar Späth einen besseren Kanzler abgeben würde. Späth ist ebenso wie Genscher ein entschiedener Befürworter einer Währungsunion. Dies – und dazu noch die Wiederwahl Mitterrands als Staatspräsident am 7. Mai 1988 – trägt dazu bei, dass sich nun auch Kohl aus der Deckung wagt: Er macht den von Genscher vorgeschlagenen Sachverständigenausschuss zur Chefsache.

Und nun vollbringt er seinerseits eine taktische Meisterleistung: Kohl schlägt vor, den Ausschuss mit den Präsidenten der Zentralbanken der Mitgliedsstaaten zu besetzen, unter ihnen Bundesbankpräsident Karl Otto Pöhl. Dadurch wird die Bundesbank selbst in die Planungen für die Währungsunion einbezogen und kann das Projekt nicht mehr torpedieren. Auch alle anderen Kritiker sind auf einen Schlag mundtot gemacht – wenn die Bundesbank mit dabei ist, verbietet sich jeder Einwand. Margaret Thatcher, radikale Gegnerin einer Währungsunion, wird von Kohl mit dem Hinweis beschwichtigt, wenn die

Bundesbank selbst in dem Ausschuss sitze, sei das allein schon eine Garantie dafür, dass letztlich nicht viel passieren werde.

Hannover. Um jedoch sicherzustellen, dass die orthodoxen Banker nicht tatsächlich den ganzen Währungsplan sabotieren, lässt Kohl beim Europäischen Rat am 27. und 28. Juni 1988 in Hannover eine weitere Katze aus dem Sack: Niemand anderer als Kommissionspräsident Jacques Delors soll Vorsitzender des Ausschusses werden. Pöhl fühlt sich von Kohl geradezu verraten und ist derart schockiert, dass er sich der Mitarbeit verweigern will. Doch sein Freund, der niederländische Zentralbankchef Wim Duisenberg, kann ihn umstimmen. Sein Argument: Andernfalls würde er das Feld ganz den fachfremden Träumern überlassen.

Bei der Abschlusspressekonferenz in Hannover zeigt sich Kohl zuversichtlich, dass der Zug der Währungsunion jetzt mit einer „Mordsschubkraft" den Bahnhof verlassen habe. Er sei sich zu 90 Prozent sicher, dass es im Jahr 2000 eine Europäische Zentralbank geben werde. Das ist Musik in Mitterrands Ohren. Allerdings hat auch er ein großes Zugeständnis gemacht: Er hat der von Deutschland, Großbritannien und anderen europäischen Partnern seit Langem gewünschten Liberalisierung des Kapitalverkehrs zugestimmt. Es ist ein weiterer Schritt zur Vollendung des Binnenmarkts: Europäische Bürger können nun ohne Probleme ein Bankkonto im Ausland eröffnen, Anteile an ausländischen Unternehmen oder ausländische Immobilien erwerben und dort investieren, wo ihnen die Ertragsaussichten am besten erscheinen. Unternehmen können sich in andere europäische Unternehmen einkaufen, Gesellschaften im europäischen Ausland gründen und sich Kapital dort besorgen, wo es am günstigsten ist.

Dies sind gewaltige Veränderungen. Dass dies alles geschieht, ohne dass zumindest eine Steuer auf Finanztransaktionen eingeführt wird, ist für den Sozialisten Mitterrand, der zu Beginn seiner Amtszeit in Frankreich noch Schlüsselindustrien und Banken verstaatlicht hat, eine bittere Pille.

Brügge. Am Anfang wird noch gelacht. Sie hierher einzuladen, in das Europa-Kolleg in Brügge, die Kaderschmiede der EG, und dies mit der Vorgabe, eine Rede über Großbritannien und Europa zu halten, das sei ungefähr so wie wenn man Dschingis Khan über die Tugenden friedlicher Koexistenz sprechen lassen würde. Ein guter Witz, den Margaret Thatcher da am 20. September 1988 zur Eröffnung ihrer Rede macht. Aber dann legt sie los: Europa ist nicht erst durch die Römischen Verträge entstanden, die gemeinsame europäische Kultur ist viel älter. Großbritannien ist seit den Tagen des Römischen Imperiums Teil davon. Im Laufe der Jahrhunderte hat es von Europa wichtige

Impulse erhalten, dem Kontinent aber auch viel gegeben. Vor allem hat es ihn immer wieder davor bewahrt, unter die Knechtschaft einer einzelnen Hegemonialmacht zu geraten. „Nur wenige Meilen von hier, liegen 120 000 britische Soldaten begraben, die im Ersten Weltkrieg gefallen sind. Wenn sie nicht bereit gewesen wären zu kämpfen und zu sterben, wäre Europa schon lange vereinigt – aber nicht in Recht und Freiheit." 1944 ist Europa abermals von Großbritannien aus befreit worden. Und jetzt gibt es also die Europäische Gemeinschaft. Um Missverständnissen vorzubeugen: „Großbritannien träumt nicht von einer gemütlichen, isolierten Existenz am Rande der Europäischen Gemeinschaft. Unser Schicksal liegt in Europa, als Teil der Gemeinschaft." Aber: „Die Gemeinschaft ist kein Selbstzweck. Sie ist keine Institution, die fortwährend abgewandelt werden muss, um dem Diktat irgendeines abstrakten intellektuellen Konzepts gerecht zu werden." Engere Zusammenarbeit: ja. Aber die Übertragung von immer mehr Kompetenzen an eine nicht gewählte Bürokratie in Brüssel: nein. Es wäre doch eine Ironie der Geschichte, wenn gerade jetzt, da Länder wie die Sowjetunion auf Reformkurs sind, die EG voll und ganz auf zentrale Steuerung setzen würde.

Spätestens bei diesem Vergleich mit der Sowjetunion merken die Zuhörerinnen und Zuhörer: Es hat sich einiges angestaut bei der Frau im blauen Kostüm. Im Juli hat Jacques Delors vor dem Europäischen Parlament in Straßburg prophezeit, dass in zehn Jahren 80 Prozent der wirtschaftlichen und vielleicht auch der finanzpolitischen und sozialen Gesetze auf die EG zurückgehen würden. Er wolle dann auch „die Anfänge einer europäischen Regierung" verwirklicht sehen. Am 8. September hat er noch einmal nachgelegt, und das ausgerechnet auf englischem Boden und bei Thatchers Erzfeinden, den Gewerkschaften: Auf dem Jahreskongress in Bournemouth sprach er über die „soziale Dimension" Europas. Die Gemeinschaft werde neue Standards für Mitbestimmung, Arbeitssicherheit und -gesundheit aufstellen und die Rechte der Arbeitnehmer unwiderruflich festschreiben, gelobte er. Delors wollte damit deutlich machen, dass die EG nicht nur für die Liberalisierung der Kapitalmärkte steht, sondern auch die Interessen der Arbeitnehmer vertritt. Für ihn als Sozialisten ist das eine Selbstverständlichkeit. Für Thatcher ist es eine Provokation.

Jetzt folgt der Gegenschlag. In einem mittelalterlichen Saal unter dem berühmten Belfried von Brügge, dem mit seinen 83 Metern den zentralen Marktplatz überragenden Turm, spricht sie jenen Satz aus, der zum Glaubensbekenntnis britischer Europa-Skeptiker werden wird: „Wir haben die Grenzen des Staates in Großbritannien nicht deshalb zurückgeschoben, damit sie nun auf europäischer Ebene wieder eingeführt werden – durch einen europäischen Superstaat, der von Brüssel aus eine neue Herrschaft ausübt."

Anschließend erteilt sie allen großen europäischen Projekten bis auf den freien Austausch von Gütern und Kapital eine Absage. Offene Grenzen ohne Passkontrolle? „Es ist eine Frage des gesunden Menschenverstands, dass wir Grenzkontrollen nicht völlig abschaffen können, wenn wir unsere Bürger vor Kriminalität schützen und den freien Verkehr von Drogen, Terroristen und illegalen Immigranten eindämmen wollen." Eine europäische Sozialcharta? „Darf ich sagen, dass wir ganz bestimmt keine neuen Bestimmungen benötigen, die die Arbeitskosten in die Höhe treiben und den europäischen Arbeitsmarkt im Vergleich zu Mitbewerbern aus Übersee weniger flexibel und weniger wettbewerbsfähig machen?" Neue Verträge zur Stärkung der Gemeinschaft? Überflüssig, denn „sie sind alle schon vorhanden".

Für Thatcher gibt es wie für die meisten Briten überhaupt keinen Grund, die Vereinigten Staaten von Europa zu schaffen, weil sich der Nationalstaat in ihren Augen bewährt hat. Die Briten sind – gerade auch mit Blick auf den Zweiten Weltkrieg – stolz auf ihre Geschichte. Der Garant für ihre Demokratie ist ihr Parlament, dessen Kompetenzen in keiner Weise eingeschränkt werden dürfen. Dass sich die Deutschen so unermüdlich für Europa stark machen, beruht nach Thatchers Einschätzung auf einem Schuldkomplex: „Das Bedürfnis der heutigen deutschen Politiker, ihr Nationalbewusstsein mit einer weiter gefassten europäischen Identität zu verschmelzen, ist zwar verständlich, doch es stellt die selbstbewussten Staaten Europas vor große Probleme", wird sie später in ihren Memoiren analysieren. „Weil die Deutschen eine Scheu davor haben, sich selbst zu regieren, versuchen sie, ein europaweites System zu schaffen, in dem sich keine Nation mehr selbst regiert. Doch auf lange Sicht kann ein derartiges System keine Stabilität besitzen, und angesichts von Deutschlands Größe und seinem Übergewicht kann in ihm unmöglich Ausgewogenheit herrschen. Die zwanghafte Beschäftigung mit einem europäischen Deutschland birgt die Gefahr in sich, dass ein deutsches Europa entsteht. Wenn die Deutschen glauben, auf diese Weise ihre Probleme lösen zu können, unterliegen sie einem Trugschluss."

Am Ende der Rede kann sich der belgische Außenminister und Karlspreisträger Leo Tindemans, der in der ersten Reihe sitzt, nicht dazu durchringen zu klatschen. Die Rede ist im Grunde eine Kampfansage an jeden weiteren Ausbau der Gemeinschaft. Sie markiert den Beginn einer dezidierten Europa-Skepsis im Vereinigten Königreich: Die Konservative Partei, die jahrzehntelang die europafreundliche Partei Großbritanniens gewesen ist, ist künftig gespalten in einen europafreundlichen und einen europafeindlichen Flügel. Die Labour-Partei, die immer große Probleme mit der Gemeinschaft gehabt hat, wandelt sich dagegen zur europafreundlichen Partei.

Deidesheim. Pfälzer Saumagen – igitt! Margaret Thatcher schiebt die angebliche Delikatesse auf ihrem Teller hin und her. Den viel zu süßen Wein mag sie ebenso wenig. Ist das die Retourkutsche für das Lamm mit Minz-Soße, das sie Helmut Kohl Jahre zuvor einmal vorgesetzt hat? Mit der Folge, dass er bei seinem nächsten Besuch vorab darum bitten ließ, ihm dieses Gericht nicht noch einmal zuzumuten?

Nach dem Mittagessen geht es weiter nach Speyer. Hier bekommt die Premierministerin eine Führung durch den Dom und muss sich die Gräber deutscher Kaiser ansehen. Irgendwann zieht Kohl ihren außenpolitischen Berater Charles Powell in der Krypta hinter einen Grabstein und raunt ihm zu: „Jetzt wo sie mich hier mal in meiner Heimat erlebt, sollte sie endlich begreifen, dass ich nicht wirklich deutsch bin. Ich bin europäisch. Sie müssen sie davon überzeugen." Powell versichert: „Ich tue mein Bestes, Herr Bundeskanzler."

Als Thatcher den Besuch endlich überstanden hat, sinkt sie erschöpft in den Sessel des Militärflugzeugs, das sie vom Flugplatz Ramstein aus nach London zurückbringt. „Oh Charles", seufzt sie, „dieser Mann ist *so* deutsch!"

Erftstadt. Geheimtreffen von Kanzler Kohl und Außenminister Genscher mit dem ungarischen Ministerpräsidenten Miklós Németh, Außenminister Gyula Horn und einem Dolmetscher auf Schloss Gymnich. Es ist Freitag, der 25. August 1989, und die Lage in Ungarn ist äußerst angespannt. Die Reformkommunisten unter Führung von Németh haben die militärische Sicherung der Grenzen gelockert. Mehrere Tausend DDR-Bürger sind daraufhin vorgeblich als Urlauber in das sozialistische Bruderland ausgereist, wollen nun aber von dort in den Westen übersiedeln. Die DDR-Regierung betrachtet das Ganze mit Argusaugen. In dieser Situation hat Németh um die streng vertrauliche Zusammenkunft gebeten. Er beginnt die Unterredung mit dem Hinweis, dass ein Vertrag mit der DDR aus dem Jahr 1969 Ungarn dazu verpflichte, DDR-Bürger nicht ins westliche Ausland ausreisen zu lassen. Falls Ungarn dagegen verstoße, wisse er nicht, was SED-Chef Erich Honecker tun werde, sagt Németh. Auch die Reaktion der Sowjetunion sei nicht abzusehen. Dennoch habe er sich bereits dazu entschlossen, die Grenze nach Österreich zu öffnen. „Eine Abschiebung der Flüchtlinge zurück in die DDR kommt nicht infrage", stellt er klar. „Wir öffnen die Grenze." Bis Mitte September könnten alle DDR-Bürger, die sich in Ungarn aufhielten, ausreisen.

Kohl und Genscher – der nur einen Monat zuvor einen Herzinfarkt erlitten hat – können kaum glauben, was sie hören. Kohl will wissen, welche Gegenleistungen Ungarn dafür erwartet. Antwort: keine. „Ungarn verkauft keine Menschen", sagt Németh. Gleichzeitig spricht er von den Zahlungsschwierigkeiten des Landes. Kohl sichert ihm daraufhin Kreditgarantien in Höhe von etwa einer Milliarde Mark zu. Und er verspricht ihm seine Unterstützung für den angestrebten Beitritt Ungarns zur Europäischen Gemeinschaft. Ein solcher Schritt erscheint nun nicht mehr länger illusorisch. Seit Michail Gorbatschow vier Jahre zuvor seine Politik der *Perestroika* – der Umgestaltung – begonnen hat, verändern sich die Verhältnisse auch in manchen osteuropäischen Staaten in einem kaum für möglich gehaltenen Tempo.

Trotz aller Geheimhaltung läuft bei der ungarischen Nachrichtenagentur schon kurz danach eine Meldung über das Treffen in dem deutschen Wasserschloss über den Ticker. Kohl ist darüber so erschrocken, dass er Gorbatschow sofort anruft und ihn über die Absprachen von Gymnich unterrichtet. Der schweigt zunächst. Dann sagt er: „Die Ungarn sind gute Leute." Das wertet Kohl als Zusage, dass Moskau nichts gegen die Öffnung der Westgrenze unternehmen wird.

Bonn. Die Personenschützer am Ausgang des Kanzlergartens staunen nicht schlecht, als eines Nachts Helmut Kohl im Schlafanzug vor ihnen steht. Vom Kanzlerbungalow aus hat er sich durchs Freie zu ihnen geschleppt, weil er unerträgliche Schmerzen leidet. Grenzschutzbeamte fahren ihn ins Krankenhaus. Dort stellt der Internist Professor Walter Möbius fest, dass der 59-Jährige an einer Prostata-Entzündung leidet. Ein führender Urologe eröffnet ihm: „Das muss operiert werden. Bleiben Sie gleich da, das machen wir morgen früh."

Das aber ist für Kohl undenkbar, denn der alljährliche CDU-Parteitag steht unmittelbar bevor, und seine innerparteilichen Gegner bereiten nach einer Serie von Niederlagen bei Landtagswahlen seinen Sturz vor. Treibende Kräfte sind der von Kohl nicht mehr zur Wiederwahl nominierte Generalsekretär Heiner Geißler und der populäre baden-württembergische Ministerpräsident Lothar Späth. Kohl merkt schon lange, dass sich etwas zusammenbraut. Der Schwarze Riese wankt. Kurz vor der Europawahl am 18. Juni 1989 hat er selbst seinen Sturz für „unausweichlich" gehalten, falls die CDU ihre Position als stärkste Kraft verloren hätte. Das geschah nicht – aber der Vorsprung gegenüber der SPD betrug gerade einmal 0,4 Prozentpunkte. Seine bröckelnde Machtbasis ist auch der Grund dafür, warum er sich in der Frage der geplanten europäischen Währung bisher auf keinen konkreten Zeitplan festgelegt hat, so sehr ihn François Mitterrand auch dazu drängt. Schon im April hat Jacques Delors seinen Bericht zur Wirtschafts- und Währungsunion vorgelegt, unterzeichnet von allen Zentralbankpräsidenten, selbst dem britischen. Der Bericht zeichnet den Fahrplan zur gemeinsamen Währung vor. Sein Kernstück ist – wie von Genscher vorgeschlagen – die Gründung einer Europäischen Zentralbank, die von der Politik unabhängig sein soll und der Preisstabilität verpflichtet sein muss. Eine Bundesbank im europäischen Gewand. Dennoch bestehen in Deutschland weiterhin massive Vorbehalte gegen ein Ende der D-Mark. CSU-Chef Theo Waigel, der sich nur wenige Tage nach der Veröffentlichung des Delors-Berichts als neuer Bundesfinanzminister in das Bonner Kabinett einbinden lässt, warnt ausdrücklich vor übereilten Entscheidungen. Kohl wagt nicht, ihm zu widersprechen. Er hält sich vorerst alle Optionen offen. Unter Dach und Fach ist die gemeinsame europäische Währung deshalb noch lange nicht.

Die Ärzte bekommen von Kohl zu hören, dass an eine Operation nicht zu denken sei: Das würde aussehen, als wollte er sich vor der Auseinandersetzung mit seinen Herausforderern drücken. Schließlich wird ein provisorischer Eingriff vorgenommen, mit dem sich die OP um einige Tage aufschieben lässt.

Bremen. CDU-Parteitag in der Stadthalle. Professor Möbius lässt seinen Patienten nicht aus den Augen. Immer wieder muss Kohls Büroleiterin Juliane Weber die Frage beantworten, wer denn dieser Herr dort sei. „Ein neuer Mitarbeiter", antwortet sie.

Wenige Stunden vor Beginn des Parteitags hat Kohl eine Nachricht erhalten, die auch für ihn persönlich ein Geschenk des Himmels ist: Die ungarische Regierung von Miklós Németh hat angekündigt, Tausende DDR-Bürger, die sich im Laufe der vergangenen Wochen nach Ungarn abgesetzt haben, über Österreich in die Bundesrepublik ausreisen zu lassen. Der Eiserne Vorhang löst sich auf – für das Regime von Erich Honecker ist das der Anfang vom Ende. Kann die größte bundesdeutsche Regierungspartei in einer solch historischen Stunde ihren Vorsitzenden auswechseln? Späth und Geißler glauben das nicht – sie bekommen kalte Füße und blasen den Kanzlersturz ab. Und dann …

Leipzig. Über 100 000 Menschen demonstrieren. Auch wenn sie Angst haben. Es heißt, dass die SED-Führung eine „chinesische Lösung" der Leipziger Montagsdemonstrationen vorbereite – ein gewaltsames Eingreifen wie auf dem „Platz des Himmlischen Friedens" in Peking vier Monate zuvor. Die Geschäfte in der Innenstadt haben schon um 16 Uhr geschlossen. Das Gerücht geht um, die Krankenhäuser müssten Reservebetten und Blutkonserven bereithalten. Aber die Menge lässt sich davon nicht abschrecken. Sie skandiert „Wir sind das Volk" und bildet eine Menschenkette um das Leipziger Stasi-Gebäude.

Die machtvolle Kundgebung ist aus bescheidenen Anfängen hervorgegangen. 1981 hat der evangelische Pfarrer Christoph Wonneberger in Dresden ein allwöchentliches Friedensgebet initiiert. Von Anfang an hat es einen gesellschaftskritischen Charakter gehabt – und von Anfang an spielte für die beteiligten Menschenrechtsgruppen die europäische Idee als Friedensprojekt eine wichtige Rolle. 1985 ist Wonneberger nach Leipzig gewechselt und hat dort die Einladung bekommen, die Friedensgebete in der Nicolaikirche fortzusetzen. Allerdings waren dort nur noch am unattraktiven Montagabend Räume frei. So kam es, dass die Friedensgebete montags stattfanden. Seit die DDR-Führung durch die Massenflucht Zehntausender Bürger über die ungarisch-österreichische Grenze stark unter Druck steht, haben sich die Oppositionskräfte neu gesammelt. Die Leipziger Friedensgebete ziehen jetzt Tausende Menschen an, mehr als die Nicolaikirche fassen kann. Am 4. September, als während der Leipziger Herbstmesse auch westdeutsche Journalisten in der Stadt gewesen sind, ist daraus erstmals eine Demonstration auf dem Hof der Nicolaikirche entstanden. An den nächsten Montagen wurde weiter demonstriert, und jedes Mal kamen mehr Menschen. Am 2. Oktober reagierte die Polizei mit Straßensperren und dem Einsatz von Gummiknüppeln. Das führt dazu, dass die Atmosphäre jetzt, am 9. Oktober, überaus angespannt ist.

Gisela Kallenbach, die vor dem Friedensgebet Hunderte Flugblätter mit einem Aufruf zur Gewaltlosigkeit verteilt hat, wird während der Demo von einem Polizisten aufgefordert: „Kommen Sie mit!“ Zuerst weigert sie sich, doch er schiebt sie mit sanfter Gewalt auf eine Gruppe von Stasi-Leuten zu. Während sie auf der Straße vernommen wird, bildet sich um sie herum eine Traube von Menschen – so groß, dass die Stasi sie ziehen lässt. Die Kundgebung geht friedlich zu Ende. Gisela Kallenbach wird später für die Grünen ins Europäische Parlament einziehen.

Warschau. 9. November 1989. Am Tag des Epochensturzes befindet Helmut Kohl sich im Ausland. Mittags ist er zu einem fünftägigen Besuch in Polen eingetroffen, dem Land, das im Krieg wie kaum ein anderes unter den Verbrechen der Deutschen gelitten hat. Die Volksrepublik befindet sich in einem Übergangsstadium: Präsident ist noch der kommunistische General Wojciech Jaruzelski, Ministerpräsident schon der frühere Dissident Tadeusz Mazowiecki. Kohl trifft den liberalen Reformer gleich nach seiner Ankunft. Der schmale Intellektuelle wirkt unruhig und misstrauisch, raucht eine Zigarette nach der anderen. Die Chemie zwischen ihm und Kohl stimmt nicht. Der nächste Gesprächspartner ist ein Elektromonteur von der Danziger Leninwerft mit einer schwarzen Madonna am Revers seines Anzugs: Arbeiterführer Lech Wałęsa. Impulsiv, laut, herzlich, offen. So wirkt er auf Kohls außenpolitischen Berater Horst Teltschik. Wałęsa spricht über die Lage in der DDR. Die Mauer werde fallen, sagt er. In spätestens zwei Wochen. Aber was dann? Er befürchtet, dass sich die Westdeutschen bald ganz auf die DDR konzentrieren werden und für Polen keine Zeit mehr haben. Dabei wollen die meisten Polen doch auch so schnell wie möglich Teil der westlichen Welt werden. Ein anderes heikles Thema ist die polnische Westgrenze, die Oder-Neiße-Linie. Nach dem Krieg ist Polen ein großes Stück nach Westen verschoben worden. Im Osten verlor es Territorien an die Sowjetunion, wurde dafür aber mit Schlesien und Pommern entschädigt. Faktisch haben die Bundesrepublik und die DDR diesen Grenzverlauf längst anerkannt, völkerrechtlich bindend festgeschrieben ist er aber nicht. Das müsse in einem Friedensvertrag mit den Siegermächten geschehen, ist die Haltung der Bundesregierung. Mehr sagt Kohl öffentlich nicht dazu, weil er es sich mit den deutschen Vertriebenen nicht verderben will. Sie sind eine wichtige Wählergruppe der CDU/CSU.

Am nächsten Morgen läuft Horst Teltschik Lech Wałęsa wieder über den Weg, als dieser zum Frühstück mit Hans-Dietrich Genscher unterwegs ist. Sofort kommt Wałęsa auf ihn zu und fasst ihn am Arm: „Seht ihr, was habe ich gesagt?“ Über Nacht ist seine Prophezeiung in Erfüllung gegangen: Die Mauer ist gefallen. Und nun steht mit einem Mal die Frage der deutschen Wiedervereinigung im Raum. Wałęsa macht sich Sorgen: Wird Deutschland das jetzt im Alleingang vollziehen und wieder eine Macht werden, vor der man sich fürchten muss? Oder wird es die Wiedervereinigung als europäisches Projekt ins Werk setzen und die Polen dabei mitnehmen?

Kopenhagen. Zur selben Stunde weilt der französische Präsident und amtierende EG-Ratspräsident François Mitterrand zu einem Staatsbesuch in Dänemark. Seine Berater schlagen ihm vor, so schnell wie möglich nach Berlin zu fliegen, um die weltgeschichtlichen Stunden noch mitzuerleben. Doch das lehnt er ab. Bei seiner Pressekonferenz in Kopenhagen kommt er von sich aus nicht auf die Ereignisse der vergangenen Stunden zu sprechen. Erst als ihn ein Journalist gezielt danach fragt, sagt er etwas dazu. Aber seine Formulierungen fallen sehr zurückhaltend aus: „Ich denke, dies sind erfreuliche Ereignisse, weil sie für einen Fortschritt der Freiheit in Europa stehen.“ Man erlebe jetzt das Ende der Ordnung, wie sie seit dem Zweiten Weltkrieg bestanden habe. Das habe allerdings nicht nur Vorteile: „Wir werden eine Zeit ohne Gleichgewicht erleben. Das wird besser, aber auch schwieriger werden. Wir hatten uns an diese Ordnung gewöhnt, selbst wenn wir sie bedauert haben.“

Paris. Neun Tage sind seit dem Mauerfall vergangen. Angesichts der sich überschlagenden Ereignisse hat Mitterrand die Regierungschefs der EG kurzfristig zu einem Abendessen in den Élysée-Palast eingeladen. Die Atmosphäre ist angespannt. Das Thema Wiedervereinigung steht im Raum, wird aber während des ganzen Essens nicht angesprochen. Erst beim Dessert bricht es plötzlich aus Margaret Thatcher heraus: Eine Wiedervereinigung stehe überhaupt nicht zur Debatte, erklärt sie. Damit würde man nur die Position des Reformers Gorbatschow untergraben, und das könne wohl in niemandes Sinne sein. Irritiert erinnert Kohl sie daran, dass sich die NATO schon 1970 für die Wiedervereinigung ausgesprochen habe. Darauf faucht Thatcher zurück: Damals habe doch niemand geglaubt, dass es tatsächlich je so weit kommen würde!

Mit dem Widerstand der britischen Premierministerin hat Kohl gerechnet. Es ist etwas anderes, das ihn in höchstem Maße beunruhigt: Sein Freund Mitterrand verteidigt ihn nicht. Das Verhältnis ist in einer Krise.

Zwölf Tage später, am 30. November 1989, wird Hans-Dietrich Genscher im Élysée-Palast vorstellig. Zwei Tage zuvor hat Kohl im Bundestag einen Zehn-Punkte-Plan zur deutschen Einheit vorgestellt, ohne dies zuvor mit Mitterrand abzusprechen, ja ohne ihn auch nur vorzuwarnen. Der Präsident ist darüber ebenso verärgert wie bestürzt. Zunächst müsse Europa vereinigt werden, dann erst Deutschland, sagt er zu Genscher. Denn sonst würden sich Frankreich, Großbritannien und die Sowjetunion erneut gegen Deutschland zusammenschließen: „Entweder wird die deutsche Vereinigung nach der europäischen Vereinigung hergestellt oder Sie werden die Tripel-Allianz gegen sich haben. Das endet mit einem Krieg. Wenn die deutsche Einheit dagegen nach der europäischen kommt, dann werden wir Ihnen helfen."

Straßburg. Krieg! Das Wort ist tatsächlich gefallen. Gerade waren sie noch dabei, das gemeinsame Europa zu bauen. Und nun das. Noch nie hat Helmut Kohl einen Europäischen Rat in einer so eisigen Atmosphäre erlebt wie an diesem Freitagabend, dem 8. Dezember 1989, im Barockschloss Rohan im Zentrum von Straßburg. Er hat das Gefühl, als Angeklagter vor einem Tribunal zu stehen. „Mit die dunkelsten Stunden" seines Lebens – so wird er diesen Abend später umschreiben. Der europäische Lack und die Tünche, die jahrzehntelang aufgetragen worden sind, platzen plötzlich auf und blättern ab – so empfindet er es. Und darunter kommen die alten Nationalstaaten zum Vorschein, die sich misstrauisch beäugen und miteinander um die Macht ringen. Kohl fragt sich, ob man im Europäischen Rat „zwanzig Jahre umsonst miteinander gearbeitet" hat. War alles nur eine schöne Illusion?

Am angriffslustigsten ist – natürlich – die Eiserne Lady. Mittlerweile hat sie in ihrer berühmten Handtasche eine Karte von Deutschland in seinen Grenzen zu Beginn des Zweiten Weltkriegs. Diese Karte zieht sie mitunter hervor, zeigt auf Ostpreußen, Pommern und Schlesien und sagt, am Ende würden sich die Deutschen das alles wieder zurückholen. Als Jugendliche hat Thatcher in

Die Frau mit der Handtasche. Margaret Thatcher trifft am 8. Dezember 1989 zum Europäischen Rat in Straßburg ein. In der Handtasche transportierte sie eine Karte von Deutschland in den Grenzen von vor dem Zweiten Weltkrieg mit Ostpreußen und Schlesien. Helmut Kohl behielt das Treffen als den schlimmsten EU-Gipfel in Erinnerung, den er jemals mitgemacht hatte.

ihrem Heimatort Grantham viele Bombardierungen der deutschen Luftwaffe miterlebt, zudem hat ihre Familie damals vorübergehend eine 17 Jahre alte Jüdin aus Österreich aufgenommen. Thatcher ist der festen Überzeugung, dass ein „deutscher Moloch" mit 80 Millionen Einwohnern so groß wäre, dass er das europäische Gleichgewicht auf Dauer zerstören würde. „Ostdeutschland muss sich erst einmal 15 Jahre als Demokratie bewähren, und dann kann man vielleicht über Wiedervereinigung sprechen", ist ihre Meinung. „Zweimal haben wir die Deutschen geschlagen! Jetzt sind sie wieder da!"

Kohl ahnt: Die anderen sprechen das so direkt zwar nicht aus, aber sie denken das gleiche. Er blickt in die Runde. Da ist der schmallippige italienische Ministerpräsident Giulio Andreotti, genannt „der Pate". Ein kleiner Herr mit gekrümmtem Rücken und schildkrötenhaft vorgeschobenem Kopf, Karikaturisten stellen ihn bevorzugt als Vampir dar. Der Advokat gilt als Meister des politischen Ränkespiels, manche sagen, seine Verbindungen zur Mafia seien nur wenig schlechter als jene zum Vatikan. Aus seiner Abneigung gegen ein vereinigtes Deutschland macht Andreotti keinen Hehl. „Es gibt zwei deutsche Staaten, und zwei deutsche Staaten sollen es bleiben", hat er schon vor Jahren erklärt. Jetzt warnt er vor der Gefahr des „Pangermanismus". Was ihn vor allem irritiert, ist, dass Kohl immer sehr allgemein von der „deutschen Einheit" statt konkret von der Wiedervereinigung der Bundesrepublik und der DDR spricht. Er fragt sich, ob er damit vielleicht auch „die Millionen Deutschen, die in Russland, Polen und anderswo leben“, meint. Tatsächlich spricht Kohl deshalb nicht von „Wiedervereinigung“, weil er glaubt, dass dieser sehr konkrete Begriff die europäischen Partner vor den Kopf stoßen könnte. Doch dadurch löst er nicht nur bei Andreotti Misstrauen aus.

Alarmiert zeigt sich an diesem Abend auch der niederländische Ministerpräsident Ruud Lubbers. Er ist ein lockerer Typ, der häufig etwas unrasiert und strubbelig aussieht. Zu Hause ist er entweder mit einem alten Mittelklassewagen oder auf dem Fahrrad unterwegs. Personenschützer hat er nicht, notfalls hilft er sich selbst: Einmal hat er spurtstark einen Autoradiodieb gestellt, ein anderes Mal eine Brandbombe, die in sein Haus geschleudert war, aufgehoben und wieder zurückgeworfen. Auf dem europäischen Parkett kann Lubbers eigentlich mit allen: Er ist sowohl der erklärte Lieblingseuropäer von Margaret Thatcher, die ihn gern als Kommissionspräsidenten sähe, als auch ein Freund von Jacques Delors. Helmut Kohl hat ebenfalls ein gutes Verhältnis zu ihm, zumal sie beide Christdemokraten sind. Umso unangenehmer überrascht es ihn nun, dass ihn Lubbers nicht nur in forschem Ton zur sofortigen Anerkennung der polnischen Westgrenze auffordert, sondern auch als unverhohlener Gegner der Wiedervereinigung auftritt. Zwar weiß Kohl als Historiker genau, wie sehr die Niederlande von 1940 bis 1945 unter der Nazi-Besatzung gelitten haben und bringt deshalb durchaus Verständnis für die noch immer bestehenden Vorbehalte gegen Deutschland und die Deutschen auf. Doch das Verhalten von Lubbers ist für ihn trotzdem „eine ganz große persönliche Enttäuschung“.

Unverhohlene Begeisterung für die deutsche Einheit vermitteln an diesem Abend nur der irische Ministerpräsident Charles Haughey und der jugendliche Ministerpräsident von Spanien, der Sozialist Felipe González. Beide kommen bezeichnenderweise aus Ländern, die weder von Deutschland besetzt worden sind noch wie Großbritannien gegen Deutschland gekämpft haben.

Das habichtartige Gesicht des Ratspräsidenten Mitterrand bleibt maskenhaft unbeweglich. „Undurchsichtig“ und „befangen“ erscheint er jetzt seinem Freund Kohl. Er hat ihn noch nie so erlebt. Thatcher dagegen glaubt zu wissen, was Mitterrand denkt: In einem Vier-Augen-Gespräch am Rande des Gipfels hat er sich ihr gegenüber eher noch kritischer zur deutschen Einheit geäußert als sie. In Augenblicken großer Gefahr habe Frankreich stets besondere Beziehungen zu Großbritannien entwickelt, hat er gesagt. Jetzt sei eine solche Zeit wieder gekommen. „Wir müssen zusammenrücken und in Verbindung bleiben.“ Thatcher ist da ganz seiner Meinung. Sie hofft auf eine Neuauflage der *Entente cordiale* von 1904, als sich das Vereinigte Königreich mit Frankreich gegen das immer mächtiger werdende Deutsche Kaiserreich verbündete. Allerdings hat sie auch gelernt: Mitterrand sagt alles Mögliche. Was er wirklich denkt, wissen höchstens seine engsten Berater. Tatsächlich würde auch er die deutsche Einheit gern verhindern oder zumindest noch lange aufschieben, aber er hat nicht viel Hoffnung, dass das gelingen wird. Anstatt sich wie Thatcher auf verzweifelte Sabotageversuche einzulassen, stellt er Bedingungen für die Unterstützung Frankreichs. Zwei davon sind die Anerkennung der Oder-Neiße-Grenze und der Verzicht Deutschlands auf Atomwaffen. Doch seine wichtigste Bedingung ist die Beschleunigung der europäischen Einigung als Rückversicherung gegen deutsche Alleingänge. Das heißt konkret: Kohl soll ein festes Datum für den Beginn der Verhandlungen über die Einführung einer europäischen Währung fixieren. Diesen Punkt erklärt Mitterrand zum Prüfstein für die europäische Gesinnung der Deutschen. Das hat er ihm im Vorfeld des Straßburger Gipfels unmissverständlich klargemacht.

Und so raufen sich die Zwölf schließlich zusammen und einigen sich auf eine gemeinsame Linie. Am Abend des 9. Dezember – auf den Tag genau einen Monat nach dem Mauerfall – verliest Dagmar Berghoff in der 20 Uhr-„Tagesschau": „Die EG erkennt das Recht der Deutschen auf Einheit an. Mit dieser Erklärung ging heute der EG-Gipfel in Straßburg zu Ende. Es war das erste Mal, dass sich die Gemeinschaft in dieser eindeutigen Form zur deutschen Frage äußerte. Zugleich wurden die Weichen für die angestrebte Wirtschafts- und Währungsunion gestellt." Im Dezember 1990 – nach der nächsten Bundestagswahl – soll eine Regierungskonferenz zur Vorbereitung der gemeinsamen Währung ihre Arbeit aufnehmen.

Hat Kohl damit den Deal „deutsche Einheit gegen europäische Währungsunion" abgeschlossen? Im Grunde ja. Zwar ist die Währungsunion schon lange vor dem Mauerfall geplant worden. Doch ob und wann sie ohne die Wiedervereinigung realisiert worden wäre, weiß niemand. Die Gegenkräfte gegen die Abschaffung der D-Mark sind in Deutschland nach wie vor stark, und Kohl war bis vor Kurzem kaum in der Position, sich über sie hinwegzusetzen. Noch im September schien sein Sturz kurz bevorstehen, jetzt ist er auf bestem Weg, Kanzler der deutschen Einheit zu werden. Er hat plötzlich eine viel größere Autorität. Wirtschaftlich ist er vom Nutzen einer europäischen Gemeinschaftswährung keineswegs überzeugt, wie er dem amerikanischen Außenminister James Baker kurz nach dem Gipfel von Straßburg anvertraut: Den Entschluss dazu habe er „gegen deutsche Interessen getroffen", sagt er. Bundesbankpräsident Pöhl sei dagegen. Aber der Schritt sei politisch wichtig, denn Deutschland brauche Freunde. Es dürfe „uns gegenüber kein Misstrauen in Europa geben". Mitterrands Unterstützung ist zwar nicht so entscheidend für die Wiedervereinigung wie die Zustimmung von US-Präsident George Bush und dem sowjetischen Staats- und Parteichef Michail Gorbatschow. Aber ohne das Wohlwollen Frankreichs und der übrigen europäischen Partner würde sich Deutschland isolieren und einer ungewissen Zukunft entgegensehen. Insofern lässt sich festhalten: Die deutsche Einheit hat der europäischen Währungsunion den entscheidenden Schub gegeben.

Der Gipfel von Straßburg zeigt darüber hinaus, dass 40 Jahre europäischer Zusammenarbeit eben doch den entscheidenden Unterschied ausmachen. Es gibt einen handfesten Streit, aber der wird umgehend beigelegt. Die Antwort auf die deutsche Frage lautet: mehr Europa.

Dublin. Ein halbes Jahr später beim Europäischen Rat in Dublin Castle am 26. und 27. Juni 1990 sieht die Welt schon wieder ganz anders aus. Mittlerweile hat sich Kohl während ausgedehnter Strandspaziergänge an der französischen Atlantikküste mit Mitterrand ausgesprochen. Gorbatschow hat sich mit der Wiedervereinigung abgefunden, was Kohl ihm mit zinslosen Milliardenkrediten dankt. Der amerikanische Präsident George Bush war von Anfang an auf seiner Seite. Und die europäischen Partner haben mit Erleichterung aufgenommen, dass der Bundestag und die DDR-Volkskammer gleichlautende Erklärungen zur Anerkennung der Oder-Neiße-Grenze verabschiedet haben. Umgekehrt hat der Europäische Rat bei einem ersten Gipfel in Dublin im April bereits beschlossen, im Moment der Wiedervereinigung die fünf neuen Bundesländer vorbehaltlos als Teil der EG anzuerkennen. Die Ostgrenze der EG verschiebt sich damit von der Elbe an die Oder und überschreitet die Trennlinie des Kalten Krieges – es ist die erste Osterweiterung.

Das große Thema des zweiten Dubliner Gipfels ist nun die Fortentwicklung der EG von einem Wirtschaftseuropa zu einer echten Politischen Union, die von einer europäischen Identität getragen wird. Das ist seit jeher Kohls Herzensanliegen, und jetzt drängt die Verwirklichung aus seiner Sicht umso mehr, weil Deutschland durch die Wiedervereinigung noch mächtiger wird. Die Antwort darauf können nach seiner Überzeugung nur die Vereinigten Staaten von Europa sein. Sein Mantra lautet – nach Konrad Adenauer: „Die deutsche Einheit und die europäische Einigung sind zwei Seiten derselben Medaille." Die Frage ist nur: Was ist mit Politischer Union überhaupt gemeint? Der überzeugte Föderalist Kohl versteht darunter den Ausbau der EU zum europäischen Bundesstaat. Dieser soll nach seinen Vorstellungen in etwa so aussehen wie die Bundesrepublik: ein Verbund mit zentraler Regierung, wobei auf vielen Gebieten auch die Länder selbst noch weitgehende Kompetenzen haben. Dementsprechend will er die supranationalen Institutionen, die Europäische Kommission und insbesondere das Europäische Parlament, massiv stärken. Das Demokratie-Defizit der EG muss nach seiner Überzeugung auch abgebaut werden, um die Akzeptanz in der Bevölkerung zu verbessern. Die Beteiligung an Europawahlen nimmt immer weiter ab, weil die Bürger es eben nicht als besonders relevant einschätzen.

Zudem soll die EG nach Kohls Plänen eine Gemeinsame Außen- und Sicherheitspolitik betreiben und in diesem Rahmen auch eine europäische Armee aufbauen, so wie dies Anfang der 50er Jahre mit der Europäischen Verteidigungsgemeinschaft geplant war. Das Einstimmigkeitsprinzip im Europäischen Rat soll hier durch Mehrheitsentscheidungen ersetzt werden.

Diese hochfliegenden Pläne von einer europäischen Zentralregierung werden so allerdings nur noch von Jacques Delors mitgetragen. Kohls Hauptpartner Mitterrand gehen derart tiefe Einschnitte in die nationale Souveränität viel zu weit. Seine oberste Priorität bleibt die zügige Einführung einer gemeinsamen Währung, mit der er einen Damm gegen die Wiederauferstehung eines übermächtigen deutschen Staates aufwerfen und die Dominanz der D-Mark ein für allemal beseitigen will. Natürlich ist auch die Währungsunion für Frankreich mit einem Verlust von nationaler Souveränität verbunden, aber dieser ist für Deutschland ungleich größer. Auf dem Feld der Politik dagegen steht Frankreich als Atommacht und ständiges Mitglied im UN-Sicherheitsrat relativ stark da. Und deshalb ist Mitterrand keineswegs daran interessiert, diese Privilegien auf irgendeine Art mit Europa zu teilen.

Immerhin kann Kohl durchsetzen, dass ab Dezember nicht nur über die Wirtschafts- und Währungsunion, sondern auch über eine Politische Union verhandelt wird.

London. Die Wirtschafts- und Währungsunion sei ein Trick der Deutschen, um ganz Europa zu übernehmen, wettert der britische Industrie- und Handelsminister Nicholas Ridley in der konservativen Zeitschrift „Spectator". Auf dem Titel prangt eine Karikatur, auf der Ridley wegrennt, nachdem er ein Helmut-Kohl-Plakat mit Hitler-Scheitel und -Schnäuzer versehen hat. „Wenn ich mir diese Institutionen ansehe, an die wir Souveränität abtreten sollen, bin ich entsetzt", sagt Ridley. „Da könnte man sie gleich an Adolf Hitler abgeben."

Das Interview macht europaweit Schlagzeilen. In Bonn sagt der FDP-Vorsitzende Otto Graf Lambsdorff, Ridley sei eigentlich ein ernst zu nehmender Politiker. „Entweder war er bei der Abgabe dieses Interviews betrunken oder er hat die Fußballniederlage der Engländer gegen die Deutschen nicht verdaut." Im Halbfinale der Fußball-WM in Italien ist England der Bundesrepublik kurz zuvor im Elfmeterschießen unterlegen. Anschließend sind die Deutschen Weltmeister geworden – auch das noch! Teamchef Franz Beckenbauer hat danach geprahlt: „Wir sind jetzt die Nummer eins in der Welt, wir sind schon lange die Nummer eins in Europa. Jetzt kommen die Spieler aus Ostdeutschland noch dazu. Es tut mir leid für den Rest der Welt, aber die deutsche Mannschaft wird über Jahre hinaus nicht zu besiegen sein." Nach derartigen Äußerungen scheint es nicht völlig abwegig, einen Rückfall in den alten deutschen Überlegenheitswahn zu befürchten.

Ridley hat es allerdings etwas zu weit getrieben. Die Empörung über seine Aussagen ist so groß, dass Thatcher seinen Rücktritt erzwingt. Allgemein wird jedoch angenommen, dass sie seine Ansichten teilt. Ihr Misstrauen gegenüber den Deutschen schlägt mitunter in offene Ablehnung um: So hat sie während des letzten Wimbledon-Turniers den Wunsch bekundet, dass Boris Becker verlieren möge – wenigstens im Tennis sollen die Deutschen nicht auch noch die Nummer 1 sein. Zwar übermittelt sie dem „lieben Helmut" am 3. Oktober 1990, dem Tag der deutschen Einheit, handgeschriebene Glückwünsche. Doch im vertraulichen Gespräch bekundet sie die Überzeugung, dass die EG Deutschlands Empire werden solle. Auch deshalb widersetzt sie sich jedem weiteren Ausbau der Gemeinschaft. Am 30. Oktober 1990 erklärt sie im Unterhaus: „Der Kommissionspräsident, Mr. Delors, hat neulich gesagt, dass er sich das Europäische Parlament als das demokratische Organ der Gemeinschaft wünscht, die Kommission als Exekutive und den Ministerrat als Senat. No. No. No."

Dieses dreifache „No" zu Europa leitet ihren Untergang ein. Zwei Wochen später hält der ehemalige Außenminister Geoffrey Howe, ein freundlicher grauhaariger Gentleman, den sie wegen zu großer Europafreundlichkeit von seinem Posten entfernt hat, eine ebenso glänzende wie vernichtende Rede im Unterhaus. Er sei keineswegs ein unkritischer Europa-Freund, sondern habe mit seiner „sehr ehrenwerten Freundin, der Premierministerin" manche Schlacht in Brüssel geschlagen, sagt er in ruhigem Ton. Allerdings sei er davon überzeugt, dass es im nationalen Interesse Großbritanniens liege, sich in konstruktiver Weise an der Debatte über die Fortentwicklung der EG zu beteiligen. In den 50er Jahren habe Großbritannien die Entscheidung getroffen, sich abseits zu halten. Für diese Selbstisolierung habe es teuer bezahlt, denn als es der Gemeinschaft 20 Jahre später doch beigetreten sei, habe es gewachsene Strukturen vorgefunden, die es nicht mehr habe beeinflussen können. Diesen Fehler dürfe man jetzt nicht wiederholen, warnt Howe.

Das von der Premierministerin entworfene „alptraumhafte Bild" einer Organisation, die die Demokratie zerstören und die nationale Identität der Mitgliedsländer auflösen wolle, sei wenig überzeugend. „Wir sind immer dann am besten gefahren, wenn wir die Gemeinschaft nicht als eine statische Einheit begriffen haben, der man sich widersetzen und die man eindämmen muss, sondern als einen aktiven Prozess, den wir mitgestalten können, häufig in entscheidender Weise, vorausgesetzt dass wir uns wirklich darauf einlassen." Wenn Großbritannien jetzt in der Diskussion über die Wirtschafts- und Währungsunion in eine reine Blockadehaltung verfalle, werde das am Ende dazu führen, dass die übrigen Elf ihr eigenes Ding machten, ohne Großbritannien zu berücksichtigen. „Die Tragödie für mich persönlich, für meine Partei, für unser ganzes Volk und für meine sehr ehrenwerte Freundin selbst, eine sehr reale Tragödie, besteht darin, dass die Haltung der Premierministerin zu Europa mit zunehmend ernsthaften Risiken für die Zukunft unserer Nation verbunden ist."

Die Rede schlägt ein wie eine Bombe. Am nächsten Vormittag erklärt Thatchers innerparteilicher Gegner Michael Heseltine seine Kandidatur für die Parteiführung.

Paris. Ein letztes Mal steht Margaret Thatcher auf der ganz großen Bühne, tritt mit Schmuck, Brokatjacke und schwarzem Faltenrock auf. US-Präsident George Bush und die europäischen Staats- und Regierungschefs sind zusammengekommen, um das Ende des Kalten Krieges und den Beginn einer neuen Weltordnung zu feiern. Abends, nach dem glitzernden offiziellen Programm, zieht sie sich in die britische Botschaft in Paris zurück. Da steht plötzlich jemand vor der Tür: Helmut Kohl! Während es die anderen Politiker peinlich vermieden haben, den Machtkampf in London auch nur mit einem Wort zu erwähnen, kommt er sofort darauf zu sprechen. Es sei besser, schwierige Themen nicht unter den Teppich zu kehren, sagt er zu ihr. Und: Er sei fest entschlossen, an diesem nicht ganz leichten Abend ganz für sie da zu sein. Die Eiserne Lady wird weich, ja, sie muss ihre „Verwirrung überspielen", so gerührt ist sie von dieser Geste.

Einen ganzen Abend sitzt sie nun da und erzählt von ihrem Unglück, redet sich ihren Frust von der Seele. Ihr gegenüber sitzt der Mann, den sie verdächtigt, über die EG ganz Europa beherrschen zu wollen. Er hört zu, pflichtet bei und empört sich darüber, wie gemein sie von ihren Parteifreunden behandelt wird. „Wenn man bedenkt, dass unsere Standpunkte zum zukünftigen Kurs der Europapolitik erheblich voneinander abwichen und mein Ausscheiden aus dem Amt letztlich den Wegfall eines Hindernisses für die Pläne des Bundeskanzlers bedeutete – eine Annahme, die sich als richtig erweisen sollte –, war dies sehr großherzig von ihm", wird sie später in ihren Memoiren ausführen. „Bei einem weniger aufrichtigen Politiker hätte ich eine solche Geste lediglich als Rückversicherung im Falle meines Wahlsiegs verstanden. Aber Kanzler Kohl war niemals hinterlistig, weder als Verbündeter noch als Gegner, und deshalb berührten seine Worte und sein echtes Mitgefühl mich sehr."

London. Drei Tage später steht Margaret Thatcher im Buckingham-Palast vor der Queen, um ihren Rücktritt einzureichen. Ihre eigenen Minister haben ihr in einer Serie von Einzelgesprächen in nahezu gleichlautenden Formulierungen klargemacht, dass sie nicht mehr gewinnen kann. Margaret Thatcher ist gestürzt – über Europa.

Brüssel. Jacques Delors ist damit von seiner mächtigsten Gegenspielerin erlöst. Es scheint, als könne ihn jetzt nichts mehr davon abhalten, die Vereinigten Staaten von Europa zu schaffen. Mit Kohl ist er komplett auf einer Linie – auch deshalb, weil er die Wiedervereinigung vom ersten Moment an voll unterstützt hat. Kein Zweifel: Europa ist im Kommen.

Das sieht man auch daran, dass immer mehr Journalisten nach Brüssel entsandt werden. Wenn die Kommission um Punkt zwölf Uhr ihre tägliche Pressekonferenz abhält, hat sie immer eine Schar von eifrig mitschreibenden Zuhörern vor sich, selbst wenn es gerade nichts Aufregendes zu vermelden gibt. Die meisten dieser Korrespondenten verfolgen die Arbeit der Kommission keineswegs unkritisch, aber doch mit einer gewissen Grundsympathie für den europäischen Einigungsprozess. Es gibt nur eine Ausnahme: einen 26 Jahre jungen Briten mit auffallend blonden, wild zu Berge stehenden Haaren, der stets in zerknitterten, schlecht sitzenden Anzügen auftritt und zu den Pressekonferenzen grundsätzlich zu spät kommt. Dieser studierte Altertumswissenschaftler, der Reden auf Latein halten kann, ist Korrespondent des „Daily Telegraph“ und in kurzer Zeit mit geradezu unglaublichen Storys über den Machthunger und die Regelwut der Brüsseler „Eurokraten“ bekannt geworden. „Italienische Gummi-Industrie verstößt mit der Herstellung zu kleiner Kondome gegen EG-Regeln“, hieß eine seiner Schlagzeilen. Oder: „Brüsseler Rekruten schnüffeln um sicherzustellen, dass Euro-Jauche gleich riecht“. Oder: „Britische rosa Würstchen bedroht“. Mal überrascht er mit der Neuigkeit, durchgeknallte Superbeamte aus Brüssel planten eine „Bananen-Polizei“, um die Einhaltung des von ihnen vorgeschriebenen Krümmungsgrads zu kontrollieren. Dann wieder unterrichtet er die Leserschaft darüber, Brüssel wolle alle Särge vereinheitlichen, Chips mit Shrimps-Geschmack verbieten, Schnecken zu Fischen erklären und Frauen anweisen, ihr altes Sexspielzeug zurückzubringen. Die Londoner Zentralredaktionen konkurrierender Blätter fordern ihre Brüsseler Korrespondenten anschließend immer auf, die tolle Story schnell nachzuziehen. Doch wenn die Korrespondenten dann recherchieren, stellen sie meist fest, dass die Geschichte so nicht haltbar ist. Manchmal hat sie vielleicht einen wahren Kern, ist aber immer stark aufgebauscht. So berichtet der „Telegraph“-Korrespondent einmal, dass die Kommission ihren Amtssitz, das Berlaymont-Gebäude, in die Luft sprengen wolle. Wahr daran ist, dass der

Bau aus den 60er Jahren mit Asbest verseucht ist und deshalb saniert werden muss. Eine Sprengung steht aber zu keinem Zeitpunkt zur Debatte, denn damit würde der Asbest über halb Brüssel verteilt.

Eines stimmt natürlich: Die Kommission erlässt ungeheuer viele Vorschriften, besonders Ende der 80er Jahre, als der Binnenmarkt vollendet wird. Dies ist allerdings weniger einem größenwahnsinnigen Hang zur Gängelung geschuldet als den Bedürfnissen der Industrie. Die Unternehmen selbst wollen die Normierung, um ihre Produkte problemlos in der gesamten Gemeinschaft verkaufen zu können. So ist es auch bei Bananen und Gurken: Produzenten, Spediteure und Supermarktketten wollen einheitlich geformtes Gemüse, um es leichter verpacken, transportieren und stapeln zu können. Gleichwohl sind auch weiterhin unterschiedliche Ausprägungen von Gurken und Bananen zulässig. Je nach Krümmungsgrad, Größe und Gewicht werden sie bestimmten Handelsklassen zugeordnet. Die Alternative zu der Brüsseler Vorgabe wären zwölf unterschiedliche nationale Regelungen. Das aber liest man im „Telegraph" nicht. Dort werden die Vorschriften als Teil eines finsteren Plans von Delors dargestellt. Als eine Art wiedergeborener Napoleon baut der kleine Franzose unermüdlich an einem Imperium.

Die Presseabteilung der Kommission tut ihr Bestes, um die Artikel des „Telegraph"-Korrespondenten richtigzustellen. „Wir erwidern seine Angriffe", sagt ein europäischer Beamter, „aber das Problem ist, dass unsere Antworten nicht lustig sind." Seine Artikel hingegen sind äußerst lustig, denn er ist ein brillanter Schreiber. So kommt es, dass die Fehlinformationen des „Telegraph" weite Verbreitung finden. Dieser Erfolg wiederum führt dazu, dass andere britische Brüssel-Korrespondenten die Masche des „Telegraph" kopieren. So entsteht das Genre des „Euromythos": Bald vergeht keine Woche mehr, ohne dass in den *tabloids* – den Boulevardzeitungen – über Angriffe der Brüsseler Bürokratie auf die britische Lebensart berichtet wird. Die Europäische Gemeinschaft mutiert in den britischen Medien zur Gurkenkrümmungsgemeinschaft.

Der „Telegraph"-Korrespondent kann zufrieden sein. Wobei es ihm nicht wirklich darum geht, die EG schlecht zu machen. Kollegen, die ihn kennen, versichern, dass er privat keineswegs ein Europa-Hasser sei, schließlich ist sein Vater fünf Jahre lang Abgeordneter des Europäischen Parlaments gewesen, und er selbst hat die Europäische Schule in Brüssel besucht und dort Französisch gelernt. Nein, es geht ihm wohl eher darum, berühmt zu werden. Manche sagen, dass man sich seinen Namen noch merken muss. Er heißt Boris Johnson.

Maastricht. Im Delikatessengeschäft am Markt wird der Käse auf Französisch, Englisch, Deutsch und manchmal auch auf Niederländisch verkauft. So gesehen, ist das vereinte Europa in Maastricht bereits Realität. Als niederländische Enklave liegt die von den Römern gegründete Stadt zwischen Deutschland und Belgien. Bis nach Aachen sind es nur 20 Autominuten, doch in der gleichen Zeit ist man auch in Lüttich, wo Französisch gesprochen wird. Die Architektur der lückenlos erhaltenen Altstadt erinnert mitunter eher an Frankreich als an Holland. Ein genialer Ausgleich von Machtinteressen gelang dem Architekten Pieter Post im 17. Jahrhundert mit seinem Rathaus: Es besteht aus zwei identischen Hälften. Die geschwungene Haupttreppe führt links in den herzoglich-brabantischen – sprich niederländischen – Trakt und rechts in den fürstbischöflich-lüttichen, womit der französische Einfluss zu seinem Recht kommt.

Es ist also kein besserer Ort vorstellbar, um das bedeutendste europäische Abkommen seit den Römischen Verträgen von 1957 abzuschließen. Die zwölf Staats- und Regierungschefs tagen am 9. und 10. Dezember 1991 in einem hypermodernen Gebäude auf einer künstlichen Insel in der Maas. Anfangs geht es nur schleppend voran, vor allem die Briten stellen sich quer. Deshalb ruft der niederländische Ministerpräsident Ruud Lubbers als Ratsvorsitzender gegen Mittag des ersten Tages Königin Beatrix an, die im nahe gelegenen Schloss Neercanne auf die Staatsgäste wartet. Obschon selbst ein katholischer Multimillionär, ist Lubbers geprägt vom asketischen calvinistischen Arbeitsethos seiner holländischen Heimat. Und so schlägt er der Königin vor, das geplante dreigängige Mittagessen kurzfristig durch eine einfache Brotmahlzeit zu ersetzen, damit alle Beteiligten schnell wieder an den Konferenztisch zurückkehren können. Doch da bekommt die Oranierin einen Wutanfall. Sie stampft mit den Füßen auf und giftet den Regierungschef durchs Telefon an, dass sie nicht im Traum daran denke, das bereits vorbereitete Essen abzusagen. Wie würde sie denn dastehen, wenn sie den internationalen Gästen lediglich ein *broodje kaas* servieren würde? Lubbers bleibt nichts anderes übrig, als sich dem königlichen Zorn zu beugen. Zumal Helmut Kohl auch schon mault: „Ich bin hungrig!“

Bald zeigt sich, dass die Königin das richtige Gespür gehabt hat. Während des Essens – das noch viel länger dauert als geplant – entspannt sich die Atmosphäre. Beatrix motiviert ihre Gäste zusätzlich mit der Beteuerung, es störe sie gar nicht, wenn ihr Konterfei künftig von den Münzen verschwinde. Das Ende des Guldens, in dem schon Rembrandt seine Bilder abgerechnet hat? Kein Problem für die Monarchin!

Am Ende des zweiten Konferenztags verkünden die Staats- und Regierungschefs die Ergebnisse. Das wichtigste ist: Europa bekommt tatsächlich eine gemeinsame Währung. Spätestens am 1. Januar 1999 soll sie Realität sein. Die D-Mark wird abgeschafft. Das ist das Opfer der Deutschen, erzwungen von

Gruppenbild mit Dame. Die Staats- und Regierungschefs sowie die Außenminister der zwölf EG-Mitgliedsstaaten posieren am 9. Dezember 1991, dem ersten Tag des Gipfels von Maastricht, mit der niederländischen Königin Beatrix für das traditionelle Gruppenfoto. Die Königin hatte an diesem Tag einen heftigen Schlagabtausch mit dem niederländischen Ministerpräsidenten Ruud Lubbers (3. v. rechts), weil dieser das Mittagessen ausfallen lassen wollte. Am zweiten Tag einigten sich die Spitzenpolitiker auf die Einführung einer gemeinsamen europäischen Währung.

Frankreich. Im Gegenzug dürfen die Deutschen allerdings vorgeben, wie die gemeinsame Währung aussehen soll. Und so kommt es, dass das „System Bundesbank" auf europäischer Ebene eingeführt wird. Das heißt, dass die künftige Europäische Zentralbank völlig unabhängig agieren soll. Sie soll ausschließlich auf den Erhalt des Geldwertes ausgerichtet sein und nicht etwa auf die Ankurbelung der Konjunktur oder des Arbeitsmarkts, so wie es der Tradition Frankreichs entspräche. Um das zusätzlich zu verdeutlichen, wird Deutschland später noch dafür sorgen, dass die Europäische Zentralbank am Sitz der Bundesbank, in Frankfurt, entsteht. Die französische Regierung gibt also im Gegenzug ihre Finanzsouveränität auf. Außerdem müssen alle Länder, die an der Währungsunion teilnehmen wollen, einen Stabilitätstest bestehen und bestimmte Kriterien erfüllen, die Deutschland wichtig sind, um sicherzustellen, dass die neue Währung so hart wie die D-Mark wird. So darf das Haushaltsdefizit nicht höher sein als drei Prozent des Bruttoinlandsprodukts. Und wenn sie einmal Mitglied der Währungsunion sind, gilt das Prinzip: Die Teilnehmer haben zwar eine gemeinsame Währung, aber jeder bleibt selbst für seine Staatsfinanzen zuständig. Hilfe ist nicht zu erwarten. Es ist damit eine Gemeinschaftswährung komplett zu deutschen Bedingungen. Großbritannien sichert sich für die Währungsunion eine Ausstiegsoption.

Doch jetzt kommt der große Haken des Vertrags von Maastricht: Dem epochalen Durchbruch bei der Wirtschafts- und Währungsunion steht nichts Vergleichbares bei der angestrebten Politischen Union gegenüber. Nur wenige Tage vor dem Gipfel hat Kohl im Bundestag noch erklärt, es sei eine Lehre der Geschichte, „dass die Vorstellung, man könne eine Wirtschafts- und Währungsunion ohne Politische Union auf Dauer erhalten, abwegig ist". Doch eben diese Politische Union kann er in Maastricht nicht durchsetzen, weil Mitterrand nicht dazu bereit ist, die Souveränität Frankreichs derart einzuschränken. Eine Gemeinsame Außen- und Sicherheitspolitik wird offiziell zwar beschlossen, sie ist aber im Grunde nur ein frommer Wunsch, denn das Einstimmigkeitsprinzip wird beibehalten. Nur wenn sich alle Zwölf einig sind, kann etwas ausgerichtet werden. Das aber ist selten der Fall. Daneben gibt es einige zusätzliche Kompetenzen für das Europäische Parlament. Außerdem wird die innere Sicherheit mehr und mehr zu einem europäischen Aufgabenbereich – eine logische Konsequenz aus dem Abbau der Grenzkontrollen im Zuge des Schengen-Vertrags. Unter anderem wird die Gründung einer europäischen Polizeibehörde, Europol, beschlossen. Und nicht zu vergessen: Die Europäische Gemeinschaft heißt künftig Europäische Union.

Vor der internationalen Presse in Maastricht versucht Kohl, das Ungleichgewicht zwischen der nun beschlossenen Wirtschafts- und Währungsunion und der nicht beschlossenen Politischen Union zu kaschieren. „Europa wird föderal sein oder es wird nicht sein", behauptet er trotzig. Doch im CDU-Präsidium wird er einige Jahre später zugeben: „Ich finde niemand innerhalb der Europäischen Gemeinschaft von heute, der Union, der dies so versteht, wie wir das verstanden haben." Im CDU-Grundsatzprogramm hatte es geheißen: „Unser Ziel ist die Herausbildung eines demokratischen europäischen Bundesstaats." Jetzt muss sich Kohl eingestehen: „Das war ein Satz, dem durch Jahrzehnte meine Liebe gehörte. Ich habe inzwischen einsehen müssen, dass der Satz so nicht haltbar ist." Seine Hoffnung ist künftig: Wenn die europäischen Staaten erst einmal eine gemeinsame Währung haben, werden sie so unwiderruflich und so engmaschig miteinander verwoben sein, dass sie die Politische Union zwangsläufig doch noch einführen werden.

Der deutsche Finanzminister Theo Waigel leidet während des Gipfels unter einer Meniskusverletzung. Trotz großer Schmerzen bemüht er sich darum, normal zu gehen – denn er fürchtet die Schlagzeile „Waigel schleppt sich mit

Stichwort: Die Europäische Währungsunion

Die unvollkommene Währung

Die Europäische Währungsunion ist die mit Abstand weitgehendste Form europäischer Integration, die bisher verwirklicht worden ist. Mit der Ersetzung teils jahrhundertealter Währungen ist das föderale Europa auf einem sehr zentralen Feld Wirklichkeit geworden. Spätestens der Fall Griechenland hat eindrucksvoll vorgeführt, dass die Mitglieder der Eurozone ihre Haushaltssouveränität eingebüßt haben. Sie werden notfalls gezwungen, drastische Einsparungen vorzunehmen.

Seit Anfang an haben zahllose Wirtschaftswissenschaftler unterschiedlichster Couleur das Scheitern des Euro prophezeit. Der meistgenannte Grund: Es kann nicht funktionieren, dass mehrere Staaten zwar einen so wesentlichen Teil ihrer Souveränität wie die Währung vergemeinschaften, jedes Land aber trotzdem weiter selbst über seine Ausgaben, seine Steuern und Schulden bestimmt, soweit dies im Rahmen der Vorgaben des europäischen Stabilitätspakts geschieht. Ein anderes Argument gegen den Euro ist, dass die beteiligten Länder von ihrer Wirtschaftsstruktur her zu unterschiedlich sind. Ein Land wie Italien konnte früher in einer Krise seine Währung abwerten, was dazu führte, dass seine Produkte auf dem Weltmarkt billiger wurden und sich besser verkauften. Dadurch wurde die Wirtschaft dann wieder angekurbelt. Seit der Einführung des Euro ist das nicht mehr möglich. Produkte können jetzt nur noch billiger werden, indem das Lohnniveau abgesenkt wird. Das, sagen die Kritiker, muss zwangsläufig zu schweren Verwerfungen und Spannungen zwischen den Ländern führen – also zum Gegenteil dessen, was mit der europäischen Integration eigentlich erreicht werden soll.

Nun sind auch die Staaten der USA wirtschaftlich sehr unterschiedlich stark und haben doch eine gemeinsame Währung. Ein entscheidender Unterschied zur Eurozone ist allerdings, dass die US-Bundesregierung wirtschaftlich schwache Staaten unterstützt, etwa indem sie einen großen Teil der Sozialleistungen finanziert. Die meisten Experten stimmen mit dem Nobelpreisträger Joseph Stiglitz überein, der sagt: „Ein System der wirtschaftlichen Integration kann nur funktionieren, wenn die stärkeren Länder die schwächeren in irgendeiner Weise unterstützen." Dies geschieht in der EU über den europäischen Fonds für regionale Entwicklung, der die Infrastruktur der schwächeren Mitglieder mit Milliardenbeträgen fördert – nur reicht dies nach Meinung der meisten Experten bei weitem nicht aus. Nötig wäre demzufolge ein gemeinsamer Haushalt der Eurozone.

Diese Einwände mögen alle einleuchtend sein, doch dagegen steht eine einfache Tatsache: Der Euro existiert mittlerweile schon ein Vierteljahrhundert – anders als von zahllosen Wirtschaftswissenschaftlern vorhergesagt. Es sieht auch nicht danach aus, dass er in absehbarer Zeit beerdigt wird und die Mitgliedsstaaten zu ihren früheren nationalen Währungen zurückkehren. Denn selbst wenn man davon ausgehen sollte, dass es ein Fehler war, den Euro einzuführen – ihn wieder abzuschaffen, wäre ohne Zweifel ein noch viel größerer Fehler. Er wäre das ultimative Signal dafür, dass Europa am Ende ist.

letzter Kraft zur neuen Währung“. Sobald alles überstanden ist, lässt er sich operieren. Als er aus der Narkose erwacht, bemerkt er beim Operationspersonal große Heiterkeit. Etwas verwirrt fragt er, was los sei. Nun, lautet die Antwort, seine ersten Worte nach dem Aufwachen seien „D-Mark“ und „Maastricht“ gewesen.

Kopenhagen. „Maastricht ist mausetot.“ Das erklärt eiskalt der dänische Außenminister Uffe Ellemann-Jensen. Begründung: Der Maastrichter Vertrag kann nur dann in Kraft treten, wenn ihn alle zwölf EG-Länder ratifiziert haben. Das aber ist nach dem Nein der dänischen Bevölkerung am 2. Juni 1992 erst mal nicht mehr möglich. Denkbar knapp haben sich die Dänen in einem Referendum gegen die Weiterentwicklung der EG zur Europäischen Union entschieden: 50,7 Prozent stimmten dagegen, 49,3 Prozent dafür. Die Differenz betrug gerade einmal 46 259 Stimmen. Aber das ändert nichts am Ergebnis, das nun die gesamte EG erschüttert. Seit den Tagen der Wikinger hätten die Dänen keine derartige Zerrüttung mehr verursacht, witzelt der nicht gerade Europa-affine britische Premierminister John Major.

Schon lange gelten die Dänen als die größten EG-Skeptiker nach den Briten. Wobei: Das Folketing, Dänemarks Parlament, hat den Vertrag von Maastricht mit der überwältigenden Mehrheit von 135 gegen 25 Stimmen angenommen. Im Wahlkampf vor dem Referendum haben sich alle großen Parteien für Europa stark gemacht, ebenso Gewerkschaften, Arbeitgeberverbänden, Medien … Bei einem Nein werde Dänemarks Wirtschaft ins Bodenlose abstürzen, warnten sie. Genützt hat das nicht. Im Gegenteil: Gerade die Schreckpropaganda und das allzu geschlossene Auftreten der Eliten hat den Widerspruchsgeist der Dänen offenbar angestachelt. Ähnlich kontraproduktiv dürfte die Mahnung von Kohl und Mitterrand gewesen sein, die Dänen sollten mal besser zustimmen, sonst würden die anderen ohne sie weitermachen. Das kam als arrogantes Großmachtgehabe an. Zudem konnten die dänischen Maastricht-Opponenten einen neuen Bericht von Boris Johnson ausschlachten: „Delors plant Herrschaft über Europa“.

Wähleranalysen zeigen: Für Maastricht stimmten vor allem gut situierte Mittelklasse-Bürger, dagegen tendenziell schlechter Gestellte, Anhänger der Sozialdemokraten, Frauen und junge Wähler. Viele fürchten um die sozialen Errungenschaften, die der dänische Wohlfahrtsstaat garantiert. Begriffe wie „Europäische Union“ und „Harmonisierung“ klingen in ihren Ohren eher bedrohlich. Und so konstatiert der Liberale Uffe Ellemann-Jensen nach der Abstimmung nicht nur den Tod des Maastrichter Vertrags, er fragt sich auch: „Wie um alles in der Welt kann man so weit weg von seinen Wählern kommen?“

Paris. François Mitterrand will beweisen, dass er die Wähler noch hinter sich hat – und kündigt deshalb kurz nach dem dänischen Nein ebenfalls ein Referendum an. Zunächst zeichnet sich in den Umfragen eine satte 70-Prozent-Mehrheit für den Vertrag ab. Doch dann nimmt die Kampagne der Maastricht-Gegner Fahrt auf. Eine Billigung wäre „nationaler Selbstmord", eifert der Anführer der rechtsextremen Front National, Jean-Marie Le Pen, „schlimmer als ein verlorener Krieg". Innerhalb weniger Wochen schmilzt der Vorsprung der Befürworter dahin – und dann liegen die Gegner plötzlich mit 52 Prozent in Führung. Sollten auch die Franzosen den Vertrag ablehnen, dann wäre Maastricht wirklich mausetot.

Für Mitterrand geht es jetzt um alles. Um sein Lebenswerk und um das Leben selbst. Denn der Präsident ist todkrank. Schon sechs Monate nach seinem Amtsantritt 1981 haben die Ärzte bei ihm Prostatakrebs und Metastasen in den Knochen festgestellt. Lebenserwartung: maximal drei Jahre. Entgegen allen Erwartungen hat die Behandlung damals angeschlagen. Aber jetzt ist der Krebs zurück. Der 75-Jährige kann sich oft kaum noch auf den Beinen halten. Entgegen dem Rat seiner Ärzte entschließt er sich dennoch, es in einer dreistündigen Sondersendung im Fernsehen mit den Maastricht-Kritikern aufzunehmen. In der Aula der Sorbonne-Universität diskutiert er zunächst mit ausgewählten Bürgern und Journalisten, dann mit dem neogaullistischen Wortführer des Anti-Maastricht-Lagers, Philippe Séguin. Der Vertrag bedeute keineswegs das Ende Frankreichs, sondern nur das Ende des Franc, sagt Mitterrand. Aber dafür opferten die Deutschen ihre geliebte Mark, auf die sie so stolz seien. Den Franzosen bleibe ihr Vaterland erhalten, und sie bekämen das Vaterland Europa dazu. Als besonderer Clou folgt eine Live-Schaltung nach Bonn: *„Bonsoir, Helmut!"* Der Kanzler verspricht den Franzosen, dass es keinen „deutschen Dämon" geben werde, kein deutsches Europa. Die schockierenden Angriffe auf Asylsuchende in Rostock-Lichtenhagen wenige Tage zuvor spiegelten kein erneutes Abdriften in Richtung Totalitarismus, sondern die Probleme nach 40 Jahren Kommunismus.

Am 20. September 1992 wird das Referendum abgehalten. Um Punkt 20 Uhr melden die Fernsehsender das Ergebnis: Die Franzosen haben zugestimmt. Maastricht ist gerettet – aber nur ganz, ganz knapp. 51 Prozent haben dafür votiert, 49 dagegen. Eine Analyse der Wahl zeigt, dass Frankreich in jeder Hinsicht gespalten ist. Die Mitte des Parteienspektrums hat Ja gesagt, von den Rändern – Rechtsextremisten und Kommunisten – kam ein fast einhelliges Nein. Ebenso klar zeichnen sich die geografischen Trennlinien ab: Die größte Anziehungskraft hat Europa in der Weltstadt Paris, in den Grenzgebieten zu Deutschland, Luxemburg und der Schweiz wie dem Elsass und Lothringen sowie in der Bretagne. Antieuropäisch ist die Stimmung dagegen in der landwirtschaftlich und industriearm geprägten Mitte Frankreichs, im gesamten Mittelmeerbogen und im krisengeschüttelten Norden am Ärmelkanal und an der Grenze zu Belgien. Auch der Bildungsstand und die soziale Stellung haben entscheidenden Einfluss: 60 bis 70 Prozent der Freiberufler und leitenden Angestellten unterstützen Maastricht, 60 Prozent der Arbeiter und Bauern lehnen es ab. Die Nein-Sager begründen ihre Entscheidung mit dem Verlust der Souveränität Frankreichs, Ablehnung der Brüsseler Technokratie und Angst vor Deutschland. Wer für Maastricht ist, verweist auf den Frieden, den Ausbau Europas und eine bessere Wettbewerbsposition gegenüber den USA und Japan.

Die beiden Volksbefragungen zeigen, dass die Politiker das Projekt der europäischen Einigung zu lange verfolgt haben, ohne sich zu fragen, ob dies eigentlich durch die Wähler legitimiert ist.

Kopenhagen. Ein Jahr nach dem ersten Referendum sind die Dänen ein zweites Mal zur Abstimmung aufgerufen, und dieses Mal wählen sie aus Brüsseler Sicht „richtig" und votieren mit einer deutlichen Mehrheit von knapp 57 Prozent für Maastricht. Zuvor hatten die Staats- und Regierungschefs Dänemark ein teilweises Ausscheren aus dem Unionsvertrag zugebilligt.

Karlsruhe. Elf der zwölf EG-Staaten haben den Vertrag von Maastricht inzwischen ratifiziert – nur Deutschland noch nicht. Der Grund dafür ist, dass mehrere Politiker Klage beim Bundesverfassungsgericht eingereicht haben, und solange darüber nicht entschieden ist, kann der Vertrag nicht endgültig abgesegnet werden. Am 12. Oktober 1993 verkünden die Richter schließlich ihre Entscheidung: Sie verwerfen die Verfassungsbeschwerden und billigen die deutsche Beteiligung an der weiteren europäischen Einigung. Die Übertragung von Kompetenzen durch den Beitritt zur Wirtschafts- und Währungsunion verstoße nicht gegen das Demokratieprinzip des Grundgesetzes, stellen sie fest. Allerdings schieben die Richter einige deutliche Warnungen nach: Sie mahnen an, dass die demokratischen Grundlagen der Union „schritthaltend mit der Integration" ausgebaut werden müssten. Solange die demokratische Legitimation der Europäischen Union im Wesentlichen über eine Rückkopplung der nationalen Parlamente erfolge, dürfe der Bundestag Befugnisse „von substanziellem Gewicht" nicht überwiegend an Europa abtreten. Das heißt: Die europäische Einigung hat dort ihre Grenzen, wo die Demokratie ausgehöhlt wird. Es dürfen nicht so viele Befugnisse verlagert werden, dass der gewählte Bundestag entmachtet wird.

Da „ein europäisches Staatsvolk" noch nicht in Sicht ist, sind die einzelnen Mitgliedsstaaten nach Auffassung der Richter nach wie vor die Herren der Verträge. In diesem Zusammenhang bezeichnet das höchste deutsche Gericht die Europäische Union als „Staatenverbund zur Verwirklichung einer immer engeren Union der – staatlich organisierten – Völker Europas". Die EU ist demnach also eine Mischung aus einem Staatenbund und einem Bundesstaat. Die Mitglieder der EU sind zwar noch überwiegend souveräne Nationalstaaten, doch sie stehen auf zentralen Politikfeldern in ständiger Abstimmung miteinander und haben zudem einige Hoheitsrechte auf supranationale Einrichtungen wie die Brüsseler Kommission übertragen.

Nur wenige Stunden später unterzeichnet Bundespräsident Richard von Weizsäcker das Ratifizierungsgesetz, und noch am selben Abend hinterlegt Deutschland die Ratifizierungsurkunde bei der EU. Zum 1. November 1993 tritt der Vertrag von Maastricht in Kraft.

Straßburg. Eine neue Ära der europäischen Integration hat begonnen. Grund zum Jubel? Der tschechische Präsident Václav Havel weist 1994 in einer Rede vor dem Europäischen Parlament darauf hin, dass Europa den einfachen Bürger kaum erreiche. „Eine Lektüre des Maastrichter Vertrages, wie hoch dessen Bedeutung als historisches Dokument auch anzuschlagen sein mag, dürfte der Europäischen Union kaum wirklich begeisterte Anhänger verschaffen oder vielmehr: kaum Patrioten in Gestalt von Menschen, die diesen komplizierten Organismus tatsächlich als ihr Vaterland oder ihre Heimat empfinden." Um das zu ändern, regt Havel – der vor seinem Aufstieg an die Spitze des Staates als Dramatiker, Essayist und Menschenrechtler gewirkt hat – eine Charta der europäischen Identität an. Darin müsse erklärt werden, auf welchen Ideen die EU beruhe, welchen Sinn sie habe und für welche Werte sie stehe.

Sarajevo. Defizite sind auch in anderer Hinsicht nicht zu übersehen. Offiziell gibt es nun eine Gemeinsame Außen- und Sicherheitspolitik, doch diese kommt nur bei Einstimmigkeit zustande, und davon sind die Mitgliedsstaaten meist weit entfernt. Das zeigt sich in beschämender Weise, als es ab 1991 darum geht, einen bewaffneten Konflikt vor der eigenen Haustür beizulegen. Seit dem Zerfall Jugoslawiens herrscht auf dem Balkan wieder Krieg mit all seinen Schrecken: Bombardements, Belagerungen, Massenerschießungen, Vergewaltigungen als Mittel der Kriegsführung, Gefangenenlager mit ausgemergelten Insassen. Und die Europäische Gemeinschaft beziehungsweise Union? Ist bestenfalls ohnmächtig und schlimmstenfalls zerstritten. Verstörend ist auch, wie stark alte Allianzen wieder zum Tragen kommen: Während Frankreich zumindest am Anfang seinen früheren Verbündeten aus dem Ersten Weltkrieg, Serbien, in Schutz nimmt, erkennt Deutschland Tage nach dem Gipfel von Maastricht im

Alleingang die Unabhängigkeit Kroatiens und Sloweniens an, ehemals Teile des Habsburgerreichs Österreich-Ungarn. Damit düpiert die Regierung Kohl/Genscher nicht nur ihre europäischen Partner, sondern provoziert auch weitere Unabhängigkeitsbestrebungen.

1992 wird Sarajevo, Hauptstadt von Bosnien-Herzegowina und multikultureller Austragungsort der Olympischen Winterspiele von 1984, von serbischen Einheiten eingekesselt und beschossen. Scharfschützen zielen willkürlich auf Zivilisten, die für Lebensmittel anstehen, in der Straßenbahn zur Arbeit fahren oder einfach nur über die Straße gehen. Kinder und Rettungskräfte werden nicht verschont.

Am Jahrestag des Attentats auf den österreichischen Thronfolger Franz Ferdinand – 1914 Auslöser des Ersten Weltkriegs – fliegt François Mitterrand in einem Hubschrauber in die belagerte Stadt ein. „Wir lieben Sie, Monsieur", rufen ihm Frauen und Kinder zu. Während eines Mittagessens mit dem muslimischen Präsidenten Alija Izetbegović explodieren in der Nähe Granaten. Vielleicht eine beeindruckende Geste des Präsidenten, doch nach seinem Besuch geht die Belagerung einfach weiter. Erst durch das Eingreifen der USA wird der Konflikt Jahre später beendet.

Korfu. Personalquerelen beim Europäischen Rat auf der griechischen Sonneninsel: Ruud Lubbers, seit zwölf Jahren Ministerpräsident der Niederlande, will Nachfolger von Jacques Delors als Kommissionspräsident werden. Doch Helmut Kohl lehnt ihn ab. Als er gefragt wird, was er gegen Lubbers habe, antwortet er: „Das ist doch ganz einfach. Der Ruud ist nicht deutschfreundlich." Er hat seinen Widerstand gegen die deutsche Einheit nicht vergessen. Lubbers ist von Kohls Antwort tief getroffen. Sofort fällt ihm eine Begebenheit von 1941 ein, die ihm seine Mutter erzählt hat. Sein Vater war damals von den deutschen Besatzern festgenommen worden, und seine Mutter fragte einen deutschen Polizisten nach dem Grund. Die Antwort: „Ihr Mann ist nicht deutschfreundlich."

Der Wunschkandidat von Kohl und Mitterrand, der belgische Ministerpräsident Jean-Luc Dehaene, wird wiederum von Großbritannien als zu föderalistisch abgelehnt. So bekommt den Spitzenjob am Ende jemand, der ihn eigentlich gar nicht will und für den die Schuhe von Delors ein paar Nummern zu groß sind: der Luxemburger Regierungschef Jacques Santer.

Wien. Seit 1955, als Österreich in einem Staatsvertrag seine Souveränität wiedererlangte, gilt für das Land zwischen Donau und Alpenkamm ein sogenanntes Anschlussverbot: Die Sieger des Zweiten Weltkriegs haben es verpflichtet, „keine wie immer geartete politische oder wirtschaftliche Vereinigung mit Deutschland" einzugehen. Insbesondere die Sowjetunion hat immer darauf beharrt, dass damit auch ein Beitritt zur Europäischen Wirtschaftsgemeinschaft tabu sei. Doch am 25. Dezember 1991 ist die rote Flagge mit Hammer und Sichel über dem Kreml eingeholt worden – die Sowjetunion existiert nicht mehr. Damit ist für viele bisher neutrale oder auch dem Ostblock zugehörige Staaten der Weg frei, sich um Aufnahme in die Europäische Gemeinschaft zu bemühen. Österreich hat einen solchen Antrag schon 1989 gestellt. Nachdem die Verhandlungen mit Brüssel 1994 erfolgreich abgeschlossen worden sind und das österreichische Parlament den Beitritt mit 140 gegen 35 Stimmen gebilligt hat, sind am 12. Juni 1994 knapp 5,8 Millionen Wahlberechtigte am Zug. Die Allianz der Beitrittsgegner reicht vom Rechtsaußen Jörg Haider über den Maler Friedensreich Hundertwasser bis zu den österreichischen Grünen. Doch am Ende stimmt eine klare Zweidrittelmehrheit von 66,6 Prozent mit Ja. Auf dem Wiener Heldenplatz erklingt Beethovens „Ode an die Freude", eine jubelnde Menge schwenkt Europafähnchen. Viele Bürger erhoffen sich auch einen ganz konkreten Vorteil von dem Beitritt: Da die Preise vieler Produkte bisher durch Monopole und Marktabgrenzungen künstlich hochgehalten worden sind, dürfte die zusätzliche Konkurrenz auf dem Binnenmarkt von der Butter bis zum Auto vieles billiger machen. So soll bald das deutlich niedrigere deutsche Preisniveau erreicht werden. Eine Drogeriekette plakatiert deshalb frohgemut: „Preiß'n-Preise, hereinspaziert!"

Helsinki. „Der finnische Hund sucht sich einen neuen Herrn", lautet der Slogan auf den Wahlplakaten der finnischen EU-Gegner. Für die Finnen ist klar, was damit gemeint ist: Der alte Herr war der riesige östliche Nachbar Russland, der das Land bis 1917 als Provinz direkt beherrscht hat und nach 1945 trotz offizieller Neutralität eine enge Anbindung in der Außen-, Sicherheits- und Wirtschaftspolitik erwartete. Der neue Herr könnte in den Augen der Europa-Skeptiker die dominierende EU-Wirtschaftsmacht Deutschland werden.

Für die finnische Regierung und die finnische Wirtschaft ist der EU-Beitritt dagegen die große Chance, die traditionelle Abhängigkeit von Russland ein für allemal zu überwinden und das Land in Westeuropa zu verankern. Die Not ist groß, denn der Zusammenbruch des wichtigsten Exportmarkts Russland hat Finnland in die schwerste Wirtschaftskrise seit 1945 gestürzt – mit einer Massenarbeitslosigkeit von 20 Prozent. Der EU-Beitritt soll die Finnen nun aus der Krise führen. Darauf hoffen die Flaggschiffe der Exportwirtschaft wie die Papier und Metall verarbeitende Industrie und der weltweit erfolgreiche Handy-Hersteller Nokia. Aufgrund der gewaltigen Entfernungen in dem dünn besiedelten Land waren Mobiltelefone hier schon Standard, als es in Mitteleuropa noch gar keine Netze für die drahtlose Kommunikation gab.

Die Mehrheit der Wähler entscheidet am 16. Oktober 1994 pro Europa: 74 Prozent der vier Millionen Stimmberechtigten beteiligen sich und votieren zu 57 Prozent für den Beitritt.

Stockholm. Astrid Lindgren mag die Europäische Union überhaupt nicht. Zu ihrem 87. Geburtstag am 14. November 1994 hat die Erfinderin von Pippi Langstrumpf nur einen einzigen Wunsch: „Ich wünsche mir ein kräftiges Nein." Ein Nein beim schwedischen Referendum über den von der Regierung angestrebten EU-Beitritt. „Der Tierschützer-Instinkt und das Bauernblut in mir sagen, dass die EU für Schweden nicht gut ist", erklärt die fast erblindete Schriftstellerin. Jeder weiß, dass sie auf dem Land geboren und aufgewachsen ist, denn diese Welt konserviert sie in ihren Büchern. Bullerbü, Lönneberga, Birkenlund und Mattiswald – Millionen Kinder und Erwachsene verbinden Schweden dank dieser ländlichen Paradiese mit Natur, dörflicher Gemeinschaft und Familienidyll. Wenn Schweden der EU beitritt, so warnt Lindgren, wird die schöne schwedische Landschaft mit ihren tiefen, unberührten Wäldern allmählich verschwinden, bis nur noch angepflanzte Nutzwälder da sind. Merkwürdig ist: Sie selbst hat ihren Heimatort Vimmerby schon mit 18 Jahren fluchtartig verlassen, weil sie unverheiratet schwanger war, und seitdem ihr ganzes Leben in einer Etagenwohnung im Zentrum von Stockholm verbracht. Nur einige wenige Bilder über ihrem Bett erinnern dort noch an ihre Kindheit auf dem Lande. Lindgren ist Großstädterin durch und durch.

Für die um ein Ja kämpfende Regierung des sozialdemokratischen Ministerpräsidenten Ingvar Carlsson ist der Aufruf von Astrid Lindgren nur wenige Tage vor der Volksbefragung ein schwerer Schlag, denn die wohl berühmteste Kinderbuchautorin Europas ist so etwas wie eine Nationalheilige. In den Umfragen führt das Nein-Lager sowieso schon. Und dies, obwohl die schwedische Industrie seit vielen Jahren auf einen Beitritt und den damit verbundenen ungehinderten Zugang zum Binnenmarkt drängt.

Dann die Überraschung: Am 13. November entscheiden sich gut 52 Prozent der Wähler für die EU. Stimmberechtigt waren 6,5 Millionen Staatsbürger. Vor allem Zweifler aus der Wählerschaft der Sozialdemokraten haben sich wohl im letzten Moment zu einem Ja durchgerungen. Bei den Befürwortern herrscht Jubelstimmung, die Gegner sind niedergeschlagen. Lindgren glaubt zu wissen, was jetzt geschehen wird: „Nun kommen die Deutschen und kaufen unsere Sommerhäuser weg."

Oslo. Zwei skandinavische Staaten haben sich nun zum Beitritt entschlossen, Dänemark ist sogar schon seit 1973 mit dabei. Kann Norwegen da eine Isolation riskieren und abermals Nein sagen, so wie schon 1972? Das Hauptargument in Finnland und Schweden – die wirtschaftlichen Vorteile – verfängt im Nachbarland nicht unbedingt, denn Norwegen ist dank seiner Öl- und Gasfelder in der Nordsee der weltgrößte Ölexporteur nach Saudi-Arabien und eines der reichsten Länder der Welt. Um ihre Existenz fürchten dagegen die vom Fischfang abhängigen Küstenstädte hoch im Norden, da für sie die Quotenregelungen Brüsseler Ministerrats-Entscheidungen gelten würden. „Ja zum Fisch – Nein zur EU", steht deshalb auf Aufklebern. Auch die Erinnerung an die deutsche Besatzung von 1940 bis 1945 spielt noch eine Rolle. „Viele sagen: Wir waren einmal besetzt, warum sollen wir uns nochmal besetzen lassen?", berichtet die sozialdemokratische Ministerpräsidentin Gro Harlem Brundtland, die mit Leidenschaft für ein Ja wirbt. Sie hält den Skeptikern entgegen, dass man Deutschland gerade in der EU am besten einbinden könne.

Am 29. November 1994 ist Wahltag, 3,3 Millionen Norweger sind stimmberechtigt. Obwohl in Teilen des Landes Schneestürme toben, liegt die Beteiligung bei fast 89 Prozent, höher als bei allen Parlamentswahlen seit 1945 und auch als beim EG-Referendum von 1972. Das Ergebnis: Zum zweiten Mal lehnt die Bevölkerung einen Beitritt ab, gut 52 Prozent stimmen dagegen. Nur in Oslo und Umgebung kann die Ja-Seite eine Mehrheit gewinnen, alle anderen Distrikte stimmen mehrheitlich mit Nein, im Norden sind es sogar mehr als 70 Prozent.

Dennoch ist Norwegen der EU eng verbunden: Am 1. Januar 1994 ist es dem Europäischen Wirtschaftsraum (EWR) beigetreten. Diese Freihandelszone gewährt dem Land ebenso wie Island und Liechtenstein Zugang zum Binnenmarkt, wofür es allerdings auch die Binnenmarkt-Regeln befolgen und Beitragszahlungen an Brüssel entrichten muss. Kritiker sagen: Faktisch ist Norwegen überwiegend Teil der EU, nur hat es als Nicht-Mitglied keinerlei Möglichkeiten, die Politik der Union mit zu beeinflussen.

Bern. Anders als Norwegen ist die Schweiz noch nicht einmal Mitglied des EWR. 1992 haben die Eidgenossen einen Beitritt in einem Referendum abgelehnt. Während die Französisch sprechende Westschweiz geschlossen dafür war, haben alle deutschsprachigen Kantone mit Ausnahme von Basel-Stadt und Basel-Land dagegen gestimmt. Sie befürchteten, zu viel von ihrer Selbstständigkeit und Entscheidungsfreiheit einzubüßen. Damit bleibt das Land, in dem Churchill 1946 seine große Europa-Rede gehalten hat, weiterhin außen vor. Allerdings schließt es im Laufe der Zeit 120 Einzelabkommen mit der EU.

Brüssel. So treten mit Beginn des Jahres 1995 also drei neue Mitglieder der EU bei: Österreich, Finnland und Schweden. Die Bevölkerung der Union wächst damit zwar lediglich von knapp 350 auf 370 Millionen Menschen, ihr Territorium jedoch vergrößert sich um ein Drittel und reicht fortan bis zum Polarkreis. Das Bruttoinlandsprodukt der 15 Mitgliedsstaaten beträgt mehr als elf Billionen D-Mark und liegt damit zehn Prozent über dem der USA.

Doch das ist nur ein Zwischenstand, denn weitere Beitrittskandidaten stehen schon vor der Tür: Die einstigen Mitglieder des Warschauer Pakts in Mittel- und Osteuropa wollen jetzt ebenfalls so schnell wie möglich in die EU. Gleiches gilt für Malta und Zypern. Dadurch könnte die Zahl der Mitgliedsstaaten schon in wenigen Jahren auf 25 ansteigen. Das Problem ist: All diese Länder sind nach EU-Standards bettelarm – sie sind ärmer als die ärmsten Regionen, die innerhalb der Union viele Millionen aus den Förderprogrammen erhalten. Das bedeutet, dass die bisherigen Nutznießer befürchten müssen, künftig weitgehend leer auszugehen, und die Nettozahler der Union – allen voran Deutschland, die Niederlande, Dänemark, Schweden und Österreich – noch sehr viel größere Summen locker machen müssen. Das sind für Politiker, die wiedergewählt werden wollen, Horroraussichten. Dazu kommt: Der komplizierte Mechanismus der Entscheidungsfindung in der EU ist auf sechs Mitglieder zugeschnitten. Er zielt auf Konsens ab. Niemand soll zu etwas gezwungen werden, jeder von der Mitgliedschaft profitieren. Deshalb gibt es in vielen Fragen immer noch ein Vetorecht. Schon mit zwölf Mitgliedern war das kaum noch praktikabel. Wie aber soll es mit 20, 25 oder noch mehr Staaten durchgehalten werden? Und noch dazu mit Ländern, die sich gerade erst zu Demokratien gewandelt haben und einen ganz anderen politischen Erfahrungshorizont haben als die Staaten des Westens? Länder auch, die gerade erst ihre volle Unabhängigkeit erlangt haben und keinesfalls bereit dafür sind, nun gleich wieder Abstriche hinzunehmen und einen Teil dieser neu gewonnenen Souveränität an supranationale Einrichtungen abzutreten? Eine Gemeinsame Außen- und Sicherheitspolitik dürfte mit ihnen schon deshalb nur schwer zu realisieren sein, weil sie aufgrund ihrer historisch schlechten Erfahrungen mit Russland auf die USA und die NATO ausgerichtet sind.

Andererseits haben die aktuellen Bewohner des viel zitierten „europäischen Hauses“ kaum eine Handhabe, die armen Verwandten im Regen stehen zu lassen. Schon Robert Schuman hat 1963 betont: „Wir müssen das geeinte Europa nicht nur im Interesse der freien Völker errichten, sondern auch, um die Völker Osteuropas in diese Gemeinschaft aufnehmen zu können, wenn sie, von den Zwängen, unter denen sie leiden, befreit, um ihren Beitritt und unsere moralische Unterstützung nachsuchen werden.“

Nach den 1993 beschlossenen „Kopenhagener Kriterien“ kann im Prinzip jeder europäische Staat Mitglied werden, der die zentralen Werte Demokratie, Rechtsstaatlichkeit, Wahrung der Menschenrechte und Schutz von Minderheiten achtet. Ein zweites Kriterium ist, dass der Antragsteller über eine wettbewerbsfähige Marktwirtschaft verfügen muss. Drittens muss er bereit sein, die bestehenden EU-Institutionen und -Gesetze anzuerkennen und zu übernehmen.

Abweisen kann man die Osteuropäer also nicht – aber hinhalten allemal. Zuerst muss die EU reformiert werden, so dass sie überhaupt in der Lage ist, so viele Newcomer aufzunehmen. Erst dann kann die Erweiterung stattfinden. Das ist die Linie, die sich herauskristallisiert. Vor allem Frankreich tritt auf die Bremse. Die Regierung in Paris befürchtet eine Verwässerung der Union durch Überdehnung. Zudem geht sie davon aus, dass die Öffnung nach Osten Deutschlands Stellung zusätzlich stärken wird. Es werde noch Jahrzehnte dauern, ehe die ehemaligen Ostblockstaaten für einen EU-Beitritt reif seien, sagt Mitterrand. Entschiedene Befürworter einer schnellen Erweiterung sind hingegen die Briten. Ihr Kalkül ist: Wenn die EU erst einmal 30 Mitglieder hat, wird sie sich auf gar nichts mehr einigen können. Übrigbleiben wird dann nur noch der Binnenmarkt – und das wäre genau das, was London immer schon wollte.

Ein Land zeigt sich unterdessen immer frustrierter: die Türkei. Schon 1963 hat sie ein Assoziierungsabkommen mit der damaligen EWG abgeschlossen und ging zunächst davon aus, damit die Grundlage für einen Beitritt gelegt zu haben. „Die Türkei gehört zu Europa“, betonte damals Kommissionspräsident Hallstein. „Und eines Tages soll der letzte Schritt vollzogen werden: Die Türkei soll vollberechtigtes Mitglied der Gemeinschaft sein.“ Doch zur großen Enttäuschung wechselnder türkischer Regierungen ist es bei diesen schönen Worten geblieben. Brüssel verweist auf weiterhin bestehende Defizite in zentralen Bereichen wie Rechtsstaatlichkeit, Meinungs- und Versammlungsfreiheit. Türkische Politiker haben dagegen den Verdacht, dass dies nur vorgeschoben ist und die EU in Wahrheit eine „Union der Christen“ bleiben will. Tatsächlich fürchtet etwa Kanzler Kohl einen islamischen Fundamentalismus. Egal ob im Gespräch mit US-Präsident George Bush, dem britischen Premierminister John Major oder dem indischen Ministerpräsidenten Narasimha Rao: Immer betont er, man solle sich zwar um ein enges Verhältnis zur Türkei bemühen, Mitglied werden aber könne sie nie. Für „völlig indiskutabel“ hält er eine Mitgliedschaft Russlands.

Madrid. Gipfeltreffen auf dem zugigen Messegelände der spanischen Hauptstadt am 15. Dezember 1995. Die EU-Staats- und Regierungschefs quälen sich mit einer schwierigen Frage: Wie sollen sie die neue europäische Währung nennen? Vielleicht „Ecu"? So heißt schon die Rechnungseinheit des Europäischen Währungssystems, und die Franzosen würden die Bezeichnung bevorzugen, weil schon französische Gold- und Silbermünzen im Mittelalter so hießen. Ratspräsident Felipe González verkündet allerdings: „Helmut hat ein Problem! Er wird uns davon erzählen." Ja, sagt der Kanzler, „Ecu" sei kein guter Name. „Das ist eine abgewertete Währung." Seit seiner Einführung hat der Ecu stark an Wert verloren – kein gutes Omen für die neue Währung, zumal sich die Deutschen sowieso nur schwer von ihrer harten Mark trennen können. Nun kommen andere Vorschläge. Wie wäre es mit „Franken"? Dann könnten die Franzosen ihren Franc behalten – und die Deutschen würden womöglich an den stabilen Schweizer Franken denken. Aber jetzt ist es González, der abwehrt: „Nein, da denkt man an Franco." Franco, den Diktator. „Für die Spanier ist das nicht möglich." Einige Zeit dreht sich die Debatte im Kreis, dann steht irgendwann der Name „Euro" im Raum. Der deutsche Finanzminister Theo Waigel will ihn erfunden haben. „Klingt nicht besonders erotisch", bemängelt der luxemburgische Ministerpräsident Jean-Claude Juncker. Worauf Waigel entgegnet: „Hauptsache, es klingt *eurotisch*!" Die Griechen wenden noch ein, dass sich „Euro" im Griechischen so ähnlich anhöre wie „Urin" (ούϱο). Aber schließlich wird der Vorschlag einstimmig angenommen.

Herzogenrath/Kerkrade. Aus der Luft sehen die beiden Orte aus wie eine einzige Stadt. Aber mittendurch verläuft die deutsch-niederländische Grenze. Lange wurde sie sogar von einem „Berliner Mäuerchen" markiert: Nur kniehoch war diese Absperrung, aber wer drüber sprang und erwischt wurde, musste 20 Mark Strafe zahlen. Auf der einen Seite der Mauer war die Neustraße, auf der anderen die Nieuwstraat. Wenn die deutsche Fußball-Nationalmannschaft gegen das Oranje-Team antrat, gab es an der Mauer jedes Mal Schlägereien zwischen gegnerischen Fans, die eigens zum Randalieren angereist waren. Herzogenrather und Kerkrader standen kopfschüttelnd in sicherer Entfernung. Die insgesamt etwa 100 000 Einwohner arbeiten schon lange zusammen, teilen sich ein Theater, einen Gewerbepark und mehrere Schneeräumer. Die Feuerwehr hat ihre Wagen so umgerüstet, dass sowohl deutsche als auch niederländische Schläuche angeschlossen werden können. Wer Mitglied der Kerkrader Stadtbücherei ist, kann automatisch auch in Herzogenrath Bücher ausleihen und umgekehrt. An den Grundschulen beider Städte wird zweisprachig unterrichtet. Und die Mauer? Eines Tages ist ein Bautrupp gekommen und hat sie abgerissen. 1993 war das. Zwei Jahre später hat das Schengener Abkommen dazu geführt, dass die Binnengrenzen zwischen sieben Ländern ganz offiziell geöffnet worden sind. Passkontrollen sind jetzt Vergangenheit.

Neuer Hoffnungsträger. Der wenige Wochen zuvor ins Amt gekommene britische Premierminister Tony Blair fährt 1997 beim EU-Gipfel in Amsterdam Fahrrad, während Helmut Kohl lieber zu Fuß geht. Der Kanzler sah in dem jungen Regierungschef aus London einen potenziellen Nachfolger als Antreiber der europäischen Integration. Blair erfüllte diese Hoffnung jedoch nicht, sondern praktizierte im Irakkrieg den Schulterschluss mit dem bevorzugten Partner USA.

Herzogenrath und Kerkrade haben sich mittlerweile zur ersten symbolischen Europastadt zusammengeschlossen. Der Zweckverband heißt Eurode. Mitten auf der Staatsgrenze entsteht das Eurode Business Center. Hier gibt es auch eine deutsch-niederländische Polizeistation. Die Toiletten sind auf deutschem Staatsgebiet. Die Teeküche ist in den Niederlanden.

Paris. Am 11. Januar 1996 um Punkt 11 Uhr stoppen in der französischen Hauptstadt Busse und Metro-Züge. In Behörden, Schulen und Museen wird es still. Eine Minute lang. Frankreich trauert um François Mitterrand, der im Alter von 79 Jahren seinem Krebsleiden erlegen ist. In der Kathedrale Notre-Dame versammeln sich 60 Staats- und Regierungschefs zu einem feierlichen Requiem. Es ist vor allem ein Bild, das die Franzosen an diesem Tag tief bewegt: das Gesicht Helmut Kohls, dem eine Träne über die Wange läuft. Der deutsche Regierungschef trauert um seinen Freund, der ihm einst in Verdun die Hand gereicht hat. In ihrem letzten Gespräch hat Mitterrand zu ihm gesagt: „Weißt du, ich bin jetzt in meiner letzten Schlacht. Und das ist eine Schlacht, die man nicht mehr gewinnen kann." Und dann richtete er einen Appell an ihn: „Du musst den Euro durchsetzen!"

Dublin. Jacques Chirac ist etwa 1, 90 Meter groß, aber Helmut Kohl überragt ihn noch um ein paar Zentimeter und bringt zudem weit mehr Körperfülle ein. Das erlaubt es ihm, sich den neuen französischen Staatspräsidenten am Rande des Europäischen Rats im Dezember 1996 regelrecht vorzuknöpfen. Sein Finanzminister Theo Waigel wird rückblickend von „Brachialgewalt" sprechen. Kohl kann nicht so gut mit Chirac. Er hat den Verdacht, dass der konservative Gaullist kein wirklich überzeugter Europäer ist.

Konkret geht es jetzt um den von Deutschland gewünschten Stabilitätspakt. Im Land der D-Mark gibt es große Befürchtungen, dass der Euro zu einer Weichwährung werden könnte. Alle Umfragen zeigen, dass die Deutschen den Euro nicht wollen. Deshalb will Waigel verpflichtende Regeln durchsetzen, die nicht nur gelten sollen, um sich für die Einführung des Euro zu qualifizieren, sondern auch danach. Die wichtigste dieser Regeln ist, dass die Neuverschuldung des jeweiligen Staatshaushalts nicht höher sein darf als drei Prozent des Bruttoinlandsprodukts. Verstößt ein Land dagegen, soll es automatisch hohe Strafzahlungen entrichten müssen. Diesen Plan aber lehnt Chirac öffentlich als Erfindung eines „deutschen Technokraten" ab. Waigel ist darüber so erbost, dass er Kohl droht, wenn die Sache nicht unverzüglich am Ratstisch bereinigt werde, sehe er sich gezwungen, Chirac am nächsten Tag in München seinerseits scharf zu attackieren. Daraufhin hat Kohl gehandelt und den Missetäter gestellt.

Er verbitte sich persönliche Angriffe auf seinen Finanzminister, blafft er ihn an. Chirac beteuert, er habe Waigel doch gar nicht gemeint. „Wen denn dann?", fragt Waigel. Verschwörerisch flüstert Chirac ihm zu: „Jean-Claude Trichet!" Darauf entgegnet Waigel, seit wann der Chef der französischen Zentralbank über einen deutschen Pass verfüge? Schließlich habe er von einem „*deutschen* Technokraten" gesprochen. Chirac gibt sich geschlagen: Er lacht und entschuldigt sich. Doch für Kohl ist die Sache damit nicht abgetan. Er will Chirac jetzt darauf festnageln, dem Stabilitätspakt zuzustimmen. Unterstützt wird er dabei von einem anderen Riesen, dem niederländischen Ministerpräsidenten Wim Kok, Nachfolger von Ruud Lubbers. Dieser Sozialdemokrat, mit dem sich Kohl bestens versteht, ist ebenfalls ein überzeugter Stabilitätspolitiker. Aus drei oder vier Metern Entfernung feuert er Kohl immer wieder an: „Helmut, gib nicht nach! Helmut, gib nicht nach!" Ein niederländischer Gipfelteilnehmer wird später in der Presse zitiert, Kohl und Chirac hätten „wie Pferdehändler" in der Ecke „gehockt und gezockt". Der luxemburgische Regierungschef Jean-Claude Juncker, der immer in Reichweite herumschleicht, unterbreitet schließlich einen Kompromissvorschlag: Die Franzosen stimmen dem Stabilitätspakt zu, die Deutschen verzichten dafür auf automatische Sanktionen im Falle einer Überschreitung der Drei-Prozent-Grenze. Mit Handschlag und Schulterklopfen wird der Deal besiegelt.

Amsterdam. „Bitte nicht füttern", steht auf einem Schild an einem Gitterzaun, der das Pressezentrum des EU-Gipfels von der Außenwelt abschirmt. Bewohner der Innenstadt haben es aufgehängt – aus Protest gegen die in ihren Augen übertriebenen Sicherheitsvorkehrungen für die „hohen Tiere" der EU. Einige Anwohner sitzen an einem schönen sonnigen Junitag feixend vor ihrer Haustür und schauen zu, wie Journalisten hinter dem Zaun ihre Computer anschließen. „Wie im Zoo", finden sie. Immerhin: Helmut Kohl flieht spontan aus dem Gitterkäfig und bricht zu einem Stadtbummel entlang der Grachten auf. Gut gelaunt doziert er vor seiner Entourage über die Unterschiede deutscher und niederländischer Bauweise, ehe er wieder an den Tisch der Regierungschefs zurückkehrt.

Der EU-Gipfel in Amsterdam ist die größte Sicherheitsoperation der niederländischen Geschichte. Über 5000 Polizisten sind in der Stadt, auf jeden Diplomaten und Journalisten kommt ein Uniformierter. Zäune mit einer Gesamtlänge von sechs Kilometern ziehen sich quer durch die Gassen der Altstadt, Busse und Bahnen fahren dort nicht mehr, dafür durchziehen Patrouillenboote der Wasserschutzpolizei die sonst so friedlichen Kanäle, und aus der Luft ertönt Hubschrauberlärm. Die alle sechs Monate stattfindenden Gipfel sind Höhepunkt der halbjährlich wechselnden Ratspräsidentschaft. Sie dienen vor allem der Selbstdarstellung des jeweiligen Landes.

Das Ergebnis steht meist in einem krassen Missverhältnis zum Aufwand. So auch diesmal: Der Vertrag von Amsterdam sollte die EU fit machen für viele neue Mitglieder. Was das konkret bedeuten müsste, ist eigentlich sonnenklar: Das lähmende Einstimmigkeitsprinzip müsste weitgehend abgeschafft werden.

Die Stimmengewichtung im Ministerrat müsste angepasst werden, damit eine Reihe von kleinen Ländern nicht mehrere große mit viel mehr Einwohnern einfach überstimmen kann. Das Europäische Parlament müsste dem Ministerrat gleichgestellt werden, um das Demokratiedefizit zu beheben. Und das Prinzip, dass jedes Land mindestens einen EU-Kommissar stellen darf, müsste aufgehoben werden.

Doch als Ratspräsident Wim Kok die Ergebnisse nach einem 30 Stunden währenden Verhandlungsmarathon verkündet, wird klar, dass die Staats- und Regierungschefs wieder einmal nur einen Minimalkompromiss zustande gebracht haben: Die Ausweitung von Mehrheitsentscheidungen im Ministerrat? Gescheitert – in fast allen Bereichen beharren einzelne Länder auf einem Veto. Neue Stimmverteilung im Ministerrat? Verschoben auf einen späteren Gipfel. Erweiterte Kompetenzen für das Europäische Parlament? Ja, die gibt es, aber lange nicht in dem Ausmaß, wie es ursprünglich angedacht worden war. Fazit: So wird die EU zehn oder noch mehr neue Mitglieder ganz bestimmt nicht verkraften.

Nach zwei Tagen reist der EU-Zirkus wieder ab. Das Fahrrad mit Sieben-Gang-Schaltung, das Helmut Kohl als Geschenk von der Stadt Amsterdam bekommen hat, bleibt stehen.

Brüssel. Helmut Kohl isst rohe Butter. Erst macht er einen Teller leer, auf dem wohl zehn Stückchen zu je zehn Gramm liegen. Dann noch einen. Der schwedische Ministerpräsident Göran Persson kann nicht glauben, was er sieht. Erst nach dem zweiten Teller habe sich Kohl langsam beruhigt, berichtet er später.

In Rage bringt den Kanzler bei diesem Gipfel einmal mehr das Verhalten von Mitterrands Nachfolger Chirac. Es geht um den Posten des Präsidenten der Europäischen Zentralbank, die in Frankfurt am Main ihren Sitz haben wird. Eigentlich hatte man sich schon auf den Wunschkandidaten der Deutschen, den niederländischen Zentralbankchef Wim Duisenberg, geeinigt. Doch nun besteht Chirac plötzlich auf dem Franzosen Jean-Claude Trichet – offenbar, weil er dadurch doch eine Möglichkeit zur Einflussnahme auf die Bank wittert. Der neue britische Premierminister und amtierende Ratspräsident Tony Blair bringt schließlich einen faulen Kompromiss zustande: Duisenberg soll vor dem Ende seiner Amtszeit „freiwillig" zurücktreten und den Posten für Trichet freimachen. Selten tritt die Kungelei in den Brüsseler Hinterzimmern greller zutage.

Der strahlende Tony aus „Cool Britannia" ist jetzt der neue Star am politischen Firmament Europas. Er sei erstaunt, dass er es sich sogar leisten könne, einen offen homosexuellen Politiker zum Minister zu berufen, sagt Chirac zu ihm. „Das könnten wir in Frankreich nicht machen." „Oh", erwidert Blair, „ich habe sogar vier im Kabinett." Chirac ist fassungslos. „Vier?", wiederholt er im-

Porträt: Helmut Kohl

Vorkämpfer des Euro

Helmut Kohl (1930–2017) wirkte nicht unbedingt sehr staatsmännisch. Er sprach mit Pfälzer Dialekt und griff oft auf die gleichen abgedroschenen Formulierungen zurück. Er lästerte gern und konnte nachtragend sein. Dennoch hat er nicht nur bei der Verwirklichung der deutschen Einheit, sondern auch auf dem Feld der europäischen Einigung eine beeindruckende Bilanz hinterlassen. Es ist nicht übertrieben, ihn in eine Reihe mit Monnet, Schuman und Adenauer zu stellen. Zurecht hat der luxemburgische Regierungschef Jean-Claude Juncker in einer Rede zu Kohls 75. Geburtstag gesagt, es gäbe den Euro nicht, „wenn es Kohl in dem Moment nicht gegeben hätte".
Dabei war die Währungsunion ursprünglich gar nicht sein wichtigstes Ziel. Was er vor allem wollte, war eine vollwertige Politische Union. Da seine europäischen Partner dazu aber zu seinem großen Leidwesen nicht bereit waren, schwenkte er auf die gemeinsame Währung um, das Herzensprojekt seines Freundes Mitterrand – in der Hoffnung, dass dadurch indirekt auch die Politische Union unumgänglich werden würde. So wollte Kohl die europäische Einigung noch während seiner Amtszeit unumkehrbar machen. Diese Unwiderruflichkeit hatte für ihn oberste Priorität, denn ebenso wie sein Vorbild Adenauer misstraute er den Deutschen und hielt ihren europäischen Geist keineswegs für garantiert. Mit dem Euro, so sagte er einmal, habe Europa „den Rubikon überschritten", es gab nun kein Zurück mehr. Die Würfel waren gefallen – und er, der vermeintlich provinzielle Pfälzer, hatte sie geworfen.
Die mit dem Euro verbundenen Risiken hat Kohl vielleicht durchaus gesehen, aber er hat sie weggewischt, weil ihm das Friedensprojekt Europa wichtiger war. Er war sich auch darüber im Klaren, dass er ein Referendum über den Euro in Deutschland haushoch verloren hätte. Deshalb habe er einfach keines ausgeschrieben, bekannte er 2002 in einem freimütigen Interview mit dem Wissenschaftler Jens Peter Paul: „In einem Fall war ich wie ein Diktator, siehe Euro." An der Richtigkeit seines Handelns hielt er auch inmitten der Euro-Krise fest, die er schwer krank und kaum noch des Sprechens fähig im Rollstuhl miterlebte.
Vermutlich konnte nur jemand wie er, der nie zweifelte, vor allem nicht an sich selbst, derart tiefgreifende Veränderungen durchsetzen. Ein intellektuellerer Typ, der stets das Für und Wider bedenkt, wäre dazu kaum in der Lage gewesen.
Als Kohl 2017 im Alter von 87 Jahren starb, wurde er nicht mit einem nationalen, sondern mit einem europäischen Staatsakt geehrt – obwohl die EU bekanntlich gar kein Staat ist. Der Sarg mit seinem Leichnam wurde im Plenarsaal des Europäischen Parlaments in Straßburg aufgestellt. In seiner Trauerrede erinnerte Kommissionspräsident Juncker an den EU-Gipfel im Jahr 1997, bei dem die Osterweiterung definitiv beschlossen worden war. Kohl habe damals gesagt, nach all dem Leid, das Deutschland über Europa gebracht habe, sei dies einer der schönsten Momente seines Lebens. „Und dann wurde er still, in sich ruhend, und hat lange Minuten geweint."

mer wieder. „*Mon Dieu*, lieber Tony, und dann kannst du nicht mal dem Euro beitreten!"

Bonn. Tony Blair besucht Helmut Kohl zum Mittagessen. Fast die ganze Zeit redet der Kanzler. Ziemlich laut und ausschließlich auf Deutsch. Aber er hat eine hervorragende Übersetzerin, „sehr flirty und hübsch, englandfreundlich und unglaublich schlau", schwärmt Blairs Kommunikationschef Alastair Campbell. Ihr Englisch ist perfekt, aber viel mehr noch als das: Es gelingt ihr sogar, Kohls Manieriertheiten und pfälzische Sprachmelodie in der Fremdsprache wiederzugeben. Sie kann seine Stimmungslage ebenso vermitteln wie seine Argumentationslinie bei der Analyse eines hochkomplexen Sachverhalts. „Eine außergewöhnliche Fähigkeit."

Kohl spricht nicht nur laut, er isst auch geräuschvoll. Er hat sich eine Stoffserviette von enormen Ausmaßen umgebunden, die ihm über Brust und Bauch fällt. Mit einer Mischung aus Faszination und Schrecken beobachtet Campbell, wie seine übergroßen Backen beim Reden in Bewegung geraten. Der riesenhafte Körper sei mit mächtigen Fleischpolstern bepackt, vermerkt er in seinem Tagebuch. All das sei nicht angenehm anzusehen, verleihe ihm aber noch zusätzlich eine Aura von Autorität.

Kohl mag den 23 Jahre jüngeren Premierminister, der beim Gipfel in Amsterdam „Tony-Tony"-Sprechchöre junger Frauen provoziert hat. Ist dies der Mann, der die Fackel Europas von ihm übernehmen kann? Chirac ist es mit Sicherheit nicht. Aber dieser junge Labour-Politiker, der Großbritannien ins „Herz Europas" zurückführen will? Der einen Beitritt zur Eurozone zu einem späteren Zeitpunkt nicht ausschließt? Kohl spricht sehr herzlich mit Blair, fast scheint er ihn als eine Art kleinen Bruder zu betrachten, ist der Eindruck von Campbell. Er hat das Gefühl, dass hier der alte Staatsmann seine gesammelten Weisheiten an den Jüngeren weitergibt. Darunter ist auch viel Klatsch und Tratsch, etwa über die Beschränktheit des früheren US-Präsidenten Ronald Reagan, aber er erzählt ihm auch von François Mitterrand, den er sehr gemocht habe. Auffällig ist, dass er sogar bereit ist oder vorgibt, sich britischen Positionen in der Europapolitik anzunähern. Die Vorstellung von den Vereinigten Staaten von Europa habe sich als missverständlich erwiesen, räumt er ein. Die Frage sei, was Europa stattdessen darstellen solle. Derzeit sei es „ein Mittelding zwischen Bundesstaat und Staatenbund".

Campbell hat den Eindruck, dass Kohl die Macht langsam entgleitet. Das politische Ende des „ewigen Kanzlers" liegt in der Luft. Eigentlich wollte er zur Bundestagswahl 1998 gar nicht mehr antreten, sondern das Zepter schon zur Halbzeit der Legislaturperiode an seinen Kronprinzen Wolfgang Schäuble weiterreichen. Aber dann machte er sich wieder Sorgen um den Euro. In großen Kampagnen wurde das Ende der D-Mark in den dunkelsten Farben ausgemalt, immer mehr Experten und Politiker plädierten zumindest für einen Aufschub um mehrere Jahre. Da war für Kohl klar: Er muss weitermachen.

Kurz vor der Wahl ist dann doch noch alles unter Dach und Fach. Am 23. April 1998 stimmt der Bundestag mit breiter Mehrheit für den Euro. „Alle Zweifler, Schwarzseher und hämischen Kritiker sind eindrucksvoll widerlegt", frohlockt Finanzminister Waigel. Deutschland hat die berüchtigte „Dreikommanull" erfüllt: Lag das Staatsdefizit 1995 noch bei 3,6 Prozent des Bruttoinlandsprodukts und 1996 sogar bei 3,8 Prozent, blieb Waigel im Referenzjahr 1997 mit 2,7 Prozent sogar noch unter der kritischen Marke von 3,0. Jubelstimmung herrscht auch in Paris: „Frankreich hat alles erfüllt", verkündete Finanzminister Dominique Strauss-Kahn – sein Defizit von 3,02 Prozent geht schließlich noch als 3,0 durch. Selbst das lange als Wackelkandidat geschmähte Italien ist glanzvoll durch die Euro-Prüfung gekommen: 2,7 Prozent meldete Regierungschef Romano Prodi. „Wir sind auf demselben Niveau wie die Deutschen." Grundlage für diesen Erfolg war ein drastisches Sparprogramm, wobei auch eine einmalige „Europasteuer" und der Verkauf nationaler Goldreserven ihren Teil beitrugen. Gleichfalls qualifiziert sind die Niederlande, Belgien, Luxemburg, Irland, Spanien, Portugal, Österreich und Finnland – insgesamt elf Staaten. Briten, Dänen und Schweden könnten teilnehmen, wollen aber nicht. Die Griechen würden gern, dürfen aber nicht: Das Defizit ist zu hoch.

Am 27. September 1998 ist Bundestagswahl. Kohl verliert. Aber als er am Abend vor die Mikrofone tritt, gibt es einen Gedanken, der ihn mit großer Genugtuung und Ruhe erfüllt: „Auch wenn ich die heutige Bundestagswahl verloren habe: Die Einführung des Euro wird nicht nur nicht rückgängig gemacht werden können. Sie ist ein entscheidender, ja – historisch gesehen – der zur Zeit wichtigste Beitrag zur weiteren Entwicklung Europas." Er hat den letzten Wunsch seines Freundes Mitterrand erfüllt.

Brüssel. In der Europa-Hauptstadt knallen die Champagnerkorken am Silvestertag 1998 schon vor Mitternacht. Am frühen Nachmittag fixieren die Finanzminister unwiderruflich die Umrechnungskurse der künftigen Euro-Länder. Der Kurs zur D-Mark wird auf 1,96 Mark für einen Euro festgelegt. Danach wird angestoßen. Mit dem Jahreswechsel um Mitternacht beginnt in der EU das Euro-Zeitalter. Dann gibt es in elf Staaten der Union eine einheitliche Währung – zunächst allerdings beschränkt auf den bargeldlosen Zahlungsverkehr und den Aktienhandel. Euro-Scheine und -Münzen kommen erst im Jahr 2002, bis dahin bleibt es in Deutschland bei Mark und Pfennig als Bargeld.

Bonn. Kaum ist die neue rot-grüne Bundesregierung im Amt, hat sie in den ersten sechs Monaten des Jahres 1999 auch schon die EU-Ratspräsidentschaft. Der einstige Turnschuhminister Joschka Fischer tourt nun tadellos gekleidet und asketisch abgemagert als Chef des Auswärtigen Amtes durch die europäischen Hauptstädte. Seine Mission ist sehr undankbar, denn es geht um die Finanzierung der geplanten Osterweiterung. Die Aufnahme von bis zu zehn neuen Mitgliedern macht es unumgänglich, dass die Nettozahler künftig noch tiefer in die Tasche greifen müssen und die derzeitigen Empfänger entweder weit weniger bekommen oder sogar selbst zu Zahlern werden. Denn reicher als die Anwärter aus Osteuropa sind auch Spanien, Portugal und Griechenland.

Um die Milliardenhilfen für die neuen Mitglieder bezahlen zu können, müsste auch die Gemeinsame Agrarpolitik reformiert werden, die immer noch die Hälfte des EU-Haushalts verschlingt. Fischer findet, dass sich das eigentlich jedem erschließen muss. Doch bei seiner Rundreise stößt er überall auf Widerstand. Niemand ist bereit, Geld abzugeben. Die Franzosen halten ihm sogar vor, er wolle den seit Adenauer und de Gaulle geltenden ungeschriebenen Vertrag aufkündigen, wonach Deutschland für seine Exportindustrie den Binnenmarkt bekommen hat und Frankreich für seine Landwirtschaft die Gemeinsame Agrarpolitik.

Madrid. Am stursten zeigt sich der spanische Ministerpräsident José María Aznar, der konservative Nachfolger von Felipe González. Er hat die Ambition, die einstige Weltmacht wieder in den Kreis der einflussreichsten europäischen Länder zurückzuführen. Gleichzeitig soll Spanien aber weiter so viel Geld aus den Brüsseler Kassen bekommen wie bisher. Dass diese beiden Ziele kaum miteinander vereinbar sind, dass nur der zu den Stärksten gehören kann, der auch bereit ist, den Schwächeren zu helfen – das kann oder will er nicht einsehen. Stattdessen hält er Fischer vor, dass von der Osterweiterung doch vor allem Deutschland – das Land in der Mitte Europas – profitieren werde. Also müsse Deutschland auch dafür zahlen.

Berlin. Wenige Monate vor dem geplanten Wegzug der Bundesregierung aus Bonn wird Berlins Hauptstadtfähigkeit schon einmal auf die Probe gestellt, als im Hotel Interconti ein EU-Sondergipfel stattfindet. Prompt gibt es eine Riesenpanne: Im Pressezentrum gehen plötzlich die Lichter aus. Rund 3000 Journalisten sitzen vor schwarzen Computerbildschirmen und toten Telefonen. So etwas hätten sie noch nie erlebt, schimpfen auch altgediente Brüsseler Korrespondenten. Mit einsetzender Dunkelheit leuchten im Pressezentrum nur noch die akkubetriebenen Laptop-Bildschirme, Fernsehleuchten erhellen das Buffet.

Am Eingang brennen Kerzen. „Vielleicht will uns Berlin auf die Weise zeigen, dass es noch weiter Geld aus dem europäischen Strukturfonds braucht“, scherzt ein Mitarbeiter im Sekretariat des EU-Ministerrats.

Bundeskanzler Gerhard Schröder und Außenminister Joschka Fischer wenden derweil das Beichtstuhlverfahren an: So werden im EU-Jargon intensive Einzelgespräche der Ratspräsidentschaft mit den Vertretern der Mitgliedsländer genannt. Die Kompromissbereitschaft des Gegenübers wird dabei intensiv erforscht. Es geht um die Finanzierung der Osterweiterung, und das heißt konkret: um Hunderte Milliarden Euro. Nach 20-stündigen Dauerberatungen begrüßt Schröder die Journalisten, die inzwischen wieder im Hellen sitzen, mit den Worten: „Ich hoffe, Sie haben gut geschlafen!“ Er selbst hat tiefe Ringe unter den Augen. In dieser Nacht hat er ganz anders gehandelt, als er vor seiner Amtszeit geredet hat. Er hätte den Gipfel scheitern lassen können, schließlich war er mit dem Anspruch angetreten, den deutschen Beitrag erheblich zu verringern. Das hat sich als nicht durchsetzbar erwiesen. Deutschland wird der größte Nettozahler bleiben. Aber immerhin: Jacques Chirac hat sich einer langfristigen Reform der Gemeinsamen Agrarpolitik nicht völlig verschlossen. Und Spanien, Portugal, Griechenland und Irland haben Einbußen bei den Fördermitteln für ihre schwach entwickelten Regionen akzeptiert – zugunsten der neuen Mitgliedsstaaten aus Osteuropa. „Ich habe um elf Uhr nein gesagt, um zwölf Uhr, um ein Uhr, um zwei Uhr, um drei Uhr, um vier Uhr und um fünf Uhr“, sagt José María Aznar nach der durchwachten Nacht. „Um halb sechs habe ich dann ja gesagt.“ Und so ist nun die Finanzierung der Osterweiterung gesichert. „Lieber Gerhard“, schreibt ihm Tony Blair kurz danach aus der Downing Street, „Gut gemacht in Berlin. Das war ein großer Erfolg und unglaublich schwierig für Dich zu erreichen.“

Die Finanzierung ist allerdings bei weitem nicht alles, was vor der mit Abstand größten Erweiterungsrunde der EU-Geschichte noch geregelt werden muss. Ein anderes drängendes Problem ist die Stimmgewichtung im Ministerrat – also die Machtverteilung in der Union. Es sind vor allem kleine und mittelgroße Länder, die dazukommen werden, und wenn die Stimmgewichtung so bleibt, wie sie ist, werden die Kleinen die Großen mühelos überstimmen können. Erforderlich ist also eine institutionelle Reform. Sie soll während der französischen Ratspräsidentschaft in der zweiten Jahreshälfte 2000 erreicht werden. Fischer hofft dabei auf den ganz großen Wurf, er will die EU einen Riesenschritt voranbringen. In einer gemeinsamen Initiative mit seinem französischen Amtskollegen Hubert Védrine will er die Richtung dafür vorgeben. Doch Védrine sieht sich dazu nicht in der Lage: Das Problem ist, dass er ebenso wie Premierminister Lionel Jospin Sozialist ist, während der gaullistische Präsident Chirac der politischen Rechten angehört. Die Regierung kann deshalb nicht mit einer Stimme sprechen. Aus diesem Grund entscheidet sich Fischer für einen Alleingang.

Am 12. Mai 2000, fast auf den Tag genau 50 Jahre, nachdem Robert Schuman seinen berühmten Plan vorgestellt hat, hält er in der Humboldt-Universität eine europapolitische Grundsatzrede. Seine Leitfrage ist: Wo will Europa eigentlich hin? Was ist das Ziel, das angestrebte Endstadium? Für Jean Monnet hat sich diese Frage nie gestellt, weil er den nächsten Integrationsschritt immer ganz pragmatisch davon abhängig gemacht hat, was unter den aktuellen Gegebenheiten gerade am erfolgversprechendsten schien. Fischer ist aber davon überzeugt, dass man so nicht mehr weitermachen kann. Die künftige EU mit bis zu 30 Mitgliedsstaaten muss grundsätzlicher angelegt sein, und dafür bedarf es einer konstitutionellen Neugründung. Dafür hat Fischer eine besondere Idee entwickelt. Er will die beiden unterschiedlichen Ansätze, die seit Beginn der europäischen Integration miteinander konkurrieren – Europa als Bund souveräner Nationalstaaten und Europa als föderaler Bundesstaat – miteinander versöhnen. Sein Konzept bezeichnet er in Anlehnung an Schuman als *Europäische Föderation.*

Diese Europäische Föderation soll kein Bundesstaat sein, „der als neuer Souverän die alten Nationalstaaten und ihre Demokratien ablöst". Nein, Europa und die Nationalstaaten sollen sich die Souveränität teilten. Diese geteilte Souveränität will Fischer dadurch herbeiführen, dass das Europäische Parlament zwei Kammern haben soll. Eine der beiden Kammern soll aus gewählten Abgeordneten bestehen, die zugleich Mitglieder der jeweiligen Nationalparlamente sind. „So wird es keinen Gegensatz zwischen nationalen Parlamenten und Europäischem Parlament, zwischen Nationalstaat und Europa geben."

Auch für die künftige europäische Regierung, die Exekutive, sieht Fischer zwei Optionen: Entweder wird der Europäische Rat der Staats- und Regierungschefs zu einer europäischen Regierung ausgebaut oder die Kommission. Der Präsident der Kommission müsste dann direkt gewählt werden und über weitgehende exekutive Befugnisse verfügen.

Eines steht für Fischer fest: Eine so grundlegende Neuordnung des europäischen Staatensystems kann nur auf der Grundlage einer eigenen Verfassung erfolgen. „Die klare Zuständigkeitsregelung zwischen Föderation und Nationalstaaten in einem europäischen Verfassungsvertrag sollte die Kernsouveränitäten und nur das unbedingt notwendig europäisch zu Regelnde der Föderation übertragen, der Rest aber bliebe nationalstaatliche Regelungskompetenz. Dies wäre eine schlanke und zugleich handlungsfähige europäische Föderation."

Wie lässt sich diese Europäische Föderation nun praktisch verwirklichen? Fest steht, dass eine Reihe von Mitgliedsstaaten zu einem derartigen Souveränitätsverzicht nicht bereit sein werden. Dieses Problem will Fischer dadurch lösen, dass einige besonders engagierte Staaten vorangehen sollen. Sie sollen eine Avantgarde mit Schrittmacherfunktion bilden. Diese Idee eines „Europa der zwei Geschwindigkeiten“ haben auch schon andere Politiker befürwortet. Hauptargument dagegen ist, dass auf diese Weise ein Zwei-Klassen-Europa entstehe, das einer Spaltung Vorschub leiste. Allerdings: Ein Europa der zwei Geschwindigkeiten gibt es auch jetzt schon. Weder beim Euro noch beim Schengen-Raum machen alle Staaten mit. Fischer hält ein solches Vorgehen deshalb für möglich. Er spricht dabei nicht von einem „Kerneuropa“, sondern von einem „Gravitationszentrum“: „Ein solches Gravitationszentrum müsste die Avantgarde, die Lokomotive für die Vollendung der politischen Integration sein und bereits alle Elemente der späteren Föderation umfassen.“ Ob diese Avantgarde aus den sechs Gründungsstaaten der EU bestehen werde, den elf Mitgliedern der Eurozone oder einer anders strukturierten Gruppe, könne man jetzt noch nicht sagen. Aber: „Dies könnte der Weg sein!“

Fischers Vorstoß wird zwar in der ganzen EU stark beachtet, aber kaum jemand stellt sich klar dahinter und spricht sich für konkrete Schritte zur Bildung einer Europäischen Föderation aus. Als Chirac im darauffolgenden Monat eine Rede vor dem Deutschen Bundestag hält, greift er allerdings die Idee eines Verfassungsvertrags auf: Dieser könnte von einem Ausschuss der Weisen oder von einem Konvent ausgearbeitet werden.

Nizza. Doch jetzt gibt's erstmal eine kalte Dusche. Beim Gipfel von Nizza im Dezember 2000 – dem längsten in der Geschichte der Union – geraten Schröder und Chirac heftig aneinander. Schröders Dolmetscherin erzählt Tony Blairs Spindoctor Alastair Campbell, sie habe ihn noch nie so wütend gesehen. Wim Kok teilt diesen Eindruck: „Was sich da zwischen Deutschland und Frankreich abspielt, ich habe so etwas noch nicht gesehen“, sagt der Niederländer – nicht ahnend, dass ein Mikrofon vor ihm eingeschaltet ist. Der belgische Ministerpräsident Guy Verhofstadt bestätigt: „Gerhard ist nicht amüsiert. Er ist sogar wütend.“

Der Streit entzündet sich an der angestrebten Neugewichtung der Stimmen im Ministerrat. Schröder will, dass Deutschland mehr Stimmen bekommt als die anderen, weil es schließlich auch rund 20 Millionen Einwohner mehr hat als Frankreich, Großbritannien und Italien. Das aber lehnt Präsident Chirac rundheraus ab: „Ich bin nicht für eine Sonderbehandlung Deutschlands bei der Stimmengewichtung“, stellt er klar. „Und zwar aus einem Grund: Wir haben viele Kriege gegen Deutschland geführt mit vielen französischen Gefallenen und Toten, bis eines Tages zwei Männer – de Gaulle und Adenauer – dachten, so könne es nicht weitergehen, und einen Pakt unter Gleichberechtigten schlossen.“ Schröder hält dagegen: „Es ist nicht leicht für mich, zu 20 Jahre alten Deutschen zu sagen: Liebe deutsche Bürger, weil eure Großväter Frankreich besetzt haben, haben wir in Nizza einen sehr schlechten Deal von Präsident Chirac bekommen."

Chirac bleibt jedoch stur und setzt sich am Ende durch: Deutschland, Frankreich, Großbritannien und Italien erhalten im Ministerrat alle jeweils 29 Stimmen. José María Aznar sorgt dafür, dass Spanien direkt dahinter kommt – mit 27 Stimmen, obwohl es etwa 20 Millionen Einwohner weniger zählt als die „großen Vier". Deutschland sorgt dafür, dass das künftige Mitglied Polen ebenfalls 27 Stimmen bekommt. Als endlich alles klar scheint, schlägt plötzlich der belgische Ministerpräsident Verhofstadt Alarm: Belgien könne niemals akzeptieren, dass es weniger Stimmen erhalte als die Niederlande! Wozu sonst habe Belgien im Jahr 1830 seine Unabhängigkeit von den Niederlanden erkämpft, wenn es jetzt derart gedemütigt werden solle? Das Argument, dass Belgien nun mal fünf Millionen weniger Einwohner habe als sein nördlicher Nachbar, lässt Verhofstadt nicht gelten: Deutschland habe sogar 22 Millionen Einwohner mehr als Frankreich und auch nicht mehr Stimmen! Am Ende besteht der Kompromiss darin, dass die Niederlande 13 Stimmen bekommen und Belgien zwölf, also nur eine weniger. Belgien schlägt außerdem für sich heraus, dass die Gipfeltreffen des Europäischen Rats künftig nur noch in Brüssel und nicht mehr im Land des jeweiligen Ratspräsidenten stattfinden.

Athen. Und wieder ist ein Jahr um … Mit dem Neujahrstag 2001 sind nun auch die Griechen beim Euro mit dabei. Ihre Wirtschaftsdaten haben sich in verblüffend kurzer Zeit verbessert, so dass die EU-Kommission und die Europäische Zentralbank ihre Zustimmung zum Beitritt gegeben haben. Was niemand weiß: Die Zahlen sind gefälscht. Für 1999 hat die Regierung in Athen ein Haushaltsdefizit von lediglich 1,8 Prozent angegeben, in Wahrheit lag es bei 3,4. 1998 waren es 4,1 Prozent und nicht wie gemeldet 2,5. Somit erschleicht sich die griechische Regierung den Euro-Beitritt. Aber das wird erst Jahre später herauskommen.

Brüssel. Eineinhalb Jahre nach Joschka Fischers Humboldt-Rede stellen die Staats- und Regierungschefs im Dezember 2001 die Weichen für eine EU-Reform, die tatsächlich in eine europäische Verfassung münden könnte. In der „Erklärung von Laeken" – benannt nach dem Konferenzort, dem Schloss der belgischen Könige im Stadtteil Laeken – setzen sie einen sogenannten Konvent ein, der Vorschläge für eine grundlegende Erneuerung der Union erarbeiten soll. Zum Präsidenten des Konvents wird ein alter Bekannter gewählt: der mittlerweile 75 Jahre alte Valéry Giscard d'Estaing.

Berlin. Ein gigantisches Feuerwerk ist der traditionelle Höhepunkt von Deutschlands größter Silvesterparty am Brandenburger Tor. In der Neujahrsnacht 2001/2002 ist es auch eine Begrüßungszeremonie für den Euro, denn von nun an werden Euro-Münzen und Banknoten in Umlauf gebracht. Es ist die größte Währungsumstellung der Geschichte – und sie verläuft in den zwölf Staaten der Eurozone nahezu reibungslos. Obwohl sich schon in der ersten Nacht Hunderttausende mit dem Euro eindecken, kommt es weder technisch noch logistisch zu nennenswerten Problemen.

Auch Bundesfinanzminister Hans Eichel feiert den Euro-Start in Berlin. Um kurz nach Mitternacht tauscht er in einem eigens eingerichteten Bank-Pavillon auf dem Pariser Platz 200 Mark gegen 102 Euro und 26 Cent ein. Das neue Geld werde genauso stabil sein wie die Mark, versichert der SPD-Politiker. „Alle werden sich fragen: Wieso haben wir das nicht schon früher gemacht?" Sogar der Papst gratuliert: Johannes Paul II. wünscht den europäischen Ländern Frieden und Wohlstand mit der gemeinsamen Währung, mit der sie ein „historisches Ziel" erreicht hätten.

Das Euro-Zeitalter ist nun endgültig angebrochen, gleichzeitig ist eine EU-Verfassung in Arbeit. Es scheint voranzugehen mit Europa. Doch wer in dieser Neujahrsnacht in die Glaskugel blicken könnte, würde sich erschrecken: Plötzlich verfinstern sich die Aussichten. Eine Epoche der Krisen zieht herauf.

KAPITEL VI

Europa in Aufruhr

Integrationsschub durch Krisen (seit 2003)

Im letzten Kapitel wird es dramatisch. Eine Krise jagt die nächste. Erst zerfällt Europa in alt und neu, dann in Nord und Süd und schließlich in West und Ost. Eine Verfassung wird niedergestimmt, einem Mitgliedsland droht der Staatsbankrott, und es gibt Riesenstreit um Geflüchtete. Meist im Zentrum des Geschehens: „Merkiavelli", die „Königin Europas", eine „Frau, sie zu knechten". Zwischenzeitlich kommen aber auch ihr mal die Tränen. Und die Katastrophen reißen nicht ab: Brexit, Corona, Ukraine-Krieg ... Was wird da nur aus Europa? Es geht jedenfalls immer weiter, und deshalb hat dieses Buch auch keinen richtigen Schluss.

Brüssel. Reitstunden auf Portugiesisch? Dänische Kinofilme mit Untertiteln auf Französisch und Niederländisch? In Brüssel ist das kein Problem. Es ist die Stadt der vielen Sprachen. 2004, im Jahr der EU-Osterweiterung, leben in der Millionenmetropole 150 000 EU-Bürger, die keine Belgier sind. Sie machen 15 Prozent aller Einwohner aus. Sie arbeiten für die EU-Kommission, das Europäische Parlament und andere europäische Einrichtungen, aber auch für Anwaltskanzleien, Lobbyverbände oder NGOs (Nichtregierungsorganisationen), die sich um die Zentralverwaltung der EU herum angesiedelt haben. Viele von ihnen können nicht mehr genau sagen, ob sie nun Franzosen, Deutsche, Italiener oder Griechen sind. Sie haben nicht selten zwei Staatsbürgerschaften und sprechen mehrere Sprachen. Die EU selbst kennt über 20 Amtssprachen und beschäftigt mehr Dolmetscher als jede andere Organisation. Ihr wohl größtes Sprachentalent ist der Grieche Ioannis Ikonomou, der 32 Sprachen beherrscht. Er stammt von der Insel Kreta und ist dort schon als kleiner Junge durch die Touristen auf andere Sprachen aufmerksam geworden. „Wenn ich eine Sprache lerne", sagt er, „bin ich in sie verliebt."

Die Entstehung dieser völlig internationalisierten Brüsseler EU-Community hat schon mit der ersten Hallstein-Kommission von 1958 begonnen. Deutsche heirateten Italienerinnen und umgekehrt und schickten ihre Kinder anschließend auf eine französischsprachige Schule. Die Angehörigen dieses Kosmos sind im wahrsten Sinne des Wortes mit der europäischen Idee verheiratet. Sie verkörpern das Ideal der Gründerväter und arbeiten unverdrossen an seiner Realisierung. Sie haben nicht den geringsten Zweifel, dass das, was sie tun, zum Wohle aller ist und dass im Grunde alle so europäisch denken müssten wie sie. Doch schon in Brüssel selbst bilden sie einen Fremdkörper: Es gibt nur wenige Schnittmengen mit der belgischen Bevölkerung. Das führt dazu, dass der EU-Kommissionspräsident samstags ungestört Möbel bei Ikea aussuchen kann – man erkennt ihn schlicht nicht. Die Europäer leben in ihrer eigenen Blase.

Im Jahr 2003 strebt das europäische Projekt seinem vorläufigen Höhepunkt zu: Die Mitgliedsstaaten bringen eine Verfassung für die EU auf den Weg, ein wichtiges Kennzeichen für die Ausbildung eines Staates. Hauptziel ist, die bald erheblich vergrößerte EU handlungsfähiger zu machen. Die Zahl der Mehrheitsentscheidungen im Europäischen Rat soll ausgeweitet werden, wobei das Europäische Parlament verstärkt mitentscheiden soll. Aber auch die nationalen Parlamente sollen stärker in europäische Gesetzgebungsverfahren eingebunden werden, um die EU demokratischer zu machen.

Bevor die EU-Verfassung in Kraft treten kann, muss sie allerdings noch von den einzelnen Mitgliedsländern ratifiziert werden. Joschka Fischer kommt bei diesem langwierigen Prozess Goethes Ballade vom „Erlkönig“ in den Sinn, die er einst in der Schule auswendig lernen musste. „Und dieses Gedicht ging ja bekanntlich böse aus.“ Der „Erlkönig“ heißt in diesem Fall Chirac: Er kündigt an, die französische Bevölkerung in einem Referendum über die Verfassung abstimmen zu lassen.

Paris. Anfangs scheint eine Mehrheit für den Verfassungsvertrag kaum gefährdet, doch dann weichen prominente sozialistische Politiker von der Parteilinie ab und stellen sich dagegen. In ihren Augen steht die EU mittlerweile vor allem für Neoliberalismus, Maximierung von Kapitalgewinnen, Deregulierung, Privatisierung und Haushaltsdisziplin nach deutschem Diktat. Es kommt zu einem Schulterschluss mit den Gewerkschaften und Organisationen wie Attac, die gegen die Auswüchse der Globalisierung kämpfen. Gleichzeitig deuten die Rechten das Referendum zu einer Abstimmung über die Osterweiterung der Union um: Sie warnen vor einem Sozialdumping durch den Zustrom „polnischer Klempner“. Mehr und mehr geht es nicht mehr um die Verfassung, sondern um einen Kampf zwischen dem französischen Volk und einer globalisierten Elite. Anders als Mitterrand 1992 im Wahlkampf vor dem Maastricht-Referendum engagiert sich der Vernunfteuropäer Chirac nur sehr gebremst. So kommt es, dass das Ergebnis am 29. Mai 2005 noch eindeutiger ausfällt als erwartet: Gut 54 Prozent stimmen mit Nein.

Den Haag. Drei Tage später weisen die Niederländer die europäische Verfassung sogar mit über 61 Prozent der Stimmen zurück. Auch hier kommt die Kritik von beiden Enden des politischen Spektrums: Der Rechtspopulist Geert Wilders warnt vor Billigkonkurrenz aus den neuen EU-Mitgliedsstaaten und vor einer Islamisierung durch einen etwaigen Beitritt der Türkei. Der Sozialist Jan Marijnissen malt die Auflösung des niederländischen Sozialstaats durch das übermächtige Brüssel an die Wand. In dieser unter Linken weit verbreiteten Sicht ist die EU ein Agent der Globalisierung, eine krakenartige Organisation, die alle Länder einem einheitlichen marktkonformen Denken unterwerfen will. Mit der Botschaft, dass die Verfassung gerade auf mehr Transparenz und demokratische Kontrolle abzielt, kommen die Befürworter in der öffentlichen Debatte nicht durch.

Brüssel. Die Ablehnung der Verfassung durch gleich zwei der sechs Gründungsmitglieder ist für die EU ein herber Schlag – der zweite in nur zwei Jahren. Schon 2003 im Irakkrieg hat sie ein kümmerliches Bild abgegeben. Statt eine Gemeinsame Außen- und Sicherheitspolitik zu machen, zerfiel die EU in zwei Lager: Das eine, angeführt vom britischen Premierminister Tony Blair, zog mit den USA gegen Saddam Hussein zu Felde. Das andere, angeführt von Frankreichs Präsident Jacques Chirac und Bundeskanzler Gerhard Schröder, verurteilte dies als Bruch des Völkerrechts. Von US-Verteidigungsminister Donald Rumsfeld wurden die Kriegsgegner daraufhin als „Old Europe“ abgetan. Das „neue Europa“ sind für ihn vor allem die ehemals kommunistischen Staaten Osteuropas, die sich alle an die Seite der USA und Großbritanniens stellten. Für Polen, Ungarn, Rumänien, Tschechien, die Slowakei und die baltischen Staaten sind die USA die große Schutz- und Führungsmacht, an der sie sich außen- und sicherheitspolitisch orientieren. In die EU streben sie vor allem aus wirtschaftlichen Gründen.

Die EU habe „faktisch einen Infarkt erlitten“, stellt Joschka Fischer mit Blick auf das Scheitern der Referenden in Frankreich und den Niederlanden fest. Wie schon 1992 nach den Abstimmungen über den Vertrag von Maastricht wird deutlich, dass Europa ein Elitenprojekt geblieben ist. Die Botschaft der Nein-Sager lautet: Wenn ihr uns nicht zuhört, verliert ihr uns ganz.

Lissabon. Wie soll es jetzt weitergehen? Mittlerweile ist die EU auf 25 Mitgliedsstaaten angewachsen, denn zum 1. Mai 2004 sind ihr mit einem *big bang* gleich zehn Staaten auf einmal beigetreten. Acht von ihnen sind ostmitteleuropäische Staaten, die früher zum Ostblock gehört haben: Tschechien, die Slowakei, Slowenien, Ungarn, Polen, Estland, Lettland und Litauen. Dazu kommen die beiden kleinen Mittelmeerstaaten Malta und Zypern. 2007 werden noch Rumänien und Bulgarien folgen, und 2013 wird sich als 28. Land Kroatien anschließen. Deutschland liegt jetzt nicht mehr an der östlichen Peripherie der Union, sondern genau in der Mitte. Was einst so bescheiden als Gemeinschaft der Sechs begann, umfasst nunmehr fast eine halbe Milliarde Menschen. Das bedeutet aber auch: Es muss zwingend etwas geschehen, denn mit den Instrumenten von damals kann ein so riesiger Verbund nicht arbeiten.

Als Kompromisslinie bildet sich in langwierigen Verhandlungen heraus, dass die europäische Verfassung auf den Rang eines Vertrags heruntergestuft werden soll. Denn ein Vertrag hat nicht die überragende Bedeutung einer Verfassung und muss deshalb in Frankreich und den Niederlanden nicht noch einmal per Referendum abgesegnet werden. Alles, was die Aufwertung der EU zu einem staatsähnlichen Gebilde symbolisieren könnte, wird deshalb gestrichen, darunter der Begriff „Verfassung", die Berufung eines europäischen Außenministers, aber auch die offizielle Ausstattung der EU mit staatlichen Hoheitssymbolen wie Flagge und Hymne, die in der Praxis schon lange in Gebrauch sind. Die wichtigsten konkreten Reformen dagegen werden beibehalten. So sollen Mehrheitsentscheidungen auf die Innen- und Justizpolitik ausgeweitet werden. Zudem werden neue Abstimmungsregeln eingeführt: Für einen qualifizierten Mehrheitsbeschluss im Europäischen Rat gilt künftig die doppelte Mehrheit – 55 Prozent der EU-Mitgliedsstaaten und 65 Prozent der EU-Gesamtbevölkerung müssen dahinterstehen. Diese doppelte Mehrheit stärkt Länder mit großer Bevölkerungszahl wie Deutschland.

So wird aus der Verfassung ein Vertrag. Kritiker sprechen von einem billigen Trick, mit dem durch die Hintertür doch noch realisiert wird, was die Bürger in Frankreich und den Niederlanden abgelehnt haben. Doch aus Sicht der meisten Politiker gibt es dazu keine Alternative. Treibende Kraft ist hier die neue deutsche Bundeskanzlerin Angela Merkel, die dafür mit dem Karlspreis geehrt wird. Der Reformvertrag geht als Vertrag von Lissabon in die EU-Geschichte ein – er wird 2007 unterzeichnet. Noch kurz vor dem Ende ihrer Amtszeit 2021 wird Merkel dies als einen ihrer größten Glücksmomente beschreiben.

Davos. Januar 2010. Das Weltwirtschaftsforum in den schneebedeckten Schweizer Bergen ist in vollem Gange, wobei dieses Mal nicht ganz so viele Prominente gekommen wie sonst. Das hat mit der prekären Gesamtlage zu tun: Seit 2008 die US-Bank Lehman Brothers zusammengebrochen ist, ist nichts mehr wie es war. Die Börsen spielen verrückt, Märkte kollabieren, manch einer sieht sogar den Euro wanken. Der neue griechische Ministerpräsident Giorgos Papandreou dementiert in seiner Rede vorsorglich, dass sein hoch verschuldetes Land die Folgen der Weltfinanzkrise nicht aus eigener Kraft schultern könne. Die Wahrheit sieht anders aus.

Irgendwann steht Papandreou in einer improvisierten Küche in einem großen Saal hinter den Sitzungszimmern. Hier wird das Catering abgestellt, bevor es den Teilnehmern in den Veranstaltungspausen serviert wird. Ständig gehen die Kellner durch die Drehtüren rein und raus, stellen leere Tabletts zurück und nehmen volle mit nach draußen. Es ist vielleicht der einzige Ort, an dem man nicht unbedingt mit Journalisten und anderen neugierigen Zaungästen rechnen muss. Deshalb hat sich Papandreou genau hier mit Dominique Strauss-Kahn verabredet, dem Direktor des Internationalen Währungsfonds (IWF). Als einziger weiterer Teilnehmer der Unterredung ist der griechische Finanzminister Giorgos Papakonstantinou mit dabei. Die Drei unterhalten sich im Stehen, Sitzgelegenheiten gibt es hier nicht. Derweil behalten ihre Sicherheitsleute die Türen im Auge – nicht, dass plötzlich doch noch ein ungebetener Besucher hereinkommt. Papandreou hat um das Gespräch gebeten, und er muss gar nicht erst sagen, worum es ihm geht. Wenn sich der Regierungschef eines Landes, das mit einer angespannten Haushaltslage kämpft, mit dem Chef des Internationalen Währungsfonds in einer Behelfsküche in den Schweizer Bergen treffen will, dann erfordert es nicht viel Fantasie, um sich auszumalen, welchen Grund das hat. Deshalb eröffnet Strauss-Kahn das Gespräch mit der Frage: „Wie kann der IWF helfen?"

Der Sozialdemokrat Papandreou ist erst seit drei Monaten im Amt. Aber diese kurze Zeitspanne hat ausgereicht, um ihm klarzumachen, dass das Land kurz vor einer Katastrophe steht. Sein Schuldenberg beläuft sich auf 350 Milliarden Euro, was 180 Prozent des jährlichen Bruttoinlandsprodukts entspricht. Die Schulden sind also 1,8-mal so hoch wie der Wert aller Güter und Dienstleistungen, die in einem Jahr in Griechenland produziert und erbracht werden. Und jetzt ist der Punkt erreicht, an dem der Staat die fälligen Zinsen für seine Schulden nicht mehr bezahlen kann. Der Staat kann aber auch keine neuen Kredite mehr aufnehmen, um die älteren zu bedienen: Seit Beginn der Finanzkrise sind die Banken äußerst wählerisch geworden. Sie wollen Griechenland kein Geld mehr leihen. Die Folge: Dem Land droht die Zahlungsunfähigkeit und damit die Pleite. Papandreous letzte Hoffnung ist Hilfe von außen.

Strauss-Kahn verspricht, sich für ein Hilfsprogramm starkzumachen. Das gehe allerdings nur im europäischen Rahmen, schließlich ist Griechenland Mitglied der Eurozone. Die Europäer müssen davon überzeugt werden, dass sie einen Rettungsmechanismus für Länder kreieren müssen, die in Zahlungsschwierigkeiten geraten, findet Strauss-Kahn. Die Europäer – das heißt in erster Linie: die Deutschen. Denn die haben das meiste Geld. Sie sind Exportweltmeister. Seit der Jahrtausendwende hat sich der deutsche Exportüberschuss nahezu vervierfacht. Gerhard Schröders Agenda 2010 und der fortgesetzte Lohnverzicht der Gewerkschaften haben dazu geführt, dass die im Ausland sowieso schon so beliebten Produkte aus Deutschland nun auch noch zu vergleichsweise niedrigen Preisen erhältlich sind.

Brüssel. Kanzlerin Merkel ist jedoch nicht gewillt, Griechenland aus der Patsche zu helfen. Denn das ist es ja gerade, was den Deutschen immer versprochen worden ist, seit in den 80er Jahren zum ersten Mal Pläne für eine europäische Währung auf den Tisch gekommen sind: Der Steuerzahler wird in keinem Fall für die Versäumnisse anderer Länder aufkommen. Jeder ist für sich selbst verantwortlich, alle müssen ihre Hausaufgaben machen, wie eine oft verwendete schulmeisterliche Formulierung aus Berlin lautet. Es gibt keinen *Bail-out*, keine Rettungsaktion. Bei einem Krisengipfel in Brüssel am 11. Februar 2010 stellt Merkel das noch einmal klar: „Griechenland ist Teil der Europäischen Union, Griechenland wird nicht alleine gelassen. Aber es gibt Regeln, und diese Regeln müssen auch eingehalten werden."

Der französische Präsident Nicolas Sarkozy ist da ganz anderer Meinung. Er hält Merkel hinter verschlossenen Türen vor: „Das ist ein schlimmer Fehler. Wir haben eine gemeinsame Währung. Wie kannst du da riskieren, dass ein Land mit neun Millionen Einwohnern im Herzen Europas, das die Idee der Demokratie erfunden hat, bankrott gehen könnte?" EU-Kommissionspräsident José Manuel Barroso denkt genauso: „Angela, je länger du wartest, desto mehr wirst du zahlen müssen!" Doch zu seiner Überraschung antwortet sie, darüber sei sie sich völlig im Klaren. In der derzeitigen Situation könne sie Hilfe für Griechenland vor der deutschen Öffentlichkeit aber noch nicht rechtfertigen. Sie müsse auf den Zeitpunkt warten, an dem es nicht mehr um die Zukunft Griechenlands gehe, sondern um die Zukunft des Euro. Merkel balanciert zwei widerstreitende Interessen aus: Sie will den deutschen Steuerzahler schützen und die Eurozone zusammenhalten.

Kastelorizo. Drei Monate später kann Papandreou die Lage nicht mehr länger geheim halten. Griechenland steht unmittelbar vor dem Bankrott. Und wenn das geschieht, werden die Schulen schließen müssen, die Krankenhäuser, die Kasernen … Das muss er verhindern. Am 23. April 2010 besucht er die Ferieninsel Kastelorizo. Alte Fischerhäuschen und weiße Yachten vor strahlend blauem Himmel, glitzernde Lichtreflexe auf dem Wasser. Papandreou schüttelt die Hände von Touristen. Und dann verkündet er vor dieser paradiesischen Kulisse „das Ende der Welt", wie es später einmal sein Finanzminister Papakonstantinou ausdrücken wird: „Es ist lebenswichtig für unsere Nation, ein offizielles Ersuchen an unsere Partner in der Europäischen Union einzureichen, uns finanzielle Unterstützung zukommen zu lassen." Unmittelbar nach dieser Erklärung telefoniert Papandreou mit Merkel.

Berlin. Diese ist höchst unangenehm überrascht. Aber jetzt, da Griechenlands Misere öffentlich ist, hat sich etwas verändert: Sie kann nun damit argumentieren, dass der Euro in Gefahr ist. Niemand weiß, was passieren wird, wenn ein Eurostaat pleite geht. Stürzt dann die Währung ab? Ist es ein Funke wie die Pleite der Lehman-Bank? Verlieren Banken und Investoren das Vertrauen in die Eurozone? Merkel vollzieht einen Schwenk: Mit ihren Kollegen im Europäischen Rat beschließt sie Hilfen für Griechenland in Höhe von 110 Milliarden Euro. Kurz danach kommt allerdings das Gerücht auf, dass jetzt auch Spanien um ein Hilfspaket gebeten hat – in Höhe von 280 Milliarden Euro. Die Aktienmärkte brechen ein, der Euro verliert schnell an Wert – Europa steht vor einer finanziellen Kernschmelze.

Brüssel. Nach zwölfstündigen Verhandlungen und nur 15 Minuten vor Öffnung der Börsen spannen die Staats- und Regierungschefs der EU am Montagmorgen, dem 10. Mai 2010, einen gewaltigen Rettungsschirm auf: Insgesamt 750 Milliarden Euro stehen von nun an bereit, um angeschlagene Euroländer vor dem Staatsbankrott zu bewahren. Die Europäische Zentralbank bricht aus Angst vor einem Zerfall der Eurozone mit einem Tabu und beginnt mit dem Ankauf von Staatsanleihen, um so die Finanzsituation notleidender Staaten zu unterstützen. Kritiker sagen: So wird die EZB zur Gelddruckmaschine – und das wird langfristig die Inflation befeuern, also zu einer Geldentwertung führen. Außerdem verliere die EZB so ihre Unabhängigkeit und werde zu einer „Getriebenen der Politik". Triumphierend tritt Präsident Sarkozy vor die Presse: Das französische Modell der „Wirtschaftsregierung" habe sich jetzt auch auf europäischer Ebene durchgesetzt, sagt er. Merkel dagegen – die Gegnerin einer Transferunion und Verfechterin eines harten Stabilitätspakts – entschwindet durch eine Hintertür.

Dabei darf allerdings nicht vergessen werden: Die Milliarden sind keine Geschenke, sondern nur Hilfen auf Pump – Kredite. Griechenland soll das ganze Geld später wieder zurückzahlen. Dafür muss die Regierung in Athen harte Sparauflagen erfüllen und ihren Bürgern einiges abverlangen. „Verkauft doch eure Inseln, ihr Pleite-Griechen“, ätzt die „Bild“-Zeitung, „… und die Akropolis gleich mit!“ Der CDU-Fraktionsvorsitzende im Bundestag, Volker Kauder, stellt mit Genugtuung fest: „Jetzt auf einmal wird in Europa Deutsch gesprochen!“ Damit meint er, dass viele EU-Länder jetzt gezwungenermaßen eine disziplinierte Haushaltspolitik nach deutschem Vorbild machen müssen. Töne wie diese werden als arrogante Besserwisserei und selbstherrliches Spardiktat wahrgenommen. Äußerst unangenehme Erinnerungen an die Zeit deutscher Großmannssucht werden wach.

Berlin. Merkel erklärt den Deutschen am 19. Mai 2020 im Bundestag noch einmal, warum sie Griechenland zu Hilfe geeilt ist: „Scheitert der Euro, dann scheitert Europa“, sagt sie. „Die Währungsunion ist eine Schicksalsgemeinschaft. Es geht um nicht mehr und nicht weniger als die Bewahrung der europäischen Idee.“ Die Hilfe für Griechenland sei in Deutschlands ureigenem Interesse: „Wir schützen das Geld der Bürgerinnen und Bürger unseres Landes.“

Deauville. Ein paar Monate später schlendern Sarkozy und Merkel gemeinsam über die Promenade des alten Seebads. Jetzt wo sein Englisch so gut geworden sei, könnten sie auch ohne Dolmetscher und Berater reden, hat Merkel zu ihm gesagt. Vergessen ist, was einst aus dem Kanzleramt durchsickerte: dass sich Merkel mit Filmen des Zappelkomikers Louis de Funès auf ihr erstes Treffen mit dem hibbeligen Sarkozy vorbereitet habe. Jetzt erscheint alles in goldenem Herbstlicht. Der „Action Man“ und „Madame Non“ plaudern über ihre Familien, insbesondere über Sarkozys Ehefrau, die aus Italien stammende Sängerin Carla Bruni. Sie lachen, sie gestikulieren, sie stecken die Köpfe zusammen – fast wirken sie wie ein turtelndes Paar. Strandbilder schaffen Mythen. In diesem Fall sollen sie symbolisieren, dass Deutschland und Frankreich in der Krise vereint sind. „Anschela“ gesteht „Sarko“ zu, dass keine automatischen Sanktionen gegen Haushaltssünder in Kraft treten sollen, und im Gegenzug hofft sie auf Sarkozys Unterstützung für ihr Bestreben, Europa besser auf eine mögliche neue Euro-Krise vorzubereiten: Unter anderem sollen sich künftig auch private Investoren – Gläubigerbanken – an Rettungsaktionen beteiligen müssen.

Athen. Schon ein Jahr später droht Griechenland wieder das Geld auszugehen. Die EU schnürt erneut ein 100-Milliarden-Hilfspaket, außerdem verzichten private Gläubigerbanken und Versicherer auf die Hälfte ihrer Forderungen. Das alles gibt es aber natürlich nicht zum Nulltarif: Diesmal fordert die EU neben einer effektiveren Bekämpfung der Steuerhinterziehung noch tiefere Schnitte in den griechischen Sozialstaat und eine massive Verringerung des überdimensionierten Verwaltungsapparats. Ministerpräsident Papandreou kündigt die Entlassung Zehntausender Staatsbediensteter an und Gehaltskürzungen für die verbleibenden Beamten. Die Folge sind Massenstreiks. Müllberge türmen sich in den Straßen, Inseln sind wegen fehlender Schiffs- und Flugverbindungen nicht mehr zu erreichen. Auf dem zentralen Platz vor dem griechischen Parlament liefern sich vermummte Demonstranten Straßenschlachten mit der Polizei. Papandreou reagiert auf den Druck, indem er ein Referendum über die Sparpläne ankündigt.

Cannes. Für „Merkozy", wie das ungleiche Paar jetzt immer öfter genannt wird, ist dieser Schritt eine böse Überraschung. Die beiden zitieren Papandreou Anfang November 2011 zum G20-Gipfel nach Cannes und legen eine bereits bewilligte Kreditauszahlung auf Eis. Ein Austritt Griechenlands aus dem Euro sei kein Tabu mehr, droht Merkel. „Wir sind gewappnet." Daraufhin sagt Papandreou die Volksabstimmung ab und tritt zurück.

Er ist nicht der Einzige, der seinen Hut nehmen muss. Das Euroland mit der höchsten Staatsverschuldung gemessen an der Wirtschaftsleistung ist Italien. Sein korrupter Ministerpräsident Silvio Berlusconi sieht gleichwohl keine Notwendigkeit zur Selbstbeschränkung. Als Merkel und Sakozy aber öffentlich

Feindbild Deutschland. Mit dem Plakat „Frau Merkel Get Out" demonstrieren Griechinnen 2012 vor dem Parlament in Athen. Die von der EU erzwungene Sparpolitik als Bedingung für neue Milliardenkredite wurde von einem großen Teil der griechischen Bevölkerung als deutsches Diktat abgelehnt.

anmahnen, dass Italien sparen müsse, und Merkel dies auch in einem Telefongespräch mit dem italienischen Präsidenten Giorgio Napolitano zum Ausdruck bringt, kommt es zu einer Regierungskrise – und diese endet mit Berlusconis Rücktritt. Sein Nachfolger wird der Technokrat Mario Monti, ein Mann ganz nach Merkels Geschmack.

Ist es mittlerweile „Merkiavelli", die darüber entscheidet, wer in Europa regiert? Es sei nur gut, dass Merkel dafür sorge, „Clowns wie Italiens Silvio Berlusconi loszuwerden", applaudiert ihr der britische „Economist" und feiert sie in Anlehnung an J. R. R. Tolkiens Fantasy-Epos „Der Herr der Ringe" als *„One woman to rule them all"* (Eine Frau, sie zu knechten). Immer öfter wird sie in den Medien als „De-facto-Kanzlerin Europas", als „widerwilliger Hegemon" oder gar als „Königin von Europa" beschrieben. Offenkundig ist, dass Deutschland mittlerweile die unangefochtene Führungsmacht der EU ist. Mitterrands alter Plan, den Nachbarn durch die Einführung einer gemeinsamen Währung finanzpolitisch zu entmachten, ist nicht aufgegangen. Im Gegenteil, über die gemeinsame Währung ist das Schicksal der Teilnehmerländer nun noch viel enger als vorher miteinander verknüpft, und die mit Abstand stärkste Volkswirtschaft der Eurozone hat dadurch automatisch Macht über andere. Vor jeder wichtigen Entscheidung richten sich die Blicke nach Berlin: Was will Merkel? Gegen sie fällen die anderen keine Entscheidungen.

Und was will sie? Sie will im Grunde, dass die anderen Euro-Länder so werden wie Deutschland: wirtschaftlich stark, wettbewerbsfähig und nicht allzu hoch verschuldet. Im Kampf gegen die Schuldenkrise plädieren die südlichen Länder für Investitionen, finanziert durch höhere Schulden, in der Hoffnung, dass so die Wirtschaft angekurbelt wird, die Steuereinnahmen steigen und dann auch irgendwann die Schulden abgebaut werden können. „Spardomina" Merkel hingegen setzt auf Haushaltsdisziplin, Arbeitsmarktreformen und Privatisierung, um die Volkswirtschaften konkurrenzfähiger zu machen.

Immerhin hat auch die scheinbar allmächtige Kanzlerin in Cannes einen schwachen Moment – einen Augenblick, in dem ihr alles zu viel wird: Während es draußen in Strömen regnet, setzt ihr der amerikanische Präsident Barack Obama zu. Er will, dass der Rettungsschirm für den Euro noch einmal aufgestockt wird. Dafür soll ein Guthaben der Europäer beim Internationalen Währungsfonds eingesetzt werden. Das Problem: Über die Verwendung dieses Guthabens entscheidet in Deutschland nicht die Bundeskanzlerin, sondern die Bundesbank. Und die ist absolut dagegen. Merkel sind die Hände gebunden, sie fühlt sich in die Ecke gedrängt – und da kommen ihr die Tränen. Einmal, ein einziges Mal macht sich auch bei ihr die enorme psychische Anspannung bemerkbar.

Porträt: Angela Merkel

Die Krisenmanagerin

Ist Angela Merkel (* 1954) eine große Europäerin? In jedem Fall ist sie keine große Herzenseuropäerin. Feurige Bekenntnisse zur europäischen Sache sind nicht zu erwarten von einer Frau, die auf die Frage, was sie an ihrem eigenen Land besonders liebe, einmal geantwortet hat: „Ich denke an dichte Fenster. Kein anderes Land kann so dichte und so schöne Fenster bauen."

Merkel hat auch nie eine Vorstellung davon entwickelt, wo es mit der EU eigentlich hingehen soll. Ein einziges Mal, 2012, sagte sie: „Ich bin dafür, dass eines Tages die Kommission so etwas ist wie eine europäische Regierung." Danach hat man von ihr aber nie mehr etwas dazu gehört.

Schließlich lässt sich gegen Merkel auch noch anführen, dass sie immer wieder knallhart nationale Interessen vertreten hat, etwa in der ersten Phase der Euro-Krise oder beim Festhalten an der Ostsee-Gaspipeline Nord Stream 2 trotz Sicherheitsbedenken Polens und der baltischen Staaten. In der Flüchtlingskrise handelte sie mutig als Menschenfreundin, doch gleichzeitig eigenmächtig, weil ihr Vorgehen nicht mit den europäischen Partnern abgesprochen war.

Und doch: Wenn man die Person benennen müsste, die im 21. Jahrhundert am meisten dafür getan hat, die EU vor dem Auseinanderdriften zu bewahren, dann ist das die Vernunfteuropäerin Merkel. „Meine verdammte Pflicht und Schuldigkeit besteht darin, dieses Europa zusammenzuhalten", hat sie gesagt. Angesichts der Vielzahl von Krisen, die sie in ihrer 16 Jahre währenden Amtszeit bewältigen musste, war das schon Verpflichtung genug.

Anstatt Visionen zu beschwören und Reden zu schwingen, hat Merkel hinter den Kulissen Kärrnerarbeit geleistet. Sie hat moderiert und vermittelt, sie ist auf Kontrahenten zugegangen. Oft mit Erfolg. Bevor der griechische Regierungschef Alexis Tsipras sie kannte, bezeichnete er sie als „die gefährlichste Politikerin Europas". Nachdem er sie kennengelernt hatte, sagte er, er verstehe jetzt, warum die Deutschen sie immer wieder zur Kanzlerin wählten. Merkel sei eine sehr intelligente Person, sachlich, klug, wissbegierig. „Sie hat diese ostdeutsche Art, ehrlich und geradeheraus zu sagen, was sie denkt." Der luxemburgische Ministerpräsident Xavier Bettel hat sie als „Kompromissmaschine" bezeichnet. Und es sind Kompromisse, die das Europa der 27 Mitgliedsstaaten am Leben erhalten.

Merkel ist zudem in einer zentralen Frage über ihren Schatten gesprungen und hat ihre Haltung geändert. Das war im Corona-Jahr 2020, als sie sich einer gemeinsamen Schuldenaufnahme zur Finanzierung des Wiederaufbaufonds plötzlich nicht mehr widersetzte. Es war wohl auch dieser Entscheidung geschuldet, dass sie sich bei ihrem Abschied beispielloser Zustimmung erfreute. Gäbe es eine Wahl für den Präsidenten Europas, dann hätte Merkel diese Abstimmung einer Umfrage zufolge mit 41 Prozent der Stimmen deutlich gegen Macron mit 14 Prozent gewonnen. Charles Michel, der Präsident des Europäischen Rates, sagte bei ihrem letzten von mehr als 100 EU-Gipfeln: „Der Europäische Rat ohne Angela ist wie Rom ohne den Vatikan und Paris ohne den Eiffelturm."

London. Neben der Kanzlerin gibt es noch jemanden, der in der Krise über enorme Macht verfügt. Kein Politiker, sondern ein Banker: EZB-Präsident Mario Draghi. 2012 verkündet er in der Londoner City: *„Within our mandate the ECB is ready to do whatever it takes to preserve the euro. And believe me, it will be enough.“* Fast wörtlich das gleiche haben zuvor auch schon die Staats- und Regierungschefs gesagt, doch jetzt, da der Chef der Europäischen Zentralbank diese Worte spricht, entfalten sie eine viel größere Wirkung. Die Finanzmärkte reagieren euphorisch.

Luxemburg. Im selben Jahr wird der Europäische Stabilitätsmechanismus (ESM) gegründet. Dieses dauerhafte Schutzsystem soll überschuldete Mitgliedsstaaten der Eurozone durch Kredite und Bürgschaften unterstützen, um ihre Zahlungsfähigkeit zu sichern. Im Gegenzug müssen sich die Staaten zu Reformen verpflichten. Dadurch ist die gemeinsame Wirtschaftsregierung, die vorher gefehlt hat, nun in einigen wesentlichen Punkten doch zustande gekommen. Es ist ein Phänomen, das bei der EU immer wieder zu beobachten ist: Ein schon lange bestehendes Defizit wird in einer Krise zu einer solchen Belastung, dass die ganze EU fundamental bedroht scheint. Es kommt dann aber nicht zum Auseinanderbrechen, sondern die Mitgliedsstaaten reagieren auf den Druck, indem sie ihre Zusammenarbeit auf europäischer Ebene verstärken. Dadurch wird die Krise gemeistert oder zumindest abgefedert. Schon Jean Monnet hat es seinerzeit auf den Punkt gebracht: „Europa wird in Krisen errichtet und wird die Summe der Lösungen dieser Krisen sein.“

Straßburg. Die Kehrseite ist in diesem Fall allerdings, dass das Handeln der Politiker bei vielen Bürgern zu Frustration und Verärgerung führt. Die Griechen etwa beklagen, dass sie von Deutschland zu einem Sparkurs verdonnert werden, der vorübergehend sogar eine drastische Unterversorgung mit Medikamenten verursacht. Viele Deutsche wiederum haben den Eindruck, dass sie sich jeden Tag krummlegen müssen, um über die Runden zu kommen, während den sonnenverwöhnten Griechen – die im Gegensatz zum „Mieter-Land“ Deutschland fast alle über eine Form von Wohneigentum verfügen – die Milliarden hinterhergeworfen werden.

Rechtsradikale nutzen das aus. Mit europafeindlichen Parolen werden Parteien wie der Front National in Frankreich und die UK Independence Party in Großbritannien die großen Gewinner der Europawahl 2014. Aus Deutschland zieht eine neue Partei in das Straßburger Parlament ein: die erst im Jahr zuvor gegründete Alternative für Deutschland (AfD). Der Name bezieht sich darauf, dass Merkel die Rettung des Euro und die Griechenland-Hilfen als „alternativlos“ bezeichnet hat. Mit der AfD kann sich erstmals seit 1945 wieder eine in Teilen rechtsextreme Partei in Deutschland etablieren und 2017 sogar in den Bundestag einziehen.

So fällt die Bilanz der europäischen Gemeinschaftswährung nach 15 Jahren ernüchternd aus: Der Euro hat die Völker Europas in mancherlei Hinsicht nicht zusammenwachsen lassen, sondern sie im Gegenteil entzweit und überwunden geglaubte Ressentiments neu entfacht.

Athen. Derweil köchelt die Griechenland-Krise auf kleiner Flamme weiter. Seit 2012 ist der Konservative Antonis Samaras neuer griechische Ministerpräsident. Nach einem Besuch bei ihm erzählt Angela Merkel auf dem Rückflug nach Berlin, er habe sich vor ihr damit gebrüstet, für seine Minister nun auch am Wochenende erreichbar zu sein. Sie kann sich darüber kaputtlachen. Aber das Ganze hat für sie auch einen ernsten Kern: Wie will Griechenland jemals aus dem ganzen Schlamassel herauskommen, wenn selbst der Regierungschef eine solche Selbstverständlichkeit als Heldentat verkauft?

Januar 2015. In Griechenland gewinnt die radikale Linke unter Führung des 40 Jahre alten Hoffnungsträgers Alexis Tsipras vorgezogene Neuwahlen. Sein Versprechen: Er will den Griechen ihre Würde wiedergeben und das Spardiktat aus Brüssel und Berlin nicht mehr akzeptieren. „Das ist eine wirklich gute Nacht, Frau Merkel“, steht auf Deutsch auf einem Plakat, das eine Tsipras-Anhängerin hochhält. Zum Finanzminister ernennt der neue Regierungschef den linken Wirtschaftsprofessor Yanis Varoufakis, einen Mann, der sich schon optisch von etablierten Politikern abhebt: Das Hemd hängt locker über der Hose, statt einer Krawatte hat er einen lässigen Schal umgebunden, seine Akten transportiert er in einem Rucksack – und bevor er ein Statement abgibt, setzt er erstmal den Motorradhelm ab. Der kahl geschorene Easy-Rider-Minister signalisiert in allem, dass er sich nicht an die Regeln halten will.

Brüssel. Beim ersten Zusammentreffen mit den Finanzministern der Euroländer tritt Varoufakis provozierend selbstbewusst auf. Eine halbe Stunde lang erklärt er seinen neuen Kollegen zunächst einmal, „was wir alles für Idioten seien“, wie es Wolfgang Schäuble später in einem Fernsehinterview formuliert. „Da hat er sicher recht gehabt, nur wenn man das den Betroffenen sagt, sind die davon nicht sehr beeindruckt.“ Die 18 Finanzminister verlangen von ihm, das Sparprogramm wie vereinbart umzusetzen – andernfalls entfalle die Basis für weitere Finanzhilfen. Varoufakis ruft daraufhin seinen Regierungschef Tsipras an und telefoniert mit ihm für über eine Stunde. Die Ministerkollegen lässt er warten. Irgendwann verliert Schäuble die Geduld und verlässt wütend die Sitzung. Mit

Blick auf das in Kürze auslaufende Hilfsprogramm droht er: „Am 28., 24 Uhr, isch over." Er will Griechenland nun so schnell wie möglich aus der Eurozone werfen. Doch Angela Merkel drängt weiter auf eine Kompromisslösung.

So beginnt ein monatelanger Verhandlungspoker. Die Botschaft von Tsipras an die europäischen Kassenhüter lautet: Fragt euch, was mehr kostet – der Grexit, also das Ausscheiden Griechenlands aus der Eurozone, oder ein paar Milliarden weniger an Sparmaßnahmen? Keine Seite will nachgeben, und währenddessen rückt die Deadline immer näher. Am 30. Juni 2015 werden die finanziellen Nothilfen für Griechenland auslaufen, am 1. Juli droht den griechischen Banken dann der Kollaps – und dem Staat die Pleite. Viele Griechen räumen schon mal ihre Konten. Nur wenige Tage vor Ablauf der Frist liegt in Brüssel schließlich ein Kompromissvorschlag auf dem Tisch, der aber weiterhin auch Spaßmaßnahmen in Milliardenhöhe vorsieht. Der linke Flügel von Tsipras' Syriza-Partei hält dies für inakzeptabel. Doch jetzt tickt die Uhr wirklich. Während die versammelten EU-Staats- und Regierungschefs in Brüssel auf eine Antwort von Tsipras warten, entschwebt dieser heimlich nach Athen und kündigt dort in der Nacht vom 26. auf den 27. Juni 2015 einen Volksentscheid über das Sparprogramm an. Er selbst ruft dazu auf, mit Nein zu stimmen. In Brüssel herrscht Fassungslosigkeit. Damit seien die Verhandlungen beendet, erklärt Schäuble.

Athen. Die griechischen Banken bleiben nun geschlossen, und Geldautomaten spucken nur noch maximal 60 Euro aus. Davor bilden sich lange Schlangen. 36 Milliarden Euro haben die Griechen bereits abgehoben und unter der heimischen Matratze gebunkert. Am 5. Juli lehnen sie den von der EU angebotenen Deal mit einer klaren Mehrheit von über 60 Prozent ab – wie von Tsipras empfohlen. Bedeutet das nun den Grexit?

Brüssel. Noch einmal wird verhandelt, und dabei werden Tsipras die Daumenschrauben angelegt. Der Linkspolitiker weiß, dass dies die letzte Chance ist. Die geschlossenen Banken haben den Griechen eine Ahnung davon vermittelt, was ein Grexit bedeuten würde. Gewiss, sie sind das Sparen mehr als leid, aber gleichzeitig will eine deutliche Mehrheit den Euro behalten. Auch Tsipras. Er ist davon überzeugt, dass sein Land andernfalls zum *Failed state*, zum gescheiterten Staat würde. Und so verpflichtet er sich nur eine Woche nach dem Referendum in einem dramatischen *U-Turn* doch wieder zu Spaßmaßnahmen und Reformen – im Tausch gegen einen Überbrückungskredit und die Zusage eines neuen Hilfsprogramms. Es ist ein Weg, den sein flamboyanter Finanzminister nicht mittragen will: Varoufakis tritt zurück. Die Zukunft wird zeigen, dass die Euro-Krise damit erstmal beigelegt ist. Doch während die EU noch ganz auf das griechische

Schuldendesaster konzentriert ist, zieht schon die nächste, noch viel schlimmere Krise herauf. Diesmal geht es um Menschenleben.

Bodrum. Der Bürgerkrieg in Syrien hat Millionen Menschen in die Flucht getrieben. Ihr Ziel: die EU. Sie kommen über die Türkei, setzen in Schlepperbooten über die Ägäis nach Griechenland und versuchen von dort, sich nach Deutschland, Schweden oder in ein anderes wohlhabendes Land durchzuschlagen. Und es sind nicht nur syrische Kriegsflüchtlinge, die in die EU streben. Auch Afghanen, Iraker und Nordafrikaner sehen in ihren Herkunftsländern vielfach keine Perspektive mehr und riskieren für ein neues Leben in Europa alles.

Miteinander im Gespräch bleiben. Bundeskanzlerin Angela Merkel und der griechische Ministerpräsident Alexis Tsipras unterhalten sich vor einer Sitzung des Europäischen Rats 2017 in Brüssel. In seiner Einschätzung von Merkel vollzog Tsipras eine 180-Grad-Wende, sobald er sie persönlich kennengelernt hatte.

Doch in den EU-Ländern sind sie in den seltensten Fällen willkommen. Sie werden in erster Linie als Belastung der Sozialsysteme und des gesellschaftlichen Zusammenhalts gesehen und oft auch als terroristische Gefahr. Die Abwehrreaktionen fallen drastisch aus: So hat Italien Anfang der 2000er Jahre die Gesetzeslage so weit verschärft, dass jede Hilfeleistung für in Seenot geratene Geflüchtete unter Strafe steht. Fischer und Schiffskapitäne, die sich darüber hinwegsetzen, riskieren Geld- und Freiheitsstrafen sowie die Vernichtung ihrer Existenz.

Mittlerweile finden bei der Überfahrt übers Mittelmeer fast jeden Tag Menschen den Tod. Am 2. September 2015 wird die Welt durch das Bild des zwei Jahre alten Alan Kurdi aus Syrien erschüttert. Halb im Wasser, halb im Sand, mit dem Gesicht zur Seite gedreht, liegt er auf dem Strand des türkischen Badeorts Bodrum. Mit seinem roten T-Shirt, blauen Shorts und Schuhen sieht er aus wie jedes Kind an einem schönen Sommertag. Aber der kleine Alan ist tot. Ertrunken in Sichtweite der EU. Alans Vater Abdullah und seine Mutter Rehanna Kurdi wollten zusammen mit ihm und seinem vier Jahre alten Bruder Ghalib zu der nur fünf Kilometer entfernten griechischen Insel Kos übersetzen. Alan war ein fröhlicher, nach Darstellung der Familie immer lächelnder Junge, dem viel Aufmerksamkeit zuteilwurde. Vor dem Krieg in Syrien war die Familie zunächst nach Kobane im Norden des Landes und dann weiter nach Istanbul geflohen. Dort verdiente Abdullah aber nur sehr wenig. Irgendwann traf er die Entscheidung, Kontakt zu Schleusern aufzunehmen, ihnen all sein Geld zu geben und trotz der strengen Kontrollen der griechischen Polizei und Küstenwache, trotz der heftigen Winde, die ganz plötzlich über dem Meer aufkommen können, die Überfahrt zu wagen. „Wir fahren nach Europa", hat er an dem fatalen Abend zu Ghalib, dem älteren Sohn, gesagt. „Aber wir müssen ganz leise sein. Wir dürfen erst wieder reden, wenn wir in Europa sind. Und dann kaufe ich euch ganz viele Kekse."

Auf der Bodrum-Halbinsel gibt es in diesem Sommer zwei Parallelwelten: Tagsüber sonnen sich die Touristen am Strand, nachts brechen die Geflüchteten in Schlauchbooten zu ihrer lebensgefährlichen Seereise auf. Die Boote sind nicht hochseetauglich und oft überladen. So war es auch im Fall der Familie Kurdi. Kurz nach Mitternacht hatten Abdullah und Rehanna die schlafenden Kinder zum Treffpunkt getragen. Von dort ging es im Auto weiter zu einem Yachthafen. Als sie ausstiegen, wartete dort noch eine Familie, zusätzlich zu der, die schon mit im Auto gesessen hatte. Drei Familien für ein winziges Glasfaserboot. Sie sind dennoch eingestiegen.

Das Boot kenterte, als es in hohe Wellen geriet. „Rette die Kinder", war das letzte, was Rehanna zu Abdullah gesagt hat – sie konnte nicht schwimmen. Doch bei dem hohen Wellengang ist ihm zuerst Ghalib entglitten, dann Alan. Abdullah ist der Einzige aus der Familie, der überlebt.

Ungewöhnlich ist das nicht – zwischen Januar und September 2015 sind schon mehr als 2600 Geflüchtete im Mittelmeer ertrunken. Ungewöhnlich ist nur, dass der kleine Alan am frühen Morgen von einer türkischen Fotografin fotografiert wird, dass dieses Bild schon Stunden später unter dem Hashtag #HumanityWashedAshore in den sozialen Netzwerken geteilt und dann auf den Titelseiten vieler großer westlicher Zeitungen abgedruckt wird.

Budapest. Zur selben Zeit sitzen Tausende von Syrern, die es schon bis Ungarn geschafft haben, am Ostbahnhof der ungarischen Hauptstadt fest, wo ihnen die Polizei die Weiterreise per Zug verweigert und bald menschenunwürdige Zustände herrschen. Schließlich machen sich die Geflüchteten in Kolonnen zu Fuß auf den Weg zur 175 Kilometer entfernten österreichischen Grenze, unter ihnen Männer auf Krücken und im Rollstuhl. Vom Hubschrauber aus gefilmte Videoaufnahmen dieses „Marsches der Hoffnung" verbreiten sich über Twitter. Der österreichische Bundeskanzler Werner Faymann ruft daraufhin Angela Merkel an, die gerade bei einer Festveranstaltung zu „70 Jahre CDU" in Köln spricht. Im Anschluss an die Veranstaltung telefoniert sie mit ihm auf dem

Weg zum Flughafen. Der Sozialdemokrat schlägt ihr vor, die Geflüchteten in einem Akt der Humanität einreisen zu lassen. Allerdings soll Deutschland dann die Hälfte von ihnen aufnehmen. Merkel antwortet nicht sofort – sie will sich erst bei ihren Koalitionspartnern rückversichern. Außenminister Frank-Walter Steinmeier und Vizekanzler Sigmar Gabriel von der SPD stimmen zu, doch CSU-Chef Horst Seehofer geht in seinem Ferienhaus den ganzen Abend nicht ans Telefon. Kurz vor Mitternacht ruft Merkel Faymann zurück und erklärt sich auch ohne Seehofers Ja mit der Grenzöffnung einverstanden. Es ist die Nacht vom 4. auf den 5. September 2015.

München. Mit Applaus und Willkommensplakaten werden die mit dem Zug aus Österreich eintreffenden Menschen am nächsten Tag, einem Samstag, am Münchner Hauptbahnhof empfangen. Helfer verteilen Wasserflaschen, Fladenbrot und Kekse. Ein mitgebrachter Kühlschrank mit Antifa-Aufklebern bietet sogar gekühlte Getränke. Kinder bekommen Spielsachen, Stofftiere und Schokolade zugesteckt. Das Technische Hilfswerk bläst Luftballons auf und knotet sie zu Tieren. Polizisten halten Kleinkinder im Arm. Ehrenamtliche machen die Bahnsteige sauber. Sanitäter sind zur Stelle, wenn sie gebraucht werden. Es gibt Tausende Freiwillige, die ihre Unterstützung anbieten. Die Ankömmlinge rufen „Freedom!", „Thank you Germany!" oder einfach „Ger-ma-ny!" Manche Familien mit Kindern legen sich in der Bahnhofshalle erst einmal schlafen – sie sind völlig erschöpft, aber gleichzeitig zutiefst erleichtert. Sie haben es geschafft: Sie sind in Sicherheit. Bilder davon gehen um die ganze Welt. München leuchtet.

Berlin. Derweil sitzt Angela Merkel in ihrer Privatwohnung in Berlin-Mitte und ruft befreundete Staats- und Regierungschefs der EU unter ihren Privatnummern an. Ihr Anliegen ist immer das gleiche: Können die anderen Länder auch Geflüchtete aufnehmen? Die Antworten fallen zurückhaltend aus.

Jeden Tag kommen jetzt mehrere Tausend Menschen an. Um sie aufzuhalten, müsste man die Grenze zu Österreich schließen. Polizisten müssten die Hilfesuchenden mit Schutzschilden und Tränengas zurückdrängen. Das aber würden die Deutschen nicht akzeptieren, glaubt Merkel. Zudem ist sie prinzipiell gegen Grenzkontrollen im Schengen-Raum, da damit die Freizügigkeit außer Kraft gesetzt würde: „Ich habe zu lange hinter einem Zaun gelebt, als dass ich mir das noch einmal zurückwünsche." Davon abgesehen ist sie auch einfach „ein Stück weit stolz auf unser Land". In ihrer Sommerpressekonferenz hat sie wenige Tage zuvor, am 31. August 2015, gesagt: „Deutschland ist ein starkes Land. Und das Motiv, in dem wir an diese Dinge herangehen, muss sein: Wir haben so vieles geschafft – wir schaffen das!“ Nicht im Traum rechnet sie in diesem Moment damit, dass dies ihr bekanntester Satz werden wird. Ein Satz, für den sie von den einen bewundert und von den anderen verteufelt werden wird.

Die Grenzen bleiben also offen. Merkel verzichtet sogar auf einen öffentlichen Appell, nicht mehr nach Deutschland zu kommen. Stattdessen besucht sie in Berlin-Spandau ein Flüchtlingsheim. Dort machen mehrere Migranten Selfies mit ihr, und professionelle Pressefotografen halten dies zusätzlich im Bild fest. Auch diese Fotos finden weltweite Verbreitung. Mehrere syrische Eltern geben ihren neugeborenen Töchtern nun den Namen „Angela“ oder “Angela Merkel“. Das US-Magazin „Time“ kürt sie zur *Person of the Year*. Deutschland, so heißt es in dem Artikel, habe dank Merkel seine nationalistische, militaristische und genozidale Vergangenheit endgültig abgelegt und stehe jetzt für Werte wie Menschlichkeit, Großzügigkeit und Toleranz.

Brüssel. Insgesamt treffen 2015 in Deutschland nach amtlichen Angaben 890 000 Schutzsuchende ein. Merkel strebt eine „europäische Lösung“ dafür an – das heißt: Die anderen Länder sollen auch Menschen aufnehmen. Offiziell gilt in der EU beim Umgang mit Asylsuchenden das Dublin-Verfahren: Danach ist derjenige Staat für das Asylverfahren zuständig, in dem der oder die Geflüchtete erstmals EU-Boden betritt. Da Deutschland von EU-Staaten umringt ist,

Am Ziel. Ein Geflüchteter hält am 5. September 2015 im Münchner Hauptbahnhof ein Foto von Angela Merkel in den Händen. Die anfangs große Aufnahmebereitschaft sicherte Deutschland weltweit Sympathien, wurde für die EU jedoch zur Belastungsprobe.

wäre es also fast nie betroffen. Allerdings funktioniert das System schon lange nicht mehr richtig, oft werden Geflüchtete einfach nach Deutschland und in andere EU-Länder durchgewunken. Kommissionspräsident Juncker arbeitet deshalb an einem neuen System, das die Verteilung der Geflüchteten nach bestimmten Quoten vorsieht.

Da dies nach der Grenzöffnung sehr im Interesse Deutschlands wäre, will Merkel das neue System unbedingt umsetzen. Auf einem Krisengipfel sorgt sie dafür, dass darüber per Mehrheitsbeschluss abgestimmt wird, obwohl dies bei einer so brisanten Frage unüblich ist. So werden Rumänien, Tschechien, die Slowakei und Ungarn von den anderen überstimmt. An den südlichen Außengrenzen der EU in Italien, Griechenland und Bulgarien sollen jetzt „Hotspots" entstehen. Dort sollen sich die Geflüchteten sammeln, um dann nach dem zuvor festgelegten Schlüssel auf die EU-Länder verteilt zu werden.

Das System kommt jedoch nie zustande. Die in der Abstimmung unterlegenen Länder weigern sich schlicht, Geflüchtete aufzunehmen. In Polen wird die liberale Regierung, die das System noch unterstützt hat, einen Monat später abgewählt und durch Ultrakonservative ersetzt, die sich an die Zusagen ihrer Vorgänger nicht gebunden fühlen. Die Osteuropäer machen allein Deutschland für den Flüchtlingsstrom verantwortlich. Ihre Argumentation lautet in etwa: „Erst habt ihr den Eindruck erweckt, dass alle willkommen wären. Und jetzt, da es euch zu viel wird, kommt ihr an und wollt Solidarität. Das ist nicht in Ordnung."

Nachdem die EU während der Euro-Krise in Nord und Süd gespalten war – der Norden, der eine Sparpolitik forderte, und der Süden, der dadurch unter Druck gesetzt wurde –, zeichnet sich jetzt eine Kluft zwischen West und Ost ab. Im Westen herrscht die Auffassung vor, dass jeder, der grundsätzliche Werte wie Demokratie, Rechtsstaatlichkeit, Toleranz und Minderheitenschutz akzeptiert, ein vollwertiger Staatsbürger sein kann. Der demokratische Staat ist dort weitgehend „entnationalisiert" worden, jedenfalls aus Sicht der urbanen Bildungseliten. In den neuen EU-Mitgliedsstaaten, die bis zum Zusammenbruch der Sowjetunion Teil des kommunistischen Ostblocks waren, dominiert dagegen die Vorstellung von der Nation als Schicksalsgemeinschaft, die sich über eine gemeinsame Sprache und Kultur, häufig auch über den christlichen Glauben definiert und der man folglich nicht ohne weiteres beitreten kann.

Und noch etwas anderes zeigt sich jetzt: Deutschland, das während der Griechenlandkrise so übermächtig erschien, ist keineswegs der Hegemon Europas. Es hat das Potenzial zur europäischen Führungsmacht, aber nur, wenn es die anderen mitnimmt. Andernfalls kann es wenig ausrichten – denn genau das ist ja Sinn und Zweck der Union: Ihre ganze Struktur ist darauf ausgelegt, dass die Großen die Kleinen nicht übergehen können.

Da eine europäische Lösung nicht zustande kommt, muss sich Merkel etwas anderes einfallen lassen. Und zwar schnell, denn die deutsche „Willkommenskultur“ zerbröselt zusehends, insbesondere nachdem in der Silvesternacht 2015/16 in Köln zahlreiche Frauen von Migranten aus Nordafrika sexuell belästigt worden sind. Merkels Idee: Die EU soll eine Vereinbarung mit dem Land treffen, aus dem die weitaus meisten Geflüchteten unter Anführung von Schlepperbanden in die EU gelangen – der Türkei, die selbst bereits mehr als zwei Millionen Geflüchtete aufgenommen hat. Merkel will erreichen, dass sich die Türkei in einem Vertrag mit der EU verpflichtet, den Zustrom von Geflüchteten über die Ägäis nach Griechenland zu unterbinden. Leicht wird das nicht, denn die Türkei ist der EU nicht wohlgesinnt. Seit den 60er Jahren hat sie sich um einen Beitritt bemüht, jedoch ohne Erfolg. In letzter Zeit sind die Aussichten noch einmal drastisch gesunken, weil Präsident Recep Tayyip Erdoğan dabei ist, das Land in eine Autokratie umzuwandeln. Ausgerechnet diesem Potentaten muss sich Merkel nun andienen. Aber sie hat keine andere Wahl.

Das entscheidende Treffen findet in der türkischen Botschaft in Brüssel statt. Mit dabei sind Merkel, der Niederländer Mark Rutte als gerade amtierender Ratspräsident und die Nummer 2 der Türkei, der im Vergleich zu Erdoğan gemäßigte Ministerpräsident Ahmet Davutoğlu. Dieser geschickte Politiker weiß genau, dass er in einer denkbar starken Position ist, weil Merkel und Rutte den Deal unbedingt brauchen. Er ist entschlossen, aus dieser Situation alles herauszuholen, was möglich ist. Und so fordert er sechs Milliarden Euro zur Versorgung der in türkischen Lagern lebenden Geflüchteten, die Wiederaufnahme der EU-Beitrittsverhandlungen und weitgehende Reiseerleichterungen für türkische Bürger. Merkel und Rutte sagen alles zu und lassen es anschließend vom Europäischen Rat absegnen.

Am 18. März 2016 wird das Abkommen mit der Türkei abgeschlossen. Die Regierung in Ankara verpflichtet sich darin, illegale Migration aus der Türkei in die EU auf dem See- oder Landweg zu verhindern. Geflüchtete, die die griechischen Inseln erreichen, sollen von der Türkei zurückgenommen werden. Die EU soll dafür im Gegenzug syrische Geflüchtete aus den türkischen Sammellagern aufnehmen. Diese sollen per Flugzeug direkt in aufnahmewillige EU-Länder geflogen werden. Davon soll die Botschaft ausgehen, dass sich die teure und gefährliche Überfahrt nach Griechenland nicht lohnt.

Das Abkommen wird nur teilweise umgesetzt. Die Zahl der Geflüchteten, die von Griechenland aus wieder in die Türkei abgeschoben werden, bleibt überschaubar, und umgekehrt wird die Visaliberalisierung für Türken nicht realisiert. Dennoch kommen nur noch relativ wenige Geflüchtete auf den griechischen Inseln an, und viel weniger Menschen ertrinken. Woran das liegt, lässt sich nicht mit letzter Sicherheit sagen. Es machen sich wohl einfach viel weniger Menschen auf den Weg. Denn inzwischen hat sich herumgesprochen, dass man kaum noch eine Chance hat, nach Deutschland, Schweden, in die Niederlande oder in andere wohlhabende europäische Länder durchzukommen.

Budapest. Das wiederum liegt daran, dass die Länder an den südöstlichen Außengrenzen einfach mal Tatsachen geschaffen und sich abgeriegelt haben. Ungarn hat Zäune an den Grenzen zu Serbien und zu Kroatien gebaut, einmal 170 Kilometer und einmal 100 Kilometer lang. Bulgarien zog an seiner über 200 Kilometer langen Grenze zur Türkei nach. Zäune bauten auch Slowenien an der Grenze zu Kroatien sowie Österreich an der Grenze zu Slowenien. Am stärksten gesichert ist die nur 25 Kilometer lange Grenze zwischen Griechenland und Mazedonien: Hier patrouillieren bald mehr als 100 Polizisten aus vielen EU-Staaten mit Nachtsichtgeräten, Drohnen und Hunden.

So wird die sogenannte Balkanroute, der Transitweg, über den mehr als eine Million Menschen in die EU gelangt sind, 2016 geschlossen. Europa verwandelt sich in eine Festung – auch mit der Begründung, die offenen Grenzen innerhalb des Schengen-Raums seien nur möglich, wenn die Außengrenzen effektiv geschützt würden. Die europäische Grenzschutzagentur Frontex wird dafür mit mehr Rechten und Mitteln ausgestattet. Sie erhält eine stehende Truppe und kann jetzt sogar Flugzeuge anmieten. Die Politik der offenen Grenzen ist zu Ende.

London. Boris Johnson hat zwei Meinungsartikel verfasst – einen für den Austritt Großbritanniens aus der Europäischen Union und einen dagegen. Am Ende ist es der für den Austritt, den er im „Daily Telegraph" veröffentlicht. Schließlich hat Johnson schon in den 90er Jahren als Korrespondent in Brüssel gegen die regelwütigen Eurokraten angeschrieben, allerdings eher aus Berechnung denn aus Überzeugung. Auch bei seiner jetzigen Entscheidung gibt persönliches Kalkül den Ausschlag: Zu seinem Profil als brillanter britischer Exzentriker passt es einfach besser, etwas so Verrücktes wie den Brexit zu fordern. Viele auf der Insel werden ihn dafür lieben. Und das kann ihm wiederum helfen auf dem Weg nach ganz oben. Denn mittlerweile ist der verstrubbelte Blondschopf, der als kleiner Junge *World King* werden wollte, nicht mehr nur einfach ein bekannter Zeitungskommentator und Stargast viel gesehener Fernsehshows. Er ist Bürgermeister von London und beliebtester Politiker des Landes. Alle kennen ihn als „Boris". Unermüdlich lässt er in London Radwege anlegen und ist selbst mit dem Bike unterwegs. Als er einmal Fähnchen schwingend an einer Seilbahn durch einen Park sausen will, bleibt er in der Mitte plötzlich stecken – und hängt dort wie ein nasser Sack. Doch diese Panne scheint ihn selbst am meisten zu amüsieren. Premierminister David Cameron bemerkt danach, für jeden anderen Politiker wäre die Situation eine Katastrophe gewesen – für Boris aber ein Triumph. „Er trotzt allen Gesetzen der Schwerkraft."

Nun bekommt Cameron von Johnson eine SMS, in der dieser ihm mitteilt, dass er sich dazu entschlossen habe, die Kampagne für den Brexit zu unterstützen. Damit sind die beiden bekanntesten konservativen Politiker direkte Rivalen geworden. Wobei sie sich schon fast ihr ganzes Leben lang belauern: Beide haben das Eliteinternat Eton besucht, das bereits 19 Premierminister hervorgebracht hat. In Oxford gehörten sie zur selben Zeit zum exklusiven Bullingdon Club, dessen Mitglieder dafür bekannt sind, bei ihren Abendessen auch schon mal die Einrichtung nobler Restaurants zu zertrümmern. Sowohl in Eton als auch in Oxford war Johnson derjenige, der aufgrund seines funkelnden Intellekts und seiner großen Redebegabung auffiel und überall eingeladen wurde. Cameron dagegen war der disziplinierte Arbeiter, der am Ende den besseren Abschluss machte und dann zielstrebig eine Karriere in der Konservativen Partei verfolgte. 2010 wurde er der jüngste Premierminister seit fast 200 Jahren. Johnson behauptet, er strebe dieses Amt gar nicht an: „Eher werde ich von einer Frisbee-Scheibe geköpft oder als Olive wiedergeboren." Das glaubt ihm allerdings niemand.

Die Konservativen waren 13 Jahre lang in der Opposition gewesen, doch sobald sie die Downing Street zurückerobert hatten, brach der alte innerparteiliche Konflikt über Europa wieder auf. Neue Vehemenz bekam die Auseinandersetzung dadurch, dass die Europa-Skeptiker die EU für die vielen Zuwanderer nach Großbritannien verantwortlich machten, eines der drängendsten Probleme in den Augen der Wähler. So ist die Zahl der zugereisten Polen von 56 000 im Jahr 2001 auf 911 000 im Jahr 2016 gestiegen und die der Rumänen von 14 000 zur Zeit der EU-Osterweiterung 2004 auf 310 000 zwölf Jahre später. Der fast sprichwörtliche „polnische Klempner", der tropfende Wasserhähne und undichte Fenster verlässlich beheben kann, ist seitdem aus dem Arbeitsleben nicht mehr wegzudenken. Die Kunden sind dankbar, die vielfach unfähigen und überteuerten englischen Handwerker weniger.

Die rechtspopulistische UK Independence Party (Ukip) schlachtet dieses Thema zielstrebig aus und erzielt damit große Erfolge bei Kommunal- und Europawahlen. Das hat Cameron unter Druck gesetzt. Um die Kritiker zu Hause zufriedenzustellen, forderte er im Europäischen Rat eine umfassende Reform der EU. Darunter verstand er im Grunde nichts anderes als ihre partielle Rückabwicklung – möglichst viele Kompetenzen sollten aus Brüssel in die nationalen Hauptstädte zurückgeholt werden. Daran hatten die anderen Staats- und Regierungschefs jedoch kein Interesse. In dieser Situation ging Cameron am 23. Januar 2013 ein großes Wagnis ein: In der Londoner Bloomberg-Zentrale kündigte er an, die Briten bis spätestens 2017 über den Verbleib in der EU abstimmen zu lassen, falls er im Frühjahr 2015 wiedergewählt werden sollte. Mitgliedschaft in der EU: ja oder nein – das soll ein für allemal geklärt werden.

Cameron hielt den Schachzug für brillant: Einerseits stellte er die Euroskeptiker in seiner Partei zufrieden und nahm Ukip den Wind aus den Segeln. Andererseits setzte er seinen europäischen Partnern nun die Pistole auf die Brust: entweder Zugeständnisse oder Brexit. Cameron war sich sicher, dass ihm die anderen unter diesen Umständen entgegenkommen würden. Die auf diese Weise ertrotzte EU-Reform würde er dann anschließend als das Ergebnis seiner entschlossenen Politik präsentieren – woraufhin die Briten in dem Referendum mit deutlicher Mehrheit für eine auf ihre Bedürfnisse zurückgestutzte EU stimmen würden. Einfach genial!

Bei den britischen Wählern kam Camerons Vorstoß gut an: 2015 wurde er mit absoluter Mehrheit wiedergewählt. Doch bei den EU-Partnern biss er auf Granit. Alles, was Großbritannien zugestanden worden wäre, hätte automatisch auch für die anderen EU-Mitglieder gegolten, und dieser Preis war zu hoch. Camerons Hauptforderung etwa war die Einschränkung des freien Niederlassungsrechts für EU-Bürger, doch gerade für die in der DDR aufgewachsene Angela Merkel konnte die Arbeitnehmerfreizügigkeit nicht zur Diskussion gestellt werden. Cameron wird sich beim Abfassen seiner Memoiren sehr genau erinnern, was sie ihm gesagt hat: „Ihr habt eine niedrige Arbeitslosigkeit, eine boomende Wirtschaft, ihr wachst schneller als der größte Teil Europas, es gibt keine soziale Krise. Und ihr zieht billige hochqualifizierte Arbeitskräfte an. Erklär mir mal: Wo ist das Problem?“ Nein, ein „Europa à la carte“, eine Rosinenpickerei – auf Englisch *cherry picking* – konnte es nicht geben. Um Cameron dennoch in die Lage zu versetzen, überzeugend für einen Verbleib in der EU zu werben, stimmte der Europäische Rat im Februar 2016 nach langem Ringen dem Kompromiss zu, dass Großbritannien EU-Ausländern bis zu sieben Jahre lang den Zugang zu bestimmten Sozialleistungen verwehren darf.

Für die anderen EU-Länder war dies ein großes Zugeständnis an Cameron, doch zeigt sich schnell, dass die meisten Briten darin lediglich eine kosmetische Änderung sehen. *Thin Gruel* sei es, was Cameron da nach Hause bringe, höhnt die „Times“ – „dünner Haferschleim“. Cameron hat seine große EU-Reform nicht bekommen – das ist der vorherrschende Eindruck. Aber nun gibt es kein Zurück mehr. Für den 23. Juni 2016 setzt Cameron das Referendum an. Die Frage wird lauten: „Sollte das Vereinigte Königreich Mitglied der Europäischen Union bleiben oder die Europäische Union verlassen?“ Darunter kann man ankreuzen: „Mitglied der Europäischen Union bleiben" oder „Europäische Union verlassen". *In or out* – das ist hier die Frage.

Noch nicht einmal das britische Kabinett steht geschlossen hinter Cameron. Justizminister Michael Gove, ein enger Vertrauter, wird sogar einer der Leiter der Brexit-Kampagne. Er ist allerdings nicht sonderlich populär. Ein viel größerer Schlag für Cameron ist, dass sich nun also sein alter Rivale, der Star-Performer Boris Johnson, gegen ihn stellt. Ihm wird zugetraut, im Alleingang bis zu zehn Prozent der Briten ins Brexit-Lager hinüberzuziehen. Die Öffentlichkeit ist nun im Bann der „Dave und Boris-Show": auf der einen Seite Premierminister David „Dave" Cameron, der zunehmend verzweifelt vor den wirtschaftlichen Risiken eines EU-Austritts warnt. Auf der anderen Seite Boris, der begnadete Polit-Entertainer. Seine Unterstützung ist für die EU-Gegner von unschätzbarem Wert, weil er sie salonfähig macht. Wenn *er* für den Brexit ist, dann kann daran nichts Anrüchiges sein. Boris ist schließlich kein Extremist,

Die Königin von England empfängt die Königin Europas. Elizabeth II. begrüßt Angela Merkel 2014 im Buckingham-Palast zum Tee. Die Kanzlerin wurde zu dieser Zeit von Premierminister David Cameron umworben, weil er mit ihrer Hilfe Kompetenzen von der EU zu den nationalen Regierungen zurückverlagern wollte. Merkel lehnte dies jedoch ab.

das garantieren schon sein verschrobener Humor, seine typisch britische Selbstironie und seine multinationale Herkunft: Er hat russische, türkische, deutsche und französische Wurzeln. „Ich kann Romane auf Französisch lesen und die *Ode an die Freude* auf Deutsch singen, und wenn man mich weiter einen englischen Provinzler nennt, dann mach ich's!"

In Wahrheit appelliert die Austrittskampagne *Vote Leave* – gesteuert von Politikberater Dominic Cummings, einem dunklen Genius im Schlabberlook – durchaus an ausländerfeindliche Gefühle. Im Mai 2016 bringt die Kampagne ein Plakat heraus, das Fußstapfen auf dem Weg durch eine offene Tür in Form eines aufgeklappten Passes zeigt, mit der Erklärung: „Die Türkei (Bevölkerung 76 Millionen) tritt der EU bei." Tatsächlich besteht nicht die geringste Aussicht darauf.

Zum bekanntesten Slogan der Leave-Kampagne wird die Aufschrift auf dem roten *Battle Bus*, mit dem Johnson und seine Mitstreiter auf Tour sind. Auf dem Bus steht: „Wir schicken der EU jede Woche 350 Millionen Pfund – lasst uns das stattdessen in unseren NHS investieren." Der National Health Service (NHS) ist das öffentlich finanzierte Gesundheitswesen, das kostenfreie Behandlung für jedermann garantiert und bei den Briten in hohem Ansehen steht. Die harte Sparpolitik der Regierung Cameron, begründet mit der globalen Finanzkrise, hat das Gesundheitssystem allerdings dermaßen ausbluten lassen, dass man nun viele Monate lang auf eine Krebs-OP oder einen anderen lebenswichtigen Eingriff warten muss. Die Unterfinanzierung des NHS und die dadurch verursachten Wartelisten sind Umfragen zufolge für einen Großteil der Briten das drängendste Thema überhaupt. Die Parole auf dem Bus verbindet nun dieses zentrale Anliegen der Wähler mit dem Reizthema EU. Die Botschaft ist: Wenn wir die EU verlassen würden, wäre endlich genug Geld da für unsere Krankenhäuser. Das verfängt.

Dass die Zahl von 350 Millionen Pfund nicht annähernd stimmt, stört Johnson nicht im Geringsten. Im Gegenteil: Gerade weil die Zahl völlig falsch ist, regen sich so viele Leute darüber auf und bringen den Slogan damit in die Schlagzeilen – und das ist genau das, was Kampagnenstratege Cummings bezweckt. Er weiß, dass eine so grundlegende Sache wie die britische EU-Mitgliedschaft nicht auf der Basis einzelner Fakten entschieden wird, sondern aufgrund eines Gesamteindrucks, aus einem Bauchgefühl heraus. Deshalb gibt Johnson auch nochmal all seine alten Geschichten über Gurken und Bananen zum Besten. Dazu kommen neue Märchen wie zum Beispiel, dass Kinder unter acht Jahren in der EU keinen Luftballon aufblasen dürfen. Mitunter wird er im Ton auch etwas schärfer, etwa wenn er der EU unterstellt, ganz Europa unterjochen zu wollen: „Napoleon, Hitler, verschiedene Leute haben das probiert, und

Rivalen um die Macht. Der britische Premierminister David Cameron und Boris Johnson, sein Gegenspieler in der Brexit-Kampagne, treten im Mai 2016 gemeinsam bei einer Wahlkampfveranstaltung auf. Beide Politiker ordneten die Frage der EU-Mitgliedschaft ihren persönlichen Machtinteressen unter: Cameron stellte ein Referendum über den Verbleib in der EU als Wahlversprechen in Aussicht, Johnson brachte sich als Galionsfigur der Brexit-Kampagne für das Amt des Premierministers in Stellung.

es endete tragisch. Die EU ist ein Versuch, es mit anderen Mitteln zu machen." Diese Erzählung schließt nahtlos an das Bild an, das sich die Briten von sich selbst gemacht haben. Es ist das Bild eines tapferen, freiheitsliebenden Volkes, das seine Unabhängigkeit notfalls auch gegen scheinbar übermächtige Gegner wie Hitler-Deutschland im Jahr 1940 verteidigt. Jetzt ist es eben die EU, die das Land von Brüssel aus fremdbestimmen will. *Britishness* und kontinentale Reglementierung sind aus dieser Sicht zwei unvereinbare Gegensätze. Die logische Konsequenz: Mit charakteristischem *Blitz Spirit* müssen die Briten die Ketten Europas ein für allemal abschütteln.

Der Slogan der Brexiteers lautet dementsprechend *„Take back control"*. Die Briten sollen sich die Kontrolle zurückholen. Kontrolle über ihre Grenzen, über die jedes Jahr 180 000 EU-Bürger einwandern. Kontrolle über ihre Gerichte, deren Urteile von europäischen Richtern ausgehebelt werden können. Kontrolle über ihr Parlament, das immer mehr EU-Vorgaben umsetzen muss. Besonders die Souveränität des Parlaments, in dem jeder Abgeordnete direkt gewählt ist und die Interessen eines ganz bestimmten Wahlkreises vertritt, ist den Briten heilig.

Einen ebenbürtigen Gegenspieler hat Johnson nicht. Oppositionsführer Jeremy Corbyn von der Labour-Partei, ideologisch in den 70ern stecken geblieben, ist selbst ein EU-Skeptiker und fällt deshalb aus. Bleibt nur David Cameron. Doch dessen plötzliche Sympathiebekundungen für die EU wirken nach seinen jahrelangen Attacken gegen Brüssel kaum glaubwürdig. Seine Warnungen vor den enormen wirtschaftlichen Nachteilen eines Austritts werden als *Project Fear*, als Angstmacherei, abgetan. Kurz vor dem Wahltermin scheinen die *Remainers*, die für einen Verbleib in der EU kämpfen, noch einmal Auftrieb zu bekommen, als die Brexit-Gegnerin und Labour-Abgeordnete Jo Cox in ihrem Wahlkreis von einem Rechtsextremisten ermordet wird. Einen Moment lang ist das Land erschüttert, doch dann geht der Wahlkampf mit unverminderter Heftigkeit weiter. Ukip-Chef Nigel Farage ruft: „Was wir sehen, ist, dass der Premierminister und die Remain-Kampagne versuchen, die Taten eines einzelnen Verrückten mit den Motiven der Hälfte der Briten zu verschmelzen."

23. Juni 2016, ein blauer Sommermorgen kündigt sich an. Um 4.39 Uhr wird es still im Wahlstudio der BBC. Moderator David Dimbleby verkündet die unglaubliche Nachricht: „Das britische Volk hat gesprochen, und das Ergebnis ist: Wir sind draußen." 51,9 Prozent haben für den Austritt gestimmt, 48,1 Prozent dagegen. London, Schottland und Nordirland waren zwar pro Europa, auch

Mit Fake News zum Erfolg. Der „Vote Leave Bus" der Brexit-Kampagne macht im Mai 2016 in Cornwall Station. Die Parole „Wir schicken der EU jede Woche 350 Millionen Pfund – lasst uns das stattdessen in unseren NHS investieren" war die bekannteste Falschbehauptung der britischen EU-Gegner. Nach dem Brexit verschlechterte sich die sowieso schon angespannte Situation des NHS – des staatlich finanzierten Gesundheitssystems – dramatisch.

die Jungen, höher Gebildeten und besser Verdienenden, aber das hat nicht gereicht. Der große Rest wollte den Brexit. Die breitesten Mehrheiten für einen Austritt gab es in den ärmsten Regionen – ungeachtet der Tatsache, dass diese Gebiete stark von EU-Aufbauprogrammen profitiert haben. Die Wähler haben das Referendum letztlich für eine Generalabrechnung mit den liberalen Eliten genutzt. Das Ergebnis spiegelt die Spaltung, die fast alle westlichen Industriegesellschaften in mehr oder minder starkem Ausmaß prägt: Das urbane Milieu profitiert von der Globalisierung, schlechter Ausgebildete können sich kaum über Wasser halten und fühlen sich von der Politik vernachlässigt. Viele Angehörige der Mittelschicht wiederum haben Angst vor sozialem Abstieg und werden deshalb zu Protestwählern.

Der Brexit bedeutet für die europäische Einigung eine Erschütterung, die nur mit dem Scheitern der Europäischen Verteidigungsgemeinschaft 1954 oder der von de Gaulle provozierten „Krise des leeren Stuhls" 1965 vergleichbar ist. Er ist der größte anzunehmende Störfall. Denn Großbritannien ist nicht irgendein Mitgliedsland, sondern das Land, dessen politische Kultur die EU besonders stark geprägt hat. Gewaltenteilung, Rechtsstaatlichkeit, *checks and balances*, all das verbindet sich mit dem „Mutterland der Demokratie". Es ist das diplomatisch am besten vernetzte Mitgliedsland, neben Frankreich die stärkste Militärmacht Europas und nicht zuletzt die nach Deutschland leistungsstärkste Volkswirtschaft, ausgestattet mit dem wichtigsten Finanzplatz Europas. Dieses Land bricht nun weg. Zum ersten Mal in ihrer Geschichte wird die EU nicht größer, sondern kleiner. Viele sagen ihr nun einen schnellen Zerfall voraus, denn andere Länder dürften dem britischen Beispiel bald folgen, schließlich sind populistische Europagegner vielerorts stark.

Doch – es kommt anders. Die Versuche der britischen Regierung, die 27 verbleibenden Mitgliedsstaaten gegeneinander auszuspielen und bilaterale Absprachen insbesondere mit Berlin zu treffen, scheitern vollständig. In allen EU-Hauptstädten begreift man, dass es jetzt ums Ganze geht. Die Verhandlungen mit London werden ausschließlich von der EU unter Leitung des ebenso konzilianten wie beinharten Sonderbeauftragten Michel Barnier geführt. Seinem bestens präparierten Expertenteam steht eine konfuse Delegation unter Führung des uninformierten Brexit-Ministers David Davis gegenüber. Jetzt rächt sich, dass die Austrittsbefürworter nie einen Plan dafür gemacht haben, wie es nach der Loslösung von Brüssel eigentlich weitergehen soll. Das Unterhaus ist in der Frage ebenso gespalten wie die Bevölkerung – und zerstreitet sich heillos. Alle Welt fragt sich, was in die ehemals so pragmatischen Briten gefahren ist.

Im Kern lässt sich das Londoner Chaos auf eine grundlegende Fehleinschätzung der EU durch die Briten zurückführen: Sie haben die Union immer nur als *common market* gesehen und sind automatisch davon ausgegangen, dass alle anderen Mitgliedsstaaten das auch tun. Aus diesem Grund waren sie sicher, dass ihnen die EU auch nach dem Austritt einen Verbleib im Binnenmarkt zugestehen würde, da sonst ja auch die anderen Staaten wirtschaftliche Verluste erleiden würden. Gerade Leute wie Johnson und Davis verwiesen in diesem Zusammenhang immer wieder auf die deutsche Autoindustrie, die allein schon dafür sorgen werde, dass der Handel zu ähnlich guten Bedingungen weitergehen werde. Dass die EU in erster Linie ein politisches Projekt ist, haben die meisten Briten nie glauben wollen. Statements, die den völkerverbindenden und friedensstiftenden Charakter der europäischen Integration hervorhoben, wurden von ihnen stets als Propaganda abgetan. Hinter der schönen Fassade – so die feste Überzeugung – verfolgte jeder Mitgliedsstaat ausschließlich eigene Interessen.

Das abschreckende Beispiel des Brexit hat zur Folge, dass in keinem anderen Mitgliedsstaat mehr eine ernsthafte Diskussion über einen Austritt aufkommt. Die fortgesetzten Angriffe des neuen US-Präsidenten Donald Trump auf die EU tun ein Übriges, um die Reihen zu schließen. Und dies beschränkt sich nicht auf die politische Klasse: In Umfragen erfährt die EU jetzt die höchste Zustimmung seit vielen Jahrzehnten. Frieden, Wohlstand, offene Grenzen – vielen dämmert, dass all dies nicht selbstverständlich ist und viel mit der europäischen Einigung zu tun hat. Der Brexit macht den Europäern klar, was auf dem Spiel steht.

Paris. Ein enorm starkes Signal kommt zudem aus Frankreich: Bei der Präsidentschaftswahl im Mai 2017 siegt Emmanuel Macron, Kandidat der linksliberalen Erneuerungsbewegung *La République En Marche*. Mit 66 Prozent der Stimmen setzt er sich gegen die Rechtsextremistin Marine Le Pen durch. Der erst 39 Jahre alte frühere Investmentbanker und Wirtschaftsminister hat im Wahlkampf mit einem Tabu gebrochen und der Hetze des Front National ein offensives Bekenntnis zu Europa entgegengestellt: „Ich habe Europa im Herzen." Er umgab sich mit Europaflaggen, rief bei Wahlkampfveranstaltungen „Wir wollen Europa!" und provozierte damit jubelnde Sprechchöre. Am Wahlabend tritt er unter den Klängen von Beethovens Europahymne vor seine Anhänger im Innenhof des Louvre. Sein Triumph bedeutet nichts anderes, als dass sich die Franzosen inmitten einer mörderischen Terrorwelle und tiefen Wirtschaftskrise gegen Abschottung und für Europa entschieden haben.

Gut fünf Monate nach seiner Amtsübernahme hält der jüngste französische Staatschef seit Napoleon Bonaparte am 26. September 2017 an der ehrwürdigen Sorbonne-Universität eine eineinhalbstündige Grundsatzrede über Europa – die

Für Europa auf die Straße. Brexit-Gegner demonstrieren 2019 in London mit einer Figur des deutschen Karnevalswagenbauers Jacques Tilly gegen die Politik von Premierministerin Theresa May. Regierung und Unterhaus konnten sich jahrelang nicht auf die Konditionen des EU-Austritts einigen, so dass Brüssel immer wieder Aufschub gewähren musste. Viele Austrittsgegner hofften in dieser Phase auf ein neues Referendum.

wichtigste seit vielen Jahren. Als sein Ziel bezeichnet er „die Neugründung eines souveränen, geeinten und demokratischen Europas". Darunter versteht er keinen europäischen Bundesstaat, aber einen viel engeren Staatenbund als bisher mit vielen neuen Formen supranationaler Zusammenarbeit. Erstmals spricht hier ein französischer Präsident, der die EU nicht mehr als Vehikel zur Vergrößerung der Macht Frankreichs betrachtet, sondern als selbstständige Macht mit eigenem politischen Willen.

Die Rede zeichnet sich dadurch aus, dass sie einerseits ein visionäres Ziel beschreibt – eine handlungsfähige, starke und demokratische EU – und dieser Vision andererseits mit konkreten Vorschlägen Leben einhaucht. Macrons Leitgedanke ist „ein Europa, das schützt". Den Erfolg der Rechtspopulisten führt er darauf zurück, dass sich viele Bürger der Globalisierung ausgeliefert fühlen und Angst vor sozialem Abstieg haben. Diesem Schutzbedürfnis muss Europa nach seiner Überzeugung gerecht werden. Deshalb will er zum Beispiel in der Sozialpolitik möglichst einheitliche Standards, um Sozialdumping vorzubeugen, und in der Steuergesetzgebung eine weitgehende Harmonisierung, damit nicht das eine Mitgliedsland gegen das andere ausgespielt wird.

Eine Schutzfunktion soll die EU aber auch ausüben, wenn es um Migration geht – das Thema, aus dem die Rechten das meiste Kapital schlagen. Um die Außengrenzen der EU effektiv zu sichern, will Macron eine echte europäische Grenzpolizei aufbauen. Diese Grenzwächter sollen Hand in Hand mit einer Europäischen Asylbehörde zusammenarbeiten, die die biometrischen Daten aller Ein- und Ausreisenden erfasst. Abgelehnte Asylbewerber sollen von dieser Behörde konsequent abgeschoben werden, anerkannte Asylbewerber dagegen sollen von einem europäischen Bildungs- und Integrationsprogramm profitieren.

Als Konsequenz aus den Terroranschlägen in Paris im November 2015 fordert Macron den Aufbau einer europäischen Staatsanwaltschaft für organisierte Kriminalität und Terrorismus, aber auch eine europäische Geheimdienst-Akademie. Seine Vorschläge für die Außen- und Sicherheitspolitik sind geprägt vom Donald-Trump-Schock – die USA scheinen als verlässliche Schutzmacht auszufallen. Also muss Europa seine Verteidigung selbst in die Hand nehmen. Deshalb strebt Macron den Aufbau einer gemeinsamen Eingreiftruppe, einen gemeinsamen Verteidigungshaushalt und eine gemeinsame Handlungsdoktrin an.

Für die Eurozone mit ihren 19 Mitgliedsstaaten will er ein eigenes Milliardenbudget und einen eigenen Finanzminister. „Ein Staat kann eine Krise nicht alleine durchstehen, wenn er nicht mehr über seine Währungspolitik entscheidet", sagt er mit Blick auf die Europäische Zentralbank. „Aus all diesen Gründen brauchen wir einen stärkeren Haushalt im Zentrum Europas, im Zentrum der Eurozone." Er geht auf dieses Thema aber nur vergleichsweise kurz ein, weil er die Deutschen nicht von vornherein verschrecken will. Ihnen, Frankreichs wichtigsten Partnern, bietet er eine noch engere Allianz an: Dafür soll es zum 55. Jahrestag des deutsch-französischen Abkommens einen neuen Élysée-Vertrag geben.

Die Rede enthält noch viele andere konkrete Vorschläge. Da Macron sich bewusst ist, dass von den 27 Mitgliedsstaaten lang nicht alle derart weitgehende Reformen mittragen werden, plädiert er dafür, dass ein Kerneuropa vorangeht – so wie das bei Währungsunion und Schengen auch schon der Fall ist.

Von nun an wartet Macron auf eine Antwort aus Berlin. Aber die kommt nicht. Angela Merkel schweigt – so wie Frankreich 17 Jahre zuvor zu der europapolitischen Vision von Joschka Fischer geschwiegen hat. Man darf vermuten, dass ein gemeinsames Euro-Budget, das womöglich von deutschen Steuerzahlern befüllt und von anderen Regierungen angezapft würde, so gar nicht nach Merkels Geschmack ist. Zudem reagiert sie seit jeher skeptisch auf große Redner – eine Erfahrung, die vor Macron auch schon Obama gemacht hat. Dass sie auf die Vorschläge des neu gewählten Präsidenten, der soeben eine Machtübernahme der Rechtsextremisten verhindert hat, nicht eingeht, ist jedoch ein sträfliches Versäumnis. Anstatt eine europaweite Debatte zu befördern und sich darin auch selbst klar zu positionieren, sitzt sie die Sache einfach aus. Dadurch verpufft die von Macron ausgehende Aufbruchsstimmung.

Aachen. Es hat ein bisschen was von einer standesamtlichen Hochzeit. Vorne ein Paar, das sich anlächelt, er jung und auffällig gutaussehend, sie ein ganzes Stück älter, aber strahlend. Dann setzen sie sich an einen Tisch und unterschreiben ein Dokument. Die anwesenden Gäste halten ihre Handys in die Höhe. Nun gibt er ihr einen Kuss – aber nicht auf den Mund, sondern nur zaghaft auf die Wange. Das deutsch-französische Verhältnis ist eben doch keine Ehe, und Emmanuel Macron und Angela Merkel haben nicht geheiratet. Sie haben an diesem 22. Januar 2019 nur einen neuen Freundschaftsvertrag geschlossen, so wie Macron dies in seiner Sorbonne-Rede angeregt hatte. In dem neuen Vertrag stehen eine Menge Absichtserklärungen: Die beiden Länder wollen sich für eine Gemeinsame Außen- und Sicherheitspolitik einsetzen. Frankreich will sich dafür starkmachen, dass Deutschland ständiges Mitglied im UN-Sicherheitsrat wird. Die Integration der beiden Volkswirtschaften soll vertieft, die Bildungssysteme sollen enger zusammengeführt werden. Und, und, und …

Während die Staatsgäste drinnen im Rathaus den Reden lauschen, sind von draußen Sprechchöre zu hören. Selbst hier, hinter meterdicken Mauern in Deutschland, ist Macron vor den „Gelbwesten" nicht sicher, die seit Monaten gegen seinen Reformkurs protestieren. Auch gegen den „Vertrag von Aachen" gibt es in Frankreich Bedenken von links wie von rechts. Bei den Rechten ist sogar die Rede von einer angeblichen Teilkontrolle Deutschlands über die französische Grenzregion Elsass. Das Gebiet, um das die „Erbfeinde" so lange Krieg geführt haben. Natürlich ist das Unsinn.

Der ungestüme Macron macht einen fast demütigen Eindruck im Vergleich zu einem letzten Auftritt in Aachen acht Monate zuvor, als er den Karlspreis bekam. Damals hat der Herr des Élysée-Palastes auch vor geballter Kritik an Deutschland nicht haltgemacht. Er warf dem Nachbarn einen zu strikten Sparkurs und mangelnden Mut bei der von ihm geforderten Neugründung Europas vor. Nun dagegen gibt es Lob für die Kanzlerin: Sie habe stets an der Seite Frankreichs und Europas gestanden. Ist es mehr als Höflichkeit, dem feierlichen Rahmen angemessen?

Jetzt müssten den schönen Worten Taten folgen, sagt Merkel. „Der Vertrag muss gelebt werden." In der Praxis stößt der Dialog mitunter auf Schwierigkei-

Ein deutsch-französisches Traumpaar? Angela Merkel und der französische Präsident Emmanuel Macron begrüßen sich 2018 in Berlin mit Wangenkuss. Das Verhältnis zwischen den beiden gestaltete sich anfangs schwierig, weil die Kanzlerin Macrons Reformpläne für die EU nicht unterstützte. Im Laufe der Zeit entwickelte sich jedoch eine warme persönliche Beziehung und intensive Zusammenarbeit.

ten. Bei einer anschließenden Bürgerdiskussion schildert eine Frau, dass sie für eine Zugfahrt mit Fahrrad von Aachen nach Bordeaux 30 bis 35 Stunden benötige. Und auch Merkel hat Probleme: Es hapert mit der deutschen Übersetzung. Sie dreht an ihrem Gerät, schüttelt den Kopf – nichts zu hören. Ein Helfer kommt. Schließlich hellt sich ihre Miene auf, das Publikum klatscht: Die Verständigung funktioniert wieder.

Köln. Die blaue Europaflagge mit den goldenen Sternen flattert im Wind, aber auch Regenbogenfahnen und rote Flaggen der SPD und der Linken. Die Grünen sind vertreten mit Sonnenblumen- und Anti-Atomkraft-Symbolen. Es gibt weiß-rote Fahnen der katholischen Arbeitnehmerbewegung, gelbe Amnesty-Transparente und eine Greenpeace-Kugel. So wie hier in Köln sieht es im Mai 2019 auch andernorts aus: Vor den Wahlen zum Europaparlament bildet sich eine breite Front gegen Rechtspopulismus. Zehntausende gehen auf die Straße. Das Motto: „Ein Europa für Alle – Deine Stimme gegen Nationalismus". Erstmals seit langer Zeit ist wieder eine proeuropäische Bürgerbewegung entstanden – *Pulse of Europe*. Unter dem Eindruck von Brexit und Trump organisiert die von dem Frankfurter Anwalt Daniel Röder begründete Initiative Kundgebungen mit bis zu 80 000 Teilnehmern. „Ich bin jetzt im 66. Lebensjahr,

Porträt: Emmanuel Macron

Der ausgebremste Reformer

Emmanuel Macron (* 1977) gehört einer Generation an, die ganz selbstverständlich mit Europa aufgewachsen ist. Als Schüler nahm er an deutsch-französischen Austauschprogrammen teil und fuhr zweimal in die Partnerstadt seiner nordfranzösischen Heimatstadt Amiens, nach Dortmund. „Ich erinnere mich vor allem an alltägliche Freuden, kleine Dinge", erzählte er später. Zum Beispiel die „üppigen Frühstücke".

Trotz vieler solcher Erfahrungen auf persönlicher Ebene war die Europa-Begeisterung in Frankreich auf einen Tiefpunkt abgesackt, als Macron 2016 seine Kandidatur für das Amt des Präsidenten erklärte. Spätestens seit dem verlorenen Referendum zur europäischen Verfassung 2005 galt es als ausgemachte Sache, dass man mit Europa keine Stimmen gewinnen konnte. Es war deshalb eine Riesenüberraschung, dass Macron die Präsidentschaftswahl eindeutig gewann, obwohl er Europa zum wichtigsten Thema seines Wahlkampfs gemacht hatte.

Fünf Monate nach seiner Amtsübernahme hielt Macron seine berühmte Sorbonne-Rede. Ihr lag die Überzeugung zugrunde, dass Frankreich allein in der Welt nicht viel ausrichten kann, die EU aber schon. Die Kernformel, unter der Macron seine Vorschläge zusammenfasste, lautete: „Ein Europa, das schützt."

Die deutsche Politik reagierte verschreckt auf so viel Reformeifer und Gestaltungswillen und verfiel erst einmal in Schockstarre. Inoffiziell hieß es aus Berliner Regierungskreisen, das werde sowieso nichts. Doch nach den Erschütterungen einer weltweiten Pandemie und eines neuen europäischen Krieges ist mittlerweile so manches, was Macron damals gefordert hat, Wirklichkeit geworden. Dazu gehören die Digitalgesetze, mit denen die EU amerikanische Internetriesen wie Google, Facebook und Amazon bändigen will. Dazu gehört der 2023 realisierte Klimazoll auf Importe aus Ländern, in denen unter schlechteren Klimastandards als in der EU produziert wird. Dazu gehört der Corona-Wiederaufbaufonds, der erstmals auch über gemeinsame Schulden finanziert wurde. Dazu gehört – als Konsequenz aus dem Ukraine-Krieg und der dadurch zutage getretenen Abhängigkeit von russischem Gas – eine europäische Industriepolitik mit Schutzmaßnahmen sowohl gegen China als auch gegen die USA.

„Ein Europa, das schützt" – in vielen anderen Bereichen ist das hingegen noch nicht Wirklichkeit geworden. Und als Macron 2023 die Forderung erhob, Europa dürfe sich im Taiwan-Konflikt nicht in „blinder Gefolgschaft" an die Seite der USA stellen, sondern müsse seine eigene Politik als dritter Pol verfolgen, zog er sofort großes Misstrauen auf sich: Waren da nicht wieder Anklänge an den Amerika-Skeptiker Charles de Gaulle herauszuhören?

So sieht es unterm Strich danach aus, dass die Möglichkeiten, die sich mit Macrons Amtsübernahme im Jahr nach der Brexit-Entscheidung geboten hatten, nicht voll genutzt worden sind. Europa hat nicht schnell und entschieden genug reagiert – und der ungeduldige Macron hat mitunter das nötige Fingerspitzengefühl und das Bemühen um Konsens vermissen lassen.

kenne keinen Krieg", sagt Werner Uerdingen aus Leverkusen. „Ich möchte, dass mein Enkelchen auch die nächsten 60 Jahre Frieden in Europa hat." Petra hat sich mit ihrer 15 Jahre alten Tochter Pia geradezu in eine Europaflagge eingewickelt: „Was ich erlebt habe: dass man überall arbeiten gehen kann, das sollen meine Kinder auch erleben können. Keine Grenzen, eine Währung – das haben wir alles als Geschenk bekommen, und jetzt wollen sie auf einmal das alles wieder verkleinstückeln. Das geht nicht." Die in einer Woche anstehende Europawahl sei darum eine Schicksalswahl, mahnt der BAP-Sänger und Ortsheilige Wolfgang Niedecken. „Wenn man dieses Einfallstor offen lassen würde für die Rechtspopulisten, dann könnte es wirklich vorbei sein mit Europa." Der Spruch *„Et hätt noch immer jot jejange"* (Es ist noch immer gut gegangen) gelte in diesem Fall absolut nicht: „Diese kölsche Denke wäre hier fatal."

Straßburg. Bei der Europawahl legen Nationalisten und Rechtspopulisten dann zwar zu, allerdings nicht in dem Maße, wie dies einige Wochen zuvor prognostiziert worden ist. Zudem zeichnet sich auch ein gegenläufiger Trend ab: Grüne und Liberale gewinnen ebenfalls kräftig. Und: Europa mobilisiert wieder – die Wahlbeteiligung ist deutlich gestiegen.

Budapest. Klar für sich entschieden hat die Wahl die rechtsnationale Fidesz-Partei von Viktor Orbán. Der ungarische Ministerpräsident hat aus seinem Land eine – wie er es selbst nennt – „illiberale Demokratie" gemacht. Es wird zwar noch gewählt, aber in den Medien ist keine Gegenstimme gegen Orbán mehr zu hören. Es gibt auch kaum noch eine Zeitung, die nicht von einem seiner Unterstützer herausgegeben wird. Sein Machtsystem basiert darauf, dass er Posten und Gelder an seine Günstlinge verteilt. Gelder, die es ohne EU-Mitgliedschaft gar nicht gäbe. Zum einen bekommt Ungarn als eines der ärmsten Länder jedes Jahr Milliarden von der EU. Zum anderen investieren ausländische Unternehmen in Ungarn, weil es dem Binnenmarkt angehört. So ist das System Orbán eine Kleptokratie, die durch Brüssel erst möglich gemacht wird.

Die EU ist nicht gut darin, solche Art von Missbrauch zu bestrafen. Zwar gibt es die Möglichkeit eines Rechtsstaatlichkeitsverfahrens, an dessen Ende sogar der Entzug der Stimmrechte stehen kann. Aber dafür müssen alle anderen Mitgliedsstaaten zustimmen. Und das ist schon deshalb unwahrscheinlich, weil es noch eine zweite „illiberale Demokratie" gibt, die Ungarn auf jeden Fall beispringen würde: Polen.

Warschau. Orbán ist das Vorbild für Jarosław Kaczyński, den fundamentalistisch-katholischen Chef der nationalkonservativen Partei Recht und

Gerechtigkeit (PiS). Er will aus Warschau ein „Budapest an der Weichsel" machen. Mit weitgehenden sozialen Versprechungen wie der Erhöhung des Mindestlohns und der Einführung von Kindergeld hat Kaczyńskis Partei 2015 die Parlamentswahl gewonnen. Seitdem läuft der Umbau Polens nach Orbánschem Vorbild. Der öffentlich-rechtliche Rundfunk wird auf Regierungslinie gebracht, das Oberste Gericht bekommt eine Disziplinarkammer, besetzt mit von der Regierung ausgewählten Richtern. Aus Sicht des Europäischen Gerichtshofs ist diese Kammer rechtswidrig. Aber das interessiert De-facto-Regierungschef Kaczyński ebenso wenig wie alle anderen Urteile des Luxemburger Gerichts oder auch des Europäischen Gerichtshofs für Menschenrechte in Straßburg, der nicht zur EU gehört. Für Kaczyński ist das alles Teil einer antipolnischen Verschwörung. Die EU stellt er als „Viertes Reich" dar, mit dem Deutschland ganz Europa beherrschen will.

Doch trotz dieser schwarzen Propaganda erfreut sich die EU bei der polnischen Bevölkerung enormer Zustimmungsraten von bis zu 90 Prozent. Die Bürger sind sich darüber im Klaren, dass sie der EU einen gewaltigen Modernisierungsschub und einen deutlichen Anstieg des Lebensstandards verdanken. Die Regierung kann deshalb nicht so weit gehen, Polen aus der EU zu führen. Ein wichtiger Unterschied zu Ungarn sind auch die couragierte liberale Presse und die aktive Zivilgesellschaft in Polen. Sie stellen sich den Nationalkonservativen beim Durchmarsch in die „illiberale Demokratie" entschlossen in den Weg.

Belfast. Es ist der Abend des 31. Januar 2020 – Countdown zum Brexit. Zwar haben die Nordiren beim Referendum von 2016 mehrheitlich gegen den EU-Austritt gestimmt, aber sie sind nun mal Teil des Vereinigten Königreichs. Und das sagt jetzt nach langem Hin und Her Goodbye – auch wenn es für eine Übergangszeit bis zum 31. Dezember 2020 noch im Binnenmarkt bleibt.

Welcher Ort könnte angemessener sein, um diesen Abend zu verbringen, als das legendäre „Europa Hotel"? Es führt den inoffiziellen Beinamen „meistbombardiertes Hotel der Welt". Während des Nordirland-Konflikts war das Hochhaus Ziel von mehr als 30 Bombenanschlägen. An diesem Abend nun feiern an der Bar drei Brüder den 50. Geburtstag des Jüngsten, zusammen mit einem Schwager und zwei Freunden. Es sind proirische Katholiken, und dementsprechend fallen ihre Kommentare aus: „Brexit ist ein Desaster", sagt John. „Wir sind alle aus Nordirland. Wir haben 40 Jahre Unruhen durchgemacht. Der Grund, warum diese Unruhen aufgehört haben, ist folgender: Irgendwann waren wir nicht mehr Iren oder Briten, wir waren Europäer. Boris Johnson und seine Konservative Partei haben nun dafür gesorgt, dass wir uns nicht länger als Europäer fühlen können."

23 Uhr britischer und irischer Zeit: „Wir sind draußen", verkündet die BBC auf einem großen Fernsehschirm über der Bar. Im „Europa Hotel" löst das keinen Freudenschrei aus. Die katholischen Brüder haben mittlerweile einen Protestanten in ihren Kreis integriert, Edward. Früher hätte man gesagt: Er ist einer von der anderen Seite. Jetzt stoßen sie mit ihm an, umarmen sich, machen Erinnerungsfotos. „Im Grunde wollen wir doch alle das gleiche", sagt Edward, der auch gegen den Brexit gestimmt hat. „Wir wollen, dass unsere Kinder in einer besseren Welt leben."

Brüssel. Heiligabend 2020, nur noch wenige Stunden bis zur Bescherung und nur noch eine Woche bis zum unwiderruflichen Exit Großbritanniens aus Binnenmarkt und Zollunion. Erst jetzt, mit der finalen Deadline vor Augen, kann sich die britische Regierung – mittlerweile unter Führung von Brexit-Vollstrecker Johnson – mit der EU auf einen Handelspakt einigen. Ein ganz harter wirtschaftlicher Bruch samt der Einführung von Zöllen wird dadurch zwar vermieden, doch treten mit dem Ausscheiden aus dem Binnenmarkt und der Zollunion zahlreiche Auflagen in Kraft. So müssen britische Exporteure von nun an aufwendig nachweisen, dass ihre Produkte überwiegend im eigenen Land hergestellt wurden. In allen Branchen fallen zusätzliche Formalitäten und Kontrollen an und treiben die Kosten in die Höhe.

London. All dies führt zu einem Einbruch des Handels mit der EU, in die fast die Hälfte aller britischen Exporte gehen. Das Wirtschaftswachstum in Großbritannien – vor dem Brexit-Referendum das höchste aller großen Industrienationen – ist jetzt das niedrigste. Wirtschaftsmächte wie die USA, China und Indien machen nicht den Eindruck, dass sie auf die Briten gewartet hätten. Das Bild ist dermaßen düster, dass die Verteidiger des Austritts die wirtschaftlichen Nachteile gar nicht mehr bestreiten, sondern stattdessen die Wiedererlangung voller politischer Handlungsfreiheit herausstellen. Zu den wirtschaftlichen Problemen kommen endlose Querelen mit der EU auch nach Abschluss des Handelsabkommens, vor allem zum Sonderstatus des aufs Engste mit dem EU-Mitglied Irland verwobenen Nordirland, sowie politische Spannungen mit einzelnen Regierungen. Insbesondere das Verhältnis zu Frankreich verschlechtert sich zusehends. Nur gut vier Monate nach dem Verlassen des Binnenmarkts eskaliert ein Streit um Fischereirechte derart, dass Boris Johnson zwei schwer bewaffnete britische Kriegsschiffe zur Kanalinsel Jersey vor der bretonischen Küste entsendet.

Berlin. Der Alexanderplatz zur Mittagszeit. Normalerweise herrscht hier ein großes Gewusel. Im Laufe des Tages passieren den Alex 350 000 Menschen, mehr als Bonn Einwohner hat. Jetzt aber sieht man nur ein paar verstreute Fußgänger in weitem Abstand voneinander. Was ist geschehen? Seit März 2020 ist Europa im Griff einer Pandemie, wie es sie seit der Spanischen Grippe am Ende des Ersten Weltkriegs nicht mehr gegeben hat. Ein einziges Wort beherrscht jetzt das Denken und Handeln der Menschen: Corona.

Saarbrücken. Wesentliche Grundrechte wie die Versammlungs-, die Bewegungs- und die Religionsfreiheit sind plötzlich eingeschränkt, und es ist unklar, wann diese Eingriffe enden. Man darf nicht mehr ins Restaurant gehen, nicht mehr mit Freunden Fußball spielen – und auch nicht mehr ins Ausland reisen. Die Grenzen werden wieder kontrolliert oder gleich ganz geschlossen. Das alte Misstrauen gegenüber der „Außenwelt", gegenüber den „Fremden" von jenseits der Grenze, es ist wieder da, gerade auch in Deutschland: Im Saarland werden französische Grenzgänger auf offener Straße beschimpft und bespuckt. Der Vorsitzende des lothringischen Grenzgängervereins, Arsène Schmitt, kritisiert in einem Brief an den saarländischen Ministerpräsidenten „die pauschale Stigmatisierung der Franzosen". Er schreibt: „Zuerst durften ihre Kinder die saarländischen Schulen nicht mehr besuchen, dann wurde an der Autobahnauffahrt nach Saarbrücken ihre Körpertemperatur gemessen." Es sei schon merkwürdig, dass Staaten, die vor Jahrzehnten das erste Schengener Abkommen unterzeichnet hätten, nun auf die Idee kämen, eine simple Grenzschließung reiche aus, um das schon rund um den Globus verbreitete Virus aufzuhalten, sagt der ehemalige EU-Kommissionschef Jean-Claude Juncker. „Dass Deutschland seine Grenzen zu einem Land wie dem meinen einfach geschlossen hat, zu Luxemburg, wohin 200 000 Deutsche jeden Tag zur Arbeit pendeln, das hat einen sehr bitteren Nachgeschmack hinterlassen."

Einige Monate später wird die Biostatistikerin Tanja Stadler von der Eidgenössischen Technischen Hochschule Zürich zusammen mit anderen Forschern nachweisen, dass die Grenzschließungen nichts genutzt haben, um der Ausbreitung des Virus entgegenzuwirken – es war dafür schon zu spät. Doch in dem Augenblick, in dem sich die völlig neuartige Krisensituation aufbaut, ist Europa im Bann uralter Reflexe. „Wir erleben eine Reise mit einer Zeitmaschine in eine ferne und dunkle Vergangenheit", beklagt die schwedische EU-Kommissarin Ylva Johansson.

Bergamo. Italien ist das erste EU-Land, das mit voller Wucht von der Seuche getroffen wird. Das Epizentrum ist die Gegend um die 12 000-Einwohner-Stadt Bergamo bei Mailand. Alle Einwohner müssen zu Hause in ihren Wohnungen bleiben, auf den menschenleeren Straßen hört man nur noch das

Sirenengeheul der Ambulanzen und das Totengeläut der Kirchen. Der Zutritt zum Krankenhaus ist verboten. Familien können ihre Lieben nicht besuchen und ihnen in der letzten Stunde beistehen. Jeder stirbt für sich allein. Und dann werden die Toten von Militärlastern abtransportiert.

In dieser verzweifelten Lage bittet Italien seine EU-Partner um Atemschutzmasken, Schutzanzüge und Beatmungsgeräte. Aber die Partner denken jetzt erst mal an sich selbst: Die französische Regierung beschlagnahmt alle Vorräte an Masken und Schutzausrüstung, die Bundesregierung untersagt die Ausfuhr solcher Produkte. Italien bekommt nichts. Stattdessen springen China und Russland ein. *„From Russia with Love"*, steht auf den Flugzeugen aus Moskau.

Nachdem EU-Kommissionspräsidentin Ursula von der Leyen mit einer Klage vor dem Europäischen Gerichtshof gedroht hat, heben Frankreich und Deutschland die Exportverbote auf und schicken doch noch tonnenweise medizinisches Material nach Italien. Bundeswehrmaschinen fliegen italienische Corona-Patienten zur Versorgung nach Deutschland aus. Aber der Schaden ist angerichtet. In Italien und darüber hinaus ist der Eindruck entstanden, dass die vielbeschworene europäische Solidarität im Ernstfall nichts wert ist. Symbolträchtig holen mehrere Bürgermeister in der Toskana und am Alpenrand die blauen EU-Flaggen ein. Rechtsaußenpolitiker wie der ehemalige Innenminister Matteo Salvini und die Chefin der neofaschistischen Fratelli d'Italia, Giorgia Meloni, beklatschen das: Auf Europa könne man sich nicht verlassen, sagen sie. Und das liege in erster Linie an Deutschland.

Paris. Die ausbleibende Solidarität sei eine „tödliche Gefahr" für die EU, warnt der 94 Jahre alte Jacques Delors, der sich kaum noch öffentlich zu Wort meldet. Jetzt aber hält er es offenbar für dringend geboten. Emmanuel Macron sieht es genauso. Die strengen Lockdowns, mit denen etwa Italien und Spanien auf die Seuche reagieren, bringen das wirtschaftliche Leben dort fast zum Erliegen. Wenn das Schlimmste vorbei ist, müssen diese Länder wirtschaftlich wieder auf die Beine kommen. Das aber könnten sie nicht alleine bewerkstelligen, sagt Macron. Für Europa sei jetzt der „Moment der Wahrheit" gekommen. Es gehe darum, „zu entscheiden, ob die Europäische Union ein politisches Projekt oder nur ein Marktprojekt ist. Ich denke, es ist ein politisches Projekt." Macron fordert deshalb ein massives Hilfsprogramm, für das die EU gemeinsame Schulden aufnehmen soll.

Berlin. Alles schaut nun auf Deutschland. Anfangs steht Angela Merkel klar im Lager der Nein-Sager. Eine Vergemeinschaftung von Schulden durch sogenannte Corona-Bonds, bei denen die Regierungen nicht nur gemeinsam Geld an den Finanzmärkten aufnehmen, sondern auch gemeinschaftlich für Zinsen und Rückzahlung haften – das ist mit ihr nicht zu machen. Solange sie am Leben sei, werde es keine gemeinsamen Schulden geben, hat sie 2012 erklärt. Aber nun kommt die Spar-Kanzlerin ins Grübeln. Die Corona-Krise ist mit der Euro-Krise nicht vergleichbar, es geht jetzt im wahrsten Sinne des Wortes um Leben und Tod. Da kann es sich Deutschland nicht leisten, als Geizhals dazustehen. Rechtspopulisten würden das ausnutzen, autoritäre Staaten wie China und Russland die so entstandene Lücke schnell ausfüllen. Auch der deutschen Industrie würde es schaden, wenn sich Länder wie Italien und Spanien wirtschaftlich nicht wieder erholen würden. Die wirtschaftliche Schieflage in der Eurozone würde sich dann noch weiter verstärken, denn Deutschland selbst hat bereits mehr Geld in die eigene Wirtschaft gepumpt als alle anderen EU-Staaten zusammen – etliche Partner können sich solche Finanzspritzen schlicht nicht leisten. Dazu kommt, dass Merkel – anders als auf dem Höhepunkt der Euro-Krise – nun nicht mehr mit der FDP regiert, sondern mit den europafreundlichen Sozialdemokraten, und keine Wiederwahl mehr anstrebt.

Und so geschieht das für viele Unvorstellbare: Angela Merkel vollzieht eine 180-Grad-Wende und stimmt Milliardenhilfen zu. Nicht in Form von Krediten, so wie in der Euro-Krise, sondern sogar in Form von Zuschüssen, die durch die Aufnahme gemeinsamer Schulden finanziert werden sollen. Das ist genau das, was sie bisher immer rigoros abgelehnt hat.

Plötzlich funktioniert es wieder, das deutsch-französische Tandem: In einer gemeinsamen Videokonferenz stellen Merkel und Macron am 18. Mai 2020 ihren gemeinsamen Plan für Wiederaufbauhilfe in Höhe von 500 Milliarden Euro vor. Die EU-Kommission befürwortet zudem einen Fonds mit weiteren 250 Milliarden Euro in Form von Krediten – alles für die Mitgliedsstaaten, die von der Pandemie am härtesten getroffen worden sind.

Den Haag. Widerstand kommt von den „Sparsamen Vier": den Niederlanden, Österreich, Dänemark und Schweden. Sie wollen sich ausschließlich mit Hilfen in Form von Krediten einverstanden erklären, nicht mit Zuschüssen, und auch dies nur unter harten Auflagen. Der niederländische Finanzminister Wopke Hoekstra provoziert mit der Äußerung, man müsse mal untersuchen, warum einige Länder offenbar überhaupt keine Rücklagen für schwere Zeiten gebildet hätten. Für den „Spiegel" ist er danach „Europas größter Geizkragen", für die US-Zeitung „Politico" „Europas Bond-Bösewicht". Heftige Reaktionen löst auch ein Video aus, das Ministerpräsident Mark Rutte beim Besuch einer Müllverwertungsanlage in Den Haag zeigt. Dabei läuft ein Müllmann auf ihn zu und ruft: „Bitte gib den Italienern und Spaniern nicht das gute Geld!" Rutte antwortet: „Oh, nein, nein, nein, ich merk mir das", und streckt seinen Daumen hoch. Schon eine Stunde später löst das Video einen Shitstorm in sozialen Netzwerken in Italien und Spanien aus und landet dort in den Fernsehnachrichten.

Solche Fälle dokumentieren die allmähliche Entstehung einer europäischen Öffentlichkeit. Gerade in der Debatte über die Corona-Hilfen geht es darum, die öffentliche Meinung bei den europäischen Partnern zu beeinflussen. Das wird vielfach sehr gezielt angegangen. So schalten italienische Bürgermeister und Politiker eine ganzseitige Anzeige in der „FAZ", um für die Hilfen zu werben. Die gleiche Botschaft verbreitet der italienische Ministerpräsident Giuseppe Conte in Interviews im deutschen Fernsehen und in einer niederländischen Zeitung. Bundesfinanzminister Olaf Scholz und Außenminister Heiko Maas veröffentlichen einen Artikel in „El País", „La Stampa" und drei anderen südeuropäischen Zeitungen, in dem sie eben diese Hilfe zusichern.

Brüssel. Erstmals seit Beginn der Pandemie kommen die Staats- und Regierungschefs wieder leibhaftig zusammen, denn etwas so Einschneidendes und Umstrittenes wie den Corona-Wiederaufbaufonds kann man nicht aus der Distanz über Videokonferenzen aushandeln. Dafür muss man sich richtig sehen,

Die Maske sitzt nicht. Angela Merkel ermahnt den bulgarischen Ministerpräsidenten Bojko Borissow beim Brüsseler Sondergipfel im Juli 2020. Der dort beschlossene Wiederaufbaufonds war ein Befreiungsschlag, nachdem nationale Abschottung die EU zu Beginn der Pandemie in eine Krise gestürzt hatte.

man muss sich gegenüberstehen. Schauplatz des Gipfels ist das neue, eigens für den Europäischen Rat errichtete Europagebäude. Es sieht vor allem in der Dämmerung wie ein in Glas eingefasstes, leuchtendes Riesenei aus. Was daran liegt, dass der ovale Bau in eine Hülle aus bombensicherem Glas eingepackt ist. Er wirkt transparent, aber er ist eine Festung.

Die Staatenlenker sind also wieder beisammen, aber die Pandemie zwingt sie gleichzeitig, Distanz zu halten. Händeschütteln, Umarmungen, Wangenküsse – all das ist tabu. Stattdessen höchstens eine Verbeugung mit vor der Brust gefalteten Händen oder ein Stupser mit dem Ellbogen. Selbst Zulächeln ist nicht mehr möglich, hinter der Stoffmaske sieht das niemand. Ein treuherziger Augenaufschlag, ein freundliches Zublinzeln muss genügen. So wird das diplomatische Parkett ganz neu bespielt. Wer sich nicht daran hält, wird gerüffelt. Der bulgarische Ministerpräsident Bojko Borissow, der seine Maske unter der Nase trägt, kassiert von Angela Merkel eine Ermahnung mit ausgestrecktem Zeigefinger.

Vier Tage und Nächte streiten die 27 Staats- und Regierungschefs über die Corona-Hilfen. Die Rolle des Buhmanns übernimmt diesmal der Niederländer Mark Rutte, Wortführer der „Sparsamen Vier“, zu denen sich als Fünfter im Bunde auch noch Finnland gesellt. Rutte lehnt insbesondere Hilfen in Form von gemeinschaftlich finanzierten Zuschüssen ab. Zudem fordert er, dass EU-Mitglieder, die den Abbau des Rechtsstaats betreiben, von den Hilfen ausgeschlossen werden. „Ich weiß auch nicht, warum er mich und Ungarn hasst“, schimpft daraufhin Viktor Orbán. Sollte es zu keiner Einigung kommen, liege das „an dem Kerl aus Holland“. Der Bulgare Borissow ätzt, Rutte spiele sich zum „Polizisten der gesamten EU“ auf. Aber auch Macron verliert irgendwann die Geduld, schlägt mit der Faust auf den Tisch und schimpft, dass Rutte der „neue David Cameron“ sei, also der Mann, der bei Verhandlungen immer nur auf seinen nationalen Vorteil bedacht sei. Einmal drohen Macron und Merkel gemeinsam damit, den Raum zu verlassen. Rutte hingegen, zu Hause von Rechtspopulisten bedrängt, lächelt alle Angriffe weg. Harmonie sei nicht alles, sagt er: „Es geht nicht darum, bis zum Lebensende auf die Geburtstagsfeiern der anderen eingeladen zu werden.“

Nach mehr als 90 Stunden Verhandeln wird am Abend des 20. Juli 2020 ein Kompromiss gefunden: Der Corona-Hilfstopf kommt zustande, aber er enthält deutlich weniger Zuschüsse als von Macron und Merkel geplant und dafür mehr Kredite. Statt 500 sind es nur 390 Milliarden Euro Zuschüsse. Dazu kommen 360 Milliarden Euro an Krediten. Die „Sparsamen Vier“ lassen sich ihre Zustimmung teuer bezahlen: Alle erhalten schon seit Jahren Rabatte auf ihre Beiträge zum EU-Haushalt, und diese Abschläge werden nun noch einmal kräftig erhöht.

Gleichwohl markiert die Einigung einen Meilenstein, denn erstmals nimmt die EU im großen Stil Schulden auf, verteilt das Geld um und tilgt es dann über Jahrzehnte. Mit dieser Kreditaufnahme hat sie ein weiteres wichtiges Kennzeichen für ein staatliches Gebilde gewonnen. Macron kann zufrieden sein, denn damit ist eine der Kernforderungen aus seiner Sorbonne-Rede erfüllt. Er hütet sich jedoch, dies in seiner gemeinsamen Pressekonferenz mit Merkel allzu sehr herauszustellen. Offen bekundeter Triumph wäre jetzt kontraproduktiv – zumal Merkel betont, dass es sich hier um eine einmalige Sache handele, die dem pandemischen Ausnahmezustand geschuldet sei. Doch wie immer sie es dreht und wendet, es ist jetzt ein Präzedenzfall geschaffen worden. Der Moment ist so offenkundig historisch, dass sich sogar der Dalai Lama zu Wort meldet und die Einigung als „herzerwärmend“ würdigt.

Straßburg. „Stören Sie mich nicht!“, blafft der polnische Ministerpräsident Mateusz Morawiecki den Präsidenten des Europäischen Parlaments an, als der ihn darauf hinweist, dass er seine Redezeit schon weit überzogen hat. Ungerührt verteidigt Morawiecki die Auffassung, dass polnisches Recht über EU-Recht stehe.

Die nationalkonservative Regierung verdankt ihre Mehrheit ganz wesentlich ihren üppigen Sozialprogrammen. Doch allmählich trocknet der Geldstrom aus Brüssel aus. Im Oktober 2021 hat der Europäische Gerichtshof Polen zu einem Zwangsgeld von einer Million Euro täglich verurteilt, solange das Land die Einrichtung der Disziplinarkammer am Obersten Gericht nicht rückgängig macht. Die Regierung Morawiecki weigert sich zwar, dieses Geld zu überweisen, doch die Kommission verrechnet es einfach mit den regulären Transferleistungen. Polen erhält aus Brüssel das mit Abstand meiste Geld von allen Nettoempfängern. Zusätzlich blockiert Kommissionspräsidentin von der Leyen die Auszahlung der für Polen reservierten 36 Milliarden Euro aus dem Corona-Wiederaufbaufonds. Auch Orbán muss auf diese Gelder verzichten, weil er ähnlich wie Polen Justizreformen verweigert und auch weiter keine Anstalten macht, gegen die Korruption in seinem Land vorzugehen.

Warschau. Schließlich bewegt sich die PiS-Regierung und bringt im Parlament einen Gesetzesentwurf ein, der die Auflösung der Disziplinarkammer vorsieht. Dies reicht der EU-Kommission aber nicht aus, sie fordert unter anderem die Wiedereinstellung unrechtmäßig entlassener Richter. Die polnische Regierungspartei stößt daraufhin wilde Drohungen aus, sie will „alle ihre Waffen aus dem Arsenal holen“ und eine Allianz bilden, um von der Leyen abzusetzen.

Butscha. Ursula von der Leyen dreht sich um, und dann fällt ihr Blick offenbar unvorbereitet auf in schwarze Plastiksäcke verpackte Leichen. Sie reagiert heftig erschrocken, legt sich unwillkürlich die rechte Hand auf die Brust. Als erste westliche Spitzenpolitikerin ist die Kommissionspräsidentin in den Kiewer Vorort Butscha gereist, um sich ein Bild von einem Massaker an ukrainischen Zivilisten zu machen. In kugelsicherer Weste steht sie fassungslos vor den nebeneinander auf schlammigem Untergrund aufgereihten Körpern, die aus einem Massengrab geborgen worden sind. Insgesamt sind mehrere Hundert getötete Zivilisten gefunden worden. „Hier ist das Undenkbare geschehen", sagt von der Leyen. „Wir haben das grausame Gesicht von Putins Armee gesehen."

In einem abgedunkelten Zug ist sie zuvor von Polen aus in die Ukraine gereist. *„Good luck"*, hat ihr die ukrainische Zöllnerin nach der Passkontrolle gewünscht. Mehr als zehn Stunden dauerte die Fahrt nach Kiew, dann ging es weiter nach Butscha. Auf dem Weg dorthin sah von der Leyen Panzersperren, Checkpoints und provisorische Straßensperren aus Beton, Erde und Sandsäcken. Zerstörte russische Panzer und ausgebrannte Militärfahrzeuge zeugten von heftigen Kämpfen in den inzwischen befreiten Vororten. Ja, es herrscht wieder Krieg in Europa, mit allem was dazugehört. Wenn man morgens nach dem Aufstehen die Nachrichten checkt, tauchen auf dem Handy-Display archaische Wörter auf wie „Belagerung", „Schlacht", „Haubitzen" und „Einkesselung".

Kiew. Treffen mit dem ukrainischen Präsidenten Wolodymyr Selenskyj. „Ich bin mit Ihnen heute hier in Kiew, um ein deutliches Zeichen zu setzen, dass die Europäische Union an Ihrer Seite steht", sagt von der Leyen zu ihm. Der Traum der Ukraine ist seit Langem ein EU-Beitritt. Als sich der wankelmütige Präsident Viktor Janukowitsch 2013 auf russischen Druck hin weigerte, ein über Jahre hinaus ausgehandeltes Assoziierungsabkommen mit der EU zu unterzeichnen, strömten Tausende Ukrainer auf dem zentralen Platz von Kiew, dem Maidan, zusammen und forderten dort den Abschluss des Abkommens. Anfang 2014 eskalierte der Konflikt zwischen Demonstranten und Staatsmacht, etwa 100 Menschen wurden getötet. Daraufhin setzte das Parlament Janukowitsch ab und ordnete Neuwahlen an, das Abkommen mit der EU trat in Kraft. Doch der Machtwechsel zugunsten einer proeuropäischen Politik hatte einen hohen Preis: Russland annektierte die Schwarzmeerhalbinsel Krim, und von Russland unterstützte Rebellenmilizen übernahmen die Kontrolle in den südöstlichen Gebieten Lugansk und Donezk und erklärten diese zu unabhängigen Volksrepubliken. Zwar vermittelten Kanzlerin Merkel und der damalige französische Präsident François Hollande ein Waffenstillstandsabkommen, doch diese Waffenruhe wurde nie richtig eingehalten. In Kämpfen zwischen prorussischen Separatisten

Große Erwartungen. Der ukrainische Präsident Wolodymyr Selenskyj heißt Kommissionspräsidentin Ursula von der Leyen 2022 wenige Wochen nach dem Angriff Russlands auf sein Land in Kiew willkommen. Eine möglichst schnelle Aufnahme in die EU ist eines der wichtigsten Ziele der Ukraine.

und ukrainischen Regierungstruppen starben Tausende Menschen. Und dann folgte am 24. Februar 2022 der Epochenbruch: Russland griff die Ukraine mit einer großen Truppenmacht an.

Wolodymyr Selenskyj war in seinem vorigen Leben Schauspieler. In der Polit-Comedy-Serie „Diener des Volkes" spielte er die Hauptrolle – den Präsidenten der Ukraine. Eine Szene zeigt ihn dabei, wie er einen Anruf von Angela Merkel erhält und von ihr vermeintlich die frohe Botschaft bekommt, dass die Ukraine in die EU aufgenommen wird. Selenskyj reagiert mit einem Begeisterungsausbruch („Oh fuck! Entschuldigen Sie, wow!"), doch dann stellt sich alles als Missverständnis heraus: Aufgenommen werden soll nicht die Ukraine, sondern Montenegro. Es ist geradezu verrückt, dass Selenskyj mittlerweile der echte Präsident ist und nun im wahren Leben versucht, sein Land in die EU zu bekommen.

Von der Leyen überreicht ihm einen Fragebogen, den Beitrittsinteressierte beantworten müssen. „Wir füllen den in einer Woche aus", verspricht Selenskyj. Seiner Meinung nach hat sich das ukrainische Volk den Beitritt schon verdient.

So sieht es auch die große Mehrheit der Ukrainerinnen und Ukrainer: Die Ukraine ist demnach *das* europäische Land überhaupt, weil es die Kernwerte Europas – Demokratie und Rechtsstaatlichkeit – unter großen Opfern gegenüber einem autoritären Aggressor verteidigt.

Brüssel. Das bestreiten auch die EU-Regierungen nicht und ernennen die Ukraine im Juni 2022 offiziell zum Beitrittskandidaten. Die kalte Dusche folgt jedoch sofort: Wahrscheinlich werde es noch Jahrzehnte dauern, bevor das Land mit seinen mehr als 40 Millionen Einwohnern tatsächlich beitrittsreif sei, sagt Macron. Hindernisse für einen zügigen Beitritt sind weit verbreitete Korruption, Defizite bei der Rechtsstaatlichkeit und – schon vor dem Krieg – schwere Wirtschaftsprobleme. Die Ukraine ist ein großes und zugleich sehr armes Land mit einem riesigen Agrarsektor. Das würde bei einem Beitritt bedeuten: Milliarden an Subventionen, die anderen Ländern fehlen würden.

Vordringlich geht es jetzt erst einmal darum, das Überleben der Ukraine zu sichern. Eiskalt hat Putin am Tag des Angriffs im russischen Staatsfernsehen verkündet: „Wer auch immer versucht, uns zu behindern, geschweige denn, eine Bedrohung für unser Land und unser Volk zu schaffen, muss wissen, dass die Antwort Russlands sofort erfolgen und zu Konsequenzen führen wird, die Sie in Ihrer Geschichte noch nie erlebt haben."

Doch Putins Drohung hat den Westen nicht eingeschüchtert. Die NATO, der Macron noch vor wenigen Jahren den „Hirntod" bescheinigt hat, erlebt angesichts der imperialen Expansionsgelüste Russlands ihre Wiederauferstehung. Die EU – von Ex-Außenminister Sigmar Gabriel einmal als „einziger Vegetarier in der Welt der Fleischfresser" beschrieben – bleibt militärisch vollständig auf die Allianz angewiesen. Denn die Forderung Macrons in seiner Sorbonne-Rede von 2017, Europa müsse militärisch „ergänzend zur NATO vollständig handlungsfähig" werden, ist verhallt. In dem Bereich, in dem die EU am meisten ausrichten kann, handelt sie allerdings entschlossen und geeint: Die 27 Mitglieder verabschieden ein wirtschaftliches Sanktionspaket nach dem anderen – der Einzige, der sich sträubt, ist Viktor Orbán, aber er muss sich fügen. Erstmals beschließt die EU auch den Kauf und die Lieferung von Waffen an ein angegriffenes Land.

Klar ist, dass der Ausgang des Ukraine-Kriegs auch über die Zukunft der europäischen Einigung entscheiden wird. Die EU ist ein Gebilde, in dem große und kleine Staaten friedlich zusammenleben, eingebunden in gemeinsame Strukturen. In diesem Europa werden Grenzen nicht mehr gewaltsam verschoben, sondern durch gegenseitige Vernetzung überflüssig gemacht. All das ist durch Putin bedroht. Für ihn gibt es nur Großmächte und deren Einflusssphären.

Die EU ist für ihn ein Ärgernis, das er beseitigen will. Der erste Schritt dahin wäre ein Sieg über die Ukraine.

Kiew. 2023 ist von der Leyen zurück in der ukrainischen Hauptstadt, und diesmal hat sie fast die gesamte Kommission mitgebracht. Es ist das erste Mal, dass sich die „Europa-Regierung" in ein Kriegsgebiet begibt. Für den Fall, dass die Reisegesellschaft von einer russischen Rakete pulverisiert werden sollte, hat sie in Brüssel einen *Designated Survivor* zurückgelassen: von der Leyens Stellvertreter Frans Timmermans. Ein internes Papier hat die Kommissare darauf vorbereitet, dass sie während der nächtlichen Zugfahrt von Polen nach Kiew mit einer kulinarischen „Grundversorgung" in Lunchboxen vorliebnehmen müssen und jeder Waggon nur über eine einzige Toilette verfügt – Badezimmer gibt es gar nicht. Von der Leyen wirkt gleichwohl wie aus dem Ei gepellt, als sie Selenskyj entgegentritt und ihm wenig später eine große EU-Flagge als Geschenk überreicht. „Geben Sie uns die – oder wollen Sie uns die nur zeigen?", stichelt der Präsident. Siege auf dem Schlachtfeld reichten gegen einen Feind wie Russland nicht aus, beschwört er seine Gäste aus Brüssel: „Wir brauchen auch den Glauben an Europa!"

Tags darauf gibt es Luftalarm im ganzen Land, die Sirenen heulen. Dass sie dennoch jetzt hier seien, um gemeinsam die Zukunft der Ukraine in der EU vorzubereiten, „das sagt mehr als tausend Worte", schwärmt von der Leyen. Doch Selenskyj pocht auf konkrete Zusagen: Beginn von Beitrittsverhandlungen noch im laufenden Jahr 2023, der Beitritt selbst dann in zwei Jahren – das ist die Forderung des Mannes im olivgrünen Pulli. Von der Leyen bleibt vage. „Ihre Bewerbung für die EU-Mitgliedschaft haben Sie brillant vorbereitet", lobt sie. Aber gleichzeitig macht sie deutlich, dass noch viele Bedingungen erfüllt werden müssten, beispielsweise umfangreiche Reformen im Justizwesen. Und dann ist da noch das große Problem Korruption: Bei diesem Thema steht nur Russland im europäischen Vergleich noch schlechter da als die Ukraine. Die Antikorruptions-Organisation Transparency International sieht zwar eine positive Tendenz – die Ukraine gehöre zu den Ländern, die in den letzten zehn Jahren die größten Fortschritte erzielt hätten, heißt es von dort –, doch noch immer bleibt sehr viel zu tun.

Die Unterstützung für einen schnellen Beitritt der Ukraine nimmt ab, je weiter man sich in der EU von Osten nach Westen bewegt. Die größten Fürsprecher finden sich in Polen und den baltischen Staaten, die größten Bedenkenträger in Frankreich, Spanien und den Niederlanden. Von der Leyen lässt es deshalb bei Freundschaftsgesten, symbolträchtigen Bildern und ehrgeiziger Rhetorik. Versprechen tut sie nichts.

Stichwort: Die Europäische Union (EU)

Ein politisches Lebewesen

Der amerikanische Außenminister Henry Kissinger hat angeblich einmal spöttisch gefragt, wen er anrufen solle, wenn er „Europa“ sprechen wolle. Diese Frage ist nicht unberechtigt, denn die Europäische Union ist ein schwer zu durchschauender Mix aus zwischenstaatlichen und supranationalen Institutionen. Das ist darauf zurückführen, dass die EU kein kohärentes Gebilde ist, das zu Beginn seiner Geschichte von einem Verfassungskonvent oder von den Regierungen der Mitgliedsstaaten fertig entworfen worden ist. Vielmehr ist sie das Ergebnis einer jahrzehntelangen historischen Entwicklung, die so nie geplant war. Von Anfang an wirkten in der EU zwei gegenläufige Kräfte: zum einen die Überzeugung der Föderalisten, dass die Nationalstaaten abgeschafft und durch einen europäischen Bundesstaat mit einer gemeinsamen Regierung ersetzt werden müssten, zum anderen die Überzeugung der Unionisten, wonach die Nationalstaaten bestehen bleiben, aber in einer Konföderation eng zusammenarbeiten sollten. Im Ergebnis ist die Europäische Union nun eine Organisation, in der beide Prinzipien miteinander konkurrieren. Sie ist, wie Helmut Schmidt gesagt hat, „weder Staatenbund noch Bundesstaat, sondern vielmehr etwas ganz Neues, etwas ganz Eigenartiges – und etwas zugleich immer noch Unfertiges“. Im Laufe der Zeit hat sie ein Eigenleben entwickelt. Sie ist, mit einer Formulierung von Walter Hallstein, ein „zoon politikon“, ein politisches Lebewesen geworden.

Der Blick in die Geschichte zeigt zudem, dass die EU im Kern kein Wirtschafts-, sondern ein Friedensprojekt ist. Nach der Katastrophe des Zweiten Weltkriegs suchten Frankreich und Deutschland eine Möglichkeit, blutige Konflikte in Zukunft zu verhindern, und fanden diese, indem sie kooperierten – auch wirtschaftlich. Diese Idee von Jean Monnet ist ein wunderbarer Erfolg geworden. Die EU und ihre Vorläuferorganisationen haben daneben einen wesentlichen Beitrag dazu geleistet, in ehemals autoritär regierten Staaten wie Spanien und Portugal und den früheren kommunistischen Ostblockländern die Demokratie zu festigen. Aufgrund dieser Bilanz ist die EU 2012 hoch verdient mit dem Friedensnobelpreis ausgezeichnet worden.

Die größte Gefahr für die EU sind Mitgliedsstaaten, die sich von demokratischen und rechtsstaatlichen Prinzipien abwenden und das Wertefundament der Union dadurch von innen heraus untergraben. Ohne Rechtssicherheit funktioniert die EU nicht. Ihre ganze innere Mechanik ist auf liberale Demokratien ausgerichtet, die sich der Gewaltenteilung, der Vertragstreue und dem Multilateralismus verpflichtet fühlen. Der Binnenmarkt und die damit verbundene Freizügigkeit basieren auf der Gewissheit, dass EU-Bürger überall die gleichen Rechte haben und sich sicher sein können, von unabhängigen Gerichten geschützt zu werden. Auf außenpolitischem Gebiet wäre es besonders wichtig, dass sich die EU zu einer Politischen Union weiterentwickelt, indem sie Mehrheitsentscheidungen einführt. Anders ist es schwer vorstellbar, wie sie sich langfristig in einer Welt behaupten will, in der der Autoritarismus auf dem Vormarsch ist.

Trotz aller Schwierigkeiten besteht Grund zu der Annahme, dass es die EU noch lange geben wird. Erstens sind die Mitgliedsstaaten so stark miteinander vernetzt, dass der wirtschaftliche Schaden einer Entkoppelung enorm wäre – der Brexit hat das deutlich gezeigt. Und zweitens sind sehr viele Europäer fest entschlossen, ihre Zukunft nur noch gemeinsam zu gestalten. Sie wollen keine Rückkehr von Passkontrollen, Zollstationen und Wechselbüros. In welche Richtung sich die EU entwickeln wird, lässt sich heute allerdings ebenso wenig vorhersagen wie 1951 bei der Gründung der Europäischen Gemeinschaft für Kohle und Stahl oder 1992 bei der Unterzeichnung des Vertrags von Maastricht. Die Geschichte der EU ist nicht zu Ende. Sie geht jeden Tag weiter.

Brüssel. „2023 wird das Jahr unseres Sieges“, hatte Präsident Selenskyj am ersten Jahrestag des Kriegsbeginns versprochen. Jetzt ist das Jahr fast zu Ende, doch die Bilanz fällt ernüchternd aus. Die ukrainische Gegenoffensive zur Befreiung der von Russland besetzten Gebiete ist gescheitert. In dem schlimmsten Blutvergießen in Europa seit dem Zweiten Weltkrieg sind Zehntausende getötet worden, doch die Front bewegt sich nicht mehr. Und jetzt passiert das, worauf Kriegsherr Putin wohl von Anfang an spekuliert hat: Während er seine Armee auf mehr als 1,3 Millionen Soldaten aufstockt und das größte Verteidigungsbudget der jüngeren russischen Geschichte verabschieden lässt, macht sich unter den westlichen Verbündeten der Ukraine Müdigkeit breit. Beim wichtigsten Unterstützer, den USA, wirft die Präsidentschaftswahl 2024 ihre Schatten voraus: Donald Trump führt in den Umfragen vor Amtsinhaber Joe Biden, und seine Anhänger im Kongress blockieren neue Hilfen für die Ukraine. Hochgradig beunruhigt fliegt Selenskyj nach Washington, doch die Republikaner lassen ihn kalt abblitzen. Jetzt müsste Europa einspringen. Genau das soll auch geschehen – mit Milliardenhilfen und dem Beginn offizieller Beitrittsverhandlungen. Doch all das droht von *einem* Mann sabotiert zu werden: Viktor Orbán. Das Korruptionsniveau in der Ukraine sei einfach noch zu hoch, sagt der Ungar – der selbst als durch und durch korrupt gilt. In Wahrheit will er sich wohl seine guten Kreml-Kontakte erhalten. Und er will Geld. Brüssel soll die Fördermittel freigeben, die es eingefroren hat, weil Orbán dabei ist, sein Land in eine Autokratie umzuwandeln.

Wieder einmal rächt es sich, dass die EU keine wirkliche Politische Union ist. Wichtige Entscheidungen können nur einstimmig getroffen werden, und das bedeutet im schlimmsten Fall Selbstblockade, Ohnmacht, Lähmung. Der einzige Ausweg in einer solchen Situation ist häufig ein undurchsichtiger Deal, so auch diesmal: Es ist eine merkwürdige Koinzidenz, dass die EU-Kommission genau am Vorabend des Europäischen Rats kurz vor Weihnachten 2023 zehn Milliarden Euro an zurückgehaltenen Geldern für Ungarn freigibt – mit der Begründung, dass Orbán einige Reformauflagen erfüllt habe. Mit dem Ukraine-Streit habe das rein gar nichts zu tun! Der grüne Europa-Parlamentarier Daniel Freund zeigt sich nicht überzeugt: „Ursula von der Leyen bezahlt heute mit zehn Milliarden Euro das größte Schmiergeld in der Geschichte der EU", kritisiert er.

Letztlich ist es dann ein kreativer Verfahrenstrick, der den Beschluss über die Aufnahme von Beitrittsverhandlungen mit der Ukraine ermöglicht. Auf Vorschlag von Bundeskanzler Olaf Scholz verlässt Orbán kurz vor der Abstimmung den Saal, um sich einen Kaffee zu holen. So kann die Entscheidung mit der nötigen Einstimmigkeit getroffen werden. Das Vorgehen ist jedoch kaum dazu angetan, Orbán von weiteren Erpressungsversuchen abzuhalten. Als es wenig später um die Finanzhilfen für die Ukraine in Höhe von 50 Milliarden Euro geht, legt der Rechtspopulist tatsächlich sein Veto ein. Im ungarischen Staatsfernsehen sagt er offen, er wolle nicht nur zehn, sondern die gesamten 31 Milliarden Euro, die Ungarn aus den Brüsseler Töpfen noch zustünden. „Wir müssen nicht die Hälfte, nicht ein Viertel, sondern alles bekommen, dieses Geld steht uns zu." Viktor der Unbeugsame. Die anderen 26 Staats- und Regierungschefs wollen da nicht mitmachen und planen, die Ukraine-Hilfe notfalls von ihren nationalen Parlamenten beschließen zu lassen, was allerdings zeitraubend wäre. Alles in allem wirkt die EU nicht gerade wie ein schlagkräftiger Gegner, den Putin fürchten muss. Die Lösung wäre die Einführung von Mehrheitsentscheidungen, aber ein solcher Einschnitt in die nationale Souveränität ist nicht in Sicht. Einziger Lichtblick: Die Ukraine ist jetzt Beitrittskandidat. Aber ob und wann sie tatsächlich Mitglied wird, ist offen. „Geschichte wird von denjenigen gemacht, die nicht müde werden, für die Freiheit zu kämpfen", mahnt Selenskyj. Ob die EU-Mitgliedsstaaten die dafür erforderliche Standfestigkeit aufbringen können, liegt noch in der Zukunft verborgen.

Anhang

Zeittafel

1941: Die italienischen Antifaschisten Altiero Spinelli, Eugenio Colorni und Ernesto Rossi verfassen auf der Gefangeneninsel Ventotene im Mittelmeer ein Manifest, in dem sie das Ende souveräner Nationalstaaten und die Gründung eines europäischen Bundesstaats fordern.

1945: Nach dem Ende des Zweiten Weltkriegs will Frankreich Deutschland zerschlagen, um einen Wiederaufstieg des „Erbfeinds" auszuschließen.

1946: Der ehemalige britische Premierminister Winston Churchill regt in einer Rede in Zürich eine enge Partnerschaft Frankreichs und Deutschlands sowie die Gründung der Vereinigten Staaten von Europa an.

1948: Europa-Aktivisten aus vielen Ländern, darunter auch aus Deutschland, treffen sich zum Europa-Kongress in Den Haag. Die Zusammenkunft ist vom Gegensatz zwischen Föderalisten und Unionisten geprägt. Die Föderalisten wollen einen europäischen Bundesstaat mit eigener Regierung und Parlament, die Unionisten einen Bund unabhängiger Nationalstaaten. Der Kongress endet mit der Forderung nach einer „Europäischen Versammlung".

1949: Die Gründung der Bundesrepublik Deutschland bedeutet das Scheitern der französischen Pläne für eine Zerschlagung Deutschlands. Die Regierung in Paris sucht nun nach einer anderen Möglichkeit, sich vor einer erneuten Aggression Deutschlands zu schützen.

1950: Der französische Außenminister Robert Schuman schlägt vor, die Kohle- und Stahlproduktion Frankreichs und Deutschlands einer überstaatlichen Behörde zu unterstellen, so dass die Mittel zur Führung eines neuen Krieges wegfallen. Andere europäische Staaten sollen sich anschließen können. Die Idee dazu stammt von dem französischen Chefplaner Jean Monnet. Der deutsche Bundeskanzler Konrad Adenauer erklärt sich mit dem Vorhaben sofort einverstanden. Die französische Regierung schlägt außerdem die Gründung einer Europäischen Verteidigungsgemeinschaft vor, da sie eine eigenständige deutsche Armee verhindern will.

1951: Die Europäische Gemeinschaft für Kohle und Stahl (EGKS) wird gegründet. Ihr gehören neben Frankreich und Deutschland auch Italien, die Niederlande, Belgien und Luxemburg an.

1954: Die französische Nationalversammlung verwirft den Plan für eine Europäische Verteidigungsgemeinschaft.

1955: Der niederländische Außenminister Wim Beyen schlägt die Schaffung eines europäischen Binnenmarkts vor. Auf der Konferenz von Messina beauftragen die Regierungen Frankreichs, Deutschlands, Italiens und der Benelux-Staaten den belgischen Außenminister Paul-Henri Spaak, diese Idee zu prüfen.

1956: Spaak legt einen Plan für die stufenweise Schaffung eines Binnenmarkts vor. Es beginnen Verhandlungen zur Umsetzung des Vorhabens.

1957: Mit den Römischen Verträgen wird die Europäische Wirtschaftsgemeinschaft (EWG) gegründet. Die sechs Teilnehmerstaaten bekennen sich dazu, auf eine „immer engere Union" hinarbeiten zu wollen.

1958: Die erste Europäische Kommission unter Leitung von Walter Hallstein nimmt in Brüssel ihre Arbeit auf.

1962: Eine Konferenz in Brüssel beschließt den Beginn der Gemeinsamen Agrarpolitik. Die Landwirtschaft wird damit der erste Bereich, in dem der Binnenmarkt verwirklicht wird.

1963: Der französische Präsident Charles de Gaulle legt sein Veto gegen eine EWG-Mitgliedschaft Großbritanniens ein. Deutschland und Frankreich schließen einen Freundschaftsvertrag.

1965: De Gaulle boykottiert die EWG und löst damit die Krise des „leeren Stuhls" aus. Mit diesem Vorgehen will er einen Verzicht auf Mehrheitsentscheidungen und eine Entmachtung der Kommission erzwingen.

1966: Mit dem Luxemburger Kompromiss wird die Krise beigelegt: In Fragen von nationaler Bedeutung soll es keine Mehrheitsentscheidungen geben.

1967: Hallstein wird auf französischen Druck hin nicht mehr für eine neue Amtszeit nominiert. Die EGKS, die EWG und die Europäische Atomgemeinschaft fusionieren zu den Europäischen Gemeinschaften. Fortan wird meist von *der* Europäischen Gemeinschaft (EG) gesprochen.

1969: Rücktritt de Gaulles. Die Staats- und Regierungschefs der EG beschließen in Den Haag die Aufnahme von Erweiterungsverhandlungen unter anderem mit Großbritannien und eine mögliche Weiterentwicklung der Gemeinschaft zu einer Wirtschafts- und Währungsunion sowie Politischen Union.

1973: Großbritannien, Irland und Dänemark treten der EG bei.

1974: Auf Anregung des französischen Präsidenten Valéry Giscard d'Estaing werden regelmäßige Treffen der EG-Staats- und Regierungschefs vereinbart. Diese Zusammenkünfte heißen Europäischer Rat.

1975: In einem Referendum sprechen sich die Briten für einen Verbleib in der EG aus.

1976: Der belgische Ministerpräsident Leo Tindemans plädiert in einem Bericht für eine Stärkung des Europäischen Parlaments und der Europäischen Kommission. Die bisher zu technokratische Gemeinschaft müsse relevanter für den Alltag der Bürger werden, fordert er.

1978: Der Europäische Rat beschließt in Bremen das von Giscard und Bundeskanzler Helmut Schmidt initiierte Europäische Währungssystem zur Verringerung von Wechselkursschwankungen.

1979: Im Cassis-de-Dijon-Urteil entscheidet der Europäische Gerichtshof, dass Produkte, die in einem EG-Land zugelassen worden sind, gleichzeitig auch in allen anderen verkauft werden dürfen. Erstmals wird das Europäische Parlament direkt gewählt.

1981: Griechenland tritt der EG bei.

1984: Premierministerin Margaret Thatcher setzt einen Dauerrabatt für britische Zahlungen durch.

1985: Jacques Delors wird Kommissionspräsident. In Schengen schließen Deutschland, Frankreich und die Benelux-Länder ein Abkommen zum Abbau der Binnengrenzen. Der Europäische

Rat in Mailand entscheidet erstmals eine wichtige Frage per Kampfabstimmung: Eine Reform der EG soll untersucht werden.

1986: Die Einheitliche Europäische Akte leitet die Vollendung des Binnenmarkts ein und reformiert die EG. Die Kommission und das Europäische Parlament bekommen mehr Kompetenzen. Spanien und Portugal treten der EG bei.

1988: Bundesaußenminister Hans-Dietrich Genscher regt in einem Memorandum die Schaffung einer europäischen Währung und einer Europäischen Zentralbank an. Die Initiative dazu ist von Frankreichs Präsident François Mitterrand ausgegangen. Der Europäische Rat in Hannover beschließt auf Vorschlag von Bundeskanzler Helmut Kohl die Einsetzung eines Ausschusses mit den Zentralbankpräsidenten der Mitgliedsstaaten unter Vorsitz von Jacques Delors. Der Ausschuss soll prüfen, ob und wie eine gemeinsame Währung verwirklicht werden könnte.

1989: Der Delors-Ausschuss legt einen Stufenplan zur Errichtung einer Wirtschafts- und Währungsunion vor. Nach dem Fall der Berliner Mauer macht Mitterrand die gemeinsame Währung zur Bedingung dafür, dass Frankreich die deutsche Wiedervereinigung unterstützt. Kohl legt sich daraufhin auf einen Zeitplan fest.

1991: In Maastricht beschließt der Europäische Rat die Einführung einer Gemeinschaftswährung in einer Wirtschafts- und Währungsunion. Die Beschlüsse zur Politischen Union bleiben weit hinter den Erwartungen zurück.

1993: Der Vertrag von Maastricht tritt in Kraft. Aus der Europäischen Gemeinschaft wird die Europäische Union (EU).

1995: Österreich, Schweden und Finnland treten der EU bei. Der Europäische Rat beschließt in Madrid, dass die Gemeinschaftswährung „Euro" heißen soll.

1999: Durch die Fixierung der Umrechnungskurse der bisherigen Währungen wird der Euro eingeführt. Allerdings bleiben die alten Scheine und Münzen zunächst noch in Umlauf.

2000: Der Europäische Rat einigt sich nach langer Verhandlung in Nizza auf eine neue Stimmengewichtung.

2002: Am Neujahrstag werden Euro-Scheine und -Münzen eingeführt.

2003: Der Entwurf für eine europäische Verfassung wird fertiggestellt.

2004: Polen, Tschechien, die Slowakei, Ungarn, Slowenien, Estland, Lettland, Litauen, Malta und Zypern treten der EU bei.

2005: In Volksbefragungen in Frankreich und in den Niederlanden lehnen die Wähler die europäische Verfassung ab.

2007: Mit dem Vertrag von Lissabon werden die wichtigsten Reformen aus der abgelehnten europäischen Verfassung doch noch eingeführt.

2010: Mit Milliardenkrediten bewahrt die EU Griechenland vor dem Staatsbankrott.

2012: Der Europäische Stabilitätsmechanismus zur Unterstützung überschuldeter Mitgliedsstaaten wird eingeführt. Die EU erhält den Friedensnobelpreis.

2013: Kroatien tritt als 28. Land der EU bei.

2015: In der griechischen Staatsschuldenkrise beschließt der Europäische Rat nach einem dramatischen Verhandlungspoker ein neues Hilfsprogramm. Die deutsche Bundeskanzlerin Angela Merkel und der österreichische Bundeskanzler Werner Faymann lassen Geflüchtete aus Ungarn einreisen. Daraufhin folgen Hunderttausende mehr. Verhandlungen über eine gerechte Verteilung der Migranten auf die EU-Mitgliedsländer scheitern.

2016: Die südöstlichen Außengrenzen der EU werden von Ungarn, Bulgarien und Griechenland durch den Bau von Zäunen abgeriegelt. Die EU schließt mit der Türkei ein Abkommen, das die Türkei dazu verpflichtet, keine illegalen Geflüchteten mehr in die EU einreisen zu lassen. Die Briten beschließen in einem Referendum mit knapper Mehrheit den Austritt aus der EU.

2017: In einer Rede an der Pariser Sorbonne fordert der neue französische Präsident Emmanuel Macron einen schnellen Ausbau der EU auf nahezu allen Politikfeldern.

2019: Großbritannien tritt aus der EU aus, bleibt aber noch bis Ende des Jahres im Binnenmarkt.

2020: Als Reaktion auf die Verbreitung des aus China stammenden Corona-Virus führen viele EU-Länder vorübergehend wieder Grenzkontrollen ein. Der Europäische Rat beschließt zum wirtschaftlichen Wiederaufbau der von der Pandemie am stärksten getroffenen Mitgliedsländer ein Paket von Zuschüssen und Krediten in Höhe von 750 Milliarden Euro. Es ist das erste Mal, dass dafür gemeinsame Schulden aufgenommen werden.

2021: Großbritannien verlässt den Binnenmarkt und die Zollunion.

2022: Russland greift die Ukraine an, die seit Langem der EU und der NATO beitreten will. Die EU beschließt daraufhin Sanktionen gegen Russland, unterstützt die Ukraine mit Waffen und erklärt das Land zum Beitrittskandidaten.

2023: Die EU-Staats- und Regierungschefs beschließen Beitrittsverhandlungen mit der Ukraine.

Kommentiertes Literaturverzeichnis

Die Literatur zur Europäischen Union ist überaus reichhaltig. Das nachfolgende Verzeichnis versucht, Orientierung zu geben und gleichzeitig die wichtigsten Quellen für das vorliegende Buch zu benennen. Ein Schwerpunkt liegt auf den Memoiren der politischen Akteure. Insgesamt kann aus Platzgründen nur ein kleiner Teil der verwendeten Literatur aufgeführt werden.

Übersichtswerke

Das deutschsprachige Standardwerk zur Geschichte der EU stammt von **Wilfried Loth** und ist 2020 in aktualisierter Fassung erschienen: Europas Einigung, Eine unvollendete Geschichte, Frankfurt am Main. Es behandelt auf über 500 Seiten alle wesentlichen Entwicklungen und Fragen. Ebenfalls 2020 aktualisiert wurde ein weiteres wichtiges Übersichtswerk: **Gerhard Brunn**: Die Europäische Einigung, Von 1945 bis heute, Stuttgart. Kürzer ist **Jürgen Mittag**: Kleine Geschichte der Europäischen Union, Von der Europaidee bis zur Gegenwart, Münster 2008. Gut erklärt wird die heutige EU in einer handlichen Übersicht von **Berthold Rittberger**: Die Europäische Union, Politik, Institutionen, Krisen, München 2021.

Wichtige englischsprachige Werke zur EU-Geschichte sind: **Desmond Dinan**: Europe Recast, A History of European Union, London 2014 (ausführlich) und **Simon Usherwood & John Pinder**: The European Union, A Very Short Introduction,

Oxford 2018 (kompakt). **Chris Bickerton** erschließt die EU-Geschichte in The European Union, A Citizen's Guide, London 2016 anhand von Fragen wie „Wer regiert Europa?", „Ist die Europäische Union ein Kapitalisten-Club?" und „Könnte die EU eine Supermacht werden?".
Weniger auf die EU als auf die Geschichte der einzelnen europäischen Länder konzentriert sich **Tony Judt** in seinem Klassiker: Geschichte Europas, Von 1945 bis zur Gegenwart, Frankfurt am Main 2009. Ebenso unverzichtbar ist das Gesamtwerk von **Heinrich August Winkler**, im EU-Zusammenhang besonders die beiden letzten Bände seiner Geschichte des Westens: Vom Kalten Krieg zum Mauerfall, München 2014, und Die Zeit der Gegenwart, München 2015. Jüngste Krisen der EU bis zum Brexit behandelt Winkler in: Zerbricht der Westen?, München 2017.

Der Beginn der europäischen Einigung

Die nach dem Zweiten Weltkrieg entstandene Europa-Bewegung beschreibt in all ihrer Vielfältigkeit **Frank Niess**: Die europäische Idee, Aus dem Geist des Widerstands, Frankfurt am Main 2001. Ein packend zu lesendes Buch über die Rolle Churchills ist dem Niederländer **Felix Klos** gelungen: Churchill's Last Stand, The Struggle to Unite Europe, London/New York 2018. Das Zustandekommen des Schuman-Plans behandelt **Stefan Alexander Entel**: 9. Mai 10, Die Geburtsstunde Europas, Luxemburg 2016. Zu Schuman selbst: **Hermann J. Benning**: Robert Schuman, Leben und Vermächtnis, München 2013. Sehr analytisch, aber auch sehr umfangreich fällt **Klaus Schwabes** Monnet-Biografie aus: Jean Monnet, Frankreich, die Deutschen und die Einigung Europas, Baden-Baden 2016. Eine deutschsprachige Biografie von Alcide De Gasperi fehlt. Auf Italienisch: **Piero Craveri**: De Gasperi, Bologna 2006. Die politische Lage im Italien der Nachkriegszeit wird beschrieben von **Hans Woller**: Geschichte Italiens im 20. Jahrhundert, München 2010. In gleicher Aufmachung erschien die Geschichte Frankreichs im 20. Jahrhundert von **Matthias Waechter**, München 2019. Zu Konrad Adenauer bleibt die große zweibändige Biografie von **Hans-Peter Schwarz** maßgeblich, die sich auch am ausführlichsten mit seiner europäischen Politik beschäftigt (Stuttgart 1986 und 1991). Ein hochinteressantes Porträt Adenauers entwarf **Henry Kissinger**, selbst ein Mann der Geschichte, für sein Buch Staatskunst, Sechs Lektionen für das 21. Jahrhundert, München 2022. **Konrad Adenauers** vierbändige Erinnerungen (Stuttgart 1965–1968), die er nicht ganz fertigstellen konnte, sind eine der wichtigsten Originalquellen zu den Anfängen der europäischen Integration. Dies gilt ebenso für die ziemlich trockenen Memoiren von **Jean Monnet**: Erinnerungen eines Europäers, München/Wien 1978.

Der Weg zu den Römischen Verträgen

Den besten Überblick bietet: **Franz Knipping**: Rom, 25. März 1957, Die Einigung Europas, München 2004. Eine wichtige Originalquelle ist der Bericht des französischen Außenministers **Christian Pineau** über die Suez-Krise: 1956/Suez, Paris 1976. Darin enthalten ist die Wiedergabe des Gesprächs zwischen dem französischen Ministerpräsidenten Guy Mollet und Adenauer mit dessen Ausspruch, Europa solle die Rache für Suez sein. Die Konferenz von Messina habe ich hauptsächlich anhand von niederländischen Quellen wie den Erinnerungen von **Wim Beyen** (Het spel en de knikkers, Een kroniek van 50 jaren, Rotterdam 1968) rekonstruiert. Deutschsprachige Porträts der Außenminister Beyen, Spaak und Luns finden sich in: **Thomas Jansen & Dieter Mahncke** (Hg.): Persönlichkeiten der Europäischen Integration, Vierzehn biographische Essays, Bonn 1981. Zum Spaak-Plan siehe auch dessen Autobiografie: **Paul-Henri Spaak**: Memoiren eines Europäers, Hamburg 1969. Zur Rolle der USA in der Anfangsphase der europäischen Einigung, etwa beim Schuman-Plan und bei der gescheiterten Europäischen Verteidigungsgemeinschaft: **Rolf Steininger**: Deutschland und die USA, Vom Zweiten Weltkrieg bis zur Gegenwart, Reinbek/München 2014.

Der Konflikt mit Charles de Gaulle

Zur Pionierzeit der Europäischen Kommission ist im Auftrag der EU ein umfangreicher Band mit Essays, Originalquellen, Fotos und Karikaturen zusammengestellt worden: **Michel Dumoulin u.a.** (Hg.): Die Europäische Kommission, 1958–1972, Geschichte und Erinnerungen einer Institution, Luxemburg 2007. Zu Walter Hallstein gibt es einen Sammelband mit Aufsätzen und Vorworten von Helmut Kohl und Jacques Delors: **Wilfrid Loth u.a.** (Hg): Walter Hallstein, Der vergessene Europäer?, Bonn 1995, sowie eine kompakte Biografie von **Matthias Schönwald**: Walter Hallstein, Ein Wegbereiter Europas, Stuttgart 2018. Ausgiebigen Gebrauch gemacht habe ich von der akribisch recherchierten Lebensbeschreibung Sicco Mansholts von **Johan van Merriënboer**: Mansholt, Een biografie, Amsterdam 2006. Auf Deutsch liegt ein in Interviewform gestalteter Rückblick Mansholts auf sein politisches Wirken vor: **Sicco Mansholt**: Die Krise, Europa und die Grenzen des Wachstums, Reinbek bei Hamburg 1974.

Zu der Jahrhundertgestalt Charles de Gaulle sind mehrere hervorragende Biografien verfügbar, darunter auf Deutsch von **Johannes Willms**: Der General, Charles de Gaulle und sein Jahrhundert, München 2019, und auf Englisch von **Julian Jackson**: A Certain Idea of France, The Life of Charles de Gaulle, London 2018.

Ausbau und Stagnation der Gemeinschaft

Für dieses Kapitel stand die mit Abstand amüsanteste Originalquelle zur Geschichte der EU zur Verfügung, die Erinnerungen von **Roy Jenkins** an seine Zeit als Kommissionspräsident: European Diary 1977–1981, London 1989. Hier ergab sich der glückliche Umstand, dass ein führender europäischer Politiker gleichzeitig ein begnadeter Autor war. Mit feiner Beobachtungsgabe, britischem Humor und schonungslosem (Selbst-)Spott beschreibt Jenkins sein Abenteuer im Brüsseler Europadschungel und liefert nebenher brillante Kurzporträts aller damals handelnden Persönlichkeiten. Helmut Schmidt erscheint hier als genialer, aber von depressiven Anwandlungen heimgesuchter Pessimist und Zyniker. **Helmut Schmidts** Rede auf dem Labour-Parteitag findet sich in seiner Textsammlung Mein Europa, Hamburg 2013. Seine Erfahrungen mit den europäischen Partnern schildert er in: Die Deutschen und ihre Nachbarn, Berlin 1990. Die maßgebliche Biografie zu Schmidt ist von **Hartmut Soell**: Helmut Schmidt, 1969 bis heute, Macht und Verantwortung, München 2008. Sein Verhältnis zu seinem Freund im Élysée-Palast wird beleuchtet in: **Matthias Waechter**: Helmut Schmidt und Valéry Giscard d'Estaing, Auf der Suche nach Stabilität in der Krise der 70er Jahre, Bremen 2011. **Valéry Giscard d'Estaings** Lebenserinnerungen sind auf Deutsch erschienen: Macht und Leben, Frankfurt am Main/Berlin 1988. Das gleiche gilt für die Memoiren von **Simone Veil**: Und dennoch leben, Berlin 2009. Zu Altiero Spinelli siehe die biografische Skizze von **Richard Corbett** in: Martyn Bond u. a. (Hg.): Eminent Europeans, Personalities who shaped contemporary Europe, London 1996.

Den verspäteten Beitritt Großbritanniens zur europäischen Gemeinschaft und insbesondere das Referendum von 1975 schildert **Robert Saunders** in einer glänzend recherchierten Studie: Yes to Europe! The 1975 Referendum and Seventies Britain, Cambridge 2018. Weitere empfehlenswerte Werke über das zwiespältige Verhältnis Großbritanniens zu Europa sind: **Hugo Young**: This Blessed Plot, Britain and Europe from Churchill to Blair, New York 1999 und **Andrew Adonis**: Half In, Half Out, Prime Ministers on Europe, London 2018. Die große Stärke vieler britischer Historiker, Recherche, Analyse und Erzählkunst miteinander zu verbinden, zeigt sich in der monumentalen autorisierten Margaret-Thatcher-Biografie von **Charles Moore**, der mehrere Anekdoten und Details für dieses Buch entnommen sind: Volume One: Not For Turning, London 2013; Volume Two: Everything She Wants, London 2015; Volume Three: Herself Alone, London 2019. Eine andere ausgezeichnete Biografie mit viel Aufmerksamkeit für ihre Europapolitik stammt von **John Campbell**: Margaret Thatcher, Volume Two: The Iron Lady, London 2003. Thatchers Memoiren liegen in deutscher Sprache vor: **Margaret Thatcher**: Downing Street No. 10, Die Erinnerungen, Düsseldorf 1993.

Von der D-Mark zum Euro

Das Standardwerk zum Zustandekommen des Maastrichter Vertrags ist: **Kenneth Dyson & Kevin Featherstone**: The Road to Maastricht, Negotiating Economic and Monetary Union, Oxford 1999. Für dieses 850 Seiten starke Werk interviewten die beiden Autoren in den 90er Jahren einen Großteil der politischen Akteure, darunter Kommissionspräsident Jacques Delors, den britischen Premierminister John Major, den französischen Außenminister Roland Dumas, Bundesaußenminister Hans-Dietrich Genscher, Bundesfinanzminister Theo Waigel und den niederländischen Ratspräsidenten Ruud Lubbers. Zur Schilderung der Konferenz von Maastricht im Dezember 1991 habe ich zurückgegriffen auf einen niederländischsprachigen Band mit Beiträgen vieler damaliger Konferenzteilnehmer: **Jo Cortenraedt & Maarten van Laarhoven**: Het Verdrag van Maastricht 25 jaar later, De impact van een historische Eurotop, Heerlen 2017. Die anschließende Entwicklung vom Vertrag von Maastricht zum Vollzug der Währungsunion schildert **Gabriel Milesi**: Le Roman de l'Euro, Paris 1998. Darin auch die teils wörtliche Wiedergabe der Diskussion über die Benennung der neuen Währung beim Gipfel von Madrid im Dezember 1995. Ebenfalls unverzichtbar ist **Jens Peter Pauls** Dissertation Bilanz einer gescheiterten Kommunikation, Fallstudien zur europäischen Entstehungsgeschichte des Euro und ihrer demokratiegeschichtlichen Qualität. Die Studie enthält ein überaus offenes und aufschlussreiches Langstrecken-Interview mit Helmut Kohl über seine Europapolitik und die Einführung des Euro aus dem Jahr 2002.

Zu der Frage, inwieweit Kohl die Währungsunion im Tausch gegen die Wiedervereinigung zugesagt hat, finden sich wichtige Dokumente in der Quellensammlung **Hanns Jürgen Küsters & Daniel Hofmann**: Dokumente zur Deutschlandpolitik, Deutsche Einheit, Sonderedition aus den Akten des Bundeskanzleramtes 1989/90, München 1998. In Teil 1 ist eine genaue Wiedergabe des Gesprächs Kohls mit US-Außenminister James Baker vom 12. Dezember 1989 aufgenommen. Weitere Originalquellen: **Hans-Dietrich Genscher**: Erinnerungen, Berlin 1995; **Helmut Kohl**: Erinnerungen, Band 1 1930–1982, Band 2 1982–1990, Band 3 1990–1994, München 2004–2007. Der vierte und letzte Band ist nie erschienen, weil sich Kohl mit seinem Ghostwriter Heribert Schwan überwarf. Die maßgebliche Biografie zu Kohl mit großem Gewicht auf seiner Europapolitik stammt von **Hans-Peter Schwarz**: Helmut Kohl, München 2012. Eine sehr gute Kurzbiografie zu Kohl hat der britische Historiker **Ian Kershaw** in sein Buch Der Mensch und die Macht, Über Erbauer und Zerstörer Europas im 20. Jahrhundert, München 2022, aufgenommen. Zu Mitterrand gibt es eine fesselnde englischsprachige Biografie von **Philip Short**: Mitterrand, A Study in Ambiguity, London 2013. Eine wichtige Originalquelle sind die Erinnerungen seines Beraters **Jacques Attali**: Verbatim, Paris 1993–1995. Band III über die Jahre 1988 und 1989 enthält die Warnung Mitterrands vor der Bildung einer neuen Tripel-Allianz gegen Deutschland und einem neuen Krieg kurz nach dem Mauerfall. Ebenfalls wichtig dazu: **Ulrich Lappenküper**: Mitterrand und Deutschland, Die enträtselte Sphinx, München 2011. Eine wirklich überzeugende Biografie von Jacques Delors fehlt, am ehesten zu empfehlen ist **Charles Grant**: Delors, Inside the House that Jacques Built, London 1994. Seine eigenen Memoiren sind recht ausufernd: **Jacques Delors**: Erinnerungen eines Europäers, Berlin 2004. Lesbarer ist ein kompakter Interviewband: **Ronald Grätz & Hans-Joachim Neubauer** (Hg.): Jacques Delors: Mein Leben für Europa, Gespräche, Göttingen 2013.

Weitere verwendete Originalquellen sind unter anderem die Memoiren von **Theo Waigel**: Ehrlichkeit ist eine Währung, Erinnerungen, Berlin 2019, die Tagebücher von **Alastair Campbell**, 4 Bände, London 2010–2012 und die Memoiren von **Joschka Fischer**: Die rot-grünen Jahre, Deutsche Außenpolitik – vom Kosovo bis zum 11. September, Köln 2007 und „I am not convinced", Der Irak-Krieg und die rot-grünen Jahre, Köln 2011.

Integrationsschub durch Krisen

Das beste Buch zur Euro-Krise kommt von **Ashoka Mody**, ehemals stellvertretender Direktor des Internationalen Währungsfonds: EuroTragedy, A Drama in Nine Acts, Oxford 2018. Mody bemüht sich nicht um Objektivität, er ist davon überzeugt, dass die Währungsunion ein historischer Fehler war und nicht funktionieren kann. Seine Argumentation ist für Befürworter wie Gegner des Euro gleichermaßen interessant. Eine andere kritische Auseinandersetzung mit der Währungsunion verfasste **Dominik Geppert**: Ein Europa, das es nicht gibt, Die fatale Sprengkraft des Euro, Wien/Berlin/München 2013. Die Beschreibung des Treffens von Ministerpräsident Papandreou mit dem IWF-Präsidenten Strauss-Kahn in der Küche in Davos basiert auf dem Buch des damaligen griechischen Finanzministers **Giorgos Papakonstantinou**: Game Over, Griechenland in der Krise: Der Insiderbericht, Wettingen 2017. Einige Zitate von Nicolas Sarkozy und José Manuel Barroso sind aus der BBC-Dokumentation Inside Europe: Ten Years of Turmoil übernommen. Was die zweite Griechenland-Krise im Jahr 2015 betrifft, so ist eine Gegenüberstellung der Bücher der beiden Kontrahenten Varoufakis und Dijsselbloem, des Chefs der Eurogruppe, reizvoll: **Yanis Varoufakis**: Die ganze Geschichte, Meine Auseinandersetzung mit Europas Establishment, München 2017; **Jeroen Dijsselbloem**: Die Eurokrise, Wiesbaden 2019. Die Rolle Deutschlands im europäischen Machtgefüge untersucht **Andreas Rödder**: Wer hat Angst vor Deutschland?, Geschichte eines europäischen Problems, Frankfurt am Main 2018. Zur „Königin Europas" siehe die von **Ralph Bollmann** verfasste Biografie: Angela Merkel, Die Kanzlerin und ihre Zeit, München 2021. Die politischen Entscheidungen während der Flüchtlingskrise hat der Journalist **Robin Alexander** in seinem Bestseller Die Getriebenen, München 2017, rekonstruiert. Das bewegende Schicksal hinter dem Foto des ertrunkenen Jungen Alan Kurdi am Strand von Bodrum schildert dessen Tante, die Flüchtlingsaktivistin **Tima Kurdi** in: Der Junge am Strand, Die Geschichte einer Familie auf der Flucht, Berlin/Hamburg 2020. Zu Emmanuel Macron, insbesondere auch zu seiner Europapolitik: **Joseph de Weck**: Emmanuel Macron, Der revolutionäre Präsident, Berlin 2021.

Zum Brexit erschien in Großbritannien eine kaum zu übersehende Fülle an Studien. Den besten Überblick einschließlich einer Ursachenanalyse bietet: **Kevin O'Rourke**: A Short History of Brexit, London 2018. Um Verständnis für die britische Sicht wirbt der Londoner FAZ-Korrespondent **Jochen Buchsteiner** in: Die Flucht der Briten aus der europäischen Utopie, Reinbek bei Hamburg 2018. Mit Großbritannien kennt der Autor sich aus, mit der EU weniger. Eine kluge kompakte Studie zu Boris Johnson verfasste der „Zeit"-Journalist **Jan Ross**: Boris Johnson, Porträt eines Störenfrieds, Berlin 2020. Wichtige Originalquellen: **David Cameron**: For the Record, London 2019; **Michel Barnier**: My Secret Brexit Diary, Cambridge 2018. Zum Umgang der EU mit der Corona-Pandemie hat der niederländische EU-Experte **Luuk van Middelaar** schon 2021 eine ausgezeichnete und leserfreundliche Analyse vorgelegt: Das europäische Pandämonium, Berlin.

Bildnachweis

Alamy: 23
Archiv der EU-Kommission: 39, 69, 105, 112, 127, 137, 182, 192, 263
Archiv Karlspreisstiftung: 13 (Théo Mey), 63 (Sepp Linckens)
Bundesarchiv B 285 Plak-022-011: 83
Christoph Driessen: 158
©EUROPEAN UNION – SOURCE: EP 2023: 52, 103
Gettyimages: 141
HArch Aachen, Sig.: 3.2.1_ae (2): 59
https://commons.wikimedia.org: 31, 149
picture alliance: 35 (AP Images | Uncredited), 50 (akg-images | akg-images / Erich Lessing), 94 (ASSOCIATED PRESS | –), 97 (brandstaetter images / Austrian Archives (S) | Anonym), 124 (dpa | dpa), 131 (picture alliance / empics | PA), 161 (AP Photo | Uncredited), 169 (picture alliance / Oliver Berg | Oliver Berg), 206 (picture alliance / ASSOCIATED PRESS | ENRICO OLIVERIO), 227 (picture alliance / dpa | Alkis Konstantinidis), 233 (picture alliance / Guido Bergmann / Bundesregierung / dpa | Guido Bergmann), 236 (picture alliance / dpa | Sven Hoppe), 242 (picture alliance / dpa | Dominic Lipinski / Pa Wire), 244 (picture alliance / dpa | Will Oliver), 245 (picture alliance / dpa | Str), 248 (picture alliance / Photoshot | –), 251 (picture alliance / Michael Kappeler / dpa | Michael Kappeler), 259 (picture alliance / dpa / EPA Pool / AP | Stephanie Lecocq)
stock.adobe.com: 44 (Silvio), 157 (doganmesut)

Register

Orte

Personen

Stichworte